“十二五”普通高等教育本科国家级规划教材

全国优秀教材二等奖

国际贸易实务

（第七版）

主　　编　黎孝先　王　健

执行主编　石玉川　冷柏军

副 主 编　张家瑾　姚新超

徐进亮　魏铁梅

孙　芳　李　洋

丛晓明

对外经济贸易大学出版社

中国·北京

图书在版编目（CIP）数据

国际贸易实务／黎孝先，王健主编．—7版．—北京：对外经济贸易大学出版社，2020.8（2022.10重印）
ISBN 978-7-5663-2176-3

Ⅰ.①国… Ⅱ.①黎…②王… Ⅲ.①国际贸易-贸易实务 Ⅳ.①F740.4

中国版本图书馆CIP数据核字（2020）第127791号

国际贸易实务（第七版）

黎孝先　王　健　**主编**

责任编辑：郭华良

出版发行：	对外经济贸易大学出版社	邮政编码：	100029
社　　址：	北京市朝阳区惠新东街10号	邮购电话：	010-64492338
网　　址：	www.uibep.com	发行部电话：	010-64492342
资源网址：	www.uibepresources.com	E-mail：	uibep@126.com

成品尺寸：	185mm×260mm	印　　刷：	北京时代华都印刷有限公司
印　　张：	25.5	版　　次：	2020年8月北京第7版
字　　数：	574千字	印　　次：	2022年10月第4次印刷
ISBN 978-7-5663-2176-3		定　　价：	52.00元

总　序

我国“入世”以来，外贸曾经历了高速增长时期，而随着西方金融危机，全球经济陷入低迷阶段，我国外贸也从“量”的发展转入“质”的提高阶段。近年来，随着全球互联网的发展，跨境电子商务发展迅速，新的商业模式不断出现，我国外贸又到了一个新的转型时期。有调查显示，新形势下，我国外贸严重缺乏通晓外贸实务的跨境电子商务人才。为了适应当前复杂多变的国际环境和迎接新的挑战，我们必须具有历史责任感和时代紧迫感，大力贯彻“科教兴国”和“人才强国”的战略方针，加速培养高素质的具有开拓创新能力、驾驭市场能力、决策能力和国际商务运作能力的国际经贸紧缺人才，这是时代赋予我们的一项重要的战略任务。

“十年树木，百年树人”。鉴于培养高素质的国际商务人才是一项系统工程，而且周期较长，这就要求我们增强为国家加速培养高素质国际商务人才的使命感。为此，我们在对外经济贸易大学国际经济贸易学院“211 工程”重点学科教材建设的基础上，从 2000 年开始，相继推出一套与《国际贸易实务》配套的系列教材。这套系列教材随着我国外贸实践不断更新内容，既适合作为全国各外经贸类院校的相关专业教材和培训内容，也可供外经贸类院校的师生与外经贸系统的从业人员学习、阅读和参考。

为了保证这套系列教材的质量，我们特成立了该系列教材编审委员会。编审委员会成员，既包括校内外资深教授和专家，也包括政府高级官员、企业界人士和年富力强、脱颖而出的新秀。

在编写《国际贸易实务》及其配套的系列教材过程中，中国商务部、中国国际贸易促进委员会、中国银行和海关、商检、运输与保险等有关部门提供了大量信息资料，并给予了大力支持，在此，特向上述单位和相关人员表示衷心的感谢！

国际贸易实务配套系列教材编审委员会

主　任 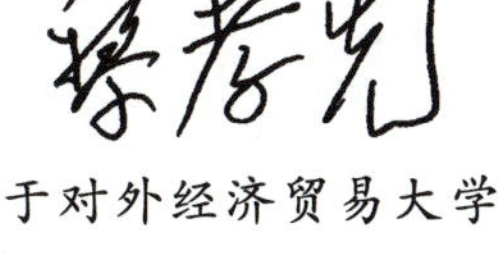

2020 年 6 月于对外经济贸易大学

前　　言

自从2016年以来，中国外贸格局和中国在全世界的外贸地位都发生了重大变化。2018年，中国已经成为世界最大的货物贸易国。中国外贸业务实践不断创新，外贸新模式、新业态层出不穷，不断涌现。特别是跨境电子商务引领的线上与线下业务的结合，让中国外贸实务突破了以往的市场空间。以技术驱动的贸易已经把中国外贸实践带到了新的发展阶段。

因此，这几年在外贸创新领域，我们做了很多的调研，走访了很多外贸企业，与很多跨境电商的主流平台进行了研究合作。我们试图总结企业的最佳实践，在此基础上逐渐对新业务做法形成清晰的概念理解和科学的分类，试图比较客观地对中国外贸实务创新实践进行总结。在此版本的篇章当中，对此有比较详细的体现。

另外，2018年《中华人民共和国电子商务法》出台，中国跨境电商网络零售的政策得以落实，跨境电商综合试验区以及跨境电商试点城市不断扩充，让中国外贸政策创新与制度的改革走上了快车道。

随着全球市场发生转型，出现众多新的贸易主体，产品、服务、贸易方式的创新让全球贸易规则面临挑战。全球贸易治理也走到十字路口。这不仅体现在新的贸易规则正在进行探讨和形成当中，传统的贸易惯例规则也在不断地演化。从2018年开始，国际商会就陆续组织各种专家会议，讨论修订并形成《国际贸易术语解释通则2020》。企业贸易实践的创新与政府监管和贸易规则之间的相互适应和调整反映出来我们这个时代的贸易实务发展的基本特征。

在中国作为贸易大国崛起的同时，在国际组织当中参与全球贸易规则制定的中国学者也越来越多，本书编者队伍当中有些老师亲自参与了联合国贸易和发展会议、联合国亚洲及太平洋经济社会委员会、世界贸易组织以及国际商会商业惯例委员会的各种国际贸易规则的讨论与制定。这些组织的国内外专家在贸易实践的总结方面，以及在规则的解释方面给予我们教材编写提供了极大的帮助。

其中，王健教授接受联合国国际贸易中心的委托，专门撰写了中国跨境电子商务的报告。该报告最终形成了联合国国际贸易中心出版物。王健教授和徐进亮教授还亲自参与了国际商会与中国国际商会共同举办的《国际贸易术语解释通则2020》的修订讨论和翻译工作。阿里巴巴集团、敦煌网、环球市场、易宝支付、贝贝集团、林德集团等在商业实践的总结方面都给予了极大的支持。

尽管贸易实践有很多创新，但是也并不意味着传统的业务流程、惯例规则就不再适用，也并不意味着它们就已经过时。因为贸易实践做法是一个连续传承的演变过程，其商业合理性以及普遍商业行为方式与背后的逻辑并没有发生实质性变化。传统的贸易实践做法和规则体系仍然有效，至少还在国际贸易中普遍存在。因此，我们没有改变《国际贸易实务》教材的基本框架，继续传承其知识体系。这个知识体系是我们学习国际贸易学科基本原理的基础，也是我们理解国际贸易实践创新的起点。我们与时俱进，小心谨慎地在原有教材和教学框架下做出一些必要的修改，在尽量不破坏原有教材知识结构的基础上呈现修改的惯例规则和创新的业务做法。这实际上也有利于满足广大教师授课传承的要求。

因此，这次第七版改动较大的内容实际上主要体现在“国际贸易术语”和“跨境电子商务”这两部分。其他章节虽有修改和完善，但基本上保留了原有的内容。

本书内容除导论外，仍然分为五篇：第一篇，国际贸易术语；第二篇，国际货物买卖合同；第三篇，国际货物买卖合同的商定与履行；第四篇，国际贸易方式；第五篇，跨境电子商务。全书共二十二章和一个附录，授课教师可根据实际的教学计划及课时安排，有重点地选择授课内容。

《国际贸易实务》一书自出版以来，相继被评为原外经贸部、教育部优秀教材与精品教材，并先后被列入国家“十一五”“十二五”规划教材。历次版本的修订紧随中国外贸实践发展，特别是此次修订完善了“跨境电子商务”一篇，使得《国际贸易实务》一书成为国际贸易专业、国际商务专业、跨境电商专业及相关经济学和管理学专业的经典教材。

对外经济贸易大学出版社、对外经济贸易大学国际经济贸易学院和全国国际贸易实务研究会先后联合举办了专家座谈会。有来自商务部外贸司、中国国际商会国际贸易惯例委员会及相关部门的领导，北京邮电大学等兄弟院校和《国际贸易》杂志社、阿里巴巴集团、中国机械设备进出口总公司、敦煌网、南北软件公司、南京世格软件公司等部门、院校和企业的学者、专家，以及本校国际经济贸易学院的领导、老师，出版社领导及编辑 100 余人参加了讨论。对于主管部门和相关人员给予我们的大力支持和热心帮助，在此深表感谢！

本书不足之处，敬请广大读者批评指正。

编　者

2020 年 6 月

目　录

导论 …… **1**

一、国际贸易的特点 …… 1
二、国际货物贸易适用的法律与惯例 …… 2
三、国际贸易遵循的准则 …… 6
四、国际货物贸易的基本做法 …… 8
五、本课程的研究对象与学习方法 …… 9
思考题 …… 12
案例分析题 …… 12

第一篇　国际贸易术语

第一章　贸易术语与国际贸易惯例 …… **15**

第一节　贸易术语的概念及其发展 …… 15
第二节　国际贸易惯例及其性质和作用 …… 17
本章小结 …… 21
思考题 …… 21
案例分析题 …… 22

第二章　适用于各种运输方式的贸易术语 …… **23**

第一节　EXW 术语 …… 23
第二节　FCA、CPT 和 CIP 术语 …… 25
第三节　DAP、DPU 和 DDP 术语 …… 32
本章小结 …… 37
思考题 …… 37
案例分析题 …… 37

第三章　适用于水上运输方式的贸易术语 …… **39**

第一节　FAS 术语 …… 39

第二节　FOB、CFR 和 CIF 术语 …… 41
第三节　常用贸易术语的变形 …… 47
第四节　与交货有关的其他问题 …… 49
本章小结 …… 51
思考题 …… 51
案例分析题 …… 52

第二篇　国际货物买卖合同

第四章　合同的主体与标的 …… 55

第一节　合同当事人 …… 55
第二节　成交商品的名称 …… 57
第三节　进出口商品的质量 …… 59
第四节　进出口商品的数量 …… 68
第五节　进出口商品的包装 …… 72
本章小结 …… 82
思考题 …… 82
案例分析题 …… 83

第五章　国际货物运输 …… 85

第一节　运输方式 …… 85
第二节　装运条款 …… 99
第三节　运输单据 …… 105
本章小结 …… 117
思考题 …… 117
案例分析题 …… 117

第六章　国际货物运输保险 …… 119

第一节　国际货物运输保险的性质与作用 …… 119
第二节　海洋运输货物保险保障的范围 …… 120
第三节　我国海洋运输货物保险条款 …… 124
第四节　伦敦保险协会海洋运输货物保险条款 …… 128
第五节　陆运、空运货物与邮包运输保险 …… 136
第六节　买卖合同中的保险条款 …… 142
本章小结 …… 145
思考题 …… 145
案例分析题 …… 146

第七章 进出口商品的价格 …… 147

第一节 成交价格的掌握 …… 147
第二节 进出口商品的定价办法 …… 153
第三节 计价货币的选择 …… 155
第四节 佣金与折扣的运用 …… 157
第五节 价格条款的约定 …… 159
本章小结 …… 160
思考题 …… 160
案例分析题 …… 161

第八章 国际货款的收付 …… 163

第一节 票据 …… 163
第二节 汇付与托收 …… 171
第三节 信用证付款 …… 182
第四节 银行保函与备用信用证 …… 198
本章小结 …… 203
思考题 …… 203
案例分析题 …… 204

第九章 进出口商品检验 …… 205

第一节 商品检验的重要性 …… 205
第二节 检验时间和地点 …… 206
第三节 检验机构 …… 208
第四节 检验证书 …… 209
第五节 检验标准 …… 211
第六节 进出口商品检验法 …… 213
本章小结 …… 215
思考题 …… 215
案例分析题 …… 215

第十章 争议的预防与处理 …… 217

第一节 异议与索赔 …… 217
第二节 违约金与定金 …… 219
第三节 不可抗力 …… 222
第四节 仲裁 …… 224
本章小结 …… 230

思考题 …… 230
案例分析题 …… 230

第三篇　国际货物买卖合同的商定与履行

第十一章　国际商务谈判 …… 233

第一节　国际商务谈判的概念及其重要性 …… 233
第二节　国际商务谈判前的准备 …… 234
第三节　国际商务谈判的基本原则与思维模式 …… 236
第四节　实质利益谈判法的步骤与谈判阶段 …… 238
第五节　国际商务谈判的基本方法与技巧 …… 240
本章小结 …… 243
思考题 …… 243
案例分析题 …… 244

第十二章　国际货物买卖合同的订立 …… 245

第一节　订立合同的步骤 …… 245
第二节　合同成立的时间与合同生效的要件 …… 252
第三节　合同的形式与内容 …… 254
本章小结 …… 255
思考题 …… 255
案例分析题 …… 256

第十三章　进出口合同的履行 …… 257

第一节　出口合同的履行 …… 257
第二节　进口合同的履行 …… 269
第三节　进出口货物报关 …… 271
第四节　主要进出口单据 …… 275
第五节　索赔与理赔工作 …… 285
本章小结 …… 289
思考题 …… 289
案例分析题 …… 290

第十四章　违约及其法律救济方法 …… 291

第一节　一般原则 …… 291
第二节　对卖方违约的救济方法 …… 296
第三节　对买方违约的救济方法 …… 298

本章小结 …… 299
思考题 …… 300
案例分析题 …… 300

第四篇 国际贸易方式

第十五章 独家经销与独家代理 …… 303
第一节 独家经销 …… 303
第二节 独家代理 …… 306
本章小结 …… 309
思考题 …… 309
案例分析题 …… 309
第十六章 寄售与展卖 …… 311
第一节 寄售 …… 311
第二节 展卖 …… 314
本章小结 …… 317
思考题 …… 317
案例分析题 …… 318
第十七章 招标投标与拍卖 …… 319
第一节 招标与投标 …… 319
第二节 拍卖 …… 322
本章小结 …… 326
思考题 …… 326
案例分析题 …… 326
第十八章 期货交易与套期保值 …… 329
第一节 期货交易的概念 …… 329
第二节 期货市场的构成 …… 331
第三节 套期保值 …… 333
第四节 进出口商的套期保值策略 …… 338
本章小结 …… 340
思考题 …… 341
案例分析题 …… 341
第十九章 对销贸易 …… 343
第一节 对销贸易的含义及作用 …… 343

第二节　易货、清算协定项下的交易及转手贸易 …… 346
第三节　互购、回购和补偿贸易 …… 348
第四节　抵销 …… 353
本章小结 …… 354
思考题 …… 354
案例分析题 …… 355

第二十章　加工贸易 …… 357

第一节　来料加工贸易 …… 357
第二节　进料加工贸易 …… 360
第三节　境外加工贸易 …… 361
本章小结 …… 363
思考题 …… 363
案例分析题 …… 363

第五篇　跨境电子商务

第二十一章　跨境电子商务基本概念 …… 367

第一节　电子商务对国际贸易的影响 …… 367
第二节　跨境电子商务的界定与分类 …… 370
本章小结 …… 374
思考题 …… 375
案例分析题 …… 375

第二十二章　跨境电子商务的模式与运营 …… 377

第一节　跨境电子商务的商业模式 …… 377
第二节　跨境电子商务业务形态演化与运营决策体系 …… 379
本章小结 …… 380
思考题 …… 381
案例分析题 …… 381

附录　国际贸易实务模拟教学 …… 383

参考文献 …… 395

导　论

国际贸易是生产发展到一定历史阶段的产物，它随着生产技术的发展而不断向前发展。自 20 世纪 70 年代以来，国际贸易已呈现出货物贸易、技术贸易和服务贸易三位一体、并驾齐驱的发展趋势，特别是技术贸易和服务贸易的发展势头十分迅猛。尽管如此，当前国际贸易中最主要的组成部分仍是货物贸易。

国际贸易实务乃是一门主要研究国际货物买卖的具体过程及相关活动内容与商务运作规范的学科，也是一门具有涉外商务活动特点、实践性很强的综合性应用学科。通过本课程的学习，学生可初步掌握有关国际货物贸易的基本理论、基本知识和基本技能，因此，凡国际经贸类专业都把本课程作为一门必修的专业基础课程。特别是在中国加入世界贸易组织（WTO）后，大量外商来华投资设厂和从事贸易活动，国内从事国际贸易的厂商特别是民营企业也大量增加，其中许多企业人员还要走出去做生意，这些从业人员都需要切实掌握从事国际贸易的“生意经”，才能有效地开展国际商务活动和实现自身的经营意图，并确保取得良好的经济效果。

为了学好本门课程，学员首先要了解本导论概述的有关内容，其中包括国际贸易的特点、国际货物贸易适用的法律与惯例、国际贸易遵循的准则、国际货物贸易的基本做法以及本课程的研究对象和学习方法，现分别概述如下。

一、国际贸易的特点

国际贸易属跨国家、跨地区性质的交易，它虽是国内贸易的延伸，却具有许多不同于国内贸易的特点，其交易环境、交易条件、交易程序、贸易做法及所涉及的问题，都远比国内贸易复杂。国际贸易的特点，概括起来，主要表现在下列几个方面。

（一）国际贸易是一项具有涉外性质的商业活动

国际贸易的这一特点表明，它不仅是一项经济活动，也是涉外活动的一个方面，因此，在对外交往中，不仅要考虑经济利益，而且还应配合外交活动，体现并贯彻国家对外方针政策，防止出现忽视和违反政策的偏向。在商务运作过程中，要切实按国际规范行事，恪守“重合同、守信用”的原则。在同外商交往和接触时，要讲究礼仪，不卑不亢，落落大方，言谈举止得当，尊重对方民族习惯，以利对外树立和保持良好的形象。

（二）国际贸易环境错综复杂，变化多端

在国际贸易中，交易双方处在不同国家和地区，各国的政治制度、法律体系不同，文化背景互有差异，价值观念也往往有别，在洽商交易和履约过程中，涉及各自不同的法律规定、政策措施、贸易惯例和习惯做法，情况千差万别，错综复杂。

国际贸易的发展，一般不如国内贸易稳定，它易受国际政治、经济形势和各国政策及其他客观条件变化的影响，尤其在当前国际局势动荡不安、国际金融市场变幻莫测与商品价格瞬息万变的情况下，国际贸易的不稳定性更加明显。

（三）国际贸易的风险远比国内贸易大

在国际贸易中，交易双方的成交量通常都比国内贸易大，而且交易的商品往往需要通过长途运输，在远距离的运输过程中，可能遇到各种自然灾害、意外事件和其他外来风险，加之国际市场情况复杂、多变，海盗活动猖獗，恐怖分子破坏，从而更加大了国际贸易的风险程度。

（四）国际贸易线长、面广，中间环节多

在国际贸易中，交易双方相距遥远，在开展交易过程中，包括许多中间环节，涉及面很广，除了双方当事人外，还涉及各种中间商、代理商以及为国际贸易服务的商检、仓储、运输、保险、金融、海关等部门，若一个部门、一个环节出现问题，就会影响整笔交易的正常进行。

（五）国际贸易中的竞争异常激烈

在国际贸易中，一直存在着争夺市场的激烈竞争，有时甚至达到白热化的程度。竞争的形式虽表现为商品竞争、市场竞争、技术竞争、服务质量竞争，但归根结底，竞争的实质还是人才的竞争。因此，我们必须增强竞争意识，提高国际贸易从业人员的整体素质和竞争能力，才能在国际市场竞争中立于不败之地。

上述特点表明，国际商务活动情况复杂，难度大，加之，国际市场广阔，从业机构和人员情况复杂，故易产生争议和欺诈活动，频繁发生纠纷案件，稍有不慎，即可能受骗上当，甚至蒙受严重的经济损失。这就要求国际贸易从业人员，不仅必须掌握国际贸易的基本原理、基本知识和基本技能与方法，而且还应具备开拓创新的能力，洞察市场、驾驭市场和解决实际问题的能力以及善于应战和随机应变的能力。

二、国际货物贸易适用的法律与惯例

在国际货物贸易中，交易双方往往处在不同的国家和地区，这些国家和地区的社

会制度、政策措施、法律体系和贸易惯例、贸易习惯做法不同，因而在国际贸易实践中，容易引起合同当事人之间的争议，甚至演变为国家间的贸易摩擦，并引发“贸易战”。为了消除国际贸易发展的障碍和确保国际贸易正常有序地进行，国际贸易从业人员对国际货物贸易适用的法律和国际惯例，必须切实了解，并遵照执行。现将国际货物贸易适用的法律与国际惯例，分别介绍和说明如下。

（一）国际货物贸易适用的法律

关于国际货物贸易适用的法律，归纳起来，有下面两种类型。

1. 适用合同当事人所在国国内的有关法律

世界许多国家都制定了调整与管理对外贸易的法律法规，尤其是一些经济贸易发达的国家，还专门颁布了对外贸易法。当代对外贸易法调整、管理的对象，不仅包括货物贸易，也包括服务贸易和技术贸易。对外贸易法是一个国家对外贸易总政策的集中体现。因此，凡进出口企业都应遵守有关国家的对外贸易法。例如，《中华人民共和国对外贸易法》是我国外贸领域中一项最根本、最重要的法律，它涉及对外贸易经营权、国营贸易、贸易救济措施、贸易壁垒调查、自由贸易区和透明度原则等，无论出口或进口合同的当事人，都应了解其内容，并严格遵守其中的有关规定。

此外，在国际货物贸易中，合同当事人还应分别遵守各自所在国的合同法等有关法律。例如，《中华人民共和国合同法》第 7 条规定：“当事人订立、履行合同，应当遵守法律、行政法规，尊重社会公德，不得扰乱社会经济秩序，损害社会公共利益。”为了维护合同的严肃性和确保依法成立的合同能够切实贯彻执行，我国《合同法》第 8 条还规定：“依法成立的合同，对当事人具有法律约束力。当事人应当按照约定履行自己的义务，不得擅自变更或者解除合同。依法成立的合同，受法律保护。”我国《合同法》的这些规定，不仅适用于国内货物贸易合同，也适用于我国对外订立的进出口合同。由此可见，在国际货物贸易中，合同当事人都必须遵守本国的有关法律规定。

在这里需要说明的是，由于进出口合同双方当事人所在国的法律制度不同，因此，对同一问题可能出现不同的法律规定，从而在法律上会作出不同的解释并得出不同的结论。为了解决这种法律冲突，一般在国内法中规定了解决冲突规范的办法。例如，我国《合同法》第 126 条即作了这样的规定：“涉外合同的当事人可以选择处理合同争议所适用的法律，但法律另有规定的除外。涉外合同的当事人没有选择的，适用与合同有最密切联系的国家的法律。”根据这项法律规定，在我国进出口合同中，交易双方可以协商约定处理合同争议所适用的准据法，其中，既可选择适用买方或卖方所在国的法律，也可以选择适用买卖双方同意的第三国的法律或有关的国际条约或公约。若买卖双方没有在进出口合同中约定解决合同争议所适用的法律，则由受理合同争议的法院或仲裁机构，依据与合同有最密切联系的国家的法律来处理合同项下的争议。例如，在 2006 年，中国某公司签订一项进出口合同时，没有约定处理合同争议所适用的准据法，在履约过程中，交易双方在交货品质和付款问题上产生争议，经彼此协商未果，卖方遂向中国国际经济贸易仲裁委员会提请仲裁。在仲裁过程中，交易双方对解决合同争议所适用的法律问题存在分歧。仲裁庭考虑本案合同的签约地、标的物和仲裁地都在中国，根据最密切联系的原则，裁定按中国法律解决本案实体争议。

2. 适用有关的国际协定、条约或公约

在国际货物贸易中，由于各国国内法的规定互不相同，有些甚至差异很大，加之，各国贸易利害关系不同，如单靠某一国家的国内法，已经不能解决国际贸易争议，难以使各方当事人都能接受。因此，各国政府和一些国际组织为了消除国际贸易障碍和解决国际贸易争议，便相继缔结或参加了一些双边或多边的国际贸易方面的协定、条约和公约，其中有的已被大多数国家所接受，并且行之有效。由此可见，进出口合同的订立、履行和处理合同争议，还必须符合合同当事人所在国缔结或参加的有关国际贸易、运输、商标、专利、知识产权和仲裁等方面的协定、条约或公约。我国对外缔结或参加的双边或多边的有关国际货物贸易方面的协定、条约和公约很多，现就其主要的分别概括介绍和说明如下。

（1）双边协定。我国同许多国家和地区分别订立了双边的贸易协定、支付协定和运输协定等，在同这些订有协定的国家进行贸易时，我们必须严格遵守对外所签订的协议，如合同双方发生争议，也应根据协议精神和有关规定来处理。

（2）多边协定。自 2001 年 12 月 11 日我国加入世界贸易组织后，我们按照 WTO 协定的有关规定和我国政府曾经作出的承诺，清理、修改和公布了所有与贸易有关的法律、法规，使各项法律、法规的实施更加透明，这就有利于我国按国际规范处理有关经济贸易方面的事宜，切实按世界贸易组织规则行事，以维护国家的利益和建立正常的国际经济贸易秩序。

2004 年 11 月 29 日，我国又和东盟正式签署了《中国—东盟全面经济合作框架协议货物贸易协议》和《中国—东盟争端解决机制协议》。根据协议规定，在 2015 年前，我国和东盟十国将建成继欧盟、北美自由贸易区之后世界第三大自由贸易区，而且也是发展中国家组成的最大的自由贸易区。随着这些协议的实施和自由贸易关系的发展，将创造无限的商机和迎来双赢、多赢的局面。

（3）国际条约或公约。有关国际贸易的国际条约或公约很多，我国有选择地相继参加了一些有关的国际条约或公约。其中，《联合国国际货物销售合同公约》和《承认及执行外国仲裁裁决公约》（即《1958 年纽约公约》），与国际货物买卖合同的订立、履行和处理合同的争议，关系最为密切。

《联合国国际货物销售合同公约》是联合国国际贸易法委员会，于 1980 年 4 月，在维也纳召开的包括主要贸易国家在内的 62 个国家的代表参加的外交会议上讨论修改后通过的。我国是最早加入《联合国国际货物销售合同公约》的缔约国之一，我国核准该公约时，对其适用范围曾提出了保留，即认为该公约的适用范围，应仅限于营业地分处于不同缔约国的当事人之间所订立的货物买卖合同。本着对缔约国缔结或参加国际条约或公约“必须遵守”的原则，在法律适用问题上，条约或公约优先于国内法律。

在我国对外订立的进出口合同中，若合同双方当事人都是《联合国国际货物销售合同公约》成员国的企业，或者，双方当事人约定该公约为处理合同争议所适用的准据法，则履行合同和处理争议，都得依据该公约的规定行事。由此可见，我们必须高度重视、认真研究和切实执行这项对我国进出口贸易关系密切而又非常重要的国际公约。

《承认及执行外国仲裁裁决公约》是1958年6月10日由联合国在纽约召开的国际商事仲裁会议上签订的，故又称《1958年纽约公约》。该公约承认缔约国双方当事人所签订的仲裁协议有效，根据仲裁协议所作出的仲裁裁决，缔约国承认其效力，并有义务执行。1986年12月，我国参加了该公约。因此，我们对该公约内容，必须切实了解，以便正确地执行仲裁裁决和维护自身的合法权益。

（二）国际货物贸易适用的惯例

1. 国际贸易惯例的含义

国际贸易惯例有其特定的解释，它通常是指国际组织根据国际贸易实践中逐渐形成的一般习惯做法制定成文的规则，且这些规则，根据当事人意思自治的原则，被国际上普遍接受和广泛使用，而成为公认的国际贸易惯例。由此可见，要了解国际贸易惯例的含义，必须明确下列三点：

第一，国际贸易惯例虽是在国际贸易习惯做法的基础上产生的，尽管二者有联系，但不能把国际贸易中的贸易习惯做法与国际贸易惯例等同起来，视为同义语，因为，国际贸易惯例的层次高于贸易习惯做法。

第二，国际贸易惯例是指国际组织编纂成文的规则，凡未成文的国际贸易中某些习惯做法，不能称为国际贸易惯例。

第三，国际贸易惯例必须是国际上普遍接受和广为使用的规则。

2. 国际贸易惯例的性质与法律地位

国际贸易惯例是根据合同当事人意思自治的原则采用的，因此，当事人完全可以根据自己的意愿，决定采用或排除某项国际贸易惯例，也可根据双方当事人的约定，对某项惯例进行修改，这是因为，国际贸易惯例本身不是法律，它不具有强制性，而是具有国际社会民间性质的行为规范，合同当事人是否采用某项国际贸易惯例，完全根据自愿的原则。在此需要说明的是，尽管国际贸易惯例本身不具有法律效力，但通过政府立法和国际立法，可赋予国际贸易惯例法律效力。有些国家的法律明文规定，凡本国法律没有规定的，则适用国际贸易惯例。比如，《中华人民共和国民法通则》第142条第3款规定："中华人民共和国法律和中华人民共和国缔结或者参加的国际条约没有规定的，可以适用国际惯例。"又如，《联合国国际货物销售合同公约》规定，凡合同没有排除的惯例，人们经常使用和反复遵守的惯例，人们已经知道和应当知道的惯例，都适用于合同。此外，各国法院和仲裁机构处理涉外争议案时，也往往参照国际贸易惯例。综上所述，足见国际贸易惯例具有重要的法律地位。

3. 国际贸易惯例的作用

国际贸易惯例的产生、发展和广泛使用，有效地促进了国际贸易的发展。例如，国际法协会和国际商会等国际组织先后制定和公布了一系列有关国际货物贸易方面的统一惯例和通行的规则，这些惯例与规则，已被国际贸易界、银行界和法律界普遍接受和采纳，并成为国际上公认的一般国际贸易惯例和商务行为模式，这就有利于简化交易手续，加速成交过程，提高履约率，并便于处理合同争议。

在这里还应指出的是，国际贸易惯例是国际贸易法律的重要渊源，它有效地弥补了国际贸易法律的不足，它同国际贸易法律起着相辅相成的作用。由此可见，人们不仅要了解法律，严格遵守法律，并受国际贸易有关法律的约束，而且还要了解惯例，高度重视惯例，并切实按国际贸易惯例办事。只有这样，才能有效地开展国际商务活动和维护正常的国际经济贸易秩序。

4. 关于国际贸易中几类常用的国际贸易惯例

为了适应国际贸易发展的需要和规范国际贸易行为，各种国际组织相继制定和公布的国际贸易惯例很多，其中主要包括解释国际贸易术语适用的惯例、托收适用的国际惯例、跟单信用证适用的国际惯例、备用信用证适用的国际惯例和银行保函适用的国际惯例等。关于这些国际贸易惯例产生的历史背景、涵盖的内容及其具体解释和实际运用，将结合本书各有关章节的内容，分别加以介绍和说明。

三、国际贸易遵循的准则

为了有效地开展国际贸易，根据国际、国内有关法规和国际贸易实践经验，在对外订立、履行合同和处理合同争议过程中，必须遵循下列行之有效的准则。

（一）当事人法律地位平等

在订立进出口合同和履约过程中，交易双方当事人的法律地位平等，不论其背景如何，也不论其实力强弱，都处于平等的法律地位，都同样受到法律的约束和保护。我国《合同法》第 3 条明确规定：“合同当事人的法律地位平等，一方不得将自己的意志强加给另一方。”为了充分体现上述规定的精神，必须做到下列几点：

第一，交易条件必须由交易双方当事人平等地协商确定，合同内容确是双方真实意思的表现。

第二，合同一旦依法成立，交易双方当事人都必须严格履行约定的义务，未经双方协商一致，任何一方不得擅自变更或解除合同。

第三，任何一方当事人违约，都必须承担相应的违约责任，并在追究违约责任时，都适用同一法律，不得区别对待。

（二）缔约自由

缔约自由是指根据当事人意思自治的原则订立合同，它是国际上一般通行的准则。《国际统一私法协会国际商事合同通则》第 1.1 条中明确规定：“当事人有权自由订立合同并确定合同的内容。”我国《合同法》第 4 条规定：“当事人依法享有自愿订立合同的权利，任何单位和个人不得非法干预。”在此需要说明的是，缔约自由，并不意味着当事人可以随意订立合同，而是要依法订立合同，即订立合同的程序和合同的内容，都应遵守法律和行政法规。具体地说，当事人在法定范围内，有权根据自己的意愿决定是否签订合同，与谁签订合同，确定合同内容以及采取何种合同形式，任何单位和个人都不得非法干涉。

（三）公平交易

公平交易是国际上公认的一项通行的准则，与此相对应的是显失公平，即明显地偏袒一方当事人而损害另一方当事人的合法权益。例如，约定的价格明显过高或过低，或违约责任的约定过于不当等。我国《合同法》第5条规定："当事人应当遵循公平原则确定各方的权利和义务。"据此，当事人约定履行的义务和享受的权利应当对等，应当公正合理。否则，受损害一方当事人有权请求法院或仲裁机构予以纠正。

（四）诚实信用

在《联合国国际货物销售合同公约》和《国际统一私法协会国际商事合同通则》中，都强调开展国际贸易必须遵循诚实信用的原则。我国《合同法》第6条规定："当事人行使权利、履行义务应当遵循诚实信用原则。"由此可见，诚实信用是当事人订立、履行合同和处理合同争议必须遵循的准则。为了有效地贯彻这一公认的准则，合同各方当事人应以诚相待，实事求是，言而有信，表里如一，意思表达要真实，言行要符合实际，不得歪曲事实真相，不得谎报情况或进行欺诈活动。总之，诚实信用原则是一项强制性规范，它将道德规范与法律规范融为一体，当事人既不得约定排除其适用，也不得有任何违反此项准则的行为。

（五）恪守合同

进出口合同订立后，交易双方都应严格履行约定的义务，任何一方都不得擅自单方面变更合同内容和终止合同，如一方不履行合同或违反约定条件，即构成违约，守约方有权追究违约方的法律责任。若当事人因不可抗力等原因不能履行或不能按期履行合同时，也应及时向对方通报情况，以避免对方的损失扩大。一方当事人因故需要变更或解除合同时，应与对方协商，并取得对方的同意方可。总之，合同是对各方当事人具有法律约束力的文件，当事人在履约过程中，必须严肃对待合同，切实遵守合同，不折不扣地行使合同权利和履行合同义务。

（六）遵守法律

遵守法律是一项最基本的强制性的规范，也是国际上公认的准则。因此，在订立、履行合同和处理合同争议过程中，合同各方当事人都必须具有法律意识和法治观念，严格遵守法律，切实依法行事。

订立合同是一种法律行为，必须经过一定的法律步骤，合同成立也必须经过法定程序，合同的内容和形式都必须合法，只有依法成立的合同，才具有法律效力，才能受到法律的保护。

履行依法成立的合同，同样是一种法律行为，即行使约定的权利和履行约定的义务。只要是合法履行依法成立的合同，就有实际法律意义，就同样能受到有关法律的保护。在我国境内履行进出口合同，应适用我国法律。当事人若不履行依法成立的合同，或者擅自变更合同，甚至随意毁约，应承担违约的法律后果，蒙受损失的当事人，可以采取法律补救措施和追究违约方的法律责任。

在处理进出口合同争议时，除法律本身有规定外，当事人可以选择或约定处理合同争议适用的法律。

总之，在订立、履行合同和处理合同争议时，都必须符合法律规定，才能得到法律保护。否则，不仅得不到法律保护，还得承担违法的后果。

四、国际货物贸易的基本做法

国际货物贸易从一个国家的角度来看，可分为进口贸易和出口贸易。尽管进口贸易和出口贸易的程序相反，其业务运作的侧重点也各不相同，但都分别包括交易前的准备、商订合同和履行合同三个阶段。现将进出口贸易的一般业务程序，各种国际贸易方式的灵活运用和预防与解决合同争议的办法，分别概述如下。

（一）进出口贸易的一般业务程序

1. 出口贸易的程序

（1）交易前的准备。出口交易前的准备工作，主要包括：落实货源和做好备货工作；加强对国外市场与客户的调查研究，选择适销的目标市场和资信好的客户；制定出口商品经营方案或价格方案，以利对外洽商交易时胸有成竹；开展多种形式的广告宣传和促销活动。

（2）商定出口合同。在做好上述准备工作之后，即通过函电联系或当面洽谈等方式，同国外客户磋商交易，当一方的发盘被另一方接受后，交易即告达成，合同就算订立。

（3）出口合同的履行。出口合同订立后，交易双方就要根据重合同、守信用的原则，履行各自承担的义务。如按 CIF 条件和信用证付款方式达成的交易，就卖方履行出口合同而言，主要包括下列各环节的工作：认真备货，按时、按质、按量交付约定的货物；落实信用证，做好催证、审证、改证工作；及时租船订舱，安排运输、保险，并办理出口报关手续；缮制、备妥有关单据，及时向银行交单结汇和收取货款。

2. 进口贸易的程序

（1）交易前的准备。进口交易前的准备工作，主要包括：制定进口商品经营方案或价格方案，以便在对外洽商交易和采购商品时，做到心中有数，避免盲目行事；在对国外市场和外商资信情况调查研究的基础上，货比三家，选择适当的采购市场和供货对象。

（2）商定进口合同。商定进口合同与商定出口合同的程序和做法基本相同，但应强调指出的是，如属购买高新技术、成套设备或进行大宗交易，更应注意选配好洽谈人员，组织一个包括有各种专长的专业人员的精明能干的谈判班子，并切实做好比价工作。

（3）进口合同的履行。履行进口合同与履行出口合同的程序相反，工作侧重点也不一样。如按 FOB 条件和信用证付款方式成交，买方履行合同的程序，一般包括下列事项：按合同规定向银行申请开立信用证；及时派船到对方口岸接运货物，并催促卖方备货装船；审核有关单据，在单证相符时付款赎单，办理进口报关手续，并验收货物。

（二）各种国际贸易方式的灵活运用

在国际贸易中，除上述通常使用的单边进口和单边出口这种逐笔售定的贸易方式外，根据市场环境、商品流通渠道、交易条件和贸易习惯等方面的不同，还可采用其他各种贸易方式，如经销、代理、寄售、展卖、招标与投标、拍卖、期货交易、对销贸易和加工贸易等。近年来，随着网络技术的发展和贸易方式、方法的改变，又兴起了无纸贸易与电子商务这种新型的贸易方式。每种贸易方式，都有各自的特点，其具体要求和做法各不相同。因此，了解各种贸易方式的特点，学会灵活运用和综合使用各种贸易方式，对发展对外贸易具有重要的意义。

实践表明，我国灵活运用各种贸易方式是很有成效的。例如，为了利用外商的销售渠道，我国生产的轻纺产品、机电产品和工艺品等，采用经销、代理和寄售等方式，有效地扩大了销路。我们利用招标与投标以及对销贸易的方式，既采购了我国急需的建设物资、生产设备和器材，又扩大了我国产品的出口。为了增加外汇收入，我们还开展了各种形式的加工贸易。此外，期货交易和无纸贸易与电子商务，也相继发展起来，其运用范围正在扩大。上述各种贸易方式，将在本书有关章节中分别加以阐述。

（三）预防与解决合同争议的办法

在国际货物买卖中，无论通过何种贸易方式达成的交易，在订立合同后，如果合同没有履行，或履约当中一方出现违约情况，致使对方蒙受经济损失，则受损害方有权采取各种必要的救济方法，这就会产生索赔、理赔与处理纠纷的问题。针对合同订立后可能出现这些问题，当事人在订立买卖合同时，即应约定异议与索赔、违约金与定金、不可抗力和仲裁等条款，以明确处理争议的依据和办法。

五、本课程的研究对象与学习方法

（一）本课程的研究对象

本课程的研究对象主要是，针对国际货物贸易的特点与要求，从实践和法律的角度，分析研究国际货物贸易适用的有关法律与惯例、国际货物买卖过程的实际运作和总结国内外实践经验以及吸收国际上一些行之有效的贸易习惯做法，以便掌握从事国际货物贸易的“生意经”，学会在进出口业务中，既能正确贯彻我国对外贸易的方针政策和经营意图，确保最佳经济效益，又能按国际规范办事，使我国的贸易做法能为国际社会普遍接受，做到同国际市场接轨。

国际间商品交换的具体过程，从一个国家的角度看，具体体现在进出口业务活动的各个环节。在这些环节中，由于存在彼此法律上的不同规定和贸易习惯上的差异，所以在涉及买卖双方的利害关系时，往往会出现利益冲突。研究如何协调这种关系，解决冲突，在平等互利、公平合理的基础上达成交易，完成约定的进出口任务，乃是本课程研究的中心课题。具体地说，本课程研究对象，主要包括以下几个方面：

1. 国际货物贸易有关法律与惯例的运用

国际货物贸易必须按照国际货物买卖的有关法律与惯例进行，在洽商交易、订立合同、履行合同和处理货物贸易争议时，都离不开国际货物买卖的相关法律和惯例。这些相关的法律与惯例，乃是本课程必须研究的主要内容。

鉴于完成每笔交易，不仅需要销售合同，而且还需要运输合同、保险合同和融资合同，而 INCOTERMS（《国际贸易术语解释通则》）专对销售合同中买卖双方交换货物所承担的责任、风险和费用的划分作了具体解释。因此，我们特将有关贸易术语的惯例安排在本书第一篇专门加以详细阐述，而其他国际贸易惯例，则结合本书其他篇章的有关内容，分别予以介绍和说明。

2. 国际货物买卖合同各项条款的约定

合同条款是交易双方当事人在交换货物、收付货款和解决争议等方面的权利与义务的具体体现，也是交易双方履行合同的依据和调整双方经济关系的法律文件。按照各国法律规定，买卖双方可以根据“契约自主”的原则，在不违反法律的前提下，规定符合双方意愿的条款，这就必然导致合同内容的多样性。因此，研究合同中各项条款的法律含义及其所体现的权利与义务关系，乃是本课程所要研究的最基本的内容。

在国际货物买卖合同中，除订明采用何种贸易术语成交外，还应就成交商品的名称、品质、数量、包装、价格、运输、保险、支付、检验、索赔、不可抗力和仲裁等交易条件作出明确具体的规定。由于这些交易条件的内涵及其在法律上的地位和作用互不相同，故了解各种合同条款的基本内容及其规定办法，有着重要的法律和实践意义。

鉴于合同条款的重要性及其涵盖的内容很广泛，故本书以较大的篇幅将各项条款集中在第二篇中分别加以阐述。

3. 国际货物买卖合同的商订与履行

在国际货物贸易中，交易双方通过函电洽商或当面谈判就各项交易条件达成一致后，交易即告达成，一般地说，合同即告成立，买卖双方当事人就存在合同关系，彼此就应重合同、守信用，各自履行约定的义务。

合同的履行，是实现货物和资金按约定方式转移的过程。在履约过程中，环节很多，程序繁杂，情况多变，如稍有不慎，或某些环节出问题，或合同当事人违约，都会影响合同的履行，甚至可能引起争议或法律纠纷。因此，外贸从业人员不仅要了解合同成立的法律步骤和履行合同的基本程序，而且还应了解如何处理履约当中产生的争议，并掌握违约的救济方法，以保障合同当事人的合法权益。

鉴于订立、履行合同和处理合同争议，都涉及合同当事人的正当权益，故研究如何依法订立合同、正确履行合同和妥善处理合同争议，就成为本课程不可缺少的一项重要内容。

4. 国际贸易方式的运用

随着国际经济关系的日益密切和国际贸易的进一步发展，国际贸易方式、渠道日益多样化和综合化。除传统的贸易方式外，还出现了融货物、技术、服务和资本移动为一体的新型的国际贸易方式。在国际贸易方式中，除单边进口和单边出口外，还包括包销、代理、寄售、展卖、商品期货交易、对销贸易、加工贸易、无纸贸易和电子商务等。介绍和阐述各种贸易方式的性质、特点、作用、基本做法与选用时的注意事项，也属本课程必须研究的一个重要方面。

5. 跨境电子商务

随着现代信息技术及网络技术的发展，国际互联网已经对全球贸易产生了实质性的影响，特别是网络让国际贸易的运作方式发生变化，还产生了新的商业模式。以往中小企业在国际市场很难与大企业竞争，现在有了网络市场的第三方交易平台和全球供应链的服务体系，中小企业可以很便利地参与全球贸易。全球贸易的小包化趋势使得跨境电子商务得到了飞速发展。我们不仅要了解传统的业务模式，还需要了解最新的跨境电子商务发展和各种商业模式。本课程对这种最新的国际贸易方式、商业模式进行概括、总结，让读者能够正确认识跨境电子商务的各种做法和方式。这对于外贸企业的业务转型和模式创新的探索有着重大的意义。

（二）学习本课程的方法

根据本课程的性质、研究对象及其涵盖的内容，在学习过程中，需要掌握下列基本的学习方法。

1. 必须贯彻理论联系实际的原则

在学习本课程时，要以国际贸易基本原理和国家对外方针政策为指导，将国际贸易、中国对外贸易政策理论等先行课程中所学到的基础理论和基本政策，在本学科中加以具体运用，以便理论与实践、政策与实务有效地结合起来，不断提高分析、解决实际问题的能力。

2. 必须注意业务与法律的联系

国际贸易法律课的内容同本课程内容关系密切。因为，国际货物买卖合同的成立必须经过一定的法律步骤，国际货物买卖合同是对合同当事人双方有约束力的法律文件，履行合同是一种法律行为，处理履约当中的争议实际上是解决法律纠纷问题。在学习本课程时，应同有关法律课程的内容联系起来考虑，即要求从实践和法律两个侧面来研究本课程的内容。

3. 认真贯彻“洋为中用”的原则

为了适应国际贸易发展的需要，国际商会等国际组织相继制定了一系列有关国际货物贸易、国际货款结算和国际备用信用证与银行保函等方面的国际惯例与规则，这些惯例与规则，已成为当前国际贸易中公认的一般国际惯例，并被人们普遍接受和经常使用，而为国际贸易界从业人员所共同遵守。因此，学习本课程时，我们必须根据“洋为中用”的原则，密切结合本国国情来研究国际上一些通行的惯例和普遍实行的原则，并学会灵活运用国际上行之有效的贸易方式和贸易习惯做法，以利按国际规范办事，力求在商务运作上做到同国际市场接轨。

4. 坚持“学”“用”结合的原则

由于本课程是一门实践性很强的综合性应用学科，故在教学过程中要注重实例、案例教学和操作演练，要开展模拟教学、现场教学活动，并结合现场参观、实习，增加感性知识，加强基本技能的训练，提高业务素质和商务运作能力，把“学”和“用”结合起来。

在这里，需要特别提出的是，对外经济贸易大学经过多年对改革国际贸易实务教学的不断探索和反复实践，建立了国际贸易实务模拟教学模式。为了进一步推广这一成功的教学经验，2005 年 6 月，学校正式将这种新的教学模式编入《本科生实践教学管理办法》，使之制度化、规范化，从而成为广大学生专业实习的一种重要形式。

综上所述，本门课程涉及的内容非常广泛，也非常重要。为了便于今后能有效地参加国际竞争和开展国际商务活动，我们必须认真学好本门专业基础课程，掌握从事国际贸易的“生意经”，以便收到学以致用的预期效果。

思考题

1. 国际贸易有哪些特点？如何针对这些特点开展国际商务活动？

2. 了解国际贸易适用的法律与国际贸易惯例有何重要意义？

3. 在我国进出口贸易中，为什么要遵循《联合国国际货物销售合同公约》和国际上公认的准则？

4. 国际贸易实务课程的研究对象是什么？学好这门课程的基本方法有哪些？

案例分析题

2017 年 1 月 2 日，营业地均在香港的交易双方在中国内地签订买卖 2 万公吨锰矿的合同，合同规定目的港为湛江港，但未约定处理合同争议的准据法。后在履约过程中发生争议，卖方提请中国国际经济贸易仲裁委员会仲裁。申请人认为，本案不适用《联合国国际货物销售合同公约》，而被申请人则主张本案应优先适用该《公约》，你认为，本案应适用什么法律才合适？并说明理由。

第一篇　国际贸易术语

国际贸易术语是用来表示国际货物买卖的交货条件和价格构成因素的专门用语。了解国际贸易中各种现行的贸易术语及其相关的国际贸易惯例，不仅有利于正确约定交货条件和合理确定成交价格，而且也有利于在履约过程中正确运用和解释贸易术语，避免或减少争端，并按国际贸易惯例行事，以维护国际贸易的正常秩序。

第一章

贸易术语与国际贸易惯例

在国际货物买卖中，交易双方通过磋商，确定各自应承担的义务。作为卖方，其主要义务是提交合格的货物和单据；买方的对等义务则是受领货物和单据并支付货款。在货物交接过程中，有关风险、责任和费用的划分问题，也是交易双方在谈判和签约时需要明确的重要内容，通常将这些称作交货条件（Delivery Terms）。交货条件与商品的价格密切相关，也就关系到合同当事人的切身利益。在实际业务中，对于上述问题，往往通过使用的贸易术语加以确定。可见学习和掌握国际贸易中现行的各种贸易术语及其有关的国际惯例，具有十分重要的意义。

第一节　贸易术语的概念及其发展

一、贸易术语的含义和作用

国际贸易具有线长、面广、环节多、风险大的特点。货物从起运地到目的地通常要经过长距离运输，通过多道关卡，交接许多手续。这期间货物遭遇自然灾害或意外事故而导致损坏或灭失的风险也比国内贸易大。为了明确交易双方各自承担的责任、义务，当事人在洽商交易、订立合同时，必然要考虑以下几个重要问题：

（1）卖方在什么地方，以什么方式交货？

（2）货物发生损坏或灭失的风险何时由卖方转移给买方？

（3）采用何种运输方式来完成货物的运输？

（4）由谁负责办理货物的运输、保险和通关过境的手续并承担相关的费用？

（5）买卖双方需要交接哪些有关的单据？

在具体交易中，以上这些问题都是必须明确的，贸易术语正是为了解决这些问题，在长期的国际贸易实践中逐渐产生和发展起来的。在国际贸易中，确定一种商品的成交价，不仅取决于其本身的价值，还要考虑到商品从产地运至最终目的地的过程中，有关的手续由谁办理以及风险如何划分等一系列问题。由此可见，贸易术语具有双重性。一方面它是用来确定交货条件，即说明买卖双方在交接货物时各自承担的风险、责任和费用；另一方面又用来表示该商品的价格构成因素。这两者是紧密相关的。

综上所述，贸易术语是在长期的国际贸易实践中产生的，用来表明商品的价格构成，说明货物交接过程中有关的风险、责任和费用划分问题的专门用语。

贸易术语在国际贸易中的作用可以归纳为以下几点：

（1）每种贸易术语都有其特定的含义，一些国际惯例对各种贸易术语也作了统一的解释和规定，这些解释与规定在国际上被广泛接受，成为从事国际贸易的行为准则。因此，买卖双方只要商定按何种贸易术语成交，即可明确彼此在货物交接方面所应承担的风险、责任和费用。这就大大简化了交易手续，缩短了洽商时间，从而节约了费用开支。

（2）由于贸易术语可以表示商品的价格构成因素，所以，买卖双方确定成交价格时必然要考虑采用的贸易术语中包含哪些从属费用，如运费、保险费、装卸费、关税、增值税和其他费用，这就有利于交易双方进行比价和加强成本核算。

（3）买卖双方签约时，可能对某些涉及权利和义务的问题规定得不明确，致使履约中产生的争议不能依据合同的规定解决，这种情况下，可以援引有关贸易术语的一般解释来处理。所以，熟练掌握国际贸易中的各种贸易术语，有利于妥善解决贸易争端。

二、贸易术语的产生与发展

国际贸易起源于奴隶社会，它是随着商品交换跨越国界而产生的，然而贸易术语却是国际贸易发展到一定历史阶段的产物。据有关史料记载，中世纪时，海外贸易的主要形式是，商人自己备船将货物运到国外，在当地市场直接销售。也有一些商人则亲自到国外采购货物然后运回国内。还有的是两者兼顾，在售出货物的同时，购进所需的货物。不论哪种方式，都是由货主自己承担货物在长途运输中的全部风险、责任和费用。这些做法是与当时的商品经济发展水平相适应的，那时还没有关于贸易术语的记载。18 世纪末、19 世纪初，出现了装运港船上交货的术语，即 Free on Board（FOB）。据有关资料介绍，当时所谓的 FOB，是指买方事先在装运港口租定一条船，并要求卖方将其售出的货物交到买方租好的船上。买方自始至终在船上监督交货的情况，并对货物进行检查，如果他认为货物与他先前看到的样品相符，就在当时当地偿付货款。这一描述的情景虽然有别于今天使用的凭单交货的 FOB 术语，但可以说它是 FOB 的雏形。随着科学技术的进步，运输和通信工具的发展，国际贸易的条件发生了巨大的变化，为国际贸易服务的轮船公司、保险公司纷纷成立，银行也参与了国际贸易结算业务。到 19 世纪中叶，以 CIF（Cost，Insurance，Freight）为代表的单据买卖方式逐渐成为国际贸易中最常用的贸易做法。

国际贸易术语在长期的贸易实践中，无论在数量、名称及其内在含义方面，都经历了很大的变化。随着贸易发展的需要，新的术语应运而生，过时的术语则逐渐被淘汰。例如，国际商会于 1936 年制定并于 1953 年修订的《国际贸易术语解释通则》（简称《通则》）中只包括了 9 种贸易术语，它们是工厂交货（EXW），铁路交货（FOR），装运港船边交货（FAS），装运港船上交货（FOB），成本加运费（C&F），成本保险费加运费（CIF），运费付至（Freight or Carriage paid to），目的港船上交货（DES）和目的港码头交货（DEQ）。后来，由于业务发展的需要，《通则》做了多次修订。例如，为适应航空货运业务的发展，增加了起运地机场交货术语（FOA）；为适应集装箱多式联运业务的要求，增加了货交承运人（FRC）以及铁路交货（FOR/FOT），边境交货（DAF）和完税后交货（DDP）术语。当《1980 通则》问世时，它所包含的贸易术语已增加到 14 种。在 20 世纪 80 年代中期，随着科学技术的飞速发展，通过电脑进行的电子数据交换在发达国家得到日益广泛的运用，集装箱多式联运业务也在国际货物运输中进一步普及。为适应这种新的形势，国际商会又于 1990 年推出了《1990 通则》，简称《90 通则》。在《90 通则》中，删除了仅适用于单一运输方式的铁路交货（FOR/FOT）和起运地机场交货（FOA），增加了未完税交货（DDU）。这样，将原来的 14 种术语改为 13 种，并且对部分术语的国际代码做了适当的改动，对各种贸易术语的解释更加系统化、条理化和规范化。20 世纪 90 年代后期，国际商会又根据新技术革命和国际贸易发展的需要，对已使用了十年的《90 通则》作了进一步的修订，在此基础上推出了《2000 通则》。新通则保留了原来的 13 种术语，并将其包含的 13 种术语，按照起始字母的不同分为 E、F、C、D 四个组，另外对当事人的有关义务的规定方面做了适当的变更。后来，国际商会又根据形势发展的需要，在广泛征求意见的基础上，对《2000 通则》进行了修订，删去了 DAF，DES 和 DDU 代之以 DAP（目的地交货），并且以 DAT（运输终端交货）取代了 DEQ，将原来的 13 种术语改为 11 种，并由此产生了《2010 通则》。2019 年秋，国际商会又依照十年一修订的惯例，根据《2010 通则》在业务实践的情况，对其作出了小范围的调整，推出了最新的《2020 通则》。以上事实充分说明贸易术语是在贸易实践中产生的，促进了业务的发展，并且随着贸易实践的发展变化而变化。

第二节　国际贸易惯例及其性质和作用

一、关于贸易术语的国际贸易惯例

贸易术语是在国际贸易实践中逐渐形成的，相当长的时间内国际上没有形成对各种贸易术语的统一解释。不同国家和地区在使用贸易术语和规定交货条件时，有着各种不同的解释和做法。这样，一个合同的当事人对于对方国家的习惯解释，往往不甚了解，这就会引起当事人之间的误解、争议和诉讼，既浪费了各自的时间和金钱，也影响了国际贸易的发展。为了解决这一问题，国际商会、国际法协会等国际组织以及美国一些著名商业团体经过长期的努力，分别制定了解释国际贸易术语的规则，这些规则在国际上被广泛采用，因而形成了一般的国际贸易惯例。

现行的有关贸易术语的国际贸易惯例主要有三种，即《1932年华沙—牛津规则》、《1990年美国对外贸易定义修订本》和《国际贸易术语解释通则2020》。

（一）《1932年华沙—牛津规则》（Warsaw-Oxford Rules 1932）

《1932年华沙—牛津规则》是国际法协会专门为解释CIF合同而制定的。19世纪中叶，CIF贸易术语开始在国际贸易中得到广泛采用，然而对使用这一术语时买卖双方各自承担的具体义务，并没有统一的规定和解释。对此，国际法协会于1928年在波兰首都华沙开会，制定了关于CIF买卖合同的统一规则，称为《1928年华沙规则》，共包括22条。其后，在1930年的纽约会议、1931年的巴黎会议和1932年的牛津会议上，将此规则修订为21条，并更名为《1932年华沙—牛津规则》，沿用至今。这一规则对于CIF的性质、买卖双方所承担的风险、责任和费用的划分以及所有权转移的方式等问题都做了比较详细的解释。

（二）《1990年美国对外贸易定义修订本》（Revised American Foreign Trade Definitions 1990）

《1990年美国对外贸易定义修订本》（简称《定义》）是由美国几个商业团体制定的。它最早于1919年在纽约制定，原称为《美国出口报价及其缩写条例》。后来于1941年在美国第27届全国对外贸易会议上对该条例做了修订。这一修订本经美国商会、美国进口商协会和全国对外贸易协会所组成的联合委员会通过，由全国对外贸易协会予以公布。1990年，根据形势发展的需要，该《定义》被再次修订，并被命名为《1990年美国对外贸易定义修订本》。

《1990年美国对外贸易定义修订本》中所解释的贸易术语共有6种，分别为：

（1）EXW（Ex Works）（产地交货）；

（2）FOB（Free on Board）（在运输工具上交货）；

（3）FAS（Free Along Side）（在运输工具旁边交货）；

（4）CFR（Cost and Freight）（成本加运费）；

（5）CIF（Cost，Insurance，Freight）（成本、保险费、运费）；

（6）DEQ（Delivered Ex Quay）（目的港码头交货）。

该《定义》主要在美洲一些国家采用，由于它对贸易术语的解释，特别是对第2和第3种术语的解释与《国际贸易术语解释通则》有明显的差异，所以，在同美洲国家进行交易时应加以注意。

近年来，美国许多贸易界人士呼吁放弃该《定义》，而采用国际上更为通行的《国际贸易术语解释通则》。

（三）《国际贸易术语解释通则2020》（INCOTERMS® 2020）

《国际贸易术语解释通则》原文为International Rules for the Interpretation of Trade Terms，简称INCOTERMS，它是国际商会为了统一对各种贸易术语的解释而制定的。

最早的《国际贸易术语解释通则》产生于 1936 年，后来进行过多次修订。现行的《国际贸易术语解释通则 2020》（简称《2020 通则》）于 2019 年 10 月修订完成，并于 2020 年 1 月 1 日起生效。这次修订的主要目的，一方面扩大《国际贸易术语解释通则》的适用范围。国际商会注意到近年来贸易发展的一个重要趋势，即许多国家的企业将原本只适用于国际贸易的贸易术语在国内贸易中也大量运用。国际商会决定接受这一现实，在修订时对术语的解释作了相应的调整。另一方面，新的《2020 通则》还根据各国代表的意见，对原《2010 通则》中的贸易术语的种类进行了整合，对术语的内容进一步完善，使之更方便使用。修订时掌握的主要原则是为了稳定贸易制度环境，可改可不改的，不改；语言表述上更符合业务习惯，更加明确，易于理解；另外尽量保持与《联合国国际货物销售合同公约》的协调。

《2020 通则》对《2010 通则》中的个别贸易术语进行了修改。《2010 通则》中包含有 11 种术语，它们分别是 EXW（工厂交货）、FCA（货交承运人）、FAS（装运港船边交货）、FOB（装运港船上交货）、CFR（成本加运费）、CIF（成本、保险费加运费）、CPT（运费付至指定目的地）、CIP（运费、保险费付至指定目的地）、DAT（运输终端交货）、DAP（目的地交货）和 DDP（完税后交货）。《2020 通则》将 DAT 的缩写修改为 DPU（目的地卸货后交货），并将其排列顺序调整到 DAP 之后。

前已述及，《2000 通则》将其包含的 13 种术语，按照起始字母的不同分为 E、F、C、D 四个组。《2010 通则》不再按 E、F、C、D 分组，而是根据它们适用的运输方式分为两类，即适用于各种运输方式的术语和仅适用于水上运输方式的术语。按照新的分类，适用于各种运输方式的术语包括：EXW、FCA、CPT、CIP、DAT、DAP 和 DDP 七种；仅仅适用于水上运输方式的术语包括：FAS、FOB、CFR 和 CIF 四种。

《2020 通则》沿用了《2010 通则》的分类方法，但不排斥按 E、F、C、D 分组的做法。

就是说，当事人仍可根据每个术语的开头字母了解它所处的组别，进而掌握它在交货地点、风险、责任和费用划分的大致情况。因为按 E 组术语成交，是在货物的产地或所在地交货，风险、责任和费用亦在交货时由卖方转移给买方；按 F 组术语成交，是在装运港或装运地交货，买方承担此后的风险、责任和费用；按 C 组术语成交，也是在装运港或装运地交货，风险在交货时转移，但卖方承担的责任和费用延伸到进口地；按 D 组术语成交，交货地点在目的港或进口国的内地，卖方所承担的风险、责任和费用也延伸到买方在目的地接收货物时。由此可见，从 E 组到 D 组，对于卖方来讲，其合同义务是由小到大的变化，而对于买方来讲，情况则恰恰相反。

另外，《2020 通则》将每种贸易术语项下买卖双方各自承担的义务进行了如下排列：

A. 卖方义务（THE SELLER'S OBLIGATIONS）	B. 买方义务（THE BUYER'S OBLIGATIONS）
A1 一般义务	B1 一般义务
A2 交货	B2 提货
A3 风险转移	B3 风险转移

A4 运输
A5 保险
A6 交货/运输单据
A7 出口/进口清关
A8 查验/包装/标记
A9 费用划分
A10 通知

B4 运输
B5 保险
B6 交货/运输单据
B7 出口/进口清关
B8 查验/包装/标记
B9 费用划分
B10 通知

在进行国际贸易时，当事人除了订立买卖合同外，还往往要涉及运输合同、保险合同、融资合同等。这些合同相互关联，互相影响，但《2020通则》只限于对货物买卖合同中交易双方权利和义务的规定。作为买卖合同的卖方，其基本义务可概括为交货、交单和转移货物的所有权，而《2020通则》也仅仅涉及前两项内容，而且它不涉及买卖合同是否成立、货物的规格和所有权问题、货款的支付问题，也不涉及违约和它产生的后果问题。对于后面这些问题，当事人可以在合同中作出明确具体的规定。另外，国际商会还提醒交易的当事人注意地方法规的强制性规定，因为它们有时会导致合同条款以及所选择的通则的失效。

在有关贸易术语的国际贸易惯例中，《通则》包括内容最多、使用范围最广。近年来，国际商会也感觉到《通则》在世界范围内的影响越来越大，因此，在进行最近的修订时力图保持它的相对稳定性。另外，要注意《2020通则》实施之后并非前面的《通则》就自动废止，就是说当事人在订立贸易合同时仍然可以选择适用《2010通则》或《2000通则》甚至《1990通则》。

国际商会在推出《2020通则》时还提醒贸易界人士，由于《通则》已多次变更，如果当事人愿意采纳《2020通则》，应在合同中特别注明，本合同受《2020通则》的管辖。

二、国际贸易惯例的性质和作用

前已述及，国际贸易惯例是国际组织或权威机构为了减少贸易争端，规范贸易行为，在长期、大量的贸易实践的基础上制定出来的。由此可见，贸易惯例与习惯做法是有区别的。国际贸易业务中反复实践的习惯做法经过权威机构加以总结、编纂与解释，从而形成了国际贸易惯例。美国《统一商法典》对惯例的解释是："一项贸易惯例是在某一地方、某一行业或贸易中所惯常奉行的某种做法或方法，并以之判定发生争议的交易中应予奉行的所期望的行为模式。"

国际贸易惯例的适用是以当事人的意思自治为基础的，因为，惯例本身不是法律，它对贸易双方不具有强制性约束力，故买卖双方有权在合同中作出与某项惯例不一致的规定。只要合同有效成立，双方均要履行合同规定的义务，一旦发生争议，法院和仲裁机构也要维护合同的有效性。但是，国际贸易惯例对贸易实践仍具有重要的规范作用。这体现在，一方面，如果双方都同意采用某种惯例来约束该项交易，并在合同中作出明确规定时，那么这项约定的惯例就具有了强制性。《1932年华沙—牛津规则》在总则中说明，这一规则供交易双方自愿采用，凡明示采用《1932年华沙—牛津规则》者，合同当事人的权利和义务均应援引本规则的规定办理。经双方当事人明示协议，可以对本规则的任何一条进行变更、修改或增添。如本规则与合同发生矛盾，应以合同为准。凡合同中没有规定的事项，应按本规则的规定办理。在《1990 年美国对外贸易定义修订本》中也有类似规定："此修订本并无法律效力，除非有专门的立法规定或为法院判决所认可。因此，为使其对各有关当事人产生法律上的约束力，建议买方与卖方接受此定义作为买卖合同的一个组成部分。"国际商会在《2020 通则》的引言中指出，如果想在合同中使用 INCOTERMS® 2020，应在合同中用类似词语作出明确表示，"所选用的国际贸易术语，包括写明地点，标明 INCOTERMS® 2020"。许多大宗交易的合同中也都作出采用何种规则的规定，这有助于避免对贸易术语的不同解释而引起的争议。另一方面，如果双方在合同中既未排除，也未注明该合同适用某项惯例，在合同执行中发生争议时，受理该争议案的司法和仲裁机构也往往会引用某一国际贸易惯例进行判决或裁决。对此，《联合国国际货物销售合同公约》指出：（1）双方当事人业已同意的任何惯例和之间确立的任何习惯做法，对双方当事人有约束力；（2）除非另有协议，双方当事人应视为默示地同意对他们的合同或合同的订立适用双方当事人已经知道或理应知道的惯例。而这种惯例，在国际贸易中，已为有关特定贸易所涉同类合同的当事人所广泛知道并为他们所经常遵守。

由此可见，国际贸易惯例虽然不具有强制性，但它对国际贸易实践的规范作用却不容忽视。不少贸易惯例被广泛采纳、沿用，说明它们是行之有效的。在我国的对外贸易中，在平等互利的前提下，适当采用这些惯例，有利于外贸业务的开展，而且，通过学习掌握有关国际贸易惯例的知识，可以帮助我们避免或减少贸易争端，即使在发生争议时，也可以引用某项惯例，争取有利地位，减少不必要的损失。

本章小结

综上所述，足见贸易术语是在长期的国际贸易实践中产生和发展起来的专门用语，它用来表明商品的价格构成，说明货物交接过程中有关的风险、责任和费用的划分。一些国际组织和权威机构为了统一各国对贸易术语的解释，在习惯做法的基础上加以编纂、整理，形成了有关贸易术语的国际贸易惯例。惯例不同于法律，没有法律的强制约束力，它由当事人在意思自治的基础上采纳和运用，但是惯例在规范贸易行为、减少和解决贸易争端方面却具有很重要的作用。

思考题

1. 试举例说明贸易术语在国际贸易业务中的作用。
2. 贸易惯例与习惯做法有何联系与区别？

3.《2020 通则》与《1990 年美国对外贸易定义修订本》有哪些主要区别？

4. 你如何理解国际贸易惯例对合同当事人的约束力问题？

案例分析题

卖方 A 公司与买方 B 公司签订了一份关于销售 3 万吨中国圆粒大米的合同。合同中规定的交货条件为 FOB 上海，目的港为沙特阿拉伯的吉达或达曼。B 公司在合同中保证，该批大米运往沙特阿拉伯销售，而不转口到其他地区。合同签订后不久，A 公司得到消息，B 公司要将该批大米售予香港一家公司并转销到菲律宾。A 公司遂致电 B 公司要求其提供将大米运往沙特阿拉伯的保函。对此 B 公司予以拒绝，并回电称："按照国际贸易惯例，FOB 属于装运港交货条件，这就意味着目的地不受限制。"由于双方无法和解，A 公司将争议提交仲裁。你认为 B 公司的主张是否有理？并说明理由。

第二章

适用于各种运输方式的贸易术语

按照国际商会的《2020通则》的解释，在十一种贸易术语中，适用于各种运输方式的术语有七种，它们分别为：EXW、FCA、CPT、CIP、DAP、DPU和DDP。这些术语在风险、责任和费用的划分方面，又各有不同的特点。

第一节 EXW术语

（一）EXW术语的含义

在《2020通则》中，EXW的英文全文为Ex Works（insert named place of delivery）INCOTERMS® 2020，中文意思是工厂交货（插入指定交货地点）。其后应注明国际贸易术语解释通则2020或INCOTERMS® 2020。

这一贸易术语代表了在商品的产地或所在地交货条件。当卖方在合同约定的交货时间内在其所在地或其他指定地点，如工厂、矿山或仓库等，将合同规定的货物置于买方的处置之下时，完成交货。若在指定交货地未约定精确点，且在该地有多个点可用，则卖方可从中选定最适合其目的的交货点。此外，卖方要提交商业发票以及合同要求的其他单证。卖方提供的单据根据双方约定可以是纸质的或者是电子形式的，如无约定，按惯常做法提供。当卖方完成其交货义务，并通知买方时，买方必须提取货物。

（二）关于买卖双方义务的规定

按照EXW术语成交，有关风险转移、主要责任和费用划分等问题可归纳如下：

1. 风险转移问题

卖方承担将货物交给买方控制之前货物灭失或损坏的风险，买方承担货物交给其控制之后的风险。也就是说，以买方在交货地点控制货物作为风险转移的界限。

2. 通关手续问题

买方自负风险和费用，取得出口和进口许可证或其他官方批准证件，并且办理货物出口和进口所需的一切海关手续。

卖方应买方请求，并由买方承担风险和费用的前提下，卖方必须协助买方取得出口国/过境国/进口国要求的与所有出口/过境/进口清关手续有关的任何单据及/或信息。

3. 运输合同和保险合同

（1）卖方对于买方无订立运输合同的义务。然而，应买方要求并由其承担风险和费用的情况下，卖方必须向买方提供卖方拥有的买方为了安排运输所需要的任何信息，包括与运输有关的安全要求。

买方负责自费订立运输合同或安排自交货地起的货物运输。

（2）卖方对买方无订立保险合同的义务。但应买方的要求，并由其承担风险和费用的情况下，卖方必须向买方提供其办理保险所需的信息。

买方对卖方没有订立保险合同的义务。

4. 主要费用的划分

卖方承担交货之前与货物相关的一切费用。

买方承担接受货物后所发生的一切费用，包括将货物从交货地点运往目的地的运输、保险和其他各种费用，以及办理货物出口和进口的一切海关手续所涉及的关税和其他费用。

5. 适用的运输方式

适用于各种运输方式，包括公路、铁路、江河、海洋、航空运输以及多式联运。

从上述规定来看，按这一贸易术语达成的交易，可以是国内贸易，也可以是国际贸易。因为卖方一般是在本国的内地完成交货，其所承担的风险、责任和费用也都局限于出口国内，即使是在国际贸易中，卖方也不必过问货物出境、入境及运输、保险等事项，由买方自己安排车辆或其他运输工具到约定的交货地点接运货物，所以，在卖方与买方达成的契约中可不涉及运输和保险的问题。而且，除非合同中有相反规定，卖方一般无义务提供出口包装，也不负责将货物装上买方安排的运输工具。如果签约时已明确该货物是供出口的，并对包装的要求作出了规定，卖方则应按规定提供符合出口需要的包装。由此可见，按 EXW 术语成交时，卖方承担的风险、责任以及费用都是最小的。在交单方面，卖方只需提供商业发票或电子数据，如合同有要求，需提供证明所交货物与合同规定相符的证件。至于货物出境所需的出口许可证或其他官方证件，卖方无义务提供。但在买方的要求下，并由买方承担风险和费用的情况下，卖方必须协助买方取得上述证件。

（三）使用 EXW 术语时应注意的问题

EXW 不是国际贸易中的常用术语，但由于按这一术语成交时价格最低，因而对于

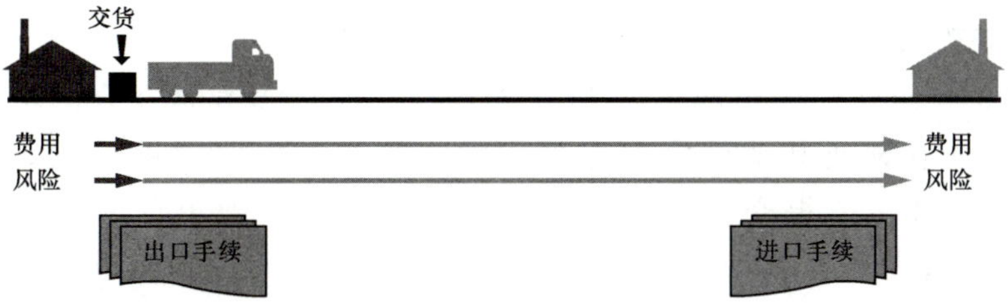

图 2-1 EXW 的风险、责任和费用转移界限

（注：图中深灰色图标指卖方义务，浅灰色图标为买方义务，白色图标为买卖双方共担义务。图片来源为《国际贸易术语解释通则 2020》。下同。）

买方具有一定的吸引力。近年来，按 EXW 条件达成的交易有所增加。在业务中选用这一术语时，应注意下列问题。

1. 关于货物的交接问题

买卖双方在订约时，一般要对交货的时间和地点作出规定。为了做好货物的交接，卖方在货物备妥后，还应就货物将在什么具体时间和地点交给买方支配的问题，向买方发出通知。如果双方约定，买方有权确定在一个规定的时间和/或地点受领货物时，买方应及时通知卖方，以免延误交货或引起其他差错。如果买方没有能够在规定的时间、地点受领货物，或者在他有权确定受领货物的时间、地点时，没有及时给予适当通知，那么，只要货物已被特定化为本合同项下的货物，买方就要承担由此产生的费用和风险。

2. 关于办理出口手续的问题

前已述及，在工厂交货条件下，如果货物是用于出口的，办理货物出口手续所涉及的如出口/过境/进口许可，安检、清关，装运前检验以及其他官方授权等，其责任也在买方，而非卖方。尽管有时可要求卖方代办，但货物被禁止出口的风险还是由买方承担的。因此，在成交之前，买方应了解出口国政府的有关规定，例如是否允许在该国无常驻机构的当事人在该国办理出口结关手续。当买方无法做到直接或间接办理货物的出境手续时，则不应采用这一贸易术语成交。在这种情况下，按照《2020 通则》的解释，最好采用 FCA 术语。

第二节 FCA、CPT 和 CIP 术语

本节介绍的三种贸易术语 FCA、CPT 和 CIP，都是向承运人交货的术语。

一、FCA 术语

（一）FCA 术语的含义

FCA 的英文全文为 Free Carrier（insert named place of delivery）INCOTERMS® 2020，

中文意思是货交承运人（插入指定交货地点），其后应注明国际贸易术语解释通则 2020 或 INCOTERMS® 2020。

根据《2020 通则》的解释，按 FCA 条件成交时，卖方是在合同中约定的日期或期限内在其所在地或其他约定地点把货物交给买方指定的承运人，即完成其交货义务。此外，卖方要提交商业发票以及合同要求的其他单证。关于提交单据的形式与 EXW 的规定相同，即根据双方约定可以是纸质的或者是电子形式的，如无约定，按惯常做法提供。当卖方完成其交货义务，并通知买方时，买方必须提取货物。

（二）关于买卖双方主要义务的规定

采用 FCA 术语时，双方承担主要义务可概括如下：

1. 风险转移问题

卖方承担将货物交给承运人控制之前货物灭失或损坏的风险，买方承担将货物交给承运人控制之后的风险。

2. 通关手续问题

（1）卖方自负风险和费用，取得出口许可证或其他官方批准证件，并且办理货物出口所需的一切海关手续。如适用，卖方应买方请求，并由买方承担风险和费用的前提下，卖方必须协助买方取得过境国/进口国要求的所有与过境/进口清关手续有关的任何单据及/或信息。

（2）如适用，买方自负风险和费用，取得进口许可证或其他官方批准证件，并且办理货物进口以及通过第三国过境所需的一切海关手续。买方应卖方请求，并由卖方承担风险和费用的前提下，买方必须协助卖方取得出口国要求的与所有与出口清关手续有关的任何单据及/或信息。

3. 运输合同和保险合同

（1）卖方对买方无订立运输合同的义务。然而，应买方要求并由其承担风险和费用的情况下，卖方必须向买方提供卖方拥有的买方为了安排运输所需要的任何信息，包括与运输有关的安全要求。如有约定，卖方必须按照通常条件订立运输合同，由买方承担风险和费用。直至交货之时，卖方必须遵守任何与运输有关的安全要求。

（2）卖方对买方无订立保险合同的义务。但应买方的要求，并在由其承担风险和费用的情况下，卖方必须向买方提供其办理保险所需的信息。

4. 主要费用的划分

（1）卖方承担在交货地点交货前所涉及的各项费用，包括办理货物出口所应交纳的关税和其他费用。

（2）买方承担在交货地点交货后所涉及的各项费用，包括办理货物进口所涉及的关税和其他费用。此外，买方要负责签订从指定地点承运货物的合同，支付有关的运费。

5. 适用的运输方式

FCA 适用于各种运输方式，包括公路、铁路、江河、海洋、航空运输以及多式联运。

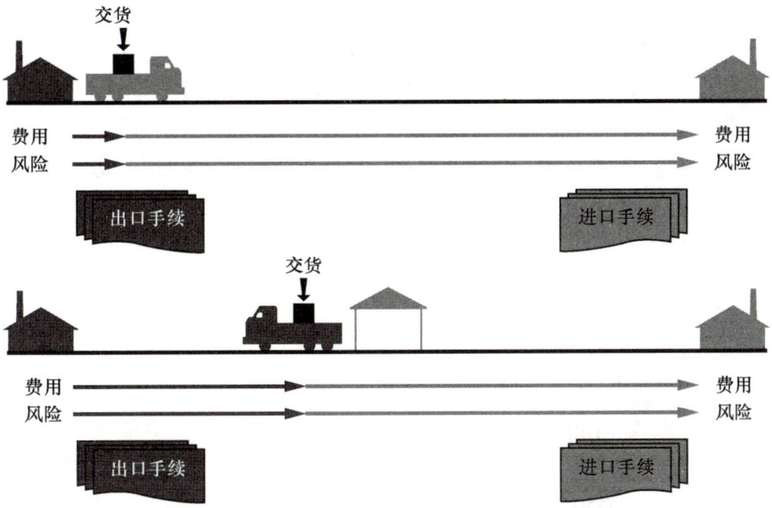

图 2-2 FCA 的风险、责任和费用转移界限

（三）使用 FCA 术语应注意的问题

1. 关于承运人和交货地点

FCA 条件下，通常是由买方安排承运人，与其订立运输合同，并将承运人的情况通知卖方。这里所说的承运人可以是拥有运输工具的实际承运人，也可以是运输代理人或其他人。按照《2010 通则》的解释，如果双方约定的交货地点是在卖方所在地，卖方要负责把货物装上买方安排的承运人提供的运输工具；在任何其他情况下，当货物在卖方的运输工具上可供卸载，并被置于买方指定的承运人（或其他人）处置之下时，完成交货。《2020 通则》特别建议交易双方尽可能清楚地写明指定交货地内的交付点。如果在约定地点没有明确具体的交货点，或者有几个交货点可供选择，卖方可以从中选择为完成交货义务最适宜的交货点。

2. FCA 条件下风险转移的问题

在采用 FCA 术语成交时，买卖双方的风险划分是以货交承运人为界，这在海洋运输以及陆运、空运等其他运输方式下，都是如此。采用 FCA 条件成交时，通常情况下是由买方负责订立运输契约，并将承运人名称及有关事项及时通知卖方，卖方才能如约完成交货义务，并实现风险的转移。而如果买方没有及时给予卖方上述通知，或者他所指定的承运人在约定的时间未能接受货物，其后的风险是否仍由卖方承担呢？《2020 通则》的解释是，自规定的交付货物的约定日期或期限届满之日起，若无约定日期的，则按卖方完成交货时的通知日期起算，由买方承担货物灭失或损坏的一切风险，但以货物已被划归本合同项下为前提条件。

3. 有关责任和费用的划分问题

FCA 适用于包括多式联运在内的各种运输方式，卖方交货的地点也因采用的运输方式不同而异。有时，卖方须在出口国的内陆，如车站、机场或内河港口，办理交货。不论在何处交货，根据《2020 通则》的解释，卖方都要自负风险和费用，取得出口许可证或其他官方批准证件，并办理货物出口所需的一切海关手续。这一规定对于一些出口国的内地口岸就地交货和交单结汇的做法是十分适宜的。

按照 FCA 术语成交，一般是由买方自行订立从指定地点承运货物的合同，但是，如果买方有要求，并在买方承担风险和费用的情况下，卖方也可以代替买方指定承运人并订立运输合同。当然，卖方也可以拒绝订立运输合同，如果拒绝，应立即通知买方，以便买方另行安排。

二、CPT 术语

（一）CPT 术语的含义

CPT 的英文全文是 Carriage Paid To（insert named place of destination）INCOTERMS® 2020，中文表示即运费付至（插入指定目的地）。其后应注明 2020 年国际贸易术语解释通则 2020 或 INCOTERMS® 2020。

根据《2020 通则》的解释，按 CPT 条件成交时，卖方要在合同中约定的日期或期限内，将合同中规定的货物交给卖方自己指定的承运人或第一承运人，即完成其交货义务。此外，卖方要提交商业发票以及合同要求的其他单证。关于提交单据的形式与前述术语的规定相同。

（二）关于买卖双方义务的规定

采用 CPT 术语时，主要问题可概括如下：

1. 风险转移问题

卖方承担将货物交给承运人控制之前的风险，买方承担将货物交给承运人控制之后的风险。

2. 通关手续问题

（1）如适用，卖方自负风险和费用，取得出口许可证或其他官方批准证件，并且办理货物出口所需的一切海关手续。

（2）如适用，买方自负风险和费用，取得进口许可证或其他官方批准证件，并且办理货物进口及通过第三国过境所需的一切海关手续。

3. 运输合同和保险合同

（1）卖方有义务按照通常条件订立运输合同，将货物从交货地点运送到约定的目的地。

（2）卖方对买方无订立保险合同的义务。但应买方的要求，并在其承担风险和费用的情况下，卖方必须向买方提供其办理保险所需的信息。

4. 主要费用的划分

（1）卖方承担在交货地点交货前所涉及的各项费用，包括需要办理出口手续时所应交纳的关税和其他费用。此外，卖方要支付将货物运至指定地点的运费以及根据合同规定由卖方支付的装货费和在目的地的卸货费。

（2）买方承担在交货地点交货后与货物相关的除运费之外的各项费用，包括办理进口手续时所应交纳的关税和其他费用。

5. 适用的运输方式

CPT 适用于各种运输方式，包括公路、铁路、江河、海洋、航空运输以及多式联运。

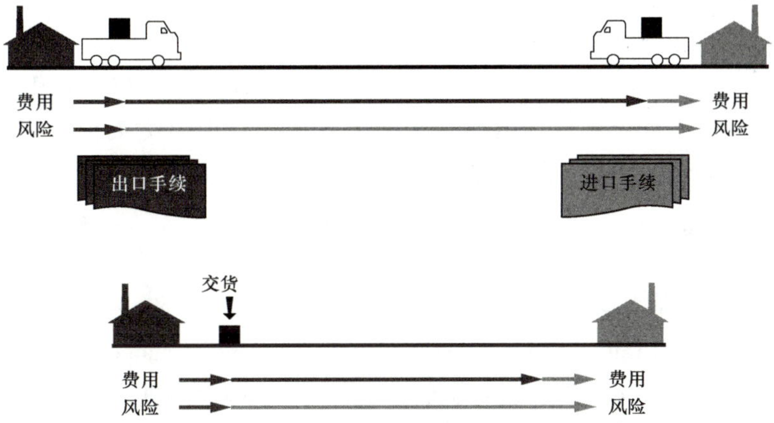

图 2-3 CPT 的风险、责任和费用转移界限

（三）使用 CPT 术语时应注意的问题

1. 风险划分的界限问题

按照 CPT 术语成交，虽然卖方要负责订立从起运地到指定目的地的运输合同，并支付运费，但是卖方承担的风险并没有延伸至目的地。按照《2020 通则》的解释，CPT 条件下，存在两个关键点，即风险转移点和费用转移点。风险转移点在先，而费用转移点在后。所以，货物自交货地点至目的地的运输途中的风险由买方承担，而不是卖方，卖方只承担货物交给承运人控制之前的风险。在多式联运情况下，卖方承担的风险自货物交给第一承运人控制时即转移给买方。

2. 责任和费用的划分问题

采用 CPT 术语时，买卖双方要在合同中规定装运期和目的地，以便于卖方选定承运人。卖方必须签订或取得运输合同，将货物自交货地内的约定交货点（如有的话），运往指定目的地，或位于指定目的地的任何交货点（如有约定）。运输合同必须按惯常条款订立，由卖方承担费用，并规定沿惯常路径，按惯常方式运送货物。《通则》建议买卖双方在合同中尽可能精确确定目的地买方受领货物的具体地点，如果双方未能确定该地点，卖方可以在目的地选择最适合其要求的地点。

卖方必须遵守运往目的地过程中任何与运输有关的安全要求。如果买方有权决定发货时间或决定目的地时，买方要及时通知卖方，以便于卖方交货。卖方将货物交给承运人之后，应向买方发出货已交付通知，以便于买方办理保险以及在目的地受领货物。

按 CPT 术语成交，卖方只是承担从交货地点到指定目的地的正常运费。正常运费之外的其他有关费用，一般由买方负担。货物的装卸费可以包括在运费中，统一由卖方负担，也可以由双方在合同中另行规定。

3. CPT 与 FCA 的异同点

按这两种术语成交，卖方的交货地点是相同的，都是在约定地点将货物交给承运人控制后完成交货。风险的转移也是相同的，卖方承担的风险都是在交货地点随着交货义务的完成而转移。另外，这两种术语都适用于各种运输方式。

CPT 与 FCA 的主要区别在于责任和费用的划分不同。采用 FCA 术语成交时，从交货地点至目的地的运输合同由买方订立，运费也由买方负担。而在采用 CPT 术语时，订立运输合同的责任改为卖方，运费也由卖方负担。在保险方面的规定，两者相同，如果需要办理保险也是由买方自负风险和费用办理，与卖方无关。

三、CIP 术语

（一）CIP 术语的含义

CIP 的英文全文为 Carriage and Insurance Paid To（insert named place of destination）INCOTERMS® 2020。中文表示即运费、保险费付至（插入指定目的地）。其后应注明国际贸易术语解释通则 2020 或 INCOTERMS® 2020。

根据《2020 通则》的解释，按 CIP 条件成交时，卖方要在合同中约定的日期或期限内，将合同中规定的货物交给卖方自己指定的承运人或第一承运人，即完成其交货义务。除此之外，卖方还必须订立货物运输的保险合同。另外，卖方要提交商业发票以及合同要求的其他单证。提交的形式与前述术语的规定相同。

（二）关于买卖双方义务的规定

采用 CIP 术语时，主要问题可概括如下：

1. 风险转移问题

卖方承担将货物交给承运人控制之前的风险，买方承担将货物交给承运人控制之后的风险。

2. 通关手续问题

（1）卖方自负风险和费用，取得出口许可证或其他官方批准证件，并且办理货物出口所需的一切海关手续。

（2）买方自负风险和费用，取得进口许可证或其他官方批准证件，并且办理货物进口及通过第三国过境所需的一切海关手续。

3. 运输合同和保险合同

（1）卖方有义务按照通常条件订立运输合同，将货物从交货地点运送到约定的目的地。

（2）卖方有义务为买方订立有关货物运输的保险合同。

4. 主要费用的划分

（1）卖方承担在交货地点交货前所涉及的各项费用，包括办理出口手续时所应交纳的关税和其他费用。此外，卖方要负责签订从指定地点承运货物的合同，并支付有关的运费。另外，还要承担办理货运保险时须交纳的保险费。

（2）买方承担在交货地点交货后所涉及的各项费用，包括办理进口手续时所应交纳的关税和其他费用。

5. 适用的运输方式

适用于各种运输方式，包括公路、铁路、江河、海洋、航空运输以及多式联运。

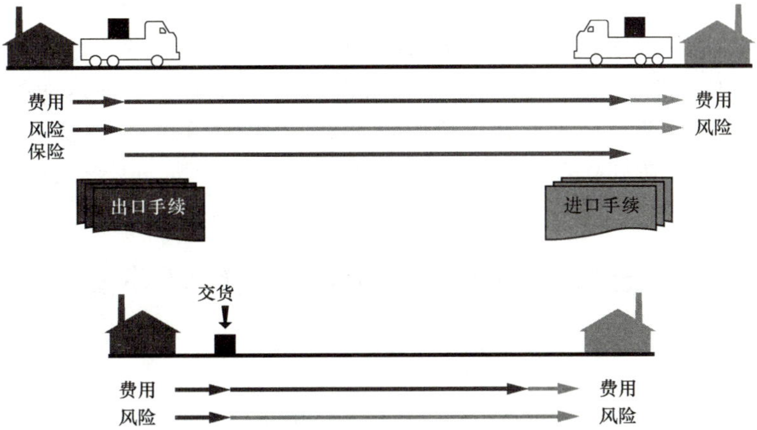

图 2-4　CIP 的风险、责任和费用转移界限

（三）使用 CIP 术语应注意的问题

1. 正确理解风险和保险问题

按 CIP 术语成交的合同，卖方要负责办理货运保险，并支付保险费，但货物从交货地运往目的地的运输途中的风险由买方承担。所以，卖方的投保仍属于代办性质。根据《2020 通则》的解释，除非另有约定或特定贸易惯例，卖家须自付费用取得货物保险。该保险需符合《伦敦保险协会货物保险条款》（LMA/IUA）（A）款或任何适于货物运输方式的类似保险条款。保险应与信誉良好的承保人或保险公司订立，并应使买方或其他对货物具有保险利益的人有权直接向保险人索赔。

当买方要求，且能够提供给卖方所需的信息时，如果能够投保的话，卖方必须提供任何额外的保险，由买方负担费用，例如与《伦敦保险协会战争险条款》及/或《伦敦保险协会罢工险条款》或其他类似条款相符合的险别。最低保险金额应是合同规定价格另加 10%（即 110%），并应采用合同货币。

卖方必须提供给买方保险单或保险凭证或其他保险证据。

此外，应买方的要求并由买方承担风险及费用，卖方必须向买方提供后者获取任何附加险所需信息。

2. 应合理确定价格

与 FCA 相比，CIP 条件下卖方要承担较多的责任和费用。他要负责办理从交货地至目的地的运输，承担有关运费；办理货运保险，并支付保险费。这些都反映在货价之中。所以，卖方对外报价时，要认真核算成本和价格。在核算时，应考虑运输距离、保险险别、各种运输方式和各类保险的收费情况，并要预计运价和保险费的变动趋势等方面问题。从买方来讲，也要对卖方的报价进行认真分析，做好比价工作，以免接受不合理的报价。

3. 应了解 CIP 与 FCA 和 CPT 之间的关系

CIP 与前面所讲的 FCA 和 CPT 之间有许多相同之处，它们在交货地点、风险划分界限以及适用的运输方式方面都是相同的。它们之间的区别主要在于买卖双方承担的责任和费用方面。按照从 FCA、CPT 到 CIP 的顺序排列，卖方所承担的责任和费用是由小到大。与 FCA 相比，采用 CPT 术语成交时，卖方增加了办理运输的责任和费用。而采用 CIP 时，卖方又增加了办理保险的责任和费用，所以，卖方提交的单据中增加了保险单据。当事人在订立合同时，应根据交易的具体情况，进行适当的选择。

第三节　DAP、DPU 和 DDP 术语

一、DAP 术语

（一）DAP 术语的含义

DAP 的英文表示为 Delivered at Place（insert named place of destination）INCOTERMS® 2020，中文意思是在目的地交货（插入指定目的地），其后应注明国际贸易术语解释通则 2020 或 INCOTERMS® 2020。

在 DAP 项下，卖方要在合同中约定的日期或期限内，将货物运到合同规定的目的地的约定地点，并将货物置于买方的控制之下，在抵达的运输工具上卸货之前即完成交货。另外，卖方要提交商业发票以及合同要求的其他单证。提交的形式与前述术语的规定相同。

（二）关于买卖双方义务的规定

采用 DAP 术语时，主要问题可概括如下：

1. 风险转移问题

卖方承担在合同约定的目的地将货物交给买方控制之前的风险，买方承担货物交给其控制之后的风险。

2. 通关手续问题

（1）卖方自负风险和费用，取得出口许可证或其他官方批准证件，并且办理货物出口以及交货前通过第三国过境运输所需的一切海关手续。

（2）买方自负风险和费用，取得进口许可证或其他官方批准证件，并且办理货物进口所需的一切海关手续。

3. 运输合同和保险合同

（1）卖方负责订立运输合同，将货物运至合同约定的目的地的特定交货地点，如对特定交货地点未作具体规定，卖方可在指定目的地内选择最合适的交货地点。

（2）卖方对买方无订立保险合同的义务。但应买方的要求，并由其承担风险和费用的情况下，卖方必须向买方提供其办理保险所需的信息。

4. 主要费用的划分

（1）卖方承担在交货地点交货前所涉及的各项费用，包括需要办理出口手续时所应交纳的关税和其他费用，包括经由第三国过境所涉及的费用。此外，卖方要负责签订从指定地点承运货物的合同，并支付有关的运费和相关费用，如装货费以及合同中约定由卖方支付的与卸货有关的费用。

（2）买方承担在交货地点交货后所涉及的各项费用，包括在目的地的卸货费用以及办理进口手续时所应交纳的关税和其他费用。

5. 适用的运输方式

适用于各种运输方式，包括公路、铁路、江河、海洋、航空运输以及多式联运。

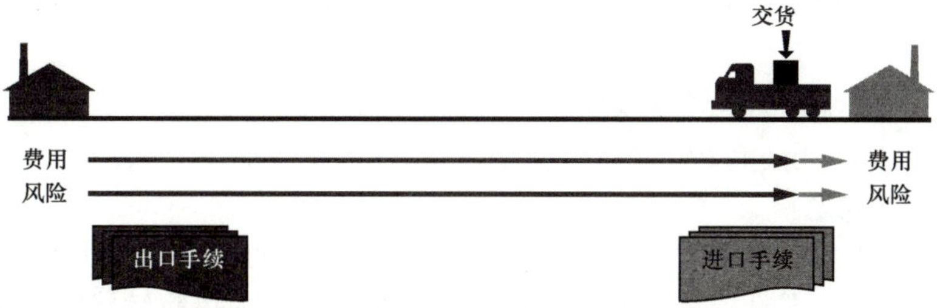

图 2-5　DAP 的风险、责任和费用转移界限

（三）使用 DAP 术语应注意的问题

1. 认真了解 DAP 的具体含义

DAP 是《2010 通则》新推出的贸易术语，根据国际商会的解释，它旨在替代原《2000 通则》中的 DAF、DES 和 DDU 术语。这就是说，DAP 的交货地点既可以是在两国的边境指定地点，也可以是在目的港的船上，还可以是在进口国国内的某一地点。所以，它的应用范围很宽。但要注意的是，即使是在进口国的目的港或最终目的地交货，若没有相反的规定，卖方也不负担卸货费用和进口通关的费用及关税。为了避免纠纷，《2020 通则》建议在采用 DAP 术语成交时，“如果卖方按照运输合同在目的地发生了卸货费用，除非双方另有约定，卖方无权向买方要求偿付。”

2. 注意 DAP 与 CIP 的异同点

根据《2020 通则》的解释，CIP 条件下，卖方要将合同规定的货物运到目的地的指定地点，这个地点可以是在两国的边境指定地点，也可以是在目的港的船上，还可以是在进口国内的某一地点。看起来这与 DAP 条件十分相似，但要注意，两者的交货地点并不相同，采用 CIP 时，卖方只是承担责任和费用，将货物运到目的地指定地点，风险却是在将货物交给承运人即转移给买方。而采用 DAP 时，卖方的交货地点即在目的地的约定地点，卖方承担的风险也是在该地点实际交货时才转移给买方。另外，采用 CIP 时，卖方有义务按合同的约定自负风险和费用，办理货物运输保险。而在采用 DAP 时，货运途中的风险是由卖方自己承担，保险也是为了自己的利益，所以，卖方并不对买方承担必须办理保险的义务。

二、DPU 术语

（一）DPU 术语的含义

DPU 是《2020 通则》新推出的贸易术语，它旨在替代原《2010 通则》中的 DAT 术语。在《2010 通则》中，对 DAT 的英文表示为 Delivered at Terminal，中文意思是“运输终端交货”。在修改《2010 通则》时，国际商会认为运输终端的含义不够明确，遂改为 DPU，英文原文为 Delivered at Place Unloaded（insert named place of destination）INCOTERMS® 2020，中文意思是目的地卸货后交货，其后注明国际贸易术语解释通则 2020 或 INCOTERMS® 2020。

在 DPU 项下，卖方在合同中约定的日期或期限内将货物运到合同规定的港口或目的地的约定地点，并将货物从抵达的载货运输工具上卸下，交给买方处置时即完成交货。另外，卖方要提交商业发票以及合同要求的其他单证。提交的形式与前述术语的规定相同。

（二）关于买卖双方义务的规定

采用 DPU 术语时，主要问题可概括如下：

1. 风险转移问题

卖方承担将货物交给买方控制之前货物灭失或损坏的风险，买方承担货物交给其控制之后的风险。也就是说以买方在交货地点控制货物作为风险转移的界限。

2. 通关手续问题

（1）卖方自负风险和费用，取得出口许可证或其他官方批准证件，并且办理货物出口以及交货前通过第三国过境运输所需的一切海关手续。对于进口清关，卖方本无义务，但卖方应买方请求，并由买方承担风险和费用的前提下，卖方必须协助买方取得进口国要求的与进口清关手续有关的任何单据及/或信息。

（2）买方自负风险和费用，取得进口许可证或其他官方批准证件，并且办理货物进口所需的一切海关手续。

3. 运输合同和保险合同

（1）卖方负责订立运输合同，将货物运至约定港口或目的地的指定地点，如对该地点未作具体规定，卖方可选择在约定港口或目的地最合适的交货点。

（2）卖方对买方无订立保险合同的义务。但应买方的要求，并由其承担风险和费用的情况下，卖方必须向买方提供其办理保险所需的信息。

4. 主要费用的划分

（1）卖方承担在交货地点交货前所涉及的各项费用，包括需要办理出口手续时所应交纳的关税和其他费用，包括经由第三国过境所涉及的费用。此外，卖方要支付有关的运费和相关费用，如装货费以及合同中约定由卖方支付的与卸货有关的费用。

（2）买方承担在交货地点交货后所涉及的各项费用，包括在目的地办理进口手续时所应交纳的关税和其他费用。

5. 适用的运输方式

适用于各种运输方式，包括公路、铁路、江河、海洋、航空运输以及多式联运。

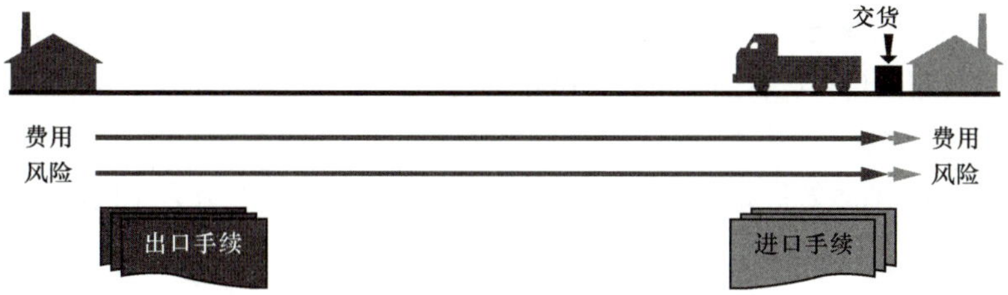

图 2-6 DPU 的风险、责任和费用转移界限

（三）使用 DPU 术语应注意的问题

1. 关于 DPU 与 DAP 的区别

根据《2020 通则》的解释，按照 DPU 术语成交，卖方要承担将货物运到合同规定的地点，并将货物从抵达的载货运输工具上卸下之前的风险、责任和费用。因此，卖方应当确保其可以在指定地点安排卸货。如有困难，或双方不希望由卖方承担卸货的风险和费用，则不宜使用 DPU 术语，而应使用 DAP 术语成交。

2. 注意卖方责任的限度

DPU 的产生旨在替代《2010 通则》中 DAT 术语。而 DAT 术语又是在《2000 通则》中的 DEQ 的基础上修改产生的。采用 DEQ 术语成交，卖方在目的港码头交货，卖方承担的责任仅限于将货物运至目的港，并卸至码头，而不负责再将货物由码头搬运到其他地方。采用 DAT 术语时交货地点不再受码头的限制，但卖方承担的责任仍只是将货物交到合同规定的运输终端，卸货后完成交货。在这一点上，DPU 与 DAT 基本相同。如果双方希望由卖方再将货物从卸货地点搬运到进口国内的另外的地点，并承担其间的风险和费用，则应当使用后面要讲到的 DDP 术语。

3. 精准确定目的地的交货点

《2020 通则》建议交易双方尽可能清楚地约定目的地的交货点。因为按照惯例的规定，卖方采用 DPU 术语成交时有义务签订运输合同将货物运往约定目的地的交货地点，其所承担的风险和费用均在此交货时转移给买方。如果对具体的交货点没有做出明确的约定，则由卖方自己选择合适的交货点，这就有可能给双方带来不必要的麻烦。

三、DDP 术语

（一）DDP 术语的含义

DDP 的英文表示为 Delivered Duty Paid（insert named place of destination）INCOTERMS® 2020，中文意思是完税后交货（插入指定目的地），其后应注明国际贸易术语解释通则 2020 或 INCOTERMS® 2020。

在 DDP 项下，卖方要在合同中约定的日期或期限内，将货物运到合同规定的目的地的约定地点，并且完成进口清关手续后，在运输工具上将做好卸货准备的货物置于买方的控制之下，即完成交货。另外，卖方要提交商业发票以及合同要求的其他单证。提交的形式与前述术语的规定相同。

（二）关于买卖双方义务的规定

采用 DDP 术语时，主要问题可概括如下：

1. 风险转移问题

卖方在进口国内的交货地点完成交货时，风险转移。买方承担货物交给其控制之后的风险。

2. 通关手续问题

卖方自负风险和费用，取得出口和进口许可证或其他官方批准证件，并且办理货物出口和进口以及交货前通过第三国过境运输所需的一切海关手续。

3. 运输合同和保险合同

（1）卖方负责订立运输合同，将货物运至合同约定的目的地的特定交货地点，如对特定交货地点未作具体规定，卖方可在指定目的地内选择最合适的交货地点。

（2）卖方对买方无订立保险合同的义务。但应买方的要求，并在由买方承担风险和费用的情况下，卖方必须向买方提供其办理保险所需的信息。

4. 主要费用的划分

（1）卖方承担在进口国内的指定地点完成交货之前的一切费用，包括办理货物出口和进口所涉及的关税和其他费用。

（2）买方承担受领货物之后所发生的各种费用。

5. 适用的运输方式

DDP 术语适合于各种运输方式，包括公路、铁路、江河、海洋、航空运输以及多式联运。

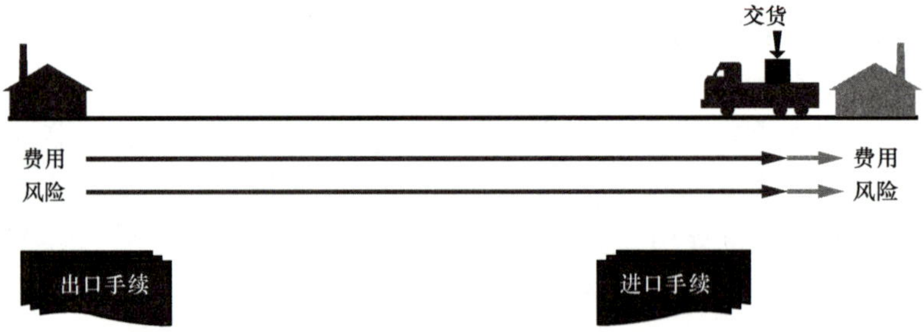

图 2-7　DDP 的风险、责任和费用转移界限

（三）使用 DDP 术语应注意的问题

1. 根据情况妥善办理投保事项

DDP 是《2020 通则》中包含的 11 条贸易术语中卖方承担风险、责任和费用最大的一种术语。按照这一术语成交，卖方要负责将货物从起运地一直运到合同规定的进口国内的指定目的地，把货物实际交到买方手中，才算完成交货。根据国际贸易惯例，按照 DDP 术语成交时，卖方对买方并无义务订立保险合同，但由于卖方要承担较大的风险，为了能在货物受损或灭失时及时得到经济补偿，一般情况下，卖方应办理货运保险。在选择投保的险别时，应根据货物的性质、运输方式及运输路线来灵活决定。

2. 其他注意事项

在 DDP 交货条件下，卖方是在办理了进口结关手续后在指定目的地交货的，这实际上是卖方已将货物运进了进口方的国内市场。如果卖方直接办理进口手续有困难，也可要求买方协助办理。如果卖方不能直接或间接地取得进口许可证，则不应使用 DDP 术语。如果双方希望买方承担所有进口清关的风险和费用，则应采用 DAP 或者 DPU 术语。如果双方当事人同意在卖方承担的义务中排除货物进口时应支付的某些费用（如增值税），应写明 “Delivered Duty Paid，VAT Unpaid”，即 “完税后交货，增值税未付”。否则，任何增值税或其他应付的进口税款都由卖方承担。

本章小结

本章分别就适用于各种运输方式的 7 种贸易术语 EXW、FCA、CPT、CIP、DAP、DPU 和 DDP 作了介绍和说明。上述术语适用面比较广泛，它们可以适用于某种单一的运输方式，也可以适用于多种运输方式的联合运输。就是说在不涉及水上运输方式时，可以使用，当部分涉及水上运输方式时，也可以使用。

思考题

1. 简要说明采用 EXW 术语成交时，买卖双方承担的基本义务。
2. 请比较 FCA、CPT 和 CIP 的异同点。
3. 在实际业务中 DPU 术语主要在何种条件下运用？
4. 请具体说明 DAP 与 CIP 术语的异同点。
5. 我国青岛某公司打算按 DPU 条件进口一批货物，并希望卖方承担风险和费用将货物交到青岛市内某指定仓库，这种条件下，采用 DPU QINGDAO 术语标价是否合适？
6. 采用 DDP 术语时应注意哪些问题？

案例分析题

我国东北地区某外贸公司于 2017 年 9 月按照 DAP 满洲里条件与某俄罗斯商人签订了一笔矿产品的买卖合同。合同规定的数量为 8 000 吨，可分批装运，交货期为当年 12 月底之前。签约后，卖方即开始备货，安排铁路运输，并于 12 月 30 日之前将 8 000 吨产品分批发运出去。买方在满洲里接受了货物，但发现有一部分货物是在 2018 年 1 月份到达满洲里的。于是，买方向卖方指出异议，指出卖方违反交货期，并就此提出索赔。但卖方以铁路承运人出具的运输单据所注明的日期是在2017年12月底之前来证明自己是按时履行交货义务的。为此，双方发生了争执。

请问卖方的抗辩是否有道理？并请说明理由。

第三章

适用于水上运输方式的贸易术语

根据《2020通则》的解释，FAS、FOB、CFR和CIF四种术语仅适用于水上运输方式，即适用于海运和内河水运方式。而在现代的国际贸易和国内贸易业务中，这些术语采用得比较普遍，特别是后面三种术语被各国的贸易界人士广泛采用，并被称为常用贸易术语。

第一节 FAS术语

（一）FAS术语的含义

FAS的英文表示是Free Alongside Ship（insert named port of shipment）INCOTERMS® 2020，中文意思是船边交货（插入指定装运港），其后应注明国际贸易术语解释通则2020或INCOTERMS® 2020。

FAS术语通常称作装运港船边交货。在FAS项下，卖方要在合同中约定的日期或期限内，将货物运到合同规定的装运港口，并交到买方指派的船只的旁边，如码头或驳船上，即完成其交货义务。另外，卖方要提交商业发票以及合同要求的其他单证。

（二）关于买卖双方义务的规定

采用FAS术语时，主要问题可概括如下：

1. 风险转移问题

卖方在装运港将货物交到买方所派船只的旁边时，货物损坏或灭失的风险由卖方转移给买方。

2. 通关手续问题

（1）卖方自负风险和费用，取得出口许可证或其他官方批准证件，并且办理货物出口所需的一切海关手续。

（2）买方自负风险和费用，取得进口许可证或其他官方批准证件，并且办理货物进口和从第三国过境运输所需的一切海关手续。

3. 运输合同和保险合同

（1）卖方对买方无订立运输合同的义务。但是，应买方要求并由其承担风险和费用，卖方必须向买方提供卖方拥有的买方为了安排运输所需要的任何信息，包括与运输有关的安全要求。如果买方有要求，或按照商业习惯，在买方承担风险和费用的情况下，卖方也可以按照通常条件订立运输合同。

（2）卖方对买方无订立保险合同的义务。但应买方的要求，并在买方承担风险和费用的情况下，卖方必须向买方提供其办理保险所需的信息。

4. 主要费用的划分

（1）卖方承担交货之前的一切费用，包括办理货物出口所应交纳的关税和其他费用。

（2）买方承担受领货物之后所发生的一切费用，包括装船费用以及将货物从装运港运往目的港的运输、保险和其他各种费用，以及办理货物进口所涉及的关税和其他费用。

5. 适用的运输方式

FAS 术语仅适用于海运和内河水上运输方式。

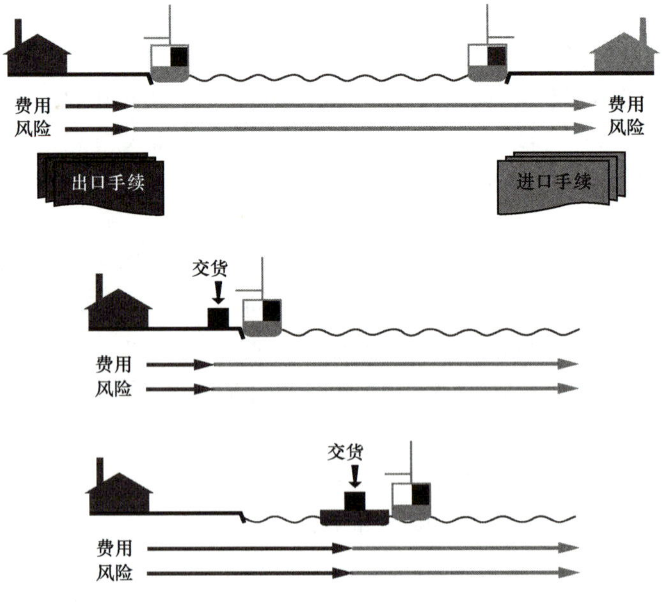

图 3-1　FAS 的风险、责任和费用转移界限

（三）使用 FAS 术语应注意的问题

1. 应了解不同惯例对 FAS 的不同解释

根据《2020 通则》的解释，FAS 术语只适用于包括海运在内的水上运输方式，交货地点只能是装运港。但是，按照《1990 年美国对外贸易定义修订本》的解释，FAS 是 Free Along Side 的缩写，即指交到运输工具的旁边，并不一定是在装运港的船边。因此，在同北美国家的交易中使用 FAS 术语时，应在 FAS 后面加上 Vessel 字样，以明确表示“船边交货”。

2. 应考虑不同的运输包装方式

在选择 FAS 术语时，当事人应考虑到具体交易中采用的运输包装方式。按照《2020 通则》的解释，如果货物采用的是集装箱运输方式，通常是由卖方将该货物运到集装箱货运站，交给买方指定的承运人，而不是交到装运港船边。所以，在采用集装箱运输的情况下，不适宜选用 FAS 术语，而应选用前面已介绍到的 FCA 贸易术语。

3. 要注意船货衔接问题

在 FAS 条件下，从装运港至目的港的运输合同要由买方负责订立，买方要及时将船名和要求装货的具体时间、地点通知卖方，以便卖方按时做好备货出运工作。卖方也应将货物交至船边的情况及时通知买方，以利于买方办理装船事项。如果买方指派的船只未按时到港接受货物，或者比规定的时间提前停止装货，或者买方未能及时发出派船通知，只要货物已被清楚地划出，或以其他方式确定为本合同项下的货物，由此而产生的风险和损失均由买方承担。另外，如果买方所派的船只不能靠岸，卖方则要负责用驳船把货物运至船边，仍在船边交货，装船的责任和费用由买方负担。

第二节　FOB、CFR 和 CIF 术语

一、FOB 术语

（一）FOB 术语的含义

FOB 的英文表示是 Free On Board（insert named port of shipment）INCOTERMS® 2020，中文意思是船上交货（插入指定装运港），其后应注明国际贸易术语解释通则 2020 或 INCOTERMS® 2020。

FOB 习惯称为装运港船上交货。装运港船上交货是国际贸易中常用的贸易术语之一。在 FOB 项下，卖方要在合同中约定的日期或期限内，将货物运到合同规定的装运港口，并交到买方指派的船只的船上，即完成其交货义务。另外，卖方要提交商业发票以及合同要求的其他单证。

（二）关于买卖双方义务的规定

采用 FOB 术语时，主要问题可概括如下：

1. 风险转移问题

卖方在装运港将货物交到买方所派船只的船上时，货物损坏或灭失的风险由卖方转移给买方。

2. 通关手续问题

（1）卖方自负风险和费用，取得出口许可证或其他官方批准证件，并且办理货物出口所需的一切海关手续。

（2）买方自负风险和费用，取得进口许可证或其他官方批准证件，并且办理货物进口和从第三国过境运输所需的一切海关手续。

3. 运输合同和保险合同

（1）卖方对买方无订立运输合同的义务。但是，应买方要求并由其承担风险和费用，卖方必须向买方提供卖方拥有的买方为了安排运输所需要的任何信息，包括与运输有关的安全要求。如果买方有要求，或按照商业习惯，在买方承担风险和费用的情况下，卖方也可以按照通常条件订立运输合同。

（2）卖方对买方无订立保险合同的义务。但应买方的要求，并在买方承担风险和费用的情况下，卖方必须向买方提供其办理保险所需的信息。

4. 主要费用的划分

（1）卖方承担交货前所涉及的各项费用，包括办理货物出口所应交纳的关税和其他费用。

（2）买方承担交货后所涉及的各项费用，包括从装运港到目的港的运费，以及办理进口手续时所应交纳的关税和其他费用。

5. 适用的运输方式

FOB 适用于海运和内河水上运输方式。

FOB 与 FAS 相比较，两者都是在装运港交货，都只适用于水上运输方式。主要区别在于 FAS 是在装运港船边完成交货，FOB 则是在船上完成交货。

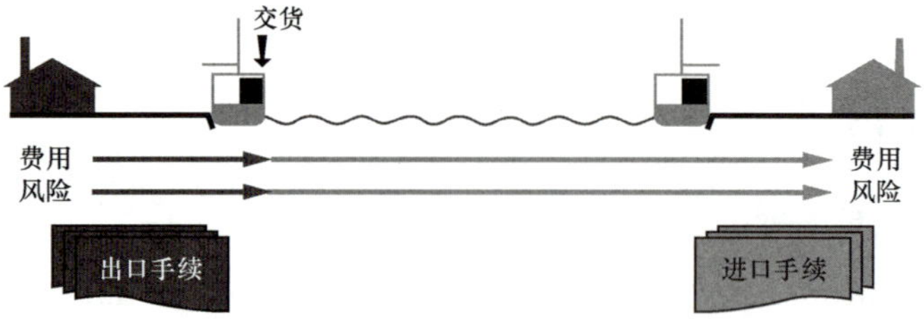

图 3-2 FOB 的风险、责任和费用转移界限

（三）使用 FOB 术语应注意的问题

1. 关于风险划分界限的变更

在《2000 通则》及以前版本的《通则》中都规定，FOB 是以装运港船舷作为划分风险的界限。“船舷为界”表明货物在装船时越过船舷之前的风险，包括在装船时货物跌落码头或海中所造成的损失，均由卖方承担。货物越过船舷装上船之后，包括在起航前和在运输过程中所发生的损坏或灭失，则由买方承担。但考虑到在现代的装运作业中，货

物由起重机械吊装上船的比例逐渐减少，以及“链式销售”——如卖方出售的是业已装上船或在途运输的货物的情况不断增加，《2010 通则》中关于 FOB 条件下风险划分的界限问题，不再规定以“船舷为界”，而规定以货物装到船上，风险才由卖方转移给买方。在新的《2020 通则》中继续沿用了这一规定。这需要当事人予以注意。

2. 关于船货衔接问题

按照 FOB 术语成交的合同属于装运合同，这类合同中卖方的一项基本义务是按照规定的时间和地点完成装运。然而由于 FOB 条件下是由买方负责安排运输工具，即买方负责租船订舱，所以，这就存在一个船货衔接的问题。如果处理不当，自然会影响到合同的顺利执行。根据有关法律和惯例，如果买方未能按时派船，这包括未经对方同意提前和延迟将船派到装运港，卖方都有权拒绝交货，而且由此产生的各种损失，如空舱费（Dead Freight）、滞期费（Demurrage）及卖方增加的仓储费等，均由买方负担。如果买方指派的船只按时到达装运港，而卖方却未能备妥货物，那么，由此产生的上述费用则由卖方承担。有时双方按 FOB 价格成交，而后来买方又委托卖方办理租船订舱，卖方也可酌情接受。但这属于代办性质，其风险和费用仍由买方承担，就是说运费和手续费由买方支付。而且如果卖方租不到船，他不承担后果，买方无权撤销合同或索赔。总之，按 FOB 术语成交，对于装运期和装运港要慎重规定，签约之后，有关备货和派船事宜，也要加强联系，密切配合，保证好船货的衔接。

3. 个别国家对 FOB 的不同解释

以上有关 FOB 的解释都是按照国际商会的《2020 通则》作出的，然而，不同的国家和不同的惯例对 FOB 的解释并不完全统一。它们之间的差异在有关交货的地点、风险划分界限以及卖方承担的责任、义务等方面的规定上都可体现出来。如在北美国家采用的《1990 年美国对外贸易定义修订本》中，将 FOB 概括为六种，其中前三种是在出口国内陆发货地点的内陆运输工具上交货，第四种是在出口地点的内陆运输工具上交货，第五种是在装运港船上交货，第六种是在进口国指定内陆地点交货。（上述第四种和第五种在使用时应加以注意。因为这两种术语在交货地点上有可能相同，如都是在旧金山交货，如果买方要求在装运港口的船上交货，则应在 FOB 和港名之间加上“Vessel”字样，变成“FOB Vessel San Francisco”，否则，卖方有可能按第四种情况在旧金山市的内陆运输工具上交货。）

另外，关于办理出口手续问题上也存在分歧。按照《2020 通则》的解释，FOB 条件下，卖方义务之一是自负风险及费用，取得出口许可证或其他官方批准证件，并办理货物出口所必需的一切海关手续。但是，按照《1990 年美国对外贸易定义修订本》的解释，卖方只是“在买方请求并由其负担费用的情况下，协助买方取得由原产地及/或装运地国家签发的，为货物出口或在目的地进口所需的各种证件”。

二、CFR 术语

（一）CFR 术语的含义

CFR 的英文表示是 Cost and Freight（insert named port of destination）INCOTERMS® 2020，中文意思是成本加运费（插入指定目的港），其后应注明国际贸易术语解释通则

2020 或 INCOTERMS® 2020。

成本加运费，又称运费在内价，也是国际贸易中常用的贸易术语之一。在 CFR 项下，卖方要在合同中约定的日期或期限内，将货物运到合同规定的装运港口，并交到自己安排的船只上，或者以取得货物已装船证明的方式完成其交货义务。另外，卖方要提交商业发票以及合同要求的其他单证。

（二）关于买卖双方义务的规定

采用 CFR 术语时，主要问题可概括如下：

1. 风险转移问题

卖方在装运港完成其交货义务时，货物损坏或灭失的风险由卖方转移给买方。

2. 通关手续问题

（1）卖方自负风险和费用，取得出口许可证或其他官方批准证件，并且办理货物出口所需的一切海关手续。

（2）买方自负风险和费用，取得进口许可证或其他官方批准证件，并且办理货物进口和从第三国过境运输所需的一切海关手续。

3. 运输合同和保险合同

（1）卖方必须按照通常条件订立或取得运输合同，将货物运到合同约定的目的港。

（2）卖方对买方无订立保险合同的义务。但应买方的要求，并在买方承担风险和费用的情况下，卖方必须向买方提供其办理保险所需的信息。

4. 主要费用的划分

（1）卖方承担交货前所涉及的各项费用，包括需要办理出口手续时所应交纳的关税和其他费用。卖方还要支付从装运港到目的港的运费和相关费用。

（2）买方承担交货后所涉及的各项费用，包括办理进口手续时所应交纳的关税和其他费用。

5. 适用的运输方式

CFR 术语适合于海运和内河水上运输方式。

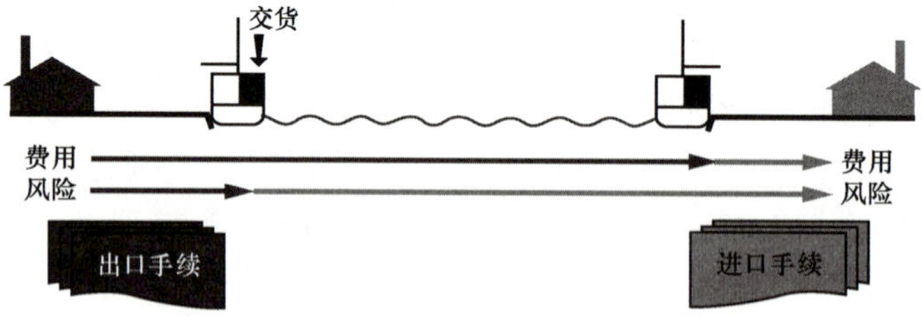

图 3-3 CFR 的风险、责任和费用转移界限

（三）使用 CFR 术语应注意的问题

1. 应了解 CFR 与 FOB 的异同点

CFR 与 FOB 术语相比较，它们都是在装运港交货，风险划分均以货物在装运港装上船为界，都适用于水上运输方式，都是由卖方负责办理出口手续，买方负责办理进

口手续。它们的主要区别在于办理从装运港至目的港的运输责任和费用的承担方不同。FOB 条件下，由买方订立运输合同并承担相关费用；而在 CFR 条件下，则由卖方订立运输合同并承担相关费用。

2. 明确合理地规定装运港、目的港和装运期

采用 CFR 贸易术语成交时，卖方要承担将货物由装运港运往目的港的义务，因此，当事人应当在合同中尽可能精确的规定目的港。同时，《通则》也建议在合同中明确规定装运港，因为，风险是在装运港船上转移。另外，为了保证能按时完成在装运港交货的义务，卖方应根据货源和船源的实际情况合理地规定装运期。当装运期一经确定，卖方就应及时租船订舱和备货，并按规定的期限发运货物。按照《联合国国际货物销售合同公约》的规定，卖方延迟装运或者提前装运都是违反合同的行为，并要承担违约的责任。买方有权根据具体情况拒收货物或提出索赔。

3. 装船通知的重要作用

按照 CFR 条件达成的交易，卖方需要特别注意的问题是，货物装船后必须及时向买方发出装船通知，以便买方收取货物和办理投保手续。根据一般的国际贸易惯例以及有些国家的法律，如英国《1893 年货物买卖法》（1979 年修订）中规定："如果卖方未向买方发出装船通知，致使买方未能办理货物保险，那么，货物在海运途中的风险被视为卖方负担。"这就是说，如果货物在运输途中遭受损失或灭失，由于卖方未发出通知而使买方漏保，那么卖方就不能以风险在装运港船上转移为由免除责任。由此可见，尽管在 FOB 和 CIF 条件下，卖方装船后也应向买方发出通知，但 CFR 条件下的装船通知，具有更为重要的意义。

三、CIF 术语

（一）CIF 术语的含义

CIF 的英文表示是 Cost Insurance and Freight（insert named port of destination）INCOTERMS® 2020，中文意思是成本加保险费、运费（插入指定目的港）。其后应注明国际贸易术语解释通则 2020 或 INCOTERMS® 2020。

CIF 又称运费保险费在内价，也是国际贸易中常用的贸易术语之一。在 CIF 项下，卖方要在合同中约定的日期或期限内，将货物运到合同规定的装运港口，并交到自己安排的船只的船上，或者以取得货物已装船证明的方式完成其交货义务。另外，卖方还要为买方办理海运货物保险。此外，卖方要提交商业发票以及合同要求的其他单证。

（二）关于买卖双方义务的规定

采用 CIF 术语时，主要问题可概括如下：

1. 风险转移问题

卖方在装运港完成其交货义务时，货物损坏或灭失的风险由卖方转移给买方。

2. 通关手续问题

（1）卖方自负风险和费用，取得出口许可证或其他官方批准证件，并且办理货物出口所需的一切海关手续。

（2）买方自负风险和费用，取得进口许可证或其他官方批准证件，并且办理货物进口和从第三国过境运输所需的一切海关手续。

3. 运输合同和保险合同

（1）卖方必须按照通常条件订立或取得运输合同，将货物运到合同约定的目的港。

（2）卖方对买方有义务签订保险合同。保险合同应与信誉良好的保险公司订立，使买方或其他对货物有可保利益者有权直接向保险人索赔。

4. 主要费用的划分

（1）卖方承担交货前所涉及的各项费用，包括需要办理出口手续时所应交纳的关税和其他费用。卖方还要支付从装运港到目的港的运费和相关费用，并且承担办理水上运输保险的费用。

（2）买方承担交货后所涉及的各项费用，包括办理进口手续时所应交纳的关税和其他费用。

5. 适用的运输方式

CIF 术语适合于海运和内河水上运输方式。

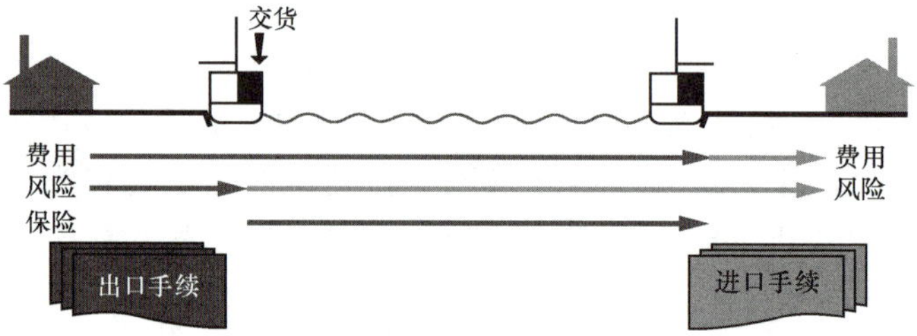

图 3-4　CIF 的风险、责任和费用转移界限

（三）使用 CIF 术语应注意的问题

1. 保险险别问题

CIF 术语中的“I”表示 Insurance，即保险。从价格构成来讲，这是指保险费，即货价中包括了保险费；从卖方的责任讲，他要负责办理货运保险。办理保险须明确险别，不同险别，保险人承担的责任范围不同，收取的保险费率也不同。按 CIF 术语成交，一般在签订买卖合同时，在合同的保险条款中，明确规定保险险别、保险金额等内容，这样，卖方就应按照合同的规定办理投保。但如果合同中未就保险险别等问题作出具体规定，那就根据有关惯例来处理。涉及 CIF 术语的国际贸易惯例有国际商会的《2020 通则》、《1990 年美国对外贸易定义修订本》和《1932 年华沙—牛津规则》。按照《2020 通则》对 CIF 的解释，“该保险需符合《协会货物保险条款》的 C 款（Clause C）或任何适于货物运输方式的类似条款”。但在买方要求时，并由买方承担费用的情况下，可加保任何附加险别。按照《1990 年美国对外贸易定义修订本》解释，“对于保险险别，双方应共同明确是投保水渍险或平安险以及属于特定行业应保的其他险别，或是买方需要获得单独保障的险别。”关于战争险，是在买方负担费用的情况下，由卖方代为投保，或经卖方同意，由买方自行投保。根据《1932 年华沙—牛津规则》的规定，卖方应“按照特定行业惯例或在规定航线上应投保的一切风险”办理投保手续。一般情况下，卖方不负责投保战争险，除非合同中有投保战争险的规定，或者买方有要求，并由买方承担费用时，卖方才可加保战争险。

2. 租船订舱问题

采用 CIF 术语成交，卖方的基本义务之一是租船订舱，办理从装运港至目的港的运输事项。关于运输问题，各个惯例的规定也不尽相同。《2020 通则》的解释是，运输合同必须按照惯常条款订立，由卖方承担费用，经由通常路线，用通常用于运输该类合同货物的船只（或适当的内河运输船只）装运至指定目的港。《1990 年美国对外贸易定义修订本》中只是笼统地规定卖方“负责安排货物运至指定目的地的运输事宜，并支付其费用”。《1932 年华沙—牛津规则》中对于这一问题规定较为详细，在其第 8 条中规定：“（1）在买卖合同规定由特定船只装运，或者一般地应由卖方租赁全部或部分船只，并承担将货物装船的情况下，非经买方同意，卖方不得随意改用其他船只代替。买方也不应不合理地拒绝同意。（2）如果买卖合同规定用蒸汽船装运（未指定船名），卖方在其他条件相同的情况下，可用蒸汽船或内燃机船运给买方。（3）如果买卖合同未规定运输船只的种类，或者合同内使用‘船只’这样的笼统名词，除依照特定行业惯例外，卖方有权使用通常在此路线上装运类似货物的船只来装运。”以上规定有详有略，其基本点是相同的，即如果没有相反的约定，卖方只是负责按通常条件和惯驶航线，租用适当船舶将货物运往目的港。因此，对于在业务中有时买方提出的关于限制船舶的国籍、船型、船龄、船级以及指定装载某班轮公司的船只等项要求，卖方均有权拒绝接受。但卖方也可放弃这一权利，可根据具体情况给予通融。就是说，对于买方提出的上述要求，如果卖方能办到又不会增加额外开支，也可以接受。一旦在合同中作出明确规定，就必须严格照办。

3. 象征性交货问题

从交货方式来看，CIF 是一种典型的象征性交货（Symbolic Delivery）。所谓象征性交货是针对实际交货（Physical Delivery）而言。前者指卖方只要按期在约定地点完成装运，并向买方提交合同规定的包括物权凭证在内的有关单证，就算完成了交货义务，而无须保证到货。后者则是指卖方要在规定的时间和地点，将符合合同规定的货物提交给买方或其指定人，而不能以交单代替交货。可见，在象征性交货方式下，卖方是凭单交货，买方是凭单付款，只要卖方如期向买方提交了合同规定的全套合格单据（名称、内容和份数相符的单据），即使货物在运输途中损坏或灭失，买方也必须履行付款义务。反之，如果卖方提交的单据不符合要求，即使货物完好无损地运达目的地，买方仍有权拒绝付款。但是，必须指出，按 CIF 术语成交，卖方履行其交单义务，只是得到买方付款的前提条件，除此之外，他还必须履行交货义务。如果卖方提交的货物不符合要求，买方即使已经付款，仍然可以根据合同的规定向卖方提出索赔。

第三节 常用贸易术语的变形

国际贸易中使用最多的贸易术语是装运港交货的 FOB、CFR 和 CIF 术语。按照

FOB 术语成交时，有关装船费用的负担问题，以及按照 CFR 和 CIF 术语成交时由谁负担卸货费用的问题，各国的惯例或习惯做法并不完全一致。如件杂货一般采用班轮运输，船方负责装卸，装卸费打入班轮运费之中，自然由负责洽租班轮的一方承担；而大宗货物通常采用程租船运输，船方一般不负担装卸费用，这就必须明确装卸费用应由谁负担。为了明确责任，避免争执，在实际业务中，通常都是在常用贸易术语之后加列装货费或卸货费由何方负担的附加条件，即以贸易术语的变形来解决这一问题。

关于贸易术语的变形是否应在通则中加以明确规定的问题，在以往通则的修改过程中，已经提出过，未获得通过。在修订《2000 通则》时，又提了出来，但仍未达成协议。国际商会在《2020 通则》中再次指出，不反对当事人使用变形术语，如使用，则建议在合同中作出明确规定。如果变形涉及风险、责任和费用的变化，应在合同中加以具体说明，以避免误解。以下介绍的是实际业务中，常见的贸易术语的几种变形。

一、FOB 的变形

FOB 的变形是为了解决装船费用由谁负担的问题而产生的，按照以往的做法，主要包括以下几种：

1. FOB Liner Terms（FOB 班轮条件）

这一变形是指装船费用按照班轮的做法处理，即由船方或买方承担。所以，采用这一变形，卖方不负担装船的有关费用。

2. FOB Under Tackle（FOB 吊钩下交货）

这一变形是指卖方负担将货物交到买方指定船只的吊钩所及之处的费用，而吊装入舱以及其他各项费用，概由买方负担。

3. FOB Stowed（FOB 理舱费在内）

这一变形是指卖方负责将货物装入船舱并承担包括理舱费在内的装船费用。理舱费是指货物入舱后进行安置和整理的费用。

4. FOB Trimmed（FOB 平舱费在内）

这一变形是指卖方负责将货物装入船舱并承担包括平舱费在内的装船费用。平舱费是指对装入船舱的散装货物进行平整所需的费用。

二、CFR 的变形

CFR 的变形不同于 FOB 的变形，它是为了解决大宗货物在租船运输中的卸货费用负担问题而产生的。业务中常见的变形有以下几种：

1. CFR Liner Terms（CFR 班轮条件）

这一变形是指卸货费按班轮做法办理，即买方不负担卸货费。

2. CFR Landed（CFR 卸至码头）

这一变形是指由卖方承担卸货费，包括可能涉及的驳船费在内。

3. CFR Ex Tackle（CFR 吊钩下交接）

这一变形是指卖方负责将货物从船舱吊起一直卸到吊钩所及之处（码头上或驳船上）的费用，船舶不能靠岸时，驳船费用由买方负担。

4. CFR Ex Ship's Hold（CFR 舱底交接）

按此条件成交，船到目的港在船上办理交接后，由买方自行启舱，并负担货物由舱底卸至码头的费用。

三、CIF 的变形

CIF 的变形与 CFR 的变形完全相同，都是为了解决大宗货物在租船运输中的卸货费负担问题而产生的。主要有：CIF Liner Terms、CIF Landed、CIF Ex Tackle、CIF Ex Ship's Hold 四种。具体含义与 CFR 的变形相同，不再重复。

综上所述，贸易术语的变形是为了解决装卸费用的负担问题而产生的，至于这些变形会不会影响到风险划分的问题，传统的说法是，贸易术语的变形只是用以解决装卸费用的负担问题，并不改变交货地点和风险划分的界限。但在实际业务中，由于一些当事人理解和掌握上的偏差，往往为此引起争执，所以，国际商会在《国际贸易术语解释通则》的引言中指出，在签订买卖合同时，有必要明确规定：贸易术语的变形是仅仅限于费用的划分，还是包括了风险在内。应该说，这是一种较为稳妥的做法。

第四节　与交货有关的其他问题

一、贸易术语与合同性质的关系

贸易术语是确定买卖合同性质的一个重要因素。一般说来，采用何种贸易术语成交，则买卖合同的性质也相应可以确定，因此，业务中通常以贸易术语的名称来给买卖合同命名，如对采用 FOB 术语成交的合同称作 FOB 合同，对采用 CIF 术语成交的合同称作 CIF 合同等。在一般情况下，贸易术语的性质与买卖合同的性质是相吻合的。按 EXW 术语成交，卖方在产地交货，故其签订的合同为产地交货合同。按 FAS、FOB、CFR、CIF、FCA、CPT 和 CIP 术语成交时，卖方都是在起运国或装船国履行其交货义务，都具有装运地或装运港交货的性质，因此，按这些术语签订的买卖合同，其性质都属于装运合同。但是，按以 D 字母开头的术语成交时，卖方必须承担货物运至目的地的所有费用和风险，即在到达地点履行其交货义务，故按这些术语签订的买卖合同，其性质属于到达合同的类别。

贸易术语是确定买卖合同性质的重要因素，但它并不是决定合同性质唯一的因素。例如，在某案例中，交易双方在签订合同时使用了 CIF 术语，但同时又约定“以货物到达目的港作为支付货款的前提条件”。结果，货物在中途遇到海难，没有按合同的规定到达目的港。买方拒绝支付货款，双方进行诉讼。法官审理后认为，按此条件签订的合同，不是装运合同，而是到达合同，因此判定卖方没有履行其交货义务，买方有权拒绝付款。在这一案例中，可以说支付条件是确定合同性质的决定因素。由此可见，确定买卖合同的性质，不能单纯看采用何种贸易术语，还应看买卖合同中的其他条件是如何规定的。

二、风险的提前转移问题

一般来讲，卖方承担的风险是在双方约定的交货地点的特定界限，随着交货义务的完成而转移的。也就是说，卖方交货后，货物损坏或灭失的风险，以及负担与货物有关的费用的义务便从卖方转移到买方。通常情况下，买方不承担交货之前所发生的货物损坏或灭失的风险以及相关的费用。但是，各种贸易术语下都规定了买方没有按约定受领货物或没有给予卖方完成交货义务的必要指示，例如给予装船时间或交货地点的通知，那么，风险和费用的转移可以提前到交货之前。

风险的提前转移有一个前提条件，那就是货物必须已正式划归合同项下，即清楚地划出或以其他方式确定为该合同项下的货物。这也就是通常所说的特定化问题。如果货物尚未特定化，风险就不能提前转移。

三、货物的运输包装问题

国际贸易中的大多数商品需要一定的包装，然而，包装的用料和方式等却因商品的性质和采用的运输方式的不同有着很大差异。为了切实起到保护商品的作用，避免事后的争端，《2020 通则》在每一术语的卖方义务第 8 条“查验/包装/标记”中都规定：卖方必须自负费用包装货物，除非该特定贸易运输的所售货物通常无须包装。除非双方已经约定好具体的包装或标记要求，否则，卖方必须以适合该货物运输的方式对货物进行包装和标记。《联合国国际货物销售合同公约》对此也有类似的规定，即货物包装必须适用于订立合同时曾明示或默示地通知卖方的任何特定目的，除非情况表明买方并不依赖卖方的技能和判断力，或者这种依赖对其是不合理的。

四、选用贸易术语应考虑的主要因素

在国际贸易中，贸易术语是确定合同性质、决定交货条件的重要因素，选定适当的贸易术语对促进合同的订立和履行，提高企业的经济效益具有重要的意义。作为交易的当事人，在选择贸易术语时主要应考虑以下因素：

（一）考虑运输条件

买卖双方采用何种贸易术语，首先应考虑采用何种运输方式运送。在本身有足够运输能力或安排运输无困难，而且经济上又合算的情况下，可争取按由自身安排运输的条件成交（如按 FCA、FAS 或 FOB 进口，按 CFR、CIF、CPT 或 CIP 出口）；否则，则应酌情争取按由对方安排运输的条件成交（如按 FCA、FAS 或 FOB 出口，按 CFR、CIF、CPT 或 CIP 进口）。

（二）考虑货源情况

国际贸易中货物品种很多，不同类别的货物具有不同的特点，它们在运输方面各有不同要求，故安排运输的难易不同，运费开支大小也有差异。这是选用贸易术语应考虑的因素。此外，成交量的大小，也直接涉及安排运输是否有困难和经济上是否合算的问题。当成交量太小，又无班轮通航的情况下，负责安排运输的一方势必会增加运输成本，故选用贸易术语时也应考虑由对方安排运输。

（三）考虑运费因素

运费是货价构成因素之一，在选用贸易术语时，应考虑货物经由路线的运费收取情况和运价变动趋势。一般来说，当运价看涨时，为了避免承担运价上涨的风险，可以选用由对方安排运输的贸易术语成交，如按 CFR、CIF、CPT 或 CIP 进口，按 FCA、FAS 或 FOB 术语出口。在运价看涨的情况下，如因某种原因不得不采用按由自身安排运输的条件成交，则应将运价上涨的风险考虑到货价中去，以免遭受运价变动的损失。

（四）考虑运输途中的风险

在国际贸易中，交易的商品一般需要通过长途运输，货物在运输过程中可能遇到各种自然灾害、意外事故等风险，特别是在遇到战争或正常的国际贸易遭到人为障碍与破坏的时期和地区，则运输途中的风险更大。因此，买卖双方洽商交易时，必须根据不同时期、不同地区、不同运输路线和运输方式的风险情况，并结合购销意图来选用适当的贸易术语。

（五）考虑办理进出口货物结关手续有无困难

在国际贸易中，关于进出口货物的结关手续，有些国家规定只能由结关所在国的当事人安排或代为办理，有些国家则无此项限制。因此，当按照某出口国政府规定，买方不能直接或间接办理出口结关手续，则不宜按 EXW 条件成交，而应选用 FCA 条件成交；若按照进口国当局的规定，卖方不能直接或间接办理进口结关手续，此时则不宜采用 DDP，而应选用其他贸易术语成交。

本章小结

本章阐述了适用于水上运输方式的几种贸易术语的不同特点，介绍了几种常用贸易术语的变形，剖析了贸易术语与合同性质的关系，并就选用贸易术语的注意事项作了说明。深入了解这些内容，有利于合理选择和正确运用各种贸易术语。

思考题

1. FCA、FAS 和 FOB 这三种贸易术语有何共同特点？
2. FOB 的变形是怎样产生的？常用的变形有哪几种？

3. 按 CFR 和 CIF 条件成交，如卖方不愿承担卸货费，可选用哪种变形？
4. 举例说明风险的提前转移和货物的特定化问题。
5. 什么是到达合同？它与装运合同有何区别？
6. 在国际贸易中如何确定合同的性质？确定合同性质的意义何在？

案例分析题

2019 年 8 月，我国某外贸公司与日本某公司签订了一笔进口 3 600 吨花生仁的合同。签约时由于卖方坚持要求采用 CIF 条件，加上买方考虑到当时花生仁在国际市场上比较畅销，就同意了对方的条件。合同中规定的目的港是江苏省的连云港。卖方在合同规定的装运期内发运了货物。发货后卖方以传真方式通知买方，表示 3 600 吨的花生仁与另一货主的一批货装在同一条货轮上，另一批货的目的港在青岛。随后又通过电话表示先在连云港卸完货再开往青岛。但事后查明，该货船并未按卖方承诺的那样，而是先停在了青岛港，并在青岛停留了一个月之久。在此期间国际市场上的花生仁价格急剧下跌，使买方遭受了较大的损失。

请问卖方对于买方的损失要否承担赔偿责任？买方在本案中应吸取什么教训？

第二篇　国际货物买卖合同

国际货物买卖合同是指不同国家（地区）的当事人之间所订立的转移货物所有权的合同，其特征是，通过合同的履行，将约定货物的所有权，由卖方转移给买方。国际货物买卖合同中的各项条款，由合同当事人根据“契约自主”的原则协商确定。经当事人约定的各项合同条款，既是确定合同当事人权利与义务关系的根本依据，也是判断合同是否有效的客观依据。由此可见，订好合同条款，有着重要的法律和实践意义。

第四章

合同的主体与标的

合同的主体即指具有缔约能力的合同当事人，自然人、法人及依法成立的其他非法人组织，都可成为合同当事人。交易双方签约时，注意合同的主体资格和订好合同当事人条款，有利于履行合同和解决合同争议。

合同的标的是合同法律关系的客体，是合同当事人权利与义务所共同指向的对象，它体现合同当事人订立合同的目的与要求。国际货物买卖的标的是有形的商品，而成交的商品有其具体的名称，并表现为一定的质量；每笔交易的标的，都有一定的数量，且大多数标的物需要有适当的包装。因此，交易双方签约时，应具体订明成交商品的名称、质量、数量与包装条款，以利履行合同。

第一节 合同当事人

合同当事人即指以自己的名义订立与履行合同，并享有一定的权利与承担约定的义务的人。合同当事人条款是说明合同当事人的基本情况和明确合同主体资格的一项不可缺少的最基本的条款。

一、订好合同当事人条款的重要意义

合同是指两个或两个以上的当事人通过协商一致达成的协议。在订立和履行合同过程中，各当事人都是合同的主体，具有平等的法律地位，他们分别承担约定的义务。例如，卖方应按合同规定，按时、按质、按量交付货物。买方应按合同规定的时间与地点受领货物并支付货款。为方便履行合同，买卖双方彼此还

应承担相互通知的义务。与此同时，交易双方都享有约定的权利，如在一定条件下，依法变更、转让和终止合同的权利，要求违约方赔偿损失或继续履行合同的权利，以及为解决履约争议依法申请仲裁或提起诉讼的权利等。

在这里，需要强调说明的是，依法订立的合同和合同当事人的权益，都受到合同法等有关法律的保护。如合同订立后，出现合同当事人拒不履约或违约的情况，致使另一方当事人蒙受损失，则受损害方的当事人有权采取各种救济措施来追究违约方当事人的法律责任。这就要求在买卖合同中具体订明合同当事人的名称，以明确合同的主体资格，从而有利于履行合同和解决合同纠纷。

在订明合同当事人名称的同时，还应详细、准确列明其地址，以利各当事人相互联系。这一点，对法律的适用很重要，应予以高度重视，尤其是对为了逃避法律管辖的某些资信差的不法商人，更应注意。首先，不要将 A 国商人看成是 B 国商人；其次，当事人有几个营业地时，最好在合同中都订明其详细、具体的地址；最后，还应注意当事人营业地是否位于《联合国国际货物销售合同公约》的成员国，以明确该公约是否适用于合同。

综上所述，足见订好合同当事人条款，明确合同的主体资格，并详细、具体列明各合同当事人的名称与地址，具有十分重要的实践与法律意义。

二、合同当事人条款的主要内容

在国际货物买卖中，合同当事人条款通常包括下列各项内容：

（一）合同当事人的名称或姓名

合同当事人通常为企业法人。所谓企业法人，是指以从事生产、流通、科技开发等活动为内容，以盈利为目的的社会经济组织。这些组织是依法成立的，它们有自己的名称、机构和场所，有必要的资产，并具备相应的缔约能力和主体资格。

在国际货物贸易实践中，许多社会经济组织或大公司都备有自己拟就的标准合同格式，在合同的开头部位，都有印就的“卖方”和“买方”字样的栏目，供交易双方当事人分别载明各自公司机构的具体名称。此外，合同尾部还有印就“卖方”和“买方”字样的栏目，专供交易双方当事人分别签字或加盖公章。凡经买卖双方共同签署的合同，一般视为合同当事人真实意思的表示。

（二）合同当事人的地址

国际货物买卖合同的当事人，分别处在不同的国家和地区，一般相距遥远。为了便于交易双方在履约过程中相互联系及顺利办理货物交接与货款结算等事项，需要在合同中分别载明各当事人所在地的详细住址以及电话、传真和电子信箱等内容。有些公司对外订立合同时，由于疏忽，竟漏写买卖双方的名称与地址，或者将名称与地址写错，这些失误给履约造成了实际困难。

三、约定合同当事人条款的注意事项

为了使买卖双方订立的合同具有法律效力，可以受到法律保护，并能得到顺利履行，在约定合同当事人条款时，需要注意下列事项。

（一）合同当事人必须具有缔约能力

各国对订立买卖合同的当事人（包括自然人或法人）都有特定的条件和要求。按各国法律的一般规定，订立合同的自然人必须是具有缔约能力的人，未成年人、精神病人和禁治产人订立合同必须受到限制。关于法人签订合同的行为能力，各国法律一般认为，法人必须通过其代理人在法人的经营范围内签订合同，越权的合同无效。我国《合同法》第 9 条中明确规定："当事人订立合同，应当具有相应的民事权利能力和民事行为能力。"由此可见，订立合同时，我们一定要注意当事人的缔约能力和主体资格问题。

（二）合同当事人的名称必须表述准确

约定合同当事人的名称（或姓名），不论用中文还是用外文表述，都应当明确、具体，列出全名，不能用简写或缩写的形式，更不能漏写或错写，以免给履约造成困难、引起误解或产生不良后果。

（三）合同当事人的地址应当正确、详细

为便于履行合同，必须正确、详细地载明合同各当事人的地址、电话、传真号码和电子信箱等项内容，以利各当事人之间及时保持业务联系。《联合国国际货物销售合同公约》第 10 条规定："如果当事人有一个以上的营业地，则以与合同及合同的履行关系最密切的营业地为其营业地，但要考虑到双方当事人在订立合同前任何时候或订立合同时所知道或所设想的情况；如果当事人没有营业地，则以其惯常居住地为准。"此项规定表明，确定当事人营业地的标准，采用最密切联系的原则。若当事人有一个以上的营业地，且都与合同有关系，则采用"与合同及合同的履行关系最密切"的营业地，作为当事人的营业地，该营业地应与合同签订关系最密切，并具有发出报价、接受报价、交货、付款的能力。营业地如有变动，应以订立合同的营业地为准。由此可见，《公约》规定的营业地，是指当事人经营活动的场所，并不一定要求在主营业所，其法律地位，也不一定要求是具有独立法人资格的法定住所。

第二节 成交商品的名称

一、约定成交商品名称的意义

买卖双方洽商交易时，首先要明确买卖什么商品，并在合同中订明成交商品的名称，故品名条款是合同中不可缺少的一项主要交易条件。按照国际上有关的法律和惯例，对成交商品的描述，是构成商品说明（Description）的一个组成部分，是买卖双方交接货物的一项基本依据，它直接关系到买卖双方的权利和义务。若卖方交付的货物不符合约定的品名和说明，买方有权提出损害赔偿要求，甚至可以拒收货物或撤销合同。由此可见，品名条款在进出口合同中占有很重要的地位。订好此项条款，不仅具有实践作用，而且具有重要的法律意义。

二、品名条款的主要内容

在进出口合同中，品名条款并无统一格式，通常都是在“商品名称”或“品名”（Name of Commodity）的标题下，列明买卖双方成交商品的名称，也有的只在合同的开头部分，载明交易双方同意买卖某种商品的文句。

品名条款的内容，一般取决于成交商品的品种和特点。一般地说，合同中通常只规定商品具体名称即可。但有些商品，因其具有不同的品种、商标、等级、型号，为了明确起见，在品名条款中，还必须将该商品的具体品种、商标、等级和型号的描述也包括进去，以便作进一步的限定。此外，有的甚至将品质规格也包括进去。在此情况下，它就不单是品名条款，而实质上是品名条款与品质条款的综合表述。

三、约定品名条款的注意事项

为了订好进出口合同中的品名条款，必须注意下列事项：

（一）根据需要与可能约定成交商品的名称

凡合同品名条款中规定的商品，应当是买方确实需要且卖方能供应的商品，避免盲目成交，给履约带来困难，甚至引起贸易纠纷。在这方面，我们曾有过不少深刻的教训。例如，曾有外商向中国某外贸公司订购一批湖蓝色自行车，当时卖方经办人员不知国内有无这种花色的自行车，即盲目签约成交。到交货时，卖方无法依约供应，便擅自改为其他花色的自行车取代，结果遭到对方拒收。因为，买方需要的是约定颜色的自行车，而不是其他花色的自行车。

（二）合理描述成交的商品

对某些成交的商品，如需要在品名条款中作进一步描述时，其描述性的词句，应当运用得当，既不能漏掉必要的描述，也不应列入不切实际或不必要的描述，以免给履约造成困难和引起争议。例如，凡成交的商品有编号、商标或等级的，应将其编号、商标、等级订明；若无编号、商标、等级的，则不宜加列其他说明。

（三）正确使用成交商品的名称

正确无误地使用成交商品的名称，不仅关系到合同当事人的利益，而且有利于合同的履行。因此，约定商品名称时，要注意下列几点：

（1）商品的名称一般较多地反映该商品的用途、性能和特征。商品命名的方法很多，确定商品名称时，既要突出商品的用途与特性，又要有利于吸引顾客和促进销售。

（2）一般应使用国际上通用的名称。若使用地区性的名称，买卖双方应事先就其含义达成共识，以利合同的履行。

（3）在一个合同中，或同一个商号的几个合同中，同一种商品不要使用不同的名称。例如，在品名条款中所用的商品名称是“龙眼”，则在合同其他条款中，就不应再用“桂圆”的称呼。

（4）对于某些新商品的定名及其译名，应力求准确易懂，并符合国际上习惯的称呼。

（5）凡商品名称带有外国的国名或地名（如印度绸），应尽可能使用自定的名称，也可在自定名称后括号说明（如俗称印度绸）。对于一些涉及外国商品名称专用权或制造方法专用权的名称，一般应避免使用。凡出口商品名称带有产地名称者，其品质规格应有明确标准，如生产情况稳定，且在国外适销对路，可继续使用。否则，不宜轻易采用凭产地名称买卖。

（6）若某些商品有几个不同的称呼，约定品名时，应根据是否有利于降低关税、方便进出口和节省运输费用诸因素来选用合适的名称。如商品名称选用不当，可能导致该商品被禁止进出口或者被收取较高的关税或运输费用。

（四）品名条款的内容应当清楚、明确、具体

在品名条款中，应具体订明成交商品的名称，尽量避免空泛、笼统的表述，以利合同的履行。若成交商品的品种和规格繁多，可在商品名称栏内标明商品类别总称，如文具、家具、工艺品、瓷器等，但同时应将具体商品名称及规格，用附表详细列明，以便日后开立信用证和缮制单据时使用。

第三节　进出口商品的质量

商品质量（简称品质）是指商品内在素质和外观形态的综合表现，它是构成货物说明的重要组成部分。在国际货物贸易中，买卖双方对其成交的每种商品，都约定一定的品质条件，以利日后交接货物时有所遵循。

一、约定进出口商品质量的重要性

约定进出口商品质量具有十分重要的意义，因为，商品质量的优劣，直接影响商品的使用价值和价格，它是决定商品使用效能和影响商品市场价格的重要因素。在当前国际市场竞争空前激烈的形势下，许多国家和地区都把提高商品质量，力争以质取胜，作为非价格竞争的一个重要组成部分，它是加强对外竞销的重要手段之一。

为了使进出口商品的质量适应国内外市场的需要，在出口商品的生产、运输、存储、销售过程中，必须加强对品质的全面管理。在进口商品的订货、运输、接受等环节中，应当切实把好质量关。

由于国际贸易的商品种类繁多，即使是同一种商品，在品质方面也可能因自然条件、技术和工艺水平以及原材料的使用等因素的影响而存在着种种差异，这就要求买卖双方在商定合同时，必须就品质条件作出明确规定。

合同中的品质条件不仅是构成商品说明的重要组成部分，也是买卖双方交接货物的主要依据。按《联合国国际货物销售合同公约》的有关规定，卖方交付的货物必须与合同规定的品质、规格相符，必须适用于同一规格货物通常使用的目的，并适用于订立合同时曾明示或默示地通知卖方的任何特定目的，卖方交货质量应与卖方

向买方提供的货物样品或样式相同。如果卖方交货品质、规格与合同规定不符，不论价款是否已付，买方均有权要求卖方减价、赔偿损失，甚至可以拒收货物和撤销合同。

在实际业务中，因品质问题而产生贸易纠纷的案例最多。为了减少和避免争议，在约定品质条款时，应对成交商品的质量要求作出全面、确切和清楚的描述，以利合同的履行。同时，一旦合同对品质条件作出了明确具体的规定，卖方就应严格按约定条件交付货物。由此可见，在进出口合同中约定品质条件和订好品质条款，不论从法律或从实践的角度而言，都是非常重要的。

二、关于产品的质量体系评审和认证制度

由于商品质量关系到用户的切身利益，故在国际市场上，用户不仅要对品质进行评价，而且还要对生产企业的质量体系进行评价，这已成为当前国际贸易中的通常做法。ISO9000 系列标准是国际标准化组织为适应国际贸易发展的需要而制定的品质管理和品质保证标准。它为国际市场商品的生产企业质量体系评定提供了统一的标准，具有国际通行证的作用。

我国是国际标准化组织的理事国，为适应国际贸易发展的需要，有利于对我国出口商品生产企业按照 ISO9000 系列标准进行质量体系评审，从 2003 年 5 月 1 日起，我国实施强制性产品认证制度（China Compulsory Certification），简称为 CCC 认证。这是国际通行的、依照法律法规实施的一种对产品是否符合国家强制标准、技术法规的合格评定制度。此项认证制度实行“四个统一”，即统一目录、统一标准技术法规和合格评定程序、统一标志和统一收费。按《强制性产品认证管理规定》，列入强制性产品目录内的产品，未获得指定机构的认证书、未按规定加施认证标志，不得进口、出口、销售和在经营服务场所使用。

此外，国际标准化组织在推出 ISO9000 系列标准的基础上，又推出了另一一体化管理标准，即 ISO14000 环境管理系列标准，其目的在于控制和减少企业生产经营活动对环境造成的破坏，鼓励和推动企业生产环保绿色产品，以满足社会对环境保护以及其他相关利益的需求。凡符合 ISO14000 系列标准的企业，称为绿色企业，其生产的产品，经认可成为环保产品。

实践表明，按照国际标准进行质量体系评审，争取获得权威机构的认证证书，有利于扩大出口。例如，青岛海尔获 ISO14001 标准认证后，其生产的冰箱顺利进入欧美市场。又如，湖南省兰岭生产的无公害茶叶产品，自通过绿色食品认证和 ISO9001：2000 国际标准质量体系认证后，不仅出口日本和东南亚国家，而且远销欧盟和美国。

关于国际市场对进出口商品质量的基本要求，一般包括三个方面：一是成交商品质量必须符合约定的条件和该成交商品通常使用的目的；二是成交的商品要符合有关国家行政当局的规定，即要符合卖方国家准许出口的标准和买方国家允许进口的标准；三是成交商品的质量必须符合使用安全的要求，如因商品质量有缺陷导致人身伤害或财产损失，则生产厂商和销售者就应承担责任。

三、对进出口商品质量的具体要求

（一）对出口商品质量的要求

我国出口商品要同全世界广大用户和消费者见面，为了适应他们的需要，我们必须贯彻“以销定产”的方针和坚持“质量第一”的原则，大力提高出口商品质量，使其符合以下要求：

1. 针对不同市场和不同消费者的需求来确定适销对路的品质

由于世界各国经济发展不平衡，各国生产技术水平、生活习惯、消费结构、购买力和各民族的爱好互有差异，因此，我们要从国外市场的实际需要出发，搞好产销结合，使出口商品的品质、规格、花色、式样等适应有关市场的消费水平和消费习惯。

2. 不断更新换代和精益求精

凡质量不稳定或质量不过关的商品，不轻易出口，以免败坏声誉，即使质量较好的商品，也要本着精益求精的精神，不断提高品质，加速更新换代，以赶上和影响世界的消费潮流，增强商品在国际市场上的竞争能力。

3. 适应进口国的有关法令规定和要求

各国对进口商品的质量都有某些法令规定和要求，凡质量不符合法令规定和要求的商品，一律不准进口，有的还要就地销毁，并由货主承担由此引起的各种费用。因此，我们必须充分了解各国对进口商品的法令规定和管理制度，以便使我国出口商品能顺利地进入国际市场。

4. 适应国外自然条件、季节变化和销售方式

由于各国自然条件和季节变化不同，销售方式各异，商品在运输、装卸、存储和销售过程中，其质量可能发生某种变化，因此，注意自然条件、季节变化和销售方式的差异，掌握商品在流通过程中的变化规律，使我国出口商品质量适应这些方面的不同要求，也有利于增强我国出口商品的竞争能力。

在这里，需要强调说明的是，在当今世界市场竞争异常激烈和贸易保护主义盛行的形势下，“绿色壁垒”与“技术壁垒”都已成为主要的非关税壁垒，因此，我国出口企业都应力争生产符合进口国环保要求的绿色产品和技术条件合格的产品，才能突破“绿色壁垒”和“技术壁垒”，进入国际市场。

（二）对进口商品质量的要求

进口商品质量的优劣，直接关系到国内用户和广大消费者的切身利益。凡品质不符合要求或对人身健康与对动植物生长有害的商品，均不得进口。对于国内生产建设、科学研究和人民生活急需的商品，进口时，也应货比三家，切实把好进口质量关，使其品质适应国内的需求，以免影响国家的生产建设和人民的生活需要。

四、表示进出口商品质量的方法

国际市场上交易的商品，种类繁多，各种商品的性质与特点各异，故表示品质的方法也各不相同。概括起来，国际货物贸易中惯常用来表示商品质量的方法，包括凭实货表示和凭说明表示两类，现分别介绍和说明如下。

（一）凭实货表示成交商品的质量

凭实货表示成交商品的质量，通常包括看货成交和凭样品成交两种方式。

1. 看货成交

买卖双方采取看货成交时，通常是先由买方（或其代理人）在卖方所在地验看货物，达成交易后，只要卖方交付的是经买方验看过的商品，买方就不得对卖方交货品质提出异议。

在国际货物贸易中，由于交易双方相距遥远，买方到卖方所在地验看货物有诸多不便，即使卖方有现货在手，买方也有代理人代为验看货物，也无法逐件查验，故采取看货成交的情况较少。看货成交的做法，多在寄售、拍卖和展卖业务中采用。

2. 凭样品成交

样品通常是指从一批商品中抽出来的或由生产、使用部门设计、加工出来的，足以反映和代表整批商品质量的少量实物。凡以样品表示成交商品质量并以此作为交货依据的，称为凭样品买卖（Sale by Sample）。

在国际货物贸易中，按样品提供者的不同，样品可分为下列几种：

（1）卖方样品（Seller's Sample）

由卖方提供的样品称为“卖方样品”。凡凭卖方样品作为交货的品质依据者，称为“凭卖方样品买卖”。在此情况下，在买卖合同中应订明：“品质以卖方样品为准”（Quality as per Seller's Sample）。日后，卖方所交整批货（Bulk）的品质，必须与其提供的样品相同。

（2）买方样品（Buyer's Sample）

买方为了使其订购的商品符合自身要求，有时也提供样品交由卖方依样承制，如卖方同意按买方提供的样品成交，称为“凭买方样品买卖”。在这种场合，买卖合同中应订明：“品质以买方样品为准”（Quality as per Buyer's Sample）。日后，卖方所交整批货的品质，必须与买方样品相符。

（3）对等样品（Counter Sample）

在国际货物贸易中，卖方如不愿采用凭买方样品交易，卖方可根据买方提供的样品，加工复制出一个类似的样品交买方确认，这种经确认后的样品，称为“对等样品”或“回样”，也可称之为“确认样品”（Confirming Sample）。当对等样品被买方确认后，则日后卖方所交货物的品质，必须以对等样品为准。

此外，买卖双方为了增进彼此对对方商品的了解，往往采用互相寄送样品的做法。这种以介绍商品为目的而寄出的样品，一般应标明“仅供参考”（For Reference Only）字样，以免与标准样品混淆。在寄送“参考样品”的情况下，如买卖合同中未订明交货品质以该项样品为准，而是约定了其他方法来表示品质，这就不是凭样品买卖，这种样品对交易双方均无约束力。

（二）凭说明表示成交商品的质量

凡以文字、图表、照片等方式来说明商品的质量时，均属凭说明表示商品质量的范畴。属于这个范畴的表示方法，具体包括下列几种：

1. 凭规格买卖

商品规格（Specification of Goods）是指一些足以反映成交商品质量的主要指标，如化学成分、含量、纯度、性能、容量、长短、粗细等。买卖双方洽谈交易时，对于适于凭规格买卖（Sale by Specification）的商品，应提供具体规格来说明商品的基本品质状况，并在合同中订明。凭规格买卖时，说明商品质量的指标因商品不同而异，即使是同一商品，因用途不同，对规格的要求也会有差异。

凭规格表示商品质量的方法，具有简单易行、明确具体，且可根据每批成交商品的具体品质状况灵活调整的特点，故这种方法在国际贸易中被广为运用。

2. 凭等级买卖

商品的等级（Grade of Goods）是指同一类商品，按其规格上的差异，分为品质优劣各不相同的若干等级。由于不同等级的商品具有不同的规格，为便于履行合同和避免产生争议，在品质条款列明等级的同时，最好一并规定每一等级的具体规格。当然，如交易双方都熟悉每个级别的具体规格，则也可只列明等级，而无须约定其具体规格。

这种表示品质的方法，在简化手续、促进成交和体现按质论价等方面都有一定的作用。但是，应当注意，由个别厂商制定的等级本身并无约束力，故买卖双方洽商交易时，可酌情予以调整或改变，并在合同中订明。

3. 凭标准买卖

商品的标准是指将商品的规格和等级予以标准化。商品的标准，有的由国家或有关政府主管部门规定，也有的由同业公会、交易所或国际性的工商组织规定。在国际货物贸易中，有些商品习惯于凭标准买卖，人们往往使用某种标准作为说明和评定商品质量的依据。例如，美国出售小麦时，通常使用美国农业部制定的小麦标准。

国际货物贸易中所采用的各种标准，有些具有法律上的约束力，凡品质不符合标准要求的商品，不许进口或出口。但也有些标准不具有法律上的约束力，仅供交易双方参考使用，买卖双方洽商交易时，可另行商定对品质的具体要求。在我国实际业务中，凡我国已规定有标准的商品，为了便于安排生产和组织货源，通常采用我国有关部门所规定的标准成交。但为了扩大销售，也可根据需要和可能，酌情采用国外规定的品质标准。尤其是国际上已被广泛采用的标准，一般可按该标准进行交易。由于各国制定的标准经常进行修改和变动，加之，一种商品的标准可能有不同年份的版本，版本不同，其品质标准也往往有差异。因此，在采用国外某个国家的标准时，应载明所采用标准的年份和版本，以免引起争议。例如，在凭药典确定品质时，应明确规定以哪国的药典为依据，并同时注明该药典的出版年份。

在国际货物贸易中，对于某些品质变化较大而难以规定统一标准的农副产品，往往采用“良好平均品质”（Fair Average Quality，FAQ）这一术语来表示其品质。所谓“良好平均品质”，是指一定时期内某地出口货物的平均品质水平，一般是指中等货而言。其具体解释和确定办法如下：

（1）指农产品的每个生产年度的中等货。采用这种解释时，一般是由生产国在农产品收获后，经过对产品进行广泛抽样，从中制定出该年度的“良好平均品质”的标准和样品，并予以公布，作为该年度“FAQ”的标准。

（2）指某一季度或某一装船月份在装运地发运的同一种商品的“平均品质”。它一般是从各批出运的货物中抽样，然后综合起来，取其中者作为良好平均品质的标准。它可由买卖双方联合抽样，或共同委托检验人员抽样，送交指定的机构（可以是进口地的专业公会）检验确定。

在我国出口的农副产品中，也有用“FAQ”来说明品质的。但是，我们所说的“FAQ”一般是指大路货（Staple Goods），是和“精选货”（Selected Goods）相对而言的，而且在合同中除了标明大路货之外，还订有具体规格。例如：“木薯片 2005 年产，大路货，水分最高 16%。”在交货时，则以合同规定的具体规格作为依据。

4. 凭说明书和图样买卖

在国际货物贸易中，有些机器、电器和仪表等技术密集型产品，因其结构复杂，对材料和设计的要求非常严格，用以说明其性能的数据较多，很难用几个简单的指标来表明其品质的全貌，而且有些产品，即使其名称相同，但由于所使用的材料、设计和制造技术的某些差别，也可能导致功能上的差异。因此，对这类商品的质量，通常是以说明书并附以图样、照片、设计、图纸、分析表及各种数据来说明其具体性能和结构特点。按此方式进行交易，称为凭说明书和图样买卖（Trade by Descriptions and Illustrations）。

有不少厂商为了推销目的，定期或不定期地向顾客分送整本的商品目录或单张的产品介绍，用图片和文字介绍其定型产品的外形、构造、性能、用途、包装，有时还附有价格，供顾客选购。凡按这种商品目录订货的交易，又称凭商品目录买卖。目前，有关定型的机电产品买卖，有不少是采用这种方式进行的。如果买主对商品目录所提供的产品的性能或其规格方面有另外的要求，也可以在上述基础上辅以详细说明，经卖方确认后达成交易。

应当指出，凭说明书和图样买卖时，卖方所交的货物，必须符合说明书所规定的各项指标。但是，由于这类产品的技术要求比较高，品质与说明书和图样相符合的产品，有时在使用时并不一定能达到设计的要求，所以在合同中，除列入说明书的具体内容外，一般需要订立卖方品质保证条款和技术服务条款。例如，合同规定：“卖方须在一定期限内保证其商品的质量符合说明书所规定的指标，如在保证期内发现品质低于规定，或部件的工艺质量不良，或因材料内部隐患而产生缺陷，买方有权提出索赔，卖方有义务消除缺陷或更换有缺陷的商品或材料，并承担由此引起的各项费用”。

5. 凭商标或品牌买卖

商标（Trade Mark）是指生产者或商号用来说明其所生产或出售的商品的标志，它可由一个或几个具有特色的单词、字母、数字、图形或图片等组成。品牌（Brand Name）是指工商企业给其制造或销售的商品所冠的名称，以便与其他企业的同类产品区别开来，一个品牌可用于一种产品，也可用于一个企业的所有产品。

当前，国际市场上行销的许许多多商品，尤其是日用消费品、加工食品、耐用消费品，等等，都标有一定的商标或品牌。各种不同商标的商品都具有不同的特色。一些在国际上久负盛誉的名牌产品，因其品质优良、稳定，具有一定的特色，且能显示消费者的社会地位，故其售价远远高出其他同类产品。这种现象在消费水平较高、对品质要求严格的所谓“精致市场”（Sophisticated Market）表现得更为突出。有些名牌产品的制造者为了维护其商标的信誉，对其产品都规定了严格的品质控制，以保证其产品质量达到一定的标准。因此，商品或品牌本身实际上是一种品质象征。人们在交易中就可以只凭商标或品牌进行买卖，无须对品质提出详细要求。但是，如果一种品牌的商品同时有许多种不同型号或规格，为了明确起见，就必须在规定品牌的同时，还应订明其型号或规格。

凭商标或品牌的买卖，一般只适用于一些品质稳定的工业制成品或经过科学加工的初级产品。在进行这类交易时，必须把好质量关，保证产品的传统特色，把维护名牌产品的信誉放在首要地位。

此外，应当说明，如我国企业接受国外客户订货，并约定刷印外商提供的品牌时，则应注意该项品牌是否合法，以免出口商品运往国外时触犯进口国家的商标法而引起纠纷。

6. 凭产地名称买卖

在国际货物买卖中，有些产品，因产区的自然条件、传统加工工艺等因素的影响，在品质方面具有其他产区的产品所不具有的独特风格和特色，对于这类产品，一般可用产地名称（Name of Origin）来表示其品质，如“涪陵榨菜”等。

上述各种表示品质的方法，一般是单独使用，但有时也可酌情将其混合使用。

五、品质条款的主要内容

在国际货物贸易中，商品品种很多，品质千差万别，而表示品质的方法又多种多样，故品质条款的具体内容及其繁简，应视成交商品的特性、买卖双方的交易习惯和具体要求而定。

（一）品质条款的一般内容

在品质条款中，对可以用科学的指标来说明其质量的商品，应列明诸如商品规格（Specification of Goods）、商品等级（Grade of Goods）等指标的内容。有些商品习惯于凭标准买卖，则在品质条款中应列明采用何种标准，而对某些品质变化较大而难以规定统一标准的农产品，则往往在品质条款中列明“良好平均品质”（Fair Average Quality，FAQ）字样。对性能和结构比较复杂的机、电、仪等技术密集型产品，很难通过使用几个简单的指标来表示其品质的全貌，故在品质条款中，通常载明卖方应提供说明书，并随附有关图样、照片、设计、图纸、分析表及各类数据等内容。此外，一般还需要加订品质保证条款和技术服务条款。对难以用科学的指标说明其质量的商品，则应在品质条款中列明凭卖方样品（Seller's Sample）或买方样品（Buyer's Sample）或凭对等样品（Counter Sample）交货字样。对某些国际市场上久负盛名的名牌商品，在品质条款中，只列明成交商品的商标（Trade Mark）或品牌（Brand Name）即可。对一些在品质方面具有独特风格和地方特色的商品，也可以只用原产地名称来表示其品质。

（二）品质机动幅度的约定

为了保证进出口合同的顺利履行，对质量指标容易出现差错的某些制成品，可在品质条款中采取下列灵活变通的规定办法：

1. 约定一定幅度的品质公差

品质公差是指工业制成品的质量指标在国际上公认的合理误差范围。即使合同没有规定，只要交货品质在公差范围内，也不能算作违约。但为了明确起见，最好还是在合同中约定一定幅度的品质公差，如订明："尺码或重量允许有 ±（3%~5%）的合理公差"。对于某些难以用数字或科学方法表示的，则采取"合理差异"这种笼统的规定办法。例如，"质地、颜色允许有合理差异"。但是，应当指出的是，采用此种规定办法，应当特别慎重，因为，何谓"合理差异"，可能因理解不一而引起争议。

2. 约定交货品质的机动幅度

这是指允许卖方交付某些商品的质量指标在一定的幅度内有灵活性，其机动幅度通常有下列两种规定办法：一种是约定一定的差异范围，如漂布，幅阔 35/36 英寸；另一种是约定一定的上下极限，如粳米的碎粒最高为 35%，薄荷油中薄荷脑的含量最少为 50%。卖方交货只要在约定的差异范围内和未超出约定的极限，就算合格，买方就无权拒收货物。

3. 约定交货品质与样品大体相同或相似

采用凭样成交时，买卖双方往往由于对所交货物的看法不一而引起争议。为了避免争议和便于履行合同，买卖双方商订品质条款时，可加订"交货品质与样品大体相同或相似"之类的条文。

为了体现按质论价，在采用交货品质允许有一定的机动幅度的情况下，对某些货物也可根据实际交货品质调整价格，即在合同中加订品质增减价条款。根据我国外贸的实践，品质增减价条款有下列几种订法：

（1）对机动幅度内的品质差异，可按交货实际品质规定予以增价或减价。例如，在我国农产品出口合同中规定："水分每增减 1%（±1%），则合同价格减增 1%（∓1%）；不完善粒每增减 1%（±1%），则合同价格减增 0.5%（∓0.5%）；含油量每增减 1%（±1%），则合同价格增减 1.5%（±1.5%）。如增减幅度不到 1%者，可按比例计算。"

（2）只对品质低于合同规定者扣价。在品质机动幅度范围内，交货品质低于合同规定者扣价，而高于合同规定者却不增加价格。为了更有效地约束卖方按规定的品质交货，还可规定不同的扣价办法。例如，在机动幅度范围内，交货品质低于合同规定 1%，扣价 1%；低于合同规定 1%以上者，则加大扣价比例。

采用品质增减价条款，一般应选用对价格有重要影响而又允许有一定机动幅度的主要质量指标，对于次要的质量指标或不允许有机动幅度的重要指标，则不能适用。

六、约定品质条款的注意事项

（一）要正确运用各种表示品质的方法

表示品质的方法很多，究竟采用何种表示品质的方法，主要取决于商品的特性。一般地说，适用于文字、图样、照片、数据等办法来表示商品质量时，应优先采取这类表示品质的方法，不要轻易采用看货成交或凭样成交的办法。因为，看货成交有一定的局限性，通常多用于寄售、展卖和拍卖业务中。而凭样成交，在交接货物过程中容易引起争议，故不宜滥用此法。只有在确实无法用科学的指标来表示商品质量时，才可采用。

在这里，需要特别注意的是，对某种商品同时采用几种表示品质的方法应当慎重。凡能用一种方法表示品质时，一般不宜同时采用两种或两种以上的表示方法，特别是同时采用凭规格和凭样品成交时，会给履约造成困难，因为卖方交付的商品，既要符合约定的规格，又要与样品一致，要做到两全其美，有时确不容易。在这里需要说明的是，如果不是以样品来表示整个商品质量，而只是表示该商品的某个或某几个方面的质量指标。例如，不是表示整个服装的质量，而只是表示服装的色泽（即作为色样），有关服装其他方面的质量，则用其他方法来表示，在这种情况下，对一种商品同时使用几种表示品质的方法是可以的。

（二）要防止约定的品质条件出现偏高或偏低现象

在规定品质条款时，要根据需要和可能，实事求是地确定品质条件。具体地说，在确定出口商品的品质条件时，除考虑客户的实际需要外，还应考虑卖方供货的可能性，如客户对品质要求过高，而属卖方实际做不到的条件，诸如皮鞋要求彻底消灭皱纹和豆类要求彻底消灭活虫与死虫之类的条件，不应接受。反之，如出口商品的质量确实符合国外市场的需要，则约定的品质条件，不应低于实际商品的品质规格，以免影响出售价格。但是，也不应为了追求高价而盲目提高品质，以免浪费原材料或给生产部门带来困难，甚至影响交货，对外造成不良影响。总之，出口商品质量应当适销对路，不能盲目追求高质量，因为，有时质量高的商品，对某些市场不一定适销。

在约定进口商品质量条件时，也应从买方实际需要出发，防止盲目提高质量要求，因为质量过高，既影响价格，也未必切合实际需要，从而造成不应有的浪费。但是，也要防止单纯为了买低价货或饥不择食地任意降低质量要求，而盲目进口，以致影响使用，并招致不应有的损失。

（三）要合理选订影响品质的质量指标

在品质条款中，凡对影响品质的一些重要指标，应当具体订明，不应出现遗漏。对于相对次要的质量指标，则可少订。对于一些与品质无关紧要的条件和说明，不宜订入，以免条款过于烦琐。以买卖大豆为例，大豆的含油量及其蛋白质的含量，虽然都是表示大豆质量的指标，但对大豆规格的具体要求，却根据大豆的用途而有差异。若大豆仅作榨油用，则在品质条款中，必须列明其含油量这项重要指标；若仅作食用，则不一定约定其含油量，但蛋白质的含量，就成为必须列明的重要指标。

（四）应注意进口国的有关法令规定

世界各国对进口商品的质量都有具体的法令规定，凡质量不符法令规定的商品，一律不准进口，有的还要就地销毁，并由货主承担由此产生的各种费用，对此，应当引起我们的重视。此外，在我国按定牌生产出口商品时，在我国出口商品上印刷了外商提供的品牌，我们应注意该项品牌是否合法，以免我国出口商品运往国外触犯进口国的商标法，而引起法律纠纷。

（五）要注意各项质量指标间的内在联系和相互关系

品质条款中的各项质量指标，都是从不同的角度来说明商品的质量，实际上各项指标之间有其内在联系，且互相影响，如其中某项指标规定不当，就可能影响其他指标，例如，在荞麦品质条件中规定：“水分不超过 17%，不完善粒不超过 6%，杂质不超过 3%，矿物质不超过 0.15%。”显然，此项规定不合理，而且对卖方很不利。因为，对矿物质的要求过高，与其他指标不相称。为了使矿物质符合约定的指标，势必需要反复加工，这就使合同允许范围内的杂质和不完善颗粒的含量也随之减少，这对卖方是不利的。

（六）力求约定的品质条款明确、具体

为了便于买卖双方按约定的品质条件交接货物和明确彼此的责任，在商订品质条款时，应当明确具体，避免采用诸如“大约”“左右”之类的笼统含糊的或模棱两可的规定办法，以免在交货品质问题上引起争议。在采用凭标准买卖时，同一商品，各国和各行业所定标准不尽相同，而且每种标准，因各年的版本不同，其内容也有差异，因此，在约定品质条款时，不仅要订明是哪个国家、哪个行业的标准，而且还要订明是哪一年度的版本，以利合同的履行。

第四节　进出口商品的数量

一、约定进出口商品数量的意义

商品数量是指对合同标的物的计量，是以数字和计量单位来表示标的物的尺度，其数量主要表现为一定的长度、体积或者重量、数量等。交易双方约定的数量，乃是交接货物的法律依据，也是衡量合同当事人权利和义务大小的尺度。因此，《联合国国际货物销售合同公约》把商品数量作为构成发盘内容不可缺少的三大基本要素之一，要求在提出的订约建议中，必须明示或默示地规定货物的数量，或约定规定数量的方法，这充分表明，数量条件是国际货物买卖合同中一项不可缺少的主要交易条件。该《公约》还规定，按约定数量交货是卖方的一项基本义务。卖方交货数量不得少于约定的数量，如卖方未在约定期限内交货，买方有权提出损害赔偿要求。许多国家的法律规定也都把数量条件作为合同的要件，卖方必须按约定数量交货，否则，买方有权要求赔偿损失，甚至拒收货物。

在这里需要提出的是，在履行合同过程中，如卖方交货数量大于或小于约定数量时，该如何处理。《公约》第 37 条和第 52 条对此有明确规定：如卖方交货数量少于约定的数量，卖方应在约定的期限内补交，由此造成的损失，买方有权提出损害赔偿要求；如卖方交货数量大于约定的数量，买方可以拒收多交的部分，也可以收取多交部分的全部或一部分，但买方对其多收的货物，仍应按合同价格付款。《公约》的这些规定，是原则性与灵活性相结合的体现，是实事求是和合情合理的。

综上所述，足见数量条款是十分重要的，它不仅约定了交易双方成交商品的数量，而且还涉及与之相关的权利与义务，它既是买卖双方交接货物的基本依据，也是涉及

处理与交接数量有关的索赔与理赔问题的依据。因此，在国际货物买卖合同中，合理确定成交数量和订好数量条款，具有重要的法律和实践意义。

二、计量单位、计量方法

在国际货物贸易中，由于商品的种类、特性和各国度量衡制度不同，故计量单位和计量方法也多种多样。了解各种度量衡制度，熟悉各种计量单位的特定含义和计量方法，乃是外贸从业人员必须具备的基本常识和技能。

（一）计量单位

国际货物贸易中使用的计量单位很多，究竟采用何种计量单位，除主要取决于商品的种类、特点外，还取决于贸易习惯和交易双方的意愿。

1. 计量单位的确定方法

国际货物贸易中不同类型的商品，需要采用不同的计量单位。通常使用的有下列几种：

（1）按重量（Weight）计算。这是当今国际货物贸易中广为使用的一种计量方法，许多农副产品、矿产品和工业制成品，都按重量计量。按重量计量的单位有公吨（Metric Ton）、长吨（Long Ton）、短吨（Short Ton）、公斤（Kilogram）、克（Gram）、盎司（Ounce）等。对黄金、白银等贵重商品，通常采用克或盎司来计量。钻石之类的商品，则采用克拉（Carat）作为计量单位。

（2）按数量（Number）计算。大多数工业制成品，尤其是日用消费品、轻工业品、机械产品以及一部分土特产品，均习惯于按数量进行买卖。其所使用的计量单位有件（Piece）、双（Pair）、套（Set）、打（Dozen）、卷（Roll）、令（Ream）、罗（Gross）以及袋（Bag）和包（Bale）等。

（3）按长度（Length）计算。在金属绳索、丝绸、布匹等类商品的交易中，通常采用米（Meter）、英尺（Foot）、码（Yard）等长度单位来计量。

（4）按面积（Area）计算。在玻璃板、地毯、皮革等商品的交易中，一般习惯于以面积作为计量单位，常见的有平方米（Square Meter）、平方英尺（Square Foot）、平方码（Square Yard）等。

（5）按体积（Volume）计算。按体积成交的商品有限，仅用于木材、天然气和化学气体等。属于这方面的计量单位，有立方米（Cubic Meter）、立方英尺（Cubic Foot）、立方码（Cubic Yard）等。

（6）按容积（Capacity）计算。各类谷物和流体货物，往往按容积计量。其中，美国以蒲式耳（Bushel）作为各种谷物的计量单位，但每蒲式耳所代表的重量，则因谷物不同而有差异。例如，每蒲式耳亚麻籽为 56 磅，燕麦为 32 磅，大豆和小麦为 60 磅。公升（Litre）、加仑（Gallon）则用于酒类、油类商品。

2. 国际贸易中的度量衡制度

世界各国的度量衡制度不同，致使计量单位上存在差异，即同一计量单位所表示的数量不同。

在国际交易中，通常采用公制（The Metric System）、英制（The British System）、

美制（The U. S. System）和国际标准计量组织在公制基础上颁布的国际单位制（The International System of Units，简称 SI）。根据《中华人民共和国计量法》规定："国家实行法定计量单位制度。国际单位制计量单位和国家选定的其他计量单位，为国家法定计量单位。"目前，除个别特殊领域外，一般不许再使用非法定计量单位。我国出口商品，除照顾对方国家贸易习惯约定采用公制、英制或美制计量单位外，应使用我国法定计量单位。我国进口的机器设备和仪器等，应要求使用法定计量单位，否则，一般不许进口，如确有特殊需要，也必须经有关标准计量管理部门批准。

由于度量衡制度不同，即使是同一计量单位所表示的数量差别也很大。就表示重量的"吨"而言，实行公制的国家一般采用公吨，每公吨为 1 000 公斤；实行英制的国家一般采用长吨，每长吨为 1 016 公斤；实行美制的国家一般采用短吨，每短吨为 907 公斤。此外，有些国家对某些商品还规定有自己习惯使用的或法定的计量单位。以棉花为例，许多国家都习惯于以包（Bale）为计量单位，但对每包的含量各国解释不一：如美国规定棉花每包净重为 480 磅；巴西棉花每包净重为 396.8 磅；埃及棉花每包为 730 磅。又如糖类商品，有些国家习惯采用袋装，古巴规定每袋糖重为 133 公斤，巴西规定每袋糖重为 60 公斤等。由此可见，了解各种不同度量衡制度下各计量单位的含义及其计算方法是十分重要的。

为了解决由于各国度量衡制度不一带来的弊端，以及促进国际科学技术交流和国际贸易的发展，国际标准计量组织在各国广为通用的公制的基础上采用国际单位制（SI）。国际单位制的实施和推广，标志着计量制度日趋国际化和标准化，现在已有越来越多的国家采用国际单位制。

（二）计算重量的方法

在国际货物贸易中，按重量计量的商品很多。根据一般商业习惯，通常计算重量的方法有下列几种：

1. 毛重（Gross Weight）

商品本身重量加包装的重量称为毛重。这种计重办法一般适用于低值商品。

2. 净重（Net Weight）

这是指商品本身重量，即除去其包装物后的实际重量称为净重，这是国际贸易中最常见的计重方法。不过，有些价值较低的农产品或其他商品，有时也采用"以毛作净"（Gross for Net）的办法计重。所谓"以毛作净"，实际上就是以毛重当作净重计价。例如，"蚕豆 100 公吨，单层麻袋包装以毛作净。"

在采用净重计重时，对于如何计算包装重量，国际上有下列几种做法：

（1）按实际皮重计算。实际皮重即指包装的实际重量，它是指对包装逐件衡量后所得的总和。

（2）按平均皮重计算。如果商品所使用的包装比较划一，重量相差不大，就可以从整批货物中抽出一定的件数，称出其皮重，然后求出其平均重量，再乘以总件数，即可求得整批货物的皮重。近年来，随着技术的发展和包装材料及规格的标准化，用平均皮重计算净重的做法已日益普遍。有人把它称为标准皮重。

（3）按习惯皮重计算。有些商品，由于其所使用的包装材料和规格已比较定型，皮重已为市场所公认，因此，在计算其皮重时，就无须对包装逐件过秤，按习惯上公认的皮重乘以总件数即可。

（4）按约定皮重计算。即以买卖双方事先约定的包装重量作为计算的基础。

以上表明，国际上计算皮重的方法很多，究竟采用哪一种方法来求得净重，应根据商品的性质、所使用包装的特点、合同数量的多寡以及交易习惯，由双方当事人商定并在合同中具体订明，以免履约时引起争议。

3. 公量

国际货物贸易中的棉花、羊毛、生丝等商品有较强的吸湿性，其所含的水分受客观环境的影响较大，故其重量很不稳定。为了准确计算这类商品的重量，国际上通常采用按公量计算的办法，即以商品的干净重（指烘去商品水分后的净重）加上国际公定回潮率与干净重的乘积所得出的重量。其计算公式有下列两种：

（1）$公量=商品干净量\times(1+公定回潮率)$

（2）$公量=商品净量\times\frac{1+公定回潮率}{1+实际回潮率}$

4. 理论重量

对于某些按固定规格生产和买卖的商品，只要其规格一致，每件重量大体是相同的，一般可以从其件数推算出总量。但是这种计重方法是建立在每件货物重量相同的基础上的，重量如有变化，其实际重量也会产生差异，因此，只能作为计重时的参考。

5. 法定重量与实物净重

按照一些国家海关法的规定，在征收从量税时，商品的重量是以法定重量计算的。所谓法定重量是商品重量加上直接接触商品的包装物料，如销售包装等的重量。而除去这部分重量所表示出来的纯商品的重量，则称为实物净重。

三、数量条款的基本内容

在我国进出口合同中，数量条款通常包括成交数量、计量单位和计量方法等内容。由于商品种类很多，其性质、特点各异，加之各国度量衡制度不同，致使计量单位和计量方法也多种多样，因此，数量条款内容的繁简，主要取决于商品的种类和特性。

在某些大宗商品（如矿砂、化肥和粮食等）的交易中，由于受商品特点、货源变化、船舱容量、装载技术和包装等因素的影响，有时难以准确地按约定数量交货，为了便于履行合同，在洽商数量条件时，可加订数量增减或溢短装条款，并订明由何方来行使此项机动幅度的选择权。此外，多装或少装部分的计价方法，也应一并订明。为了防止当事人根据其自身利益随意增加或减少交货数量，也可在数量机动幅度条款中，加订“此项机动幅度，只是为了适应船舶实际装载量的需要时才能适用”的文句。

四、约定数量条款的注意事项

（一）正确掌握成交数量

成交数量的确定，不仅关系到进出口合同的履行，而且还涉及对外政策和经营意图的贯彻，因此，在商订数量条款时，应当做到心中有数，防止盲目成交。具体地说，在确定出口商品成交量时，应当考虑国外的供求状况、国内货源的供应情况、国际市场的价格动态以及外商的资信情况和经营能力等因素。在确定进口商品的成交数量时，应考虑国内的实际需要和支付能力、进口商品的质量和价格水平以及市场行情变化等因素。

应当注意，在我国实际业务中，有些外贸专业人员对外订立合同时，却往往考虑欠周，给国家和企业造成不该发生的经济损失。例如，某省外贸公司在货源未落实的情况下，曾与中东某商人签订了出售麻袋1亿条，价款总额达1 800万美元的合同，由于当时国内加工能力有限，根本无法按时交货，对方遂向国际商会巴黎仲裁院提请仲裁。后经双方协商达成和解协议，由卖方赔偿买方300万美元，才了结此案。这不仅造成巨大的经济损失，而且对外造成不良的影响。

（二）合理约定数量机动幅度

数量机动幅度的选择究竟由谁行使合适，应视成交条件和双方当事人的意愿而定。一般地说，如采用海运，应由负责安排船舶运输的一方来选择比较合理。例如，按FOB条件成交，应由派船接货的买方来选择；按CFR或CIF条件成交，应由派船送货的卖方来选择。此外，也可规定由船长根据舱容和装载情况作出选择。

（三）溢短装数量的计价方法要公平

在通常情况下，对机动幅度范围内多装或少装部分，一般按合同价格计算。但为了防止合同当事人利用市场行情的变化，故意多装或少装，以获取额外收入，也可在合同中规定，多装或少装部分，不按合同价格计价，而按装船时或到货时的市场价格计价，以体现公平合理的原则。

关于约定数量机动幅度的上述注意事项，是人们在实践中总结出来的行之有效的经验，我们必须在订立数量条款时予以体现。在这方面，我们也是有教训的。例如，过去我国某公司按FOB条件从国外进口一项大宗商品，合同规定，卖方交货总数和每批装船数量的机动幅度，均为5%，此项机动幅度，都由卖方确定。显然，这种规定是极不合理的，它只是单方面对卖方有利。今后订约时，务必防止再出现这类不符合公平合理原则的规定。

（四）数量条款的规定应明确、具体

在数量条款中，对成交商品的具体数量、使用何种计量单位和计量方法、数量机动幅度的大小及其选择权由谁掌握以及溢短装部分的具体作价办法等内容，都应一一订明。此外，对成交数量一般不宜采用“大约”“近似”“左右”等带伸缩性的字眼来表示，以免引起解释上的分歧而给履约造成困难。

第五节　进出口商品的包装

在国际货物贸易中，大多数商品都需要有一定的包装，以保护商品在流通和销售过程中质量完好和数量完整，并为货物的运输、交接和保管等环节的操作提供方便。由于商品包装涉及买卖双方的利益，包装条件也是买卖合同的主要条件。

一、包装的重要性与约定包装条件的意义

（一）包装的重要性

商品包装是商品生产的继续，追加在包装上的费用也属生产费用。凡需要包装的商品，只有通过包装，才算完成了生产过程，商品才能进入流通领域和消费领域，以实现其使用价值和价值，这是因为，包装是保护商品在流通过程中质量完好和数量完整的必要措施。有些商品，如液体商品、流质食品等，甚至根本离不开包装，它们同包装已成为不可分割的整体。因此，在国际货物贸易中，除少数商品难以包装、不值得包装或根本没有必要包装而采用散装（In Bulk）或裸装（Nude Pack）外，其他绝大多数商品都需要有适当的包装。商品经过适当包装，不仅便于运输、装卸、储存、保管、清点、陈列和携带，而且不易丢失或被盗，并具有促销的作用。

特别需要指出的是，在当前国际市场竞争愈演愈烈的形势下，各国都把改善包装，特别是销售包装作为加强对外竞争的重要手段之一，如商品包装不好，即使是适销对路的良好商品，也卖不上好价，就有可能出现“一等商品、二等包装、三等价格”的情况。

鉴于此，出口商品的包装需符合科学、经济、牢固、美观、适销和增值等多方面的要求。

（二）约定包装条件的意义

在国际货物贸易中，交易双方都十分重视商品的包装和包装条件的约定，他们都视包装为说明货物的重要组成部分，视包装条件为买卖合同中的一项主要交易条件。《联合国国际货物销售合同公约》第 35 条规定，卖方交付约定的货物，“必须按照同类货物通用的方式装箱或包装，如果没有此种通用方式，则按照足以保全和保护货物的方式装箱和包装。”“否则即为与合同不符。”其他许多国家的法律也规定，如卖方交付的货物未按约定的条件包装，或者货物的包装不符合行业习惯，买方有权拒收货物。由此可见，重视出口商品包装工作，并切实按约定的包装条件与行业习惯进行包装，对顺利履行合同有着重要的意义。

根据包装在流通过程中所起作用的不同，可将包装分为运输包装（即外包装）和销售包装（即内包装）两种类型。前者的主要作用在于保护商品和防止出现货损货差；后者除起保护商品的作用外，还有促销的功能。为了充分发挥包装的作用，以扩大商品出口和提高经济效益，我们必须高度重视包装工作，切实掌握包装方面的基本知识，密切注意国际市场的包装动态，并订好合同中的包装条款。

二、进出口货物的运输包装

（一）对进出口货物运输包装的要求

国际贸易中的商品，一般都需要通过长途运输才能到达收货人和消费者手中。为了保证长途运输中的货物不受外界影响和安全到达，就需要有科学合理的运输包装。一般地说，国际货物运输包装比国内货物运输包装的要求更高。因此，我们制作出口货物的运输包装时，应当体现下列要求：

1. 必须适应货物的特性

每种产品都有自己的特性，例如，水泥怕潮湿，玻璃制品容易破碎，流体货物容易渗漏和流失等，这就要求运输包装相应具有防潮、防震、防漏、防锈和防毒等良好的性能。

2. 必须适应各种不同运输方式的要求

不同运输方式对运输包装的要求不同，例如，海运包装要求牢固，并具有防止挤压和碰撞的功能；铁路运输包装，要求具有不怕震动的功能；航空运输包装，要求轻便而且不宜过大。

3. 必须考虑有关国家的法律规定和客户的要求

各国法律对运输包装的规定不一，例如，美国政府宣布，从 1998 年 12 月 17 日起，凡未经处理的中国木制包装箱和木制托架，一律不准入境，以免带进天牛（即甲虫）而危害美国森林。又如，有些国家禁止使用柳藤、稻草之类的材料做包装用料，因恐将病虫害带入；有些国家对包装标志和每件包装的重量，有特殊的规定和要求。此外，如客户就运输包装提出某些特定的要求时，也应根据需要和可能予以考虑。

4. 要便于运输物流各环节有关人员进行操作

货物在运输过程中需要经过装卸、搬运、储存、保管、清点和查验，为了便于这些环节的有关人员进行操作，包装的设计要合理，包装规格和每件包装的重量与体积要适当，包装方法要科学，包装上的各种标志要符合要求，这就需要根据不同商品实现运输包装标准化。因为，标准化的运输包装，既易于识别、计量和查验，又便于装卸、搬运和保管。

5. 要在保证包装牢固的前提下节省费用

运输包装成本的高低和运输包装重量与体积的大小，都直接关系到费用开支和企业的经济效益。因此，在选用包装材料、进行包装设计和打包时，在保证包装牢固的前提下，应注意节省费用。比如：选用最轻、价廉而又结实的包装材料，有利于降低包装成本和节省运费；包装设计合理，可以避免用料过多或浪费包装容量；包装方法科学，也有利于节省运费。例如，轻泡货物按体积收取运费，包装紧密，体积小，可以少付运费。此外，还要考虑进口国家的关税税则。对输往从价征税的国家的出口商品，就不宜采用价格昂贵的包装，以免遭受损失。

（二）进出口货物运输包装的分类

运输包装的方式和造型多种多样，包装用料和质地各不相同，包装程度也各有差异，这就导致货物运输包装的多样性。一般地说，运输包装可从下列各种不同的角度分类：

1. 按包装方式分类

按包装方式，可分为单件运输包装和集合运输包装。前者，是指货物在运输过程中作为一个计件单位的包装；后者，是指将若干单件运输包装组合成一件大包装，以更有效地保护商品，提高装卸效率和节省运输费用。在国际货物贸易中，常见的集合运输包装有集装包和集装袋，通常是用塑料重叠丝纺织成的圆形大口袋或方形大包，这种集装袋或包的容量不一，一般为 1~4 吨，最高达 13 吨左右。此外，随着集装箱运输和托盘运输的出现，将货物装在特制的集装箱内或固定在特制的托盘上进行运输的情况越来越多。虽然集装箱和托盘是运载工具的组成部分，但由于它们也起着保护商品的作用，故有人把它们也当作运输包装看待。

2. 按包装造型分类

按包装造型不同，可分为箱、袋、包、桶和捆等不同形状的包装。

3. 按包装材料分类

按包装材料不同，可分为纸制包装，金属包装，木制包装，塑料包装，麻制品包装，竹、柳、草制品包装，玻璃制品包装和陶瓷包装等。

4. 按包装质地分类

按包装质地划分，有软性包装、半硬性包装和硬性包装，究竟采用其中哪一种，需视商品特性而定。

5. 按包装程度分类

按包装程度不同，可分为全部包装（Full Packed）和局部包装（Part Packed）两种。前者是指对整个商品全面予以包装，绝大多数商品都需要全部包装；后者是指对商品需要保护的部位加以包装，而不受外界影响的部分，则不予包装。

在国际货物贸易中，买卖双方究竟采用何种运输包装，应根据商品特性、形状、贸易习惯、货物运输路线的自然条件、运输方式和各种费用开支大小等因素。在洽商交易时谈妥，并在进出口合同中具体订明。

（三）运输包装的标志

为了装卸、运输、仓储、检验和交接工作的顺利进行，防止发生错发、错运与损坏货物和伤害人身的事故，以保证货物安全、迅速、准确地运交收货人，就需要在运输包装上书写、压印、刷制各种有关的标志，以资识别和提醒人们操作时注意。运输包装上的标志，按其用途可分为运输标志（Shipping Mark）、指标性标志（Indicative Mark）和警告性标志（Warning Mark）三种，现分别介绍如下：

1. 运输标志

运输标志又称唛头，通常是由一个简单的几何图形和一些字母、数字及简单的文字组成。其主要内容包括：（1）目的地的名称或代号；（2）收、发货人的代号；（3）件号、批号。此外，有的运输标志还包括原产地、合同号、许可证号和体积与重量等内容。运输标志的内容繁简不一，由买卖双方根据商品特点和具体要求商定。

鉴于运输标志的内容差异较大，有的过于繁杂，不适应货运量增加、运输方式变革和电子计算机在运输与单据流转方面应用的需要，联合国欧洲经济委员会简化国际贸易程序工作组，在国际标准化组织和国际货物装卸协调协会的支持下，制定了一套运输标志向各国推荐使用。该标准运输标志包括：（1）收货人或买方名称的英文缩写字母或简称；（2）参考号，如运单号、订单号或发货票号；（3）目的地；（4）件号。至于根据某种需要而须在运输包装上刷写的其他内容，如许可证号等，则不作为运输标志必要的组成部分。

现列举三个运输标志实例如下：

例 1：

（注：标准化运输标志）

ABC……………………收货人名称的首字母缩写或简称

1234……………………参考号

NEW YORK……………目的地

1/25……………………包装件号

例 2：

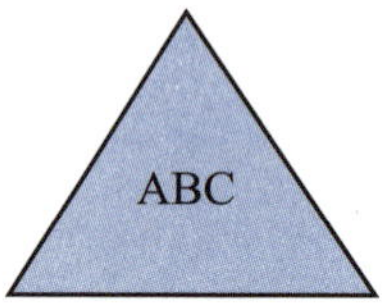

LONDON

NOS. 1-100

例 3：

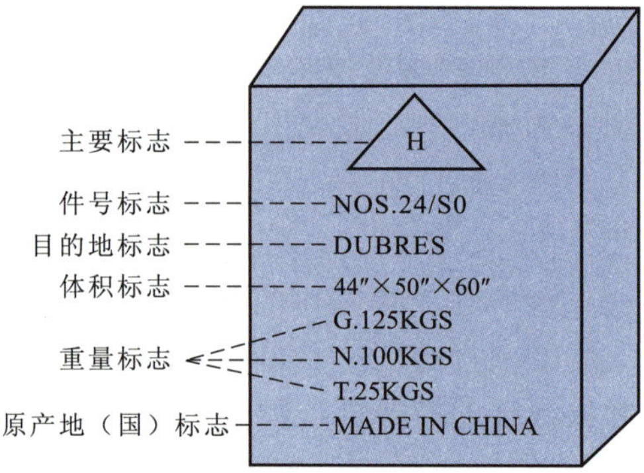

2. 指示性标志

指示性标志又称操作标志，即提示人们在装卸、运输和保管过程中需要注意的事项，一般都是以简单醒目的图形和文字在包装上标出，故有人又称其为注意标志。指示性标志多种多样，现列举几种如下：

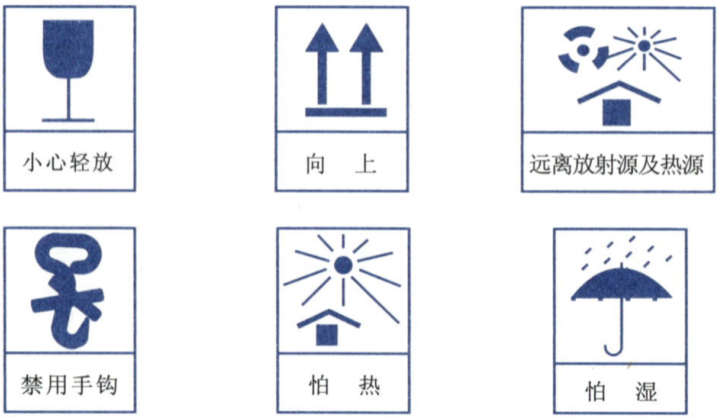

在运输包装上标打哪些标志，应根据商品性质正确选用。在文字使用上，最好采用出口国和进口国的文字，但一般使用英文的居多。

3. 警告性标志

警告性标志又称危险货物包装标志。凡在运输包装内装有爆炸品、易燃物品、有毒物品、腐蚀物品、氧化剂和放射物质等危险货物时，都必须在运输包装上标打用于各种危险品的标志，以示警告，使装卸、运输和保管人员按货物特性采取相应的防护措施，以保护物资和人身的安全。根据国家标准《危险货物包装标志》（GB 190—2009）规定，在运输包装上应标打的警告性标志多种多样。应当指出，凡运输包装上的各类标志，都必须按有关规定标打在运输包装上的明显部位，标志的颜色要符合有关规定的要求，防止褪色、脱落，应使人一目了然，容易辨认。此外，联合国政府间海事协商组织也规定了一套国际海运危险品货物标志，在国际上已被许多国家采用，有的国家进口危险品时，要求在运输包装上标打该组织规定的危险品标志，否则，不准靠岸卸货。因此，在我国出口危险货物的运输包装上，要标打我国和联合国政府间海事协商组织所规定的两套危险品标志。现列举几种警告性标志如下：

（符号：黑色　底色：白橙红色）

（符号：黑色　底色：白色）

（符号：黑色或白色　底色：正红）

（符号：黑色　底色：白色）

三、进出口商品的销售包装

（一）对销售包装的要求

销售包装又称内包装，它是直接接触商品并随商品进入零售网点和消费者直接见面的包装。这类包装除必须具有保护商品的功能外，更应具有促销的功能。因此，对销售包装的造型结构、装潢画面和文字说明等方面，都有较高的要求。不断改进销售包装的设计，改善包装用料，更新包装式样，美化装潢画面，搞好文字说明，提高销售包装的质量，乃是加强对外竞销能力的一个重要方面。

为了使销售包装适应国际市场的需要，在设计制作销售包装时，应满足下列要求：

（1）便于陈列展售。许多商品在零售前，一般都要陈列在商店或展厅货架上，让成千上万种商品构成一个琳琅满目的“商品海洋”，以吸引顾客和供消费者选购。因此，商品的造型结构，必须适于陈列展售。

（2）便于识别。采购商品时，顾客一般都希望对包装内的商品有所了解，有些顾客则习惯于看货成交。因此，采用某些透明材料做包装，或在销售包装上辅以醒目的图案及文字标志，可以使人一目了然，便于识别商品。

（3）便于携带和使用。销售包装的大小要适当，以轻便为宜，必要时，还宜附有提手装置，为人们携带商品提供方便。对于某些要求密封的商品，在保证封口严密的前提下，应保证开启容易，便于使用。

（4）要有艺术吸引力。销售包装应具有艺术上的吸引力，造型考究和装潢美观的销售包装，不仅能显示商品的名贵，而且包装本身也具有观赏价值，有的还可作装饰品用，这就有利于吸引顾客、提高售价和扩大销路。

（5）要符合有关国家的法律规定及文化习俗。

（二）销售包装的分类

销售包装可采用不同的包装材料和不同的造型结构与式样，这就导致了销售包装的多样性。究竟采用何种销售包装，主要根据商品特性和形状而定。常见的销售包装有下列各种：

1. 挂式包装

凡带有吊钩、吊带、挂孔等装置的包装，称为挂式包装，这类包装便于悬挂。

2. 堆叠式包装

凡堆叠稳定性强的包装（如罐、盒等）称为堆叠式包装，其优点是便于摆设和陈列。

3. 携带式包装

在包装上附有提手装置的为携带式包装，这类包装，携带方便，颇受顾客欢迎。

4. 易开包装

对要求封口严密的销售包装，标有特定的开启部位，易于打开封口，其优点是开启安全，使用方便，如易拉罐等。

5. 喷雾包装

流体商品的销售包装比较特殊，其中有的带有自动喷出流体的装置，它如同喷雾器一样，使用相当便利。

6. 配套包装

对某些需要搭配成交的商品，往往采用配套包装，即将不同品种、不同规格的商品配套装入同一包装。

7. 礼品包装

对某些送礼的商品，为了包装外表美观和显示礼品的名贵，往往采用专做送礼用的包装。

8. 复用包装

这种包装除了用作包装出售的商品外，还可用作存放其他商品或供人们观赏，它具备多种用途。

（三）销售包装的装潢画面

在销售包装上，一般都附有装潢画面。其装潢画面要求美观大方，富有艺术上的吸引力，并突出商品特点。其图案和色彩，应适应有关国家的民族习惯和爱好。在设计装潢画面时，应投其所好，以利扩大出口。

（四）销售包装的文字说明

在销售包装上应有必要的文字说明，如商标、品牌、品名、产地、数量、规格、成分、用途和使用方法等。文字说明要同装潢画面紧密结合，互相衬托，彼此补充，以达到宣传和促销的目的。使用的文字必须简明扼要，并让销售市场顾客能看懂，必要时也可以中外文同时并用。

在销售包装上使用文字说明或制作标签时，还应注意有关国家的标签管理的规定。例如，日本政府规定，凡销往该国的药品，除必须说明成分和服用方法外，还要说明其功能，否则，就不准进口。美国进口药品，也有类似的规定。又如，有些国家进口罐头等食品，必须注明制造日期和食用有效期，否则，也不准进口。此外，有些国家甚至对文字说明所使用的语种也有具体规定，如加拿大政府规定，销往该国的商品，必须同时使用英、法两种文字说明。

（五）条形码标志

条形码是由一组带有数字的黑白及粗细间隔不等的平行条纹所组成，它是利用光电扫描阅读设备为计算机输入数据的特殊的代码语言。

条形码问世以来，相继被广泛应用于银行、邮电通信、图书馆、仓储货运、票证及工业生产自动化等领域。采用条形码技术，有利于提高国际间贸易信息传输的准确性，并使交易双方能及时了解对方商品的有关资料和本国商品在对方的销售情况。

目前，条形码在许多个国家都得到广泛应用，许多国家的超市都使用条形码技术进行自动扫描结算，如商品包装上没有条形码，即使是名优商品，也不能进入超市，而只能当低档商品进入廉价市场。甚至有些国家规定，某些商品包装上无条形码标志，即不予进口。为此，在我国商品包装上，必须使用条形码标志，以适应国际市场的需要。

为了适应国际市场的需要和扩大出口，1988 年 12 月我国建立了“中国物品编码中心”，负责推广条形码技术，并对其进行统一管理。1991 年 4 月我国正式加入国际物品编码协会，该会当时分配给我国条形码的国别号为“690”，凡标有“690”条形码的商品，即表示是中国出产的商品。随着我国社会主义市场经济的发展和进一步贯彻改革开放政策，凡适于使用条形码的商品，特别是其中出口的商品，都必须在商品包装上印刷条形码。

四、中性包装和定牌生产

采用中性包装（Neutral Packing）和定牌生产是国际贸易中常有的习惯做法，现分别予以介绍：

（一）中性包装

中性包装是指既不标明生产国别、地名和厂商的名称，也不标明商标或牌号的包装。也就是说，在出口商品包装的内外，都没有原产地和出口厂商的标记。中性包装包括无牌中性包装和定牌中性包装两种。前者是指包装上既无生产地名和厂商名称，又无商标、品牌；后者是指包装上仅有买方指定的商标或品牌，但无生产地名和出口厂商的名称。

采用中性包装，是为了打破某些进口国家与地区的关税和非关税壁垒以及适应交易的特殊需要（如转口销售等），它是出口国家厂商加强对外竞销和扩大出口的一种手段。为了扩大销售，我国也酌情采用这种习惯做法。

（二）定牌生产

定牌生产是指卖方按买方的要求，在其出售的商品或包装上标明买方指定的商标或品牌而言。

当前，世界许多国家的超级市场、大百货公司和专业商店，对其经营出售的商品，都要在商品上或包装上标有本商店使用的商标或品牌，以扩大本店知名度和显示该商品的身价。许多国家的出口厂商，为了利用买主的经营能力及其商业信誉和牌名声誉，提高商品售价和扩大销路，也愿意接受定牌生产。

在我国出口贸易中，如外商订货量较大，且需求比较稳定，为了适应买方转售的需要和有利于扩大我国产品出口，我们也接受定牌生产，其具体做法有下列几种：

（1）在定牌生产的商品和/或包装上，只用外商所指定的商标或品牌，而不标明生产国别和出口厂商名称，这属于采用定牌中性包装的做法。

（2）在定牌生产的商品和/或包装上，标明我国的商标或品牌，同时也加注国外商号名称或表示其商号的标记。

（3）在定牌生产的商品和/或包装上，采用买方所指定的商标或品牌的同时，在其商标或品牌下标示“中国制造”字样。

五、包装条款的基本内容

国际货物销售合同中的包装条款，一般包括包装方式、包装材料、包装规格、包装标志和包装费用等内容，现分别介绍如下：

（一）包装方式

不论是运输包装抑或销售包装，其方式多种多样，买卖双方洽商交易时，究竟采用何种包装方式，应予明确约定。

就运输包装而言，是采用集合运输包装还是单件运输包装，是用集装箱装还是固定在托盘上，是采用集装袋还是集装包，均应事先明确。若采用单件包装时，则其包装方式是桶装还是箱装抑或其他方式的包装，也应具体订明。

就销售包装而言，应根据商品特性、销售习惯和市场需要等因素，约定具体的包装。

（二）包装材料

包装材料多种多样，其中包括金属、塑料、木材、玻璃、陶瓷、竹、麻制品等，究竟采用何种材料制成的包装，都应一并在包装条款中说明。

（三）包装规格

根据成交商品的形状、特点和适合运输与销售等方面的要求来确定包装的规格及其尺寸的大小，并在包装条款中订明，以利买卖双方交接货物时有所遵循。

（四）包装标志

为了保证货物安全、迅速、准确地运交收货人，在运输包装上需要书写、压、印、刷制唛头及其他有关标志，在销售包装上一般也附有装潢画面和文字说明等标志，交易双方商订包装条件时，对这些标志也应事先谈妥，并在合同中具体订明。

（五）包装费用

当交易双方约定由卖方提供包装的情况下，包装连同商品一起交给买方，包装费用通常包括在货价之内，不另计收。但也有的不计在货价之内，而规定由买方另行支付。此外，有时虽约定由卖方供应包装，但交货后，卖方要将原包装收回，至于原包装返回给卖方的运费，究竟由何方负担，也应在包装条款中一并订明。如果交易双方约定由买方供应包装或包装物料时，则应订明买方提供包装或包装物料的时间，以及由于包装或包装物料未能及时提供而影响货物发运时所应承担的责任。

六、约定包装条款的注意事项

为了使包装条款科学、合理，以利合同的履行，在商订包装条款时，应注意考虑下列事项：

（一）要考虑成交商品的特点

商品种类繁多，其特性和形状各异，因而对包装的要求各不相同，故在商订包装条款时，应根据商品的特点来确定采用何种包装方式、包装材料、包装规格和包装标志等内容。

（二）要考虑成交商品所采用的运输方式

进出口商品一般都需要通过长途运输，而不同运输方式对包装的要求各不相同。因此，交易双方在商订包装条款时，应根据成交商品所采用的运输方式来确定适用何种运输包装。

（三）要考虑有关国家的法律规定

许多国家对市场销售的商品规定了有关包装和标签管理条例，其内容十分繁杂和具体，凡进口商品必须遵守其规定，否则，不准进口或禁止在市场上销售。有些国家规定，凡直接接触食品的包装、标签纸上，只要发现荧光物质，一律禁止进口，如此等等。对于这类情况，交易双方在商订包装条款时，均应予以考虑。

（四）在不影响包装质量的前提下注意节省包装费用

交易双方在商订包装条款时，除考虑商品特点、运输要求和有关法律规定外，在选用包装材料、确定包装方式和包装规格等方面，还应考虑有利于节省包装费用和减少其他费用开支。

（五）要考虑有关国家的消费水平、消费习惯和客户的具体要求

由于各国经济、文化背景不同，消费水平和消费习惯互有差异，故客户对包装式样、包装材料、包装规格、包装装潢画面及文字说明等方面都有特定的具体要求，如有些客户要求用公制和英制来标明容量或重量，有些客户要求同时使用英文和法文两种文字的贴头，在洽商交易和订立合同时，应尽可能考虑其要求，以利合同的顺利履行。

（六）正确运用中性包装和定牌生产

中性包装和定牌生产是国际贸易中常见的习惯做法，正确运用这些贸易习惯做法，有利于打破某些国家的关税和非关税壁垒，发展转口贸易和扩大出口，在我国对外贸易中，也可酌情采用这些行之有效的做法。

（七）不宜轻易接受按某国式样包装的条件

采用按某国式样包装的条件，既增加了履约的难度，又容易引起争议，故在包装条款中，一般不宜轻易接受此种条件。

（八）包装条件应明确、具体

为便于履行合同，包装条款应明确具体，如系麻袋包装，应订明是一层还是二层，是新的还是旧的。如一项商品有两种或两种以上包装方法时，应明确由何方选择，以利履行合同。

在这里，还应强调指出的是，规定包装条款时，切忌使用笼统、含糊的词句。例如，一般不宜采用“海运包装”（Seaworthy Packing）和“习惯包装”（Customary Packing）之类的术语。因为这类术语含义模糊，且无统一解释，容易引起争议。

本章小结

合同当事人是合同的主体，合同的标的是合同法律关系的客体。

在国际货物贸易中，签订合同的当事人都具有平等的法律地位，他们都享有合同规定的权利及承担约定的义务。国际货物买卖合同的标的都是有形的商品，为了明确责任，交易双方应具体约定成交商品的名称、质量、数量与包装等项交易条件，这些条件都是合同的要件，也是构成说明货物的组成部分。

思考题

1. 订立进出口合同时，为什么要注意合同当事人的缔约能力及其主体资格问题？
2. 在进出口合同中列明成交商品名称的意义何在？在约定品名条款时应注意哪些

事项？

3. 品质条款在合同中的法律地位如何？约定品质条款应注意哪些事项？

4. 如何掌握进出口商品的成交数量？在大宗商品交易中约定溢短装条款应注意什么？

5. 出口商品包装条款包含哪些内容？为什么在运输包装上要刷写有关标志？

案例分析题

某年，中国某外贸公司为国内用户引进一套涤纶拉链厂设备，在合同条款中，对外商提供的设备规格、型号、性能、生产国别和制造日期等，都没有明确规定，而且对品质保证期、检验机构、检验标准和索赔期，也没有规定。该设备进口后，经多次安装、调试，始终无法正常投产，给国内用户直接造成近百万美元的经济损失。外商见势不妙，就单方面中止合同，不辞而别，给中方企业造成难以挽回的重大损失。试分析发生本案的原因和我们应从中吸取的教训。

第五章

国际货物运输

国际货物运输是国际贸易中不可缺少的一个重要环节。国际货物运输方式很多，并且具有线长、面广、中间环节多、时间性强、情况复杂多变、风险较大等特点，因此，合理选择与运用运输方式、订好合同中的装运条款和正确缮制与运用有关装运单据，有利于按时、按质、按量完成货物运输和顺利履行合同。

第一节　运 输 方 式

国际货物运输包括海洋运输、陆上运输、航空运输、江河运输、邮包运输等方式，其中海洋运输占最大比重，现分别介绍和说明如下。

一、海洋运输

在国际货物运输中，海洋运输是最主要的运输方式，其运量占国际货物运输总量的80%以上。海洋运输之所以被如此广泛采用，是因为它与其他运输方式相比，具有下列明显的优点：通过能力大，运量大，运费低。海洋运输可以利用四通八达的天然航道，它不像火车、汽车那样受到轨道和道路的限制，其通过能力很大。如果因政治、经济、军事等条件的变化，还可随时改变航线驶往便于装卸的目的港。由于船舶向大型化发展，海洋运输船舶的载运能力远远大于火车、汽车和飞机，它是载运能力最大的运输工具。一艘万吨船舶的载重量，一般相当于250~300个车皮的载重量。因为海运量大，航程远，分摊于每货运吨的运输成本就少，所以货物的单位运输成本相对低廉。

海洋运输虽具有上述优点，但也存在不足之处。例如，海洋环境复杂，气象多变，船舶在航行途中，随时都有遇上狂风、巨浪、暴风、雷电、海啸等人力难以抗拒的海洋自然灾害袭击的可能，遇险的可能性比陆路、江河运输要大；同时，海上运输还存在着社会风险，如受战争、罢工、贸易禁运等因素的影响。此外，海洋运输的速度也相对较慢。

按照船舶经营方式的不同，海洋运输可分为班轮运输（Liner Transport）和租船运输（Shipping by Chartering）。

（一）班轮运输

1. 班轮运输的特点

班轮运输又称定期船运输，指船舶按照预定的航行时间表，在固定的航线和港口往返航行，从事客货运输业务，并按事先公布的运费率收取运费的运输。它具有下列特点：

（1）船舶按照固定的船期表（Sailing Schedule），沿着固定的航线和港口来往运输，并按相对固定的运费率收取运费，因此，它具有“四固定”的基本特点。

（2）由船方负责配载装卸，装卸费包括在运费中，货方不再另付装卸费，船货双方也不计算滞期费和速遣费。

（3）船、货双方的权利、义务与责任豁免，以船方签发的提单条款为依据。

（4）班轮承运货物的品种、数量比较灵活，货运质量比较有保证，而且一般在班轮码头仓库交接货物，故为货主提供了便利和良好的服务。

2. 班轮运费的计收依据与计收标准

班轮公司运输货物所收取的运送费用，是按照班轮运价表（Liner's Freight Tariff）的规定计收的。不同的班轮公司或班轮公会各有不同的班轮运价表。班轮运价表一般包括货物分级表、各航线费率表、附加费率表、冷藏货及活牲畜费率表等。目前，我国海洋班轮运输公司使用的是“等级运价表”，即将承运的货物分成若干等级（一般分为 20 个等级），每一个等级的货物有一个基本费率。其中 1 级费率最低，20 级费率最高。

班轮运费包括基本运费和附加费两部分。前者是指货物从装运港到卸货港所应收取的基本运费，它是构成全程运费的主要部分；后者是指对一些需要特殊处理的货物，或者由于突然事件的发生或客观情况变化等原因而需另外加收的费用。

（1）班轮运费中的基本运费

基本运费按班轮运价表规定的计收标准计收。在班轮运价表中，根据不同的商品，对运费的计收标准，通常采用下列几种：

①按货物毛重，又称重量吨（Weight Ton）计收运费，运价表内用“W”表示。

② 按货物的体积/容积，又称尺码吨（Measurement Ton）计收，运价表中用“M”表示。

③ 按毛重或体积计收，由船公司选择其中收费较高的作为计费吨，运价表中以“W/M”表示。按此计价时，应以积载系数确定其是重货还是轻货。积载系数是用货物

的毛重与体积的比例数来确定的。积载系数大于1的为重货，将按重量计征；反之则为轻货，将按体积计征。这种计算方法，在国际贸易业务中使用较多。

值得注意的是，上述计算运费的重量吨和尺码吨统称运费吨（Freight Ton）或称计费吨。现在，国际上一般都采用国际单位制（公制），其重量单位为公吨（Metric Ton，缩写为M/T），尺码单位为立方米（Cubic Metre，缩写为CBM），计算运费时，1立方米作为1尺码吨。

④ 按商品价格计收，又称为从价运费，运价表内用“A. V.”或“Ad. Val.”表示。从价运费一般按货物的FOB价格的百分之几收取。贵重物品大多按此计收。

⑤ 在货物重量、尺码或价值三者中选择最高的一种计收，运价表中用“W/M or Ad. Val.”表示。

⑥ 按货物重量或尺码选择其高者，再加上从价运费计算，运价表中以“W/M plus Ad. Val.”表示。

⑦ 按每件货物作为一个计费单位收费，如活牲畜按“每头”（per head），车辆按“每辆”（per unit）收费。

⑧ 临时议定价格。即由货主和船公司临时协商议定。通常适用于承运粮食、豆类、矿石、煤炭等运量较大、货值较低、装卸容易、装卸速度快的农副产品和矿产品。议价货物的运费率一般较低。

（2）班轮运费中的附加费

附加费是指除基本运费外，另外加收的各种费用。附加费的计算办法，有的是在基本运费的基础上，加收一定百分比；有的是按每运费吨加收一个绝对数计算。附加费名目繁多，而且会随着航运情况的变化而变动。在班轮运输中，常见的附加费有下列几种：

① 超重附加费（Extra charges on heavy lifts）。它是指由于货物单件重量超过一定限度而加收的一种附加费。

② 超长附加费（Extra charges on over lengths）。它是指由于单件货物的长度超过一定限度而加收的一种附加费。

③ 选卸附加费（Additional on optional discharging port）。对于选卸货物（Optional Cargo）需要在积载方面给予特殊的安排，这就会增加一定的手续和费用，由于上述原因而追加的费用，称为选卸附加费。

④ 直航附加费（Additional on direct）。如一批货达到规定的数量，托运人要求将一批货物直接运达非基本港口卸货，船公司为此加收的费用，称为直航附加费。

⑤ 转船附加费（Transhipment additional）。如果货物需要转船运输的话，船公司必须在转船港口办理换装和转船手续，由于上述作业所增加的费用，称为转船附加费。

⑥ 港口附加费（Port additional）。由于某些港口的情况比较复杂，装卸效率较低或港口收费较高等原因，船公司特此加收一定的费用，称为港口附加费。

⑦ 燃油附加费（Bunker surcharges or bunker adjustment factor）。这是指在燃油价格突然上涨时加收的费用。

⑧ 绕航附加费（Deviation Surcharge）。这是指由于正常航道受阻不能通行，船舶必须绕道才能将货物运至目的港时，船方所加收的附加费。

3. 班轮运费的计算办法

班轮运费的计算步骤如下：

（1）选择相关的船公司运价表；

（2）根据货物名称，在货物分级表中查出相应的运费计算标准（Basis）和等级（Class）；

（3）在等级费率表的基本费率部分，找到相应的航线、起运港和目的港，按等级查到基本运价；

（4）从附加费部分查出所有应收（付）的附加费项目和数额（或百分比）及货币种类；

（5）根据基本运价和附加费算出实际运价；

（6）总运费=实际运价×运费吨。

根据上述步骤，总结出班轮运费的计算公式为：$F=F_b\times(1+\sum s)\times Q$，其中，$F$ 为班轮运费；F_b 为基本运费率；$\sum s$ 为附加费率之和；Q 为总货运量。

举例如下：

广东 A 公司与法国 B 公司签订某商品出口合同。商品总重 10 公吨，400 箱装，每箱毛重 25kg，体积 20cm×30cm×40cm，单价 CFR 马赛（Marseille）每箱 55 美元。查表知该货为 8 级，计费标准为 W/M，每运费吨运费 80 美元，另征收转船附加费 20%，燃油附加费 10%。试计算应收总运费。

由于计费标准为 W/M，根据已知条件，可求出积载系数为大于 1，故按重量计算运费。该批货物的运费为：

每吨的单位运价为：80×(1+20%+10%)=104(美元)

该货物的总运费为：104×10=1 040（美元）

（二）租船运输

租船运输（Shipping by Chartering），又称不定期船运输，它与班轮运输有很大差别。在租船运输业务中，没有预定的船期表，船舶经由航线和停靠的港口也不固定，须按船租双方签订的租船合同来安排，有关船舶的航线和停靠的港口、运输货物的种类以及航行时间等，都按承租人的要求，由船舶所有人确认，运费或租金也由双方根据租船市场行情在租船合同中约定。租船运输通常一般适用于大宗货物的运输。

1. 租船运输的方式

租船运输的方式包括下列三种：

（1）定程租船（Voyage Charter）。又称航次租船，是指由船舶所有人负责提供船舶，在指定港口之间进行一个航次或数个航次，承运指定货物的租船运输。船舶所有人与租船人双方的责任、义务以定程租船合同为准。定程租船就其租赁方式的不同可分为：① 单程租船，又称单航次租船；② 来回航次租船；③ 连续航次租船；④ 包运合同租船。

（2）定期租船（Time Charter）。又称期租船，是指由船舶所有人将船舶出租给承租人，供其使用一定时期的租船运输。船舶所有人与租船人双方的责任、义务，以定期租船合同为准。此外，承租人也可将此期租船充作班轮或程租船使用。

（3）光船租船（Bareboat Charter）。光船租船是船舶所有人将船舶出租给承租人使用一个时期，但船舶所有人所提供的船舶是一艘空船，既无船长，又未配备船员，承租人需要自行安排船长、船员，并负责他们的给养和船舶营运管理所需的一切费用。这种光船租船，实际上属于单纯的财产租赁。这种租船方式，在当前国际贸易中很少使用。

2. 定程租船与定期租船的差异

定程租船与定期租船有许多不同之处，主要表现在下列几方面：

（1）定程租船是按航程租用船舶，而定期租船则是按期限租用船舶。关于船、租双方的责任和义务，前者以定程租船合同为准，后者以定期租船合同为准。

（2）定程租船的船方直接负责船舶的经营管理，他除负责船舶航行、驾驶和管理外，还应对货物运输负责。但定期租船的船方，仅对船舶的维护、修理、机器正常运转和船员工资与给养负责，而船舶的调度、货物运输、船舶在租期内的营运管理和日常开支，如船用燃料、港口费、税捐以及货物装卸、搬运、理舱、平舱等费用，均由租船方负责。

（3）定程租船的租金或运费，一般按装运货物的数量计算，也有按航次包租总金额计算的。而定期租船的租金，一般是按租期每月每吨若干金额计算。同时，采用定程租船时往往要规定装卸期限和装卸率，凭以计算滞期费和速遣费；而采用定期租船时，则船、租双方不规定装卸率和滞期、速遣费。

近年来，国际上发展起一种介于定程租船和定期租船之间的租船方式，即航次期租（Time Charter on Trip Basis，TCT），这是以完成一个航次运输为目的，按完成航次所花的时间，按约定的租金率计算租金的方式。

3. 租船运输的运费

在此只对定程租船运费进行介绍。定程租船运费的计算方法有两种，一种是按规定运费率（Rate Freight），即按每单位重量或单位体积规定的运费额计算；另一种是规定整船包价（Lump Sum Freight），其费率的高低，主要取决于租船市场的供求关系，但也与运输距离、货物种类、装卸率、港口使用、装卸费用划分和佣金高低有关。合同中对运费按照装船重量（Taken Quantity）或卸船重量（Delivered Quantity）计算，运费是预付或到付，需要在合同中具体订明。特别要注意的是，应付运费时间，是指船主收到运费的日期，而不是租船人付出运费的日期。

定程租船装卸费用的划分方法，有以下几种：

（1）船方负担装货费和卸货费条件（Gross Terms；Liner Terms 或 Berth Terms），又称“班轮条件”。

（2）船方管装不管卸条件（Free Out，FO）。

（3）船方管卸不管装条件（Free In，FI）。

（4）船方不负担装货费和卸货费条件（Free In and Out，FIO）。采用这一条件时，还要明确理舱费和平舱费由谁负担。一般都规定租船人负担，即船方不负担装卸、理舱和平舱费条件（Free In and Out，Stowed and Trimmed，FIOST）。

4. 租船合同

租船合同是指船舶出租人（Owner）与租船人（Charter）按照契约自由的原则达成的协议，依照此协议，船舶出租人将船舶全部或部分提供给租船人使用，租船人向船舶出租人支付一定的运费或租金；而且，协议中还就双方当事人的权利与义务，责任与豁免等事项，均以条款的形式加以规定，以明确双方的经济、法律关系。

由于依据租船方式，租船合同可分为三种基本类型，因此，相比而言，在国际货物运输领域，定程租船合同应用最为广泛。根据我国《海商法》的规定，“定程租船合同，是指船舶出租人提供船舶或者船舶的部分舱位，装运约定的货物，从一港运至另一港，由承租人支付约定运费的合同。”

定程租船合同的标准格式，大都是由各个国际航运组织制定的。定程租船合同范本很多，根据船舶航行的航线、承运货物种类等不同而有所区别。由波罗的海国际航运公会（The Baltic and International Maritime Conference，BIMCO）制定的统一杂货租船合同（Uniform General Charter，GENCON）简称“金康”，适用于不分航线的杂货运输。GENCON 合同是最具有代表性的定程租船合同，它在实践中的使用也最为频繁。

定程租船合同一般订有以下条款：船舶说明条款、预备航次条款、船东责任条款、运费支付条款、装卸条款、滞期费和速遣费条款、销约条款、留置权条款（Lien Clause）、提单条款、共同海损条款、佣金条款、通用罢工条款、战争条款、通用冰冻条款（General Ice Clause）、双方互有碰撞责任条款（Both to Blame Collision Clause）、新杰森条款（New Jason Clause）和仲裁条款等。

二、其他运输方式

（一）铁路运输

铁路是国民经济的大动脉。在国际货物运输中，铁路运输（Rail Transport）是一种仅次于海洋运输的主要运输方式，海洋运输的进出口货物，也大多是靠铁路运输进行货物的集中和疏散的。铁路运输有许多优点，如一般不受气候条件的影响，可保障全年的正常运输，而且运量较大，速度较快，有高度的连续性，运输过程中可能遭受的风险也较小。办理铁路货运手续比海洋运输简单，而且发货人和收货人可以在就近的始发站（装运站）和目的站办理托运和提货手续。但铁路运输也有缺点，如铁路建设初期投资大，铁路运输需要铺设轨道，建路工程艰巨复杂，需要消耗大量原材料等。

铁路运输可分为国际铁路货物联运和国内铁路货物运输两种。

1. 国际铁路货物联运

凡是使用一份统一的国际联运票据，由铁路负责经过两国或两国以上铁路的全程运送，并由一国铁路向另一国铁路移交货物时，不需发货人和收货人参加，这种运输称为国际铁路货物联运。我国与许多邻国都有铁路相通连，从而有利于我国参加国际铁路联运。

采用国际铁路货物联运，有关当事国事先必须有书面的约定。

目前，国际铁路运输业务主要集中在欧洲和亚洲两大片区，分属不同的两个公约管辖。欧洲片区国家在国际铁路运输领域通常遵循《国际铁路货物运输公约》，亚洲片区国家则通常遵循《国际铁路货物联运协定》。这两个公约是协调参加国之间铁路货物运输的主要法律依据。

（1）《国际铁路货物运输公约》

《国际铁路货物运输公约》（Convention Concerning International Carriage of Goods by Rail），简称《国际货约》，主要使用范围涵盖欧盟各国。该公约是在 1890 年制定《伯尔尼公约》基础上发展而来，是国际铁路货物联运的第一个完整的国际铁路规章，期间修订过几次。1980 年再次对该公约进行了较大修订，并实施至现在。目前《国际货约》正式成员国共有近五十个。《国际货约》分 6 部分，共 70 条和 4 个附件。其主要内容包括：公约的目的和适用范围、运输合同、责任、法律诉讼、特殊规定等。

（2）《国际铁路货物联运协定》

《国际铁路货物联运协定》（Agreement on International Railroad through Transport of Goods），简称《国际货协》，主要使用范围涵盖东欧、中亚和东北亚等。该协定制定于 1951 年 11 月，1954 年 1 月我国加入并使用至今，成为目前我国铁路国际货物运输的基础文件。目前，《国际货协》缔约国有二十余个。《国际铁路货物联运协定》共设 8 章 41 条及 22 个附件，主要内容包括：总则、运输合同的缔结、运输合同的履行、运输合同的变更、铁路的责任、赔偿请求、诉讼，赔偿请求和诉讼时效等。

通过国际铁路货物联运出口货物的一般程序如下：

（1）托运与承运。发货人在托运货物时，向车站提交货物运单正、副本，车站接到运单后，审核通过，即交给签证车站在运单上签证表示受理托运。发货人按指定的日期将货物运到指定的货位，装车完毕，发运站在货物运单上加盖承运日期，即为承运。

（2）发运。即货物进站、请车、拨车、装车、加固和密封。

（3）取得运单正、副本。运单正本是发货人与铁路之间的运输契约，运单副本是贸易双方结算货款的依据。两者不能互相替代。

值得注意的是，托运人向铁路承运人托运一批货物的重量、体积或形状需要以一辆及以上货车运输的货物，应按整车运输的方式向铁路承运人办理托运手续。根据我国《铁路货物运输规程》的有关规定，下列货物限按整车办理：需要冷藏、保温或加温运输的货物；规定限按整车办理的危险货物；易于污染其他货物的污秽品（如未经消毒处理或未使用密封不漏包装的牲骨、湿毛皮、粪便、炭黑等）；不易计算件数的货物；蜜蜂；未装容器的活动物（铁路局定在管内可按零担运输的除外）；一件货物重量超过 2 吨、体积超过 3 立方米或长度超过 9 米的货物等。此外，一批货物的重量或容积不满一辆货车，可与其他几批甚至上百批货物共用一辆货车装运时，则按零担办理。

根据我国《铁路货物运输规程》的有关规定，凡按零担托运的货物有：一种货物体积最小不得小于0.02立方米（一件重量在10公斤以上的除外），每批货物不得超过300件，这是为了防止化整车货物为零担货物运输。

2. 国内铁路运输

国内铁路运输是指仅在本国范围内按《铁路货物运输规程》的规定办理的货物运输。我国出口货物经铁路运至港口装船及进口货物卸船后经铁路运往各地，均属国内铁路运输的范畴。

供应港、澳地区的物资经铁路运往香港、九龙，也属于国内铁路运输的范围。对港铁路运输是由国内段运输和港段铁路运输两部分构成。它是一种特殊的租车方式的两票运输。具体做法：从发货地至深圳北站的国内段运输，由发货人或发货地外运机构依照对港铁路运输计划的安排，填写国内铁路运单，先行运往深圳北站，收货人为中国对外贸易运输公司深圳分公司。深圳分公司作为各外贸企业的代理，负责在深圳与铁路局办理货物运输单据的交换，并向深圳铁路局租车，然后申报出口，经查验放行后，将货物运输至九龙港。货车过轨后，由深圳外运分公司在香港的代理人——香港中国旅行社向香港九广铁路公司办理港段铁路运输的托运、报关等工作，货车到达九龙目的站后，由香港中国旅行社将货物卸交给香港收货人。

（二）航空运输

航空运输（Air Transport）是一种现代化的运输方式，它与海洋运输、铁路运输相比，具有运输速度快、货运质量高，且不受地面条件的限制等优点。因此，它最适宜运送急需物资、鲜活商品、精密仪器和贵重物品。近年来，随着国际贸易的迅速发展以及国际货物运输技术的不断现代化，采用空运方式日趋普遍。

1. 国际空运货物的运输方式

目前，我国的进出口商品中，进口采用空运的有电脑、成套设备中的精密部件、电子产品等；出口商品中主要有丝绸、纺织品、海产品、水果和蔬菜等。这些进出口商品，按不同需要，主要采用以下几种运输方式：

（1）班机运输。班机运输（Scheduled Airline Transport）是指使用在固定时间、固定航线、固定始发站和目的站飞行的飞机所进行的货物运输。通常班机是使用客货混合型飞机，一些大的航空公司也有开辟定期全货机航班的。班机有定时、定航线、定站等特点，因此，适用于运送急需物品、鲜活商品以及季节性商品。

（2）包机运输。包机运输（Chartered Carrier Transport）是指包租整架飞机或由几个发货人（或航空货运代理公司）联合包租一架飞机来运送货物的运输。包机可分为整包机和部分包机两种形式，前者适用于运送数量较大的商品，后者适用于多个发货人、且货物到达站又是同一地点的货物运输。

（3）航空集中托运。集中托运（Consolidation Transport）是指航空货运公司把若干单独发运的货物（每一货主货物要出具一份航空运单）组成一整批货物，用一份总运单（附分运单）整批发运到预定目的地，由航空公司在那里的代理人收货、报关、分拨后交给实际收货人。集中托运的运价比国际航空运输协会公布的班机运价低7%～

10%。因此，发货人比较愿意将货物交给航空货运公司安排。

（4）航空急件传送。航空急件传送（Air Express Service）是目前国际航空运输中最快捷的运输方式。它不同于航空邮寄和航空货运，而是由一个专门经营此项业务的机构与航空公司密切合作，设专人用最快的速度在货主、机场、收件人之间传送急件，特别适用于急需的药品、医疗器械、贵重物品、图纸资料、货样及单证等的传送，被称为“桌到桌运输”（Desk to Desk Service）。

2. 航空运输的承运人

（1）航空运输公司。航空运输公司是航空货物运输业务中的实际承运人，负责办理从起运机场至到达机场的运输，并对全程运输负责。

（2）航空货运代理公司。航空货运代理公司可以是货主的代理，负责办理航空货物运输的订舱，始发机场和到达机场的交、接货与进出口报关等事宜；同时，它也可以是航空公司的代理，办理接货并以航空承运人身份签发航空运单，对运输过程负责。

3. 航空运输的运价

航空货物运输的运价是指从起运机场至目的机场的运价，不包括其他额外费用（如提货、仓储费等）。运价一般是按重量（kg）或体积重量（6 000cm^3 折合 1kg）计算的，以两者中高者为准。空运货物按一般货物、特种货物和货物的等级规定运价标准。

4. 有关的国际航空运输公约

航空业有跨国的特征，因而航空货物运输的发展必然伴随着调整其统一实体法规范的国际公约的产生与发展。这其中较有影响力的国际航空运输公约有：《华沙公约》（1929 年）、《海牙议定书》（1955 年）、《瓜达拉哈拉公约》（1961 年）、《危地马拉议定书》（1971 年）、《蒙特利尔第一号附加议定书》（1975 年）等。

这其中，以《华沙公约》的使用范围最为广泛，已经为世界大多数国家所认可。《华沙公约》（Warsaw Convention）全称《关于统一国际航空运输某些规则的公约》，制定于 1929 年，生效并实施于 1933 年。中国在 1958 年正式加入，目前共有一百四十余个成员国。该公约共分 5 章 41 条，规定了以航空运输承运人为一方和以旅客、货物托运人与收货人为另一方的法律义务和相互关系。其中对空中承运人应负的责任确立了三个原则：（1）负过失责任；（2）限定赔偿责任的最高限额；（3）加重空中承运人的责任，禁止滥用免责条款。

（三）集装箱运输和国际多式联运

1. 集装箱运输

（1）集装箱运输的特点

集装箱（Container）是指具有一定强度、刚度和规格，专供周转使用的大型装货容器。集装箱运输（Container Transport）是以集装箱作为运输单位进行货物运输的一种现代化运输方式，它可适用于海洋运输、铁路运输及国际多式联运等。从 20 世纪 70 年代以来，国际海上集装箱运输发展尤为迅速，迄今已形成了一个世界性的集装箱运输体系。目前，集装箱海运已经成为国际主要班轮航线上占有支配地位的运输方式。在我国，集装箱运输，尤其是集装箱海运已经成为普遍采用的一种重要的运输方式。

集装箱海运之所以发展如此迅速，是因为同传统海运相比，它具有许多优越性，比如：大大地减少了货物的损坏、偷窃和污染的发生；降低了转运费用；加速了船舶的周转；更有效地利用了运输能力，并把传统单一运输串联为连贯的成组运输，从而促进了国际多式联运的发展。

国际标准化组织为统一集装箱的规格，推荐了三个系列 13 种规格的集装箱，但在国际航运上运用的主要是 20 英尺和 40 英尺两种，即 IA 型 8′×8′×20′（可装货物重量约 17 公吨、可装货物体积约 25m^3）和 IC 型 8′×8′×40′（可装货物重量约 25 公吨、可装货物体积约 55m^3）。为适应运输各类货物的需要，集装箱除通用的干货集装箱外，还有罐式集装箱、冷藏集装箱、框架集装箱、平台集装箱、通风集装箱、牲畜集装箱、散装集装箱、挂式集装箱等种类。

为了便于统计计算集装箱运输的货运量，目前国际上都以 20 英尺集装箱作为计算衡量单位，以 TEU（Twentyfoot Equivalent Unit）表示，意为“相当于 20 英尺单位”。在统计不同型号的集装箱时，按集装箱的长度换算成 TEU 加以计算。

（2）集装箱运输货物的交接

集装箱运输有整箱货（Full Container Load，FCL）和拼箱货（Less than Container Load，LCL）之分。整箱货由货方在工厂或仓库进行装箱。货物装箱后直接运交集装箱堆场（Container Yard，CY）等待装运，货到目的地（港）后，收货人可直接从目的港（地）集装箱堆场提走。拼箱货是指货量不足一整箱，需由承运人在集装箱货运站（Container Freight Station，CFS）负责将不同发货人的少量货物拼在一个集装箱内，货到目的地（港）后，由承运人拆箱分拨给各收货人。

通用的集装箱货物交接方式为：① 堆场到堆场，即发货人整箱交货，收货人整箱接货；② 由货运站到货运站，即发货人拼箱交货，收货人拼箱接货。此外，集装箱运输亦可实现“门到门”（Door to Door）的运输服务，即由承运人在发货人工厂或仓库接货，在收货人工厂或仓库交货。

（3）集装箱运输的费用计算

集装箱运输的基本运费与传统的班轮一样，也是根据商品的等级不同规定不同的费率，但在最低运费的计算和最高运费的规定方面，有其特殊的计算规定，现分别介绍如下：

最低运费（Minimum Freight）的计算办法包括以下两种。拼箱货的最低运费，与传统班轮的最低运费的规定基本相同。即在每一航线上，各规定一个最低运费额。任何一批货运，其运费金额低于规定的最低运费额时，均须按最低运费金额计算。整箱货的最低运费的标准不是金额，而是运费吨。凡以整箱托运的货物，为避免运费的收入低于运费成本，对不同规格的集装箱分别规定计收运费的最低运费重量吨和尺码吨。如实际运费低于最低运费，则运费按最低运费标准计算。

最高运费（Maximum Freight）是专用于海上集装箱运输计算运费的一种方法。

为了鼓励用集装箱运输，并且最大限度地利用集装箱内部容积，船公司一般为各种规格、类型的集装箱规定一个以容积折算的最高运费吨。目前，国际上对最高计费吨的规定，一般是20英尺集装箱为31m^3，40英尺集装箱为67m^3。如整箱货实际装箱货物的尺码超过规定的最高运费吨时，仍按最高运费吨计算，超过部分不计运费。

在集装箱运输中，有时一个箱内装有几种货类，其中部分货类没有准确的衡量单位，而货物有可能分属不同运费等级，其运费需按不同情况分别计算：如货主未提供资料，则按最高运费吨和箱内运费等级最高的费率计算运费；在整箱货运情况下，如货主仅提供部分货物的运费计算资料，则这部分货物的运费按规定的等级和费率计算运费，其余未提供资料的货物的运费，则按最高计费吨减去已提供资料的货物的运费吨计算。如果这部分货物的计费等级或费率又有差异，则按其中最高费率计算。

集装箱除了上述基本运费外，另外尚有为集装箱服务和管理的费用，诸如拆箱和装箱费、滞期费、堆存费、交接费等。这些费用的负担，视托运条件、当地规定和不同习惯做法而不相同。

2. 国际多式联运

国际多式联运（International Multimodal Transport 或 International Combined Transport，美国称为 International Intermodal Transport）是在集装箱运输的基础上产生和发展起来的一种综合性的连贯运输方式，它一般是以集装箱为媒介，把海、陆、空各种传统的单一运输方式有机地结合起来，组成一种国际间的连贯运输。多式联运在20世纪60年代末首次出现于美国，试办后取得显著效果，受到贸易界和货运界的欢迎，随后，在美洲、欧洲、非洲等地被广泛采用。

《联合国国际货物多式联运公约》对国际多式联运所下的定义是：“国际多式联运是指按照多式联运合同，以至少两种不同的运输方式，由多式联运经营人把货物从一国境内接管货物的地点运至另一国境内指定交付货物的地点。”根据此定义，构成多式联运，应具备下列条件：

（1）必须有一个多式联运合同，合同中明确规定多式联运经营人和托运人之间的权利、义务、责任和豁免。

（2）必须是国际间两种或两种以上不同运输方式的连贯运输。

（3）必须使用一份包括全程的多式联运单据。

（4）必须是国际间的货物运输。

（5）必须由一个多式联运经营人对全程运输负总的责任。

（6）必须是全程单一运费费率，其中包括全程各段运费的总和、经营管理费用和合理利润。

多式联运合同（Multimodal Transport Contract）是指多式联运经营人与托运人之间订立的凭以收取运费、负责完成或组织完成国际多式联运的合同。它明确规定了多式联运经营人和托运人之间的权利、义务、责任和豁免。

多式联运经营人（Multimodal Transport Operator）是指本人或通过其代表订立多

式联运合同的任何人，他是事主，而不是发货人的代理人或代表或参加多式联运的承运人的代理人或代表，并且负有履行合同的责任。他可以充任实际承运人，办理全程或部分运输业务，也可以是无船承运人（Non-vessel Operating Common Carrier, NVOCC），即将全程运输交由各段实际承运人来履行。

开展国际多式联运是实现“门到门”运输的有效方式，它简化了手续，减少了中间环节，加快了货运速度，降低了运输成本，并提高了货运质量。货物的交接地点，可以做到门到门、门到港站、港站到港站、港站到门等。

目前，有关国际多式联运的法规，主要是1980年在瑞士日内瓦召开的联合国国际多式联运会议上通过的《联合国国际货物多式联运公约》。该公约包括总则、单据、多式联运经营人的赔偿责任、发货人的赔偿责任、索赔和诉讼、补充条款、海关事项以及最后条款八大部分，共计40条，外加一个前言和一个附件。该公约规定，在30个国家批准或加入一年之后即开始生效，每一个缔约国在订立国际货物多式联运合同时，都要适用其规定。

（四）大陆桥运输

大陆桥运输（Land Bridge Transport）是指使用横贯大陆的铁路（公路）运输系统，作为中间桥梁，把大陆两端的海洋连接起来的集装箱连贯运输方式。国际货物使用大陆桥运输具有运费低廉、运输时间短、货损货差率小、手续简便等特点。因此，大陆桥运输是一种经济、迅速、高效的现代化的运输方式。

大陆桥运输一般以集装箱为媒介，是集装箱运输开展以后的产物，其始于1967年，发展到现在已形成下列几条大陆桥运输路线。

1. 西伯利亚大陆桥运输

西伯利亚大陆桥，是利用俄罗斯西伯利亚铁路作为桥梁，把太平洋远东地区与波罗的海和黑海沿岸以及西欧大西洋口岸连接起来。这是世界上最长的运输陆桥。

2. 新亚欧大陆桥运输

新亚欧大陆桥于1992年投入运营，它东起我国连云港，经陇海线、兰新线，接北疆铁路，出阿拉山口，穿越哈萨克斯坦、俄罗斯，与西伯利亚大陆桥重合，最终抵达荷兰鹿特丹、阿姆斯特丹等西欧主要港口。

3. 北美大陆桥运输

北美大陆桥包括两条路线，一条是从西部太平洋口岸至东部大西洋口岸的铁路（或公路）运输系统；另一条是西部太平洋沿岸至南部墨西哥湾口岸的铁路（或公路）运输系统。

4. 美国 OCP 运输

OCP 运输是美国大陆桥运输的形式之一。“OCP”是 Overland Common Points 的缩写，译作“陆路共通点”，是用来说明海上运输目的地的术语。所谓“陆路共通点”，是指美国西海岸有陆路交通工具与内陆区域相连通的港口。美国内陆区域，是以落基山脉（Rocky Mountains）为界，即除紧临太平洋的美国西部九个州以外，其以东地区均为适用 OCP 的地区范围。OCP 的运输过程，就是远东地区出口到美国的货物海运到美国西部港口（旧金山、西雅图或者洛杉矶）卸货，再通过陆路交通（主要是铁路）向东运至指定的内陆地区。

OCP 费率是太平洋航运公会为争取运往美国内陆地区的货物途经美国西海岸港口转运而制定的一个比直达美国西海岸港口更为低的费率。按 OCP 运输条款规定，凡是经过美国西海岸港口转往上述内陆地区的货物，如按 OCP 条款运输，就可享受比一般直达西海岸港口更为优惠的内陆运输费率，一般低 3%～5%。相反方向，凡从美国内陆地区起运经西海岸港口装船出口的货物，同样可按 OCP 运输条款办理，可享受比通常运费较低的优惠海运运费。

采用 OCP 运输条款，必须满足以下条件：

（1）货物最终目的地必须属于 OCP 地区范围。这是签订 OCP 运输条款的前提。

（2）货物必须经由美国西海岸港口中转。因此，在签订贸易合同时，有关货物的目的港应规定为美国西海岸港口，即为 CFR 或 CIF 美国西海岸港口条件。

（3）在提单备注栏内及货物唛头上应注明最终目的地 OCP××城市。

例如，我国向美国出口一批货物，卸货港为美国旧金山，最终目的地是底特律。旧金山是美国西海岸港口之一，底特律属于美国内陆地区城市，此笔交易就符合 OCP 规定。经双方同意，就可采用 OCP 运输条款。在贸易合同和信用证内的目的港可填写"旧金山"括号内陆地区，即 CIF San Francisco（OCP）。提单上除填写目的港旧金山外，还必须在备注栏内注明"内陆地区底特律"字样，即"OCP Detroit"。

（五）邮政运输

邮政运输（Parcel Post Transport）是一种较简便的运输方式。各国邮政部门之间订有协定和公约，通过这些协定和公约，各国的邮件包裹可以互相传递，从而形成国际邮包运输网。

国际邮政运输具有国际多式联运和"门到门"运输的性质，托运人只需按邮局章程一次托运、一次付清足额邮资，取得邮政包裹收据（Parcel Post Receipt），交货手续即告完成。邮件在国际间的传递由各国的邮政部门负责办理，邮件到达目的地后，收件人可凭邮局到件通知向邮局提取。所以，邮政运输适用于重量轻、体积小的货物的传递。此种运输，手续简便，费用也不高，故其成为国际贸易中普遍采用的运输方式之一。

近年来，网上跨境电子商务发展，针对消费者的小额国际贸易开始出现，使得特快专递业务迅速发展。目前，国际快递业务主要有以下几种：

1. 邮政特快专递

邮政特快专递（Express Mail Service）业务，简称 EMS，由世界各国邮政联合创办，是以高速度、高质量、高效率传递国际邮件的新业务。为适应社会经济发展的客观需求，我国邮政部门于 1980 年 7 月 15 日首先与新加坡开办了国际特快专递业务。到目前为止，我国邮政部门已与 200 多个国家和地区的邮政部门建立了业务联系。中国邮政部门还与荷兰邮政集团合作办理国际快件业务（中速快件）来补充 EMS 网络的不足，中速快件可通达 200 多个国家和地区，并在快件的重量和规格限制方面有较大的灵活性。目前，国际特快专递邮件根据内件性质，分为信函、文件资料和物品三大类。

2. 其他快递

目前，在国际快递市场，具有强大实力的国际快递公司主要集中在欧美国家，如UPS（联合包裹服务公司，总部设在美国）、FedEx（联邦快递公司，总部设在美国）、TNT（快递邮政服务公司，总部设在荷兰）、DHL（敦豪航空货运公司，总部设在德国）等。

目前，协调世界各国邮政业务的政府间国际组织是万国邮政联盟（Universal Postal Union，UPU），简称“万国邮联”。自1978年7月1日起它成为联合国一个关于国际邮政事务的专门机构，总部设在瑞士首都伯尔尼，其宗旨是促进、组织和改善国际邮政业务，并向成员提供可能的邮政技术援助。目前，规范国际邮政业务的国际公约主要包括《万国邮政联盟组织法》、《万国邮政联盟总规则》和《万国邮政公约》等。

（六）公路、内河、管道运输方式

1. 公路运输

公路运输（Road Transportation）是一种现代化的运输方式，它不仅可以直接运进或运出对外贸易货物，而且也是车站、港口和机场集散进出口货物的重要手段。

公路运输具有机动灵活、速度快和便捷等特点，尤其是在实现“门到门”运输中，更离不开公路运输。但公路运输也有一定的不足之处，如载货量有限，运输成本高，容易造成货损事故。

公路运输在我国对外贸易中占有重要地位。我国同许多周边国家有公路相通，我国同这些国家的进出口货物，可以经由国境公路运输。此外，我国内地同港、澳地区的部分进出口货物，也是通过公路运输的。随着我国公路建设的扩展，特别是高速公路的修建，公路运输在对外贸易中将发挥更重要的作用。

2. 内河运输

内河运输（Inland Water Transportation）是水上运输的重要组成部分，它是连接内陆腹地与沿海地区的纽带，在运输和集散进出口货物中起着重要的作用。

我国拥有四通八达的内河航运网，长江、珠江等主要河流中的一些港口已对外开放，同一些邻国还有国际河流相通，这就为我国进出口货物通过河流运输和集散提供了十分有利的条件。

3. 管道运输

管道运输（Pipeline Transportation）是一种特殊的运输方式。它是货物在管道内借助于高压气泵的压力输往目的地的一种运输方式，主要适用于运输液体和气体货物。它具有固定投资大、建成后运输成本低的特点。

管道运输在美国、欧洲的许多国家以及石油输出国组织（OPEC）的石油运输方面起到了积极的作用。我国管道运输起步较晚，但随着石油工业的发展，为石油运输服务的石油管道也迅速发展起来。迄今为止，我国不少油田均有输油管道直通海港。我国向朝鲜出口的石油，也主要是通过管道运输。

第二节 装运条款

国际货物买卖合同中的装运条款，其内容的约定与合同的性质和运输方式有着密切的关系。由于我国进出口货物大部分通过海洋运输，而且对外签订的海运进出口合同，又大部分为装运合同。按照国际贸易惯例解释，在装运港交货条件下，卖方应在装运港完成交货义务。因此，有关下列各项装运条款，应在海运进出口合同中具体订明，以利合同的履行。

一、装运时间

装运时间又称装运期，是指卖方将合同规定的货物装上运输工具或交给承运人的期限。

装运时间是国际货物买卖合同的主要交易条款，卖方必须严格按规定时间交付货物，不得任意提前和延迟。否则，会造成违约，则买方有权拒收货物，解除合同，并要求损害赔偿。

在国际贸易中，交货时间（Time of Delivery）和装运时间（Time of Shipment）是两个不同的概念。在使用 FOB、CIF、CFR 以及 FCA、CIP、CPT 等贸易术语签订的买卖合同中，卖方在装运港或装运地，将货物装上船只或交付给承运人监管，就算已完成交货义务。因此，按照上述贸易术语订立的合同，交货和装运的概念是一致的，故有人把二者视为同义语。但若采用 DPU、DAP 等术语达成交易时，交货时间是指货物运到目的地交给买方的时间。装运时间是指卖方将货物装上船或其他运输工具的时间。所以，按照 D 字头术语成交的合同，交货和装运则是两个完全不同的概念，二者不能相互代替使用，以免引起不必要的纠纷。

在国际贸易中，有关装运日期，过去一般是从狭义上理解。随着国际贸易和运输方式的发展，国际惯例的最新解释是：装船（Loading on board vessel）、发运（Despatch）、收妥待运（Accepted for Carriage）、邮局收据日期（Date of Post Receipt）、收货日期（Date of Pick up）等，以及在多式联运方式下承运人的"接受监管"（Taking in Charge），均可理解为装运日期。

（一）装运时间的规定方法

1. 规定明确、具体的装运时间

这又可分为规定一段时间和规定最迟期限两种。例如："7 月份装运"（Shipment during July）、"7/8/9 月份装运"（Shipment during Jul./Aug./Sep.）；又如："装运期不迟于 7 月 31 日"（Shipment not later than July 31st）、"9 月底或以前装运"（Shipment at or before the end of Sep.）。由于此种规定方法明确、具体，故使用较为广泛。

2. 规定收到信用证后若干天装运

如规定："收到信用证后 30 天内装运"（Shipment within 30 days after receipt of

L/C）。为防止买方不按时开证，一般还规定：“买方必须不迟于某月某日将信用证开到卖方”（The relevant L/C must reach the seller not later than...）的限制性条款。卖方对某些进口管制较严的国家或地区，或专为买方制造的特定商品，或对买方资信不够了解时，为防止买方不履行合同而造成损失，可采用此种规定方法，以保证其利益。

3. 规定近期装运术语

如规定“立即装运”（Immediate Shipment）、“即期装运”（Prompt Shipment）、“尽快装运”（Shipment as soon as possible）等。由于这些术语在各国、各行业中解释不一，不宜使用。国际商会制定的《跟单信用证统一惯例》也明确规定不宜使用此类用语，如果使用，银行将不予置理。

（二）规定装运时间应注意的问题

1. 买卖合同中的装运时间的规定，要明确、具体，装运期限应当适度

海运装运期限的长短，应视不同商品和租船订舱的实际情况而定。装运期限过短，势必给船、货安排带来困难；装运期过长也不合适，特别是采用在收到信用证后若干天内装运的条件下，会造成买方积压资金，影响资金周转，从而反过来影响卖方的售价。

2. 应注意货源情况、商品的性质和特点以及交货的季节性等

如雨季一般不宜装运烟叶，夏季一般不宜装运沥青、易腐性肉类及橡胶等。

3. 应结合考虑交货港、目的港的特殊季节因素

如北欧、加拿大东海沿岸港口冬季易封冻结冰，故装运时间不宜订在冰冻时期。反之，热带某些地区，则不宜订在雨季装运等。

4. 在规定装运期的同时，应考虑开证日期的规定是否明确合理

装运期与开证日期是互相关联的，为保证按期装运，装运期和开证日期应该互相衔接起来。

二、装运港（地）和目的港（地）

装运港（Port of Shipment）是指货物起始装运的港口。目的港（Port of Destination）是指最终卸货的港口。在国际贸易中，装运港（地）一般由卖方提出，经买方同意后确认；目的港（地）一般由买方提出，经卖方同意后确认。

（一）装运港（地）和目的港（地）的规定方法

在买卖合同中，装运港和目的港的规定方法，通常有以下几种：

（1）在一般情况下，装运港和目的港分别规定一个。如，装运港：上海（Port of Shipment: Shanghai）；目的港：伦敦（Port of Destination: London）。

（2）有时按实际业务的需要，也可分别规定两个或两个以上的装运港或目的港。如装运港：新港/上海（Xingang/Shanghai）；大连/青岛/上海（Dalian/Qingdao/Shanghai）。目的港：伦敦/利物浦（London/Liverpool）。

（3）在磋商交易时，如明确规定装运港或目的港有困难，可以采用选择港（Optional Ports）办法。规定选择港有两种方式：一种是在两个或两个以上港口中选择

一个，如 CIF 伦敦，选择港汉堡或鹿特丹（CIF London，optional Hamburg/Rotterdam），或者 CIF 伦敦/汉堡/鹿特丹（CIF London/Hamburg/Rotterdam）；另一种是笼统规定某一航区为装运港或目的港，如“地中海主要港口”，即最后交货则选择地中海的一个主要港口为目的港。

（二）确定国内外装运港（地）和目的港（地）的注意事项

1. 规定国外装运港和目的港应注意的问题

（1）对国外装运港或目的港的规定，应力求具体、明确。在磋商交易时，如国外商人笼统地提出以“欧洲主要港口”或“非洲主要港口”为装运港或目的港时，不宜轻易接受。因为，欧洲或非洲港口众多，究竟哪些港口为主要港口，并无统一解释，而且各港口距离远近不一，港口条件也有区别，运费和附加费相差很大，所以，我们应避免采用此种规定方法。

（2）不能接受内陆城市为装运港或目的港的条件。因为，接受这一条件，我方要承担从港口到内陆城市这段路程的运费和风险。

（3）必须注意装卸港的具体条件。主要有：有无直达班轮航线、港口和装卸条件以及运费和附加费水平等。如果采用租船运输，还应进一步考虑码头泊位的深度、有无冰封期、冰封的具体时间以及对船舶国籍有无限制等港口制度。

（4）应注意国外港口有无重名问题。世界各国港口重名的很多，例如，维多利亚（Victoria）港，世界上有 12 个之多，波特兰（Portland）等也有数个。为防止发生差错，引起纠纷，在买卖合同中应明确注明装运港或目的港所在国家和地区的名称。

（5）如采用选择港口的规定，要注意备选港口不宜太多，一般不超过三个，而且必须在同一航区、同一航线上。同时在合同中应明确规定：如所选目的港要增加运费、附加费，应由买方负担，同时要规定买方宣布最后目的港的时间。

2. 规定国内装运港（地）或目的港（地）应注意的问题

在出口业务中，对国内装运港的规定，一般以接近货源地的对外贸易港口为宜，同时考虑港口和国内运输的条件和费用水平。在进口业务中，对国内目的港的规定，原则上应选择以接近用货单位或消费地区的对外贸易港口为最合理。但根据我国目前港口的条件，为避免港口到船集中而造成堵塞现象或签约时目的港尚难确定，在进口合同中，也可酌情规定为“中国口岸”。

总之，买卖双方在确定装运港时，通常都是从本身利益和实际需要出发，根据产、销和运输等因素考虑的。为了使装运港和目的港条款订得合理，我们必须从多方面加以考虑，特别是国外港口很多，情况复杂，在确定国外装运港和目的港时，更应格外谨慎。

三、分批发运和转运

分批发运和转运都直接关系到买卖双方的利益，因此，买卖双方应根据需要和可能在合同中作出具体的规定。一般来说，合同中如订明允许分批发运和转运，对卖方交货比较主动。

（一）分批发运

分批发运（Partial Shipment），是指一个合同项下的货物分若干批发运。在大宗货物或成交数量较大的交易中，买卖双方根据交货数量、融资情况、运输条件和市场销售等因素，可在合同中规定分批发运条款。

国际上对分批发运的解释和运用有所不同。按有些国家的合同法规定，如合同对分批发运不作规定，买卖双方事先对此也没有特别约定或习惯做法，则卖方交货不得分批发运；而国际商会制定的《跟单信用证统一惯例》对分批发运问题也作了明确规定。为了避免不必要的争议，争取早出口、早收汇，防止交货时发生困难，除非买方坚持不允许分批发运，原则上应明确在出口合同中订入“允许分批发运”（Partial shipment to be allowed）的条款。

根据《跟单信用证统一惯例》规定：“运输单据表面上注明货物是使用同一运输工具装运并经同一路线运输的，即使每套运输单据注明的装运日期不同及/或装运港、接受监管地不同，只要运输单据注明的目的地相同，也不视为分批发运。”该惯例对定期、定量分批发运还规定：“信用证规定在指定时期内分期支款及/或发运，其中任何一期未按期支款及/或发运，除非信用证另有规定，则信用证对该期及以后各期均告失效。”如合同和信用证中明确规定了分批数量，例如“3~6 月分 4 批每月平均发运”（Shipment during March/June in four equal monthly lots），以及类似的限批、限时、限量的条件，则卖方应严格履行约定的分批发运条款，只要其中任何一批没有按时、按量发运，则本批及以后各批均告失效。据此，在买卖合同和信用证中规定分批、定期、定量发运时，卖方必须重合同、守信用，严格按照合同和信用证的有关规定办理。

（二）转运

“转运”（Transhipment）一词，在不同运输方式下有不同的含义：在海运情况下，是指在装货港和卸货港之间的海运过程中，货物从一艘船卸下再装上另一艘船的运输；在航空运输的情况下，是指从起运地机场至目的地机场的运输过程中，货物从一架飞机上卸下再装上另一架飞机的运输；在公路、铁路或内河运输情况下，则是指在装运地到目的地之间用不同的运输方式的运输过程中，货物从一种运输工具上卸下，再装上另一种运输工具的行为。

卖方在交货时，如驶往目的港没有直达船或船期不定或航次间隔太长，为了便于装运，则应在合同中订明“允许转船”（Transhipment to be allowed）。按国际贸易惯例规定，除非信用证另有规定，可准许转运。为了明确责任和便于安排装运，买卖双方是否同意转运以及有关转运的办法和转运费的负担等问题，应在买卖合同中具体订明，以利合同的履行。

（三）合同中的分批发运、转运条款

国际货物买卖合同中的分批发运、转运条款通常是与装运时间条款结合起来规定的。合同中分批、转运条款举例如下：

（1）5/6/7 月份装运，允许分批发运和转运（Shipment during May/June/July, with

partial shipments and transhipments allowed)。

(2) 6/7 月份分两批发运，禁止转运 (During June/July in two shipments, transhipment is prohibited)。

(3) 11/12 月份分两次平均装运，由香港转运 (During Nov/Dec in two equal monthly shipment, to be transhipped at Hongkong)。

四、装运通知

买卖双方为了互相配合，共同做好车、船、货的衔接和办理货运保险，不论采用何种贸易术语成交，交易双方都要承担互相通知的义务。因此，装运通知 (Advice of Shipment) 也是装运条款的一项重要内容。

按照国际贸易的一般做法，在按 FOB 条件成交时，卖方应在约定的装运期开始以前，一般是 30 天或 45 天，向买方发出货物备妥通知，以便买方及时派船接货。买方接到卖方发出的备货通知后，应按约定的时间，将船名、船舶到港受载日期等通知卖方，以便卖方及时安排货物出运和准备装船。

如按 FOB、CFR 和 CIF 术语签订的合同，卖方应在货物装船后，按约定时间，将合同、货物的品名、件数、重量、发票金额、船名及装船日期等项内容电告买方；如按 FCA、CPT 和 CIP 术语签订的合同，卖方应在把货物交付承运人接管后，将交付货物的具体情况及交付日期电告买方，以便买方办理保险并做好接卸货物的准备，及时办理进口报关手续。

应当特别强调的是，买卖双方按 CFR 或 CPT 条件成交时，卖方交货后，及时向买方发出装运通知，具有更为重要的意义。

装船通知示例，见表 5-1。

五、滞期、速遣条款

在国际贸易中，大宗商品大多使用程租船运输。由于装卸时间直接关系到船方的经营效益，如果装卸货物由租船人负责，船方对装卸货物的时间都要作出规定。如承租人未能在约定的装卸时间内将货物装卸完，而延长了船舶在港停泊时间，从而延长了航次时间，这对船舶所有人来说，既可能因在港停泊时间延长而增加了港口费用的开支，又因航次时间延长意味着相对降低了船舶的周转率，从而相对地减少了船舶所有人的营运收入。与此相反，如果承租人在约定的装卸时间以前，将全部货物装卸完，从而缩短了船舶在港停泊时间，使船舶所有人可以更早地将船投入下一航次的营运，取得了新的运费收入，这对船舶所有人来说是有利的。正由于装卸时间的长短和装卸效率的高低直接关系到船方的利害得失，故船方出租船舶时，往往要求在定程租船合同中规定装卸时间、装卸率，并规定延误装卸时间和提前完成装卸任务的罚款与奖励办法，以约束租船人。

但是，在实际业务中，负责装卸货物的不一定是租船人，而是买卖合同的一方当事人，如 FOB 合同的租船人是买方，而装货是由卖方负责；反之，CIF 合同的租船人是卖方，而卸货是由买方负责，因此，负责租船的一方为了促使对方及时完成装卸任务，故在买卖合同中也要求规定装卸时间、装卸率和滞期、速遣条款。

表 5-1　　　　装船通知

Contract no.	
L/C no.	
SHIPPING ADVICE	
To	
From	
Commodity	
Packing Conditions	
Quantity	
Gross Weight	
Net Weight	
Total Value	
Please be informed that these goods have been shipped from: To: Shipment Date:	
B/L no.	
We herewith certify this message to be true and correct.	
Date:	

（一）装卸时间

装卸时间是指允许完成装卸任务所约定的时间，它一般以天数或小时数来表示。装卸时间的规定方法很多，其中主要有下列几种：

1. 日（Days）或连续日（Running Days; Consecutive Days）

所谓日，是指午夜至午夜连续 24 小时的时间，也就是日历日数，以“日”表示装卸时间时，从装货开始到卸货结束，整个经过的日数，就是总的装货或卸货时间。在此期间内，不论是实际不可能进行装卸作业的时间（如雨天、施工或其他不可抗力），还是星期日或节假日，都应计为装卸时间。这种规定，对租船人很不利。

2. 累计 24 小时好天气工作日（Weather Working Days of 24 Hours）

这是指在好天气情况下，不论港口习惯作业为几小时，均以累计 24 小时作为一个工作日。如果港口规定每天作业 8 小时，则一个工作日便跨及几天的时间。这种规定对租船人有利，而对船方不利。

3. 连续 24 小时好天气工作日（Weather Working Days of 24 Consecutive Hours）

这是指在好天气情况下，连续作业 24 小时算一个工作日，中间因坏天气影响而不能作业的时间应予扣除。这种方法一般适用于昼夜作业的港口。当前，国际上采用这种规定的较为普遍，我国一般都采用此种规定办法。

由于各国港口习惯和规定不同，在采用此种规定办法时，对星期日和节假日是否计算也应具体订明。如在工作日之后加订“星期日和节假日除外”（Sundays and Holidays Excepted)，或者规定“不用不算，用了要算”（Not to Count Unless Used）或“不用不算，即使用了也不算”（Not to Count Even Used)。对星期六或节假日前一天怎样计算，也应予以明确。

除了用具有一定含义的日数表示装卸时间的办法外，有时关于装卸时间并不按日数或每天装卸货物的吨数来规定，而只是按“港口习惯速度尽快装卸”（Customary Quick Despatch，CQD)，这种规定不明确，容易引起争议，故采用时应审慎行事。

为了计算装卸时间，合同中还必须对装卸时间的起算和止算时间加以约定。

关于装卸时间的起算时间，各国法律规定或习惯并不完全一致，一般规定在船长向承租人或其代理人递交了“装卸准备就绪通知书”（Notice of Readiness，N/R)，经过一定的规定时间后，开始起算。

关于止算时间，现在世界各国习惯上都以货物装完或卸完的时间，作为装卸时间的止算时间。

（二）装卸率

所谓装卸率，即指每日装卸货物的数量。装卸率的具体确定，一般应按照港口习惯的正常装卸速度，掌握实事求是的原则。装卸率的高低，关系到完成装卸任务的时间和运费水平，装卸率规定过高或过低都不合适。规定过高，完不成装卸任务，要承担滞期费的损失；反之，规定过低，虽能提前完成装卸任务，可得到船方的速遣费，但船方会因装卸率低，船舶在港时间长而增加运费，致使租船人得不偿失。因此，装卸率的规定应当适当。

（三）滞期费和速遣费

滞期费（Demurrage）是指在规定的装卸期限内，租船人未完成装卸作业，给船方造成经济损失，租船人对超过的时间应向船方支付的一定罚金。速遣费（Despatch Money）是指在规定的装卸期限内，租船人提前完成装卸作业，使船方节省了船舶在港的费用开支，船方应向租船人就可节省的时间支付一定的奖金。按惯例，速遣费一般为滞期费的一半。滞期费和速遣费通常约定为每天若干金额，不足一天者，按比例计算。

第三节　运输单据

运输单据是承运人收到承运货物后签发给托运人的证明文件，它是交接货物、处理索赔与理赔以及向银行结算货款或进行议付的重要单据。在国际货物运输中，因运输方式不同，运输单据的种类也多种多样，现就海运单据和其他运输单据，分别加以说明。

一、海运单据

（一）海运提单

1. 海运提单的性质和作用

海运提单（Bill of Lading，B/L）简称提单，是指由船长或船公司或其代理人签发的，证明已收到特定货物，允诺将货物运到特定的目的地并交付给收货人的凭证。同时，海运提单也是收货人在目的港据以向船公司或其代理提取货物的凭证。海运提单的性质和作用，可以概括为以下三个方面：

（1）货物收据。提单是承运人或其代理人签发的货物收据，证明承运人已经收到或接管提单上所列的货物。

（2）物权凭证。提单是一种货物所有权的凭证，在法律上具有物权证书的作用，船货抵达目的港后，承运人应向提单的合法持有人交付货物。提单可以通过背书转让，从而转让货物的所有权。

（3）运输契约的证明。提单是承运人与托运人之间订立的运输契约的证明。提单条款明确规定了承运人和托运人之间的权利、责任与豁免，一旦发生争议，双方据此进行解决。

2. 海运提单的签发

（1）提单签发人。我国《海商法》第72条规定："货物由承运人接收或者装船后，应托运人的要求，承运人应当签发提单。提单可以由承运人授权的人签发。提单由载货船舶的船长签发的，视为代表承运人签发。"可见，提单的签发人包括承运人、承运人的代理人和船长。但如提单由承运人的代理人签发，则代理人必须经承运人的合法授权委托。

（2）提单签发的地点和日期。提单是根据大副签署的收货单，在与提单记载的各项内容核对无误后才签发的。如果收货单上有批注，则提单签发人就应如实转批在提单上。提单签发的地点应在货物的装船港。提单签发的日期应当是货物实际装船完毕的日期，并且与大副签署的收货单签发的日期相一致。

（3）提单的份数。提单有正本提单和副本提单之分。正本提单一般是一式数份，以防提单的遗失、被窃或迟延到达或在传递过程中发生意外事故造成灭失。各国海商法和航运习惯都允许签发数份正本提单，并且各份正本提单都具有同等效力，但其中一份提货后，其他各份自动失效。副本提单的份数视需要而定，它虽然没有法律效力，不能据以提货，但却是装运港、中转港及目的港的代理人和载货船舶不可缺少的货运补充文件，可以补充舱单上不足的内容和项目。

3. 海运提单的格式和内容

海运提单包括班轮提单和租船合同项下的提单两种。这两种提单的格式不同，其内容也有很大差别。前者除提单正面列有托运人和承运人分别填写的有关货物与运费等记载事项外，背面还有印就的涉及承运人与托运人、承运人与收货人之间的权利、义务与责任豁免的条款；后者仅在提单正面列有简单的记载事项，并表明"所有其他条款、条件和例外事项按某年某月某日租船合同办理"，而提单背面则无印就的条款。

提单正面的内容通常包括：

（1）托运人（Shipper）。

（2）收货人（Consignee）。

（3）被通知人（Notify Party）。

（4）提单号码（B/L No.）。

（5）船名（Name of Vessel）。

（6）装货港（Port of Loading）。

（7）卸货港（Port of Discharge）。

（8）货名（Discription of Goods）。

（9）件数和包装种类（Number and Kind of Packages）。

（10）唛头（Shipping Marks）。

（11）毛重，尺码（Gross Weight，Measurement）。

（12）运费和费用（Freight and Charges）。

（13）提单的签发日期、地点和份数（Date and place of issue of the bill of lading and the number of originals issued）。

提单背面条款的内容通常包括：

（1）定义条款（Definition Clause）。

（2）管辖权条款（Jurisdication Clause）。

（3）承运人责任期限条款（Duration of Liability）。

（4）包装和标志（Package and Marks）。

（5）运费和其他费用（Freight and Other Charges）。

（6）自由转船条款（Transhipment Clause）。

（7）错误申报（Inaccuracy in Particulars Furnished by Shipper）。

（8）承运人责任限额（Limit of Liability）。

（9）共同海损（General Average）。

（10）美国条款（American Clause）。

（11）舱面货，活动物和植物（On Deck Cargo，Live Animals and Plants）。

4. 海运提单的种类

海运提单可以从各种不同角度予以分类，主要有以下几种：

（1）根据货物是否已装船，分为已装船提单和备运提单

已装船提单（On Board B/L；Shipped B/L）是指承运人已将货物装上指定船舶后所签发的提单，其特点是提单上必须以文字表明货物已装××船，并记载装船日期，同时还应由船长、船东、承运人或其代理人签字。根据《跟单信用证统一惯例》规定，如信用证要求海运提单作为运输单据，银行将接受注明货物已装船或已装指名船舶的提单。所以，在国际贸易中，一般都要求卖方提供已装船提单。

备运提单（Received for Shipment B/L）又称收讫待运提单，是指承运人已收到托运货物等待装运期间所签发的提单。在签发备运提单的情况下，发货人可在货物装船后凭以调换已装船提单，也可经承运人或其代理人在备运提单上批注货物已装上某具

名船舶及装船日期，并签署后使之成为已装船提单。

（2）根据提单上对货物外表状况有无不良批注，可分为清洁提单和不清洁提单

清洁提单（Clean B/L）是指货物在装船时“表面状况良好”，承运人未加注货物及/或包装破损或有缺陷之类批注的提单。根据《跟单信用证统一惯例》，除非信用证中明确规定可以接受的条款或批注，则银行只接受清洁提单。清洁提单也是提单转让时所必备的条件。

不清洁提单（Unclean B/L；Foul B/L）是指承运人明确加上货物及/或包装状况不良或存在缺陷等批注的提单。例如，提单上批注“××件损坏”（...packages in damaged condition），“铁条松散”（Iron strap loose or missing）等。

（3）根据提单收货人抬头的不同可分为记名提单、不记名提单和指示提单

记名提单（Straight B/L）是指提单上的收货人栏内填明特定收货人名称，只能由该特定收货人提货。由于这种提单不能通过背书方式转让给第三方，不能流通，故其在国际贸易中很少使用。

不记名提单（Bearer B/L）是指提单收货人栏内没有指明任何收货人，只注明提单持有人（Bearer）字样，承运人应将货物交给提单持有人。谁持有提单，谁就可以提货。承运人交货，只凭单，不凭人。不记名提单无须背书即可转让，流通性极强，采用这种提单风险很大，故其在国际贸易中很少使用。

指示提单（Order B/L）是指提单上的收货人栏填写“凭指定”（To order）或“凭某人指定”（To order of...）字样。这种提单可经过背书转让，故其在国际贸易中广为使用。背书的方式又有“空白背书”和“记名背书”之分。前者是指背书人（提单转让人）在提单背面签名，而不注明被背书人（提单受让人）名称；后者则是指背书人除在提单背面签名外，还列明被背书人名称。记名背书的提单受让人如需再转让，必须再加背书。目前，在实际业务中使用最多的是“凭指定”并经空白背书的提单，习惯上称其为“空白抬头、空白背书”提单。

（4）根据运输方式分类，可分为直达提单、转船提单和联运提单

直达提单（Direct B/L）是指轮船中途不经过换船而直接驶往目的港所签发的提单。凡合同和信用证规定不准转船者，必须使用这种直达提单。

转船提单（Transhipment B/L）是指从装运港装货的轮船，不直接驶往目的港，而需在中途换装另外船舶所签发的提单。这种提单上应注明“转船”或“在××港转船”字样。

联运提单（Through B/L）是指经过海运和其他运输方式联合运输时，由第一程承运人所签发的包括全程运输的提单。它如同转船提单一样，货物在中途转换运输工具和进行交接，由第一程承运人或其代理人向下一程承运人办理。应当指出，联运提单虽包括全程运输，但签发联运提单的承运人一般都在提单中规定，只承担他负责运输的一段航程内的货损责任。

（5）根据船舶营运方式的不同，可分为班轮提单和租船提单

班轮提单（Liner B/L）是指由班轮公司承运货物后所签发给托运人的提单。

租船提单（Charter Party B/L）是指承运人根据租船合同而签发的提单。在这种提

单上注明“一切条件、条款和免责事项按照××××年××月××日的租船合同”或批注“根据××租船合同出立”字样。因这种提单受租船合同条款的约束，故银行或买方在接受这种提单时，通常要求卖方提供租船合同的副本。

（6）根据提单内容的繁简，可分为全式提单和略式提单

全式提单（Long From B/L）是指提单背面列有承运人和托运人权利、义务条款的详细提单。

略式提单又称简式提单（Short Form B/L），是指提单背面无条款，而只列出提单正面的必须记载事项。这种提单一般都列有“本提单货物的收受、保管、运输和运费等项，均按本公司提单上的条款办理”字样。此外，租船合同项下所签发的提单，通常也是略式提单，在这种略式提单上应注明：“所有条件根据××××年××月××日签订的租船合同。”这种提单与全式提单在法律上具有同等效力。但租船合同项下的略式提单，除非信用证另有规定，银行一般不予接受。

（7）根据提单使用效力，可分为正本提单和副本提单

正本提单（Original B/L）是指提单上有承运人、船长或其代理人签名盖章并注明签发日期的提单。这种提单在法律上是有效的单据。正本提单上必须标明“正本”（Original）字样。正本提单一般签发一式两份或三份，凭其中的任何一份提货后，其余的即作废。根据《跟单信用证统一惯例》规定，银行接受仅有一份的正本提单，如签发一份以上正本提单时，应包括全套正本提单。买方与银行通常要求卖方提供船公司签发的全部正本提单，即所谓“全套”（Full Set）提单。

副本提单（Copy B/L）是指提单上没有承运人、船长或其代理人签字盖章，而仅供工作上参考之用的提单。副本提单上一般都标明“Copy”或“Nonnegotiable”（不作流通转让）字样，以示与正本提单有别。

（8）其他种类提单，如集装箱提单、舱面提单和过期提单

集装箱提单（Container B/L）是指由负责集装箱运输的经营人或其代理人，在收到货物后签发给托运人的提单。集装箱提单与传统的海运提单有所不同，其中包括集装箱联运提单（Combined Transport B/L，CTB/L）及多式联运单据（Multimodal Transport Document，MTD）等。

舱面提单（On Deck B/L）是指承运货物装在船舶甲板上所签发的提单，故又称为甲板货提单。由于货物装在甲板上风险较大，故托运人一般都向保险公司加保甲板险。承运人在签发提单时加批“货装甲板”字样。《海牙规则》不适用于甲板货，除非在提单条款中明确订明。货物装在甲板上受损的风险很大，所以进口商一般不愿意将货物装在甲板上，不接受甲板提单。根据一般惯例，除非信用证另有约定，银行不接受甲板提单。

过期提单（Stale B/L）是指错过规定的交单日期或者晚于货物到达目的港日期的提单。前者，是指卖方超过提单签发日期后 21 天才交到银行议付的提单，根据《跟单信用证统一惯例》规定，如信用证无特殊规定，银行将拒绝接受在运输单据签发日后超过 21 天才提交的单据。后者，是在近洋运输时容易出现的情况，故在近洋国家间的贸易合同中，一般都订有“过期提单可以接受”（Stale B/L is acceptable）

的条款。

5. 关于提单的国际公约

目前，有关海上货物运输的国际公约主要有《海牙规则》《维斯比规则》《汉堡规则》以及《鹿特丹规则》。现简要介绍如下：

（1）《海牙规则》

1924 年 8 月，国际法协会海洋法委员会通过了《统一提单的若干法律规则的国际公约》（简称《海牙规则》）（英文全称 International Convention for the Unification of Certain Rules of Law Relating to Bills of Lading，简称 Hague Rules），该公约于 1931 年生效。目前，它是海上货物运输领域影响最为广泛的国际公约。

《海牙规则》共有 16 条，主要规定了承运人的义务、承运人的免责和责任限制、货物灭失或损坏的通知时间与诉讼时效、托运人的义务等内容。

《海牙规则》首先以国际公约的形式规定了承运人最低限度的义务，限制了承运人的“缔约自由”权利，《海牙规则》允许承运人与托运人就承运人（或船舶）在货物装船前或卸船后，关于保管、照料和搬运货物的义务，以及对于货物灭失或损害的责任，订立任何协议、保留或免责条款。这些都在一定程度上调解了船货双方的风险责任关系。

《海牙规则》存在的主要问题有：较多地维护了承运人的利益，在免责条款和最高赔偿责任限额上表现尤为明显，造成在风险分担上的不均衡；未考虑集装箱运输形式的需要；责任期间的规定欠周密，出现装船前和卸货后两个实际无人负责的空白期间，不利于维护货方的合法权益；单位赔偿限额太低，诉讼时效期间过短，适用范围过窄等。

《海牙规则》适用于在任一缔约国签发的提单，包括根据租船合同或在船舶出租情况下签发的提单，但不适用于租船合同本身。

（2）《维斯比规则》

随着国际政治经济形势的变化和国际航运业的发展，《海牙规则》渐渐显露出部分内容落后、规定不全面、适用范围过于狭窄的缺陷。1968 年，国际海事委员会在第 12 届海洋法外交会议通过了《修改统一提单的若干法律规则的国际公约的议定书》（简称《维斯比规则》）（英文全称 Protocol to Amend the International Convention for the Unification of Certain Rules of Law Relating to Bills of Lading，英文简称 Visby Rules），对《海牙规则》作出了一些的修改。该公约于 1977 年生效，也是目前国际海上货物运输方面的重要公约。

《维斯比规则》共 17 条，主要对《海牙规则》的适用范围、赔偿金额、集装箱运输的赔偿计算单位以及承运人的责任限制、提单的证据效力等内容作出了修改。但对于诸如承运人的不合理免责条款等实质性问题，却没有改动。

该规则扩大了适用范围，适用于在缔约国签发的提单、从某个缔约国起运货物的提单，并且当提单订明或者提单所证明的海上货物运输合同规定受公约约束，或者受实施该公约的任一国家立法的约束时，也适用于该提单。但该公约不适用于租船合同，却适用于根据租船合同签发、转让给第三人的提单。

(3)《汉堡规则》

由于《维斯比规则》仍沿用了《海牙规则》的承运人责任体制，因而并未满足许多国家特别是美国、加拿大等代表货方利益的国家的要求，且其内容也不够完善、清楚和明确。因此，1978年6月，联合国海上货物运输会议在德国汉堡召开，会上通过了《联合国海上货物运输公约》（简称《汉堡规则》）（英文全称 United Nations Convention on the Carriage of Goods by Sea，简称 Hamburg Rules），该公约于1992年11月生效。

《汉堡规则》对《海牙规则》和《维斯比规则》进行了全面的修改，废除了一些对货主的不合理的条款，比较合理地制定了托运人与承运人之间对货物运输所承担的责任。

该规则共有34条，其中关于承运人责任的主要内容有：承运人对于货物灭失或损坏的赔偿限额为，以每件或每一其他装运单位835SDR（特别提款权），或者按货物毛重计算每公斤2.5SDR，二者之中以高者为准。公约增加了“迟延交付”的概念，规定承运人对于迟延交付货物的赔偿责任，以所迟延交付的货物应付运费的2.5倍为限，但是不得超过海上货物运输合同中规定的应付运费的总额。《汉堡规则》的制定对国际贸易、国际航运等业务的发展都产生了较大的影响。

(4)《鹿特丹规则》

联合国国际贸易法委员会（UNCITRAL）经过6年的艰巨工作，制定了《联合国全程或部分海上国际货物运输合同公约》（UN Convention on Contract for the International Carriage of Goods Wholly or Partly by Sea），经2008年12月联合国大会审议通过，并将该公约命名为《鹿特丹规则》（The Rotterdam Rules），决定于2009年9月23日在荷兰鹿特丹开放签署。该公约共有96条，其制定主要目的，是取代现有的《海牙规则》、《维斯比规则》以及《汉堡规则》，以真正实现海上货物运输规则的国际统一，换言之，若《鹿特丹规则》生效，其他三个公约将废止，并将对国际航运、国际贸易实务和惯例等产生重大影响。

《鹿特丹规则》是一个现代的、统一的包含海上国际货物运输但不仅仅局限于港口到港口的货物运输的国际货物运输公约。除了为“门到门”的货物运输提供法律支持及在船货两方的权利义务之间寻求新的平衡点以外，公约还包含许多革新性的特征，如电子运输单据、批量合同、控制权等新的内容。《鹿特丹规则》生效实施后，无疑将对国际航运、国际贸易实务和惯例及航运立法等产生重大影响。作为国际贸易合同的当事人，贸易商应及时熟悉最新国际贸易惯例与规则，对自己在新的国际公约下享有哪些权利，承担何种义务应有所了解，以便在未来的交易中切实维护自身利益，履行应尽的义务。

(二) 电子提单

随着科学技术和现代通信的发展，国际运输已开始利用现代化的计算机技术，通过电子数据交换系统，来实现在国际运输途中货物所有权的转移。在这个背景下，电子提单应运而生。

1. 电子提单的含义

电子提单（Electronic-B/L）是一种利用 EDI 系统对海运途中的货物支配权进行转让的新型提单。而 EDI（Electronic Data Interchange，电子数据交换）系统是利用计算机联网设施，使用专用密码将一定的标准信息进行传递，通告货物支配权转移的一种特殊通信工程，以实现交易双方开展商业交往的目的。运用 EDI 系统后，托运和承运行为都是通过 EDI 网络相连的计算机系统来进行，待货物装上船后，承运人使用计算机向托运人计算机发出确认信息，整个过程都通过计算机完成，承运人和托运人签订的是电子提单。

在国际贸易中，按国际贸易惯例，买卖双方约定使用电子通信条件的，凡卖方应出具提交的各种单据和凭证均可以具有同等法律效力的电子单证所代替。

2. 电子提单的特点

电子提单的载体和操作过程不同于传统书面提单。与传统提单相比，电子提单具有以下特点：

（1）货物运输过程中所涉及的当事人均以承运人（或船舶）为中心，通过专有计算机密码告知运输途中货物所有权的转移时间和对象。承运人在收到托运人货物后，即会将一份货物收据连同一个密码传送给发货人，发货人就可以凭密码提货或指定收货人。在转让货物时，承运人会取消原由出让人所掌握的密码，并向受让人核发新的密码，从而谁持有密码，谁就持有货物的所有权。

（2）在完成货物的运输过程后使用电子提单时，在通常情况下，不出现任何书面文件。目前，国际上使用的电子提单转让程序是利用 EDI 系统根据特定密码使用计算机实现的。收货人提货，只要出示有效证件证明身份，由船舶代理验明即可。

（3）电子提单表现为储存于计算机存储器中的电子数据，其交换和处理也由计算机自动进行。应用 EDI 时，租船订舱由计算机自动进行，承运人在收到货物之后发给发货人一份收讫电讯，这相当于传统上的承运人签发提单；该收讫电讯除包含装运货物的说明外，还包括传统提单在背面所记载的条款内容。

3. 关于电子提单的国际规则

20 世纪 90 年代后，为了便于电子提单的使用与规范，联合国设计制定了“联合国行政、商业、运输电子数据交换规则”（UN/EDIFACT）等一系列规则。在此基础上，国际海事委员会在制定《国际海事委员会海运单统一规则》的同时，特别组成了电子提单专题委员会，该委员会主持制定了《国际海事委员会电子提单规则》，并于 1990 年在国际海事委员会第 34 届大会上获得通过。

根据《国际海事委员会电子提单规则》的主旨，该规则基于以下原则：（1）本规则基于完全自愿的原则，经当事方同意援用后适用。（2）在不与本规则冲突的情况下，电子传输贸易数据交换行动统一规则将指导本规则当事方的行动。（3）本规则项下的电子数据交换应符合联合国行政、商业、运输电子数据交换规则的有关标准。（4）本规则不改变现行的法律适用，其所产生的法律问题将由各国国内立法解决。

《国际海事委员会电子提单规则》规定的内容，主要包括定义、程序、数据效力、运约一般条件、适用法、签约时间、地点、收货、控制权、运约后手、密码、交付、诉权、要求文件选择权以及电讯效力等。目前，世界上许多国家在进行 EDI 立法时都对电子提单进行确认和调整。

（三）海运单

海运单（Sea Waybill，Ocean Waybill）是证明海上运输合同和货物由承运人接管或装船，以及承运人保证据以将货物交付给单证所载明的收货人的一种不可流通的单证，因此，它又称“不可转让海运单”（Non-negotiable Sea Waybill）。

海运单的前身是 1974 年 SWEPRO 格式。1977 年，英国“联合王国标准班轮运单”在大西洋航线上被 22 家英国航运公司首用，此后，它便为许多著名的船公司所采用并加以发展。

海运单具有三个基本作用：

（1）作为承运人收到由其照管的货物的数据；

（2）是运输契约的证明；

（3）在解决经济纠纷时作为货物担保的基础。

海运单有别于提单。《中华人民共和国海商法》第 80 条规定：承运人签发提单以外的单证用以证明收到待运货物的，此项单证即为订立海上货物运输合同和承运人接收该单证中所列货物的初步证据。承运人签发的此类单证不得转让。因此，海运单不是货物的物权凭证，故不得转让。收货人不凭海运单提货，而是凭到货通知提货。因此，海运单收货人一栏不可签“To order”字样，而应填写实际收货人的名称和地址，以便货物到达目的港后通知收货人提货。

在国际贸易业务中，海运单一般适用于下列货物运输：中途不被转售的货物的班轮运输；出售给跨国公司的一家分公司或卖给一家联营公司、相关公司的货物贸易；以记账贷款为基础的买卖；结算方式为直接汇付、往来账户、现金的贸易；其他不需要信用证的贸易。

总之，由于海运单无须将海运单随同商业发票和保单等证寄给收货人，也无须担心运单被盗用或遗失，因此，它对承运人来说可免除凭保函付货后可能承担错误交货的责任和难以向担保人追偿的风险；对收货人来说能够即时提货和减少费用。

鉴于海运单有上述优点，为规范其使用，1990 年 6 月，国际海事委员会在第 34 届大会上，通过了《国际海事委员会海运单统一规则》。该规则共 8 条，包括适用范围、定义、代理、承运人的权利和责任、货物的说明、支配权、交付以及效力等。

海运单示例，见表 5-2。

表 5-2 海运单

<table>
<tr><td colspan="2">托运人
Shipper</td><td colspan="2" rowspan="5">SINOTRANS　B/L No.

中国对外贸易运输总公司
北　　京
BEIJING
联 运 提 单
COMBINED TRANSPORT
BILL OF LADING

RECEIVED the Goods in apparent good order and condition as specified below unless otherwise stated herein. THE Carrier, in accordance with the provisions contained in this document, 1) undertakes to perform or to procure the performance of the entire transport form the place at which the goods are taken in charge to the place designated for delivery in this document, and 2) assumes liability as prescribed in this document for such transport one of the bills of Lading must be surrendered duty indorsed in exchange for the goods or delivery order.</td></tr>
<tr><td colspan="2">收货人或指示
Consignee or Order</td></tr>
<tr><td colspan="2">通知地址
Notify Address</td></tr>
<tr><td>前段运输
Pre-carriage by</td><td>收货地点
Place of Receipt</td></tr>
<tr><td>海运船只
Ocean Vessel</td><td>装货港
Port of Loading</td></tr>
<tr><td>卸货港
Port of Discharge</td><td>交货地点
Place of Delivery</td><td>运费支付地
Freight Payable at</td><td>正本提单份数
Number of Original Bs/L</td></tr>
</table>

标志和号码 Marks and Nos.	件数和包装种类 Number and Packages	货名 Description of Goods	毛重（公斤） Gross Weight (kgs)	尺码（立方米） Measurement (m^3)

以上细目由托运人提供（ABOVE PARTICULARS FURNISHED BY SHIPPER）

<table>
<tr><td rowspan="3">运费和其他费用
Freight and Charges</td><td colspan="2">IN WITNESS whereof the number of original bills of Lading stated above have been signed, one of which being accomplished, the other (s) to be void.</td></tr>
<tr><td colspan="2">签单地点和日期
Place and Date of Issue</td></tr>
<tr><td>代表承运人签字
Signed for or on Behalf of the Carrier</td><td></td></tr>
</table>

SUBJECT TO THE TERMS AND CONDITIONS ON BACK

二、其他运输单据

（一）铁路运输单据

铁路运单（Railway Bill）是铁路承运人收到货物后所签发的铁路运输单据。我国对外贸易铁路运输按营运方式分为国际铁路联运和国内铁路运输两种方式。前者使用国际货协铁路运单，后者使用承运货物收据。

1. 国际铁路联运运单

国际铁路联运运单是国际铁路联运的主要运输单据，它是参加联运的发送国铁路与发货人之间订立的运输契约，其中规定了参加联运的各国铁路和收、发货人的权利和义务，对收、发货人和铁路都具有法律约束力。当发货人向始发站提交全部货物，并付清应由发货人支付的一切费用，经始发站在运单和运单副本上加盖始发站承运日期戳记，证明货物已被接管承运后，即认为运输合同已经生效。

运单正本随同货物到达终点站，并交给收货人，它既是铁路承运货物出具的凭证，也是铁路与货主交接货物、核收运杂费和处理索赔与理赔的依据。运单副本于运输合同缔结后交给发货人，是卖方凭以向收货人结算货款的主要证件。

2. 承运货物收据

承运货物收据（Cargo Receipt）是对港澳铁路运输中使用的一种结汇单据。该收据包括大陆段和港段两段运输，是代办运输的外运公司向出口人签发的货物收据，也是承运人与托运人之间的运输契约，同时还是出口人办理结汇手续的凭证。

（二）航空运单

航空运单（Air Waybill）与海运提单有很大不同，却与国际铁路运单相似。它是由承运人或其代理人签发的货物运输单据，是承托双方的运输合同，其内容对双方均具有约束力。航空运单不可转让，持有航空运单也并不能说明可以对货物要求所有权。因此，在航空运单的收货人栏内，必须详细填写收货人的全称和地址，而不能做成指示性抬头。

航空运单的正本一式三份，每份都印有背面条款，其中一份交发货人，是承运人或其代理人接收货物的依据；第二分由承运人留存，作为记账凭证；最后一份随货同行，在货物到达目的地，交付给收货人时作为核收货物的依据。

航空运单主要分为两大类：

1. 航空主运单

凡由航空运输公司签发的航空运单就称为主运单（Master Air Waybill，MAWB）。它是航空运输公司据以办理货物运输和交付的依据，是航空公司和托运人订立的运输合同，每一批航空运输的货物都有自己相对应的航空主运单。

2. 航空分运单

集中托运人在办理集中托运业务时签发的航空运单被称作航空分运单（House Air Waybill，HAWB）。在集中托运的情况下，除了航空运输公司签发主运单外，集中托运人还要签发航空分运单。此时，航空分运单作为集中托运人与托运人之间的货物运输合同，合同双方分别为货主和集中托运人；而航空主运单作为航空运输公司与集中托运人之间的货物运输合同，当事人则为集中托运人和航空运输公司。货主与航空运输公司没有直接的契约关系。此外，由于在起运地货物由集中托运人将货物交付航空运输公司，在目的地由集中托运人或其代理从航空运输公司处提取货物，再转交给收货人，因而货主与航空运输公司也没有直接的货物交接关系。

（三）多式联运单据

多式联运单据（Multimodal Transport Document，MTD）是指证明多式联运合同以及证明多式联运经营人接管货物并负责按照合同条款交付货物的单据。多式联运公约规定，多式联运单据是多式联运合同的证明，也是多式联运经营人收到货物的收据和凭以交付货物的凭证。根据发货人的要求，它可以作成可转让的，也可以作成不可转让的。多式联运单据如签发一套一份以上的正本单据，应注明份数，其中一份完成交货后，其余各份正本即失效。副本单据没有法律效力。在实际业务中，对多式联运单据正本和副本的份数规定不一，主要视发货人的要求而定。

多式联运单据与联运提单在形式上有相同之处，但在性质上不同。

（1）签发人不同：多式联运单据由多式联运经营人签发，全程运输均安排各分承运人负责；而联运提单由承运人或其代理人签发。

（2）签发人的责任不同：多式联运单据的签发人对全程运输负责；而联运提单的签发人仅对第一程运输负责。

（3）运输方式不同：多式联运单据项下的运输可用各种运输方式的联运；而联运提单项下的运输限于海运与其他运输方式的联合运输。

（4）已装运证明不同：多式联运单据可以不表明货物已装上运输工具；而联运提单必须是已装船提单。

（四）邮政收据

邮政收据（Parcel Post Receipt）是邮政运输的主要单据，它既是邮局收到寄件人的邮包后所签发的凭证，也是收件人凭以提取邮件的凭证，当邮包发生损坏或丢失时，它还可以作为索赔和理赔的依据，但邮包收据不是物权凭证。

邮寄证明（Cerfiticate of Posting）是邮政局出具的证明文件，据此证实所寄发的单据或邮包确已寄出和作为邮寄日期的证明。有的信用证规定，出口商寄送有关单据、样品或包裹后，除要出具邮政收据外，还要提供邮寄证明，作为结汇的一种单据。

专递收据（Courier Receipt）是特快专递机构收到寄件人的邮件后签发的凭证。

根据《跟单信用证统一惯例》规定，如信用证要求邮政收据或邮寄证明，银行将接受的邮政收据或邮寄证明表面上应有信用证规定的寄发地盖戳并加注日期，该日期即为装运或发运日期；如信用证要求专递或快递机构出具的单据，银行将接受的快递单据的表面应注明专递或快递机构的名称并盖戳、签字并经证实，表明取件或收件日期，此日期即为装运日期或发运日期。除非信用证特别规定由指定的专递或快递机构出具的单据，银行将接受由任何专递或快递机构开立的单据。这种专递和快递采用先进的运输工具和方式，实行“门到门”（Door to Door）和“桌到桌”（Desk to Desk）的服务，所以银行接受快递的单据。

本章小结

国际货物运输是国际货物贸易中不可缺少的一个环节。为了确保及时有效地完成进出口任务，在对外洽商交易、订立合同和履约过程中，我们必须根据购销意图和实际情况，合理选择运输方式，切实订好买卖合同中各项装运条款，并正确缮制和运用各种有关的装运单据。

思考题

1. 国际货物运输包括哪几种方式？其各自的特点是什么？
2. 何谓班轮运输？班轮运输有哪些特点？
3. 班轮运输的计费标准有哪些？试举例说明班轮运费的计算方法。
4. 装运期在合同中的法律地位如何？规定装运期的方法有哪些？
5. 何谓滞期费和速遣费？在买卖合同中为什么要规定滞期和速遣条款？
6. 我国内地经由铁路供应港、澳地区货物的运输是怎样办理的？
7. 在选择进出口货物的运输方式时，应考虑哪些因素？
8. 在合同中规定装运期时，规定在收到信用证后若干天装运，这种办法适用于什么情况？其有何利弊？
9. 什么叫分批装运和转运？为什么在买卖合同中会出现有关分批装运和转运的条款？《跟单信用证统一惯例》对此有何规定？
10. 提单的性质和作用是什么？
11. 何谓清洁提单与不清洁提单？为什么买方要求卖方提供清洁提单？
12. 何谓记名提单、不记名提单、指示提单？这些种类的提单在国际贸易中的使用情况如何？
13. 何谓过期提单？过期提单的效力如何？
14. 国际铁路货物联运单和运单副本的性质和作用如何？
15. 多式联运单据和联运提单有何区别？

案例分析题

我国南方某贸易公司以 FOB 中国口岸与韩国 A 公司成交化工原料一批。几日后韩商将该批货物转手以 CFR 泰国口岸价售给泰国的 R 公司，韩商来证价格为 FOB 中国口岸，目的港为悉尼，并提出在提单上标注“运费已付”字样。问：韩商为何这样做？我方应如何处理？

第六章

国际货物运输保险

在国际货物运输过程中，可能遇到各种类型的风险，货主为了转嫁风险，通常都要办理货物运输保险。有关货物运输保险事宜，交易双方应在洽商交易时谈妥，并在买卖合同中订明，以利有关当事人办理货物运输的保险和应对事后可能出现的保险索赔事宜。为了订好进出口合同中的保险条款和正确处理有关进出口货物运输保险事宜，凡从事国际贸易的人员都必须掌握国际货物运输保险方面的基本知识。

第一节　国际货物运输保险的性质与作用

保险是一种经济补偿制度，从法律角度看，它是一种补偿性契约行为，即被保险人向保险人提供一定的对价（保险费），保险人则对被保险人可能遭受的承保范围内的损失负赔偿责任。

保险种类很多，按保险性质，可分为商业保险、社会保险和政策保险，按保险标的，可分为财产保险、责任保险、信用保险和人身保险。国际货物运输保险是随着贸易，特别是国际贸易的发展而发展起来的，它属财产保险的范畴，其性质为商业保险。由于国际货物采取的运输方式很多，其中包括海洋运输、陆上运输、航空运输和邮包运输等，因此，国际货物运输保险也相应地分为海运货物保险、陆运货物保险、航空货运保险和邮包运输保险。

办理国际货物运输保险时，投保人和保险人双方应在自愿的基础上签订保险合同。投保人对保险标的具有保险利益，是保险合同得以成立的重要条件。保险合同的双方当事人订立保险合同时，以及在保险合同有效期内，都必须遵循诚实信用的原则。若保险标的发生损失的近因属承保范围，则保险人应负赔偿责任，但赔偿金额，不得超过保险金额或实际损失。

保险在国际贸易中起着重要的作用。国际货物运输保险是国际贸易实务一个很重要的环节。办理国际货物运输保险是同自然灾害和意外事故做斗争的一种经济措施。这是因为，国际货物一般都需要通过国际间的长途运输，在运输过程中，可能遇到各种自然灾害和意外事故而使货物中途遭受损失，货主为了转嫁运输途中的风险损失，便通过办理货物运输保险，将在途货物可能发生的损失变为固定的费用，一旦在途货物遭到承保范围内的损失，即可从保险公司及时得到经济上的补偿，这不仅有利于进出口企业加强经济核算，而且也有利于进出口企业保持正常营业，从而有效地促进国际贸易的发展。

第二节　海洋运输货物保险保障的范围

海洋运输货物保险保障的范围，包括保障的风险、保障的损失与保障的费用三个方面。国际保险市场对其保障的风险、损失与费用都有特定的解释，因此，正确理解其含义和承保范围，对合理选择投保险别和正确处理保险索赔问题，具有重要的实践意义。

一、保障的风险

海洋运输货物保障的风险，并非泛指所有发生在海上的风险。在海运保险实践中，海上风险有其特定的含义和范围，它仅指海上偶然发生的自然灾害和意外事故，而并不包括海上经常发生和必然发生的事件。与海上风险相对应的外部原因所造成的风险，其中包括一般外来风险和特殊外来风险，也属保障的风险。现分别介绍如下：

（一）海上风险

按照国际保险市场的一般解释和习惯做法，保险公司所保障的海上风险，一方面并不包括所有发生在海上的风险，另一方面又不局限于航海中所发生的风险。在现代海运保险业务中，凡与海运相连的，包括陆上、内河、驳船运输过程中的风险，也都包含在海上风险之内予以承保。

海上风险一般包括自然灾害和意外事故两种，按国际保险市场的一般规定与习惯做法，这些风险所指的内容大致如下：

1. 自然灾害

自然灾害是指不以人们意志为转移的自然现象引起的物质损毁和人员伤亡的灾害，海运保险承保的自然灾害是指运输过程中发生人力不可抗拒的诸如恶劣气候、雷电、海啸、地震、洪水和火山爆发等事件而导致的船货损失。由于上述自然灾害具有极大的破坏性，故被国际保险市场列为承保的海上风险。

2. 意外事故

意外事故是指由于外来的、偶然的、意外的原因所致的事故，海运保险所承保的意外事故，并非航运途中发生的所有意外事故，而是限定一定的承保范围。如中国现行的《海洋运输货物保险条款》中所承保的意外事故，包括船舶搁浅、触礁、沉没、互撞、与流冰或其他物体碰撞以及失火、爆炸等。英国伦敦保险协会 1982 年制定的《协会货物条款》中所承保的意外事故的范围，与中国保险条款的规定基本相同或接近，其中包括火灾、爆炸、船舶或驳船搁浅、触礁、沉没或倾覆、运输工具碰撞、陆上运输工具的倾覆或出轨以及抛弃等。

（二）外来风险

外来风险可分为一般外来风险和特殊外来风险两种，现分别简介如下：

1. 一般外来风险

凡一般外来原因造成的风险，称为一般外来风险，这类风险一般包括偷窃、提货不着、短量、混杂、沾污、渗漏、碰损、破碎、串味、受潮受热、包装破裂、淡水雨淋、钩损、锈损等。

2. 特殊外来风险

特殊外来风险是指除一般外来风险以外的其他外来原因导致的风险，常见的特殊外来风险，主要有战争风险、罢工风险、进口国有关当局拒绝进口或没收货物的风险等。

在办理海运保险业务时，每份保险单内，一般都具体列明所承保的风险和除外责任。

二、保障的损失

海上损失（简称海损）是指被保险货物在海运过程中由于各类灾害所造成的损失或灭失。根据国际保险市场的一般解释，凡与海陆连接的陆运过程中所发生的损失或灭失，也属海损范围。就货物损失的程度而言，海损可分为全部损失（Total Loss）和部分损失（Partial Loss）。

（一）全部损失

全部损失（简称全损）是指运输途中的货物全部灭失，或完全变质，或不可能归还被保险人等。根据全损情况的不同，又可分为实际全损（Actual Total Loss）和推定全损（Constructive Total Loss）。

1. 实际全损

实际全损是指保险标的发生保险事故后灭失，或者受到严重损坏完全失去原有形体、效用，或者不能再归被保险人所拥有。保险货物的实际全损，可按保险金额向保险人请求赔偿全部损失。

2. 推定全损

推定全损是指货物发生保险事故后，认为实际全损已经不可避免，或者为避免发生实际全损所需支付的费用与继续将货物运抵目的地的费用之和，将超过保险价值的损失。由此可见，判断货物的推定全损有两个标准：一是实际全损不可避免；二是为避免实际全损所需支付的各种费用之和超过保险标的的价值。

在这里，需要说明的是，当保险标的构成推定全损时，被保险人有权选择恢复和修理标的，按实际损失向保险人索赔部分损失。被保险人也有权选择索赔全部损失，但索赔全部损失时，被保险人必须首先委付保险标的。如果保险人拒绝接受委付，则仍需按全损予以赔偿。

（二）部分损失

在海洋运输途中，当保险标的发生承保范围内的损失，凡不属实际全损和推定全损，即属部分损失。

区分全部损失和部分损失的意义在于方便保险人处理保险索赔，因有的保险单仅承保货物的全部损失，而对部分损失不予赔偿，故在保险理赔实践中，应当明确货物的损失程度。部分损失，按其损失性质的不同可分为单独海损（Particular Average，PA）和共同海损（General Averages，GA）。

1. 单独海损

保险标的在运输过程中遭遇海上风险直接造成船舶或货物的部分损失，属于这种特定利益方的部分损失，即为单独海损。例如，货物中途遭遇狂风恶浪，使舱内一批货物被海水浸泡受损而贬值 50%，此项损失与其他货主及船东的利益无关，而应由受损货物的货主自行承担。如受损货物的货主已投保了相应的保险，则由保险人按保险条款的规定予以赔偿。

综上所述，单独海损有其特定的含义和解释。构成单独海损应具备两个条件：一是单独海损必须是意外的、偶然的海上风险事故直接导致的船舶或货物的损失；二是单独海损由受损的货主或船方自行承担。

在此需要说明的是，在现行《协会货物保险条款》中，已不再使用“单独海损”这个术语，但在海洋运输保险实际业务中，按一般惯例，它仍被用来表示除共同海损以外的部分损失。

2. 共同海损

在海洋运输途中，当船舶、货物或其他财产遭遇共同危险时，为了解除共同危险，有意采取合理的救难措施，所直接造成的特殊牺牲和支付的特殊费用，称为共同海损。在船舶发生共同海损后，凡属共同海损范围内的牺牲和费用，均可通过共同海损理算，由有关获救受益方（即船方、货方和运费收入方）根据获救价值按比例分摊。这种分摊，称为共同海损分摊。可见，共同海损涉及船、货各方的利害关系。构成共同海损应具备下列条件：

第一，共同海损的危险，必须是真实存在的、紧迫的和不可避免的。

第二，共同海损行为必须是为了船、货的共同安全而有意采取的紧急、合理的措施。

第三，共同海损必须是主动采取合理措施所作出的特殊牺牲和支付的额外费用。

第四，共同海损行为必须是最终有效的，即终于避免了船、货的全损，共同海损才能成立。这是因为，若共同海损行为无效，船、货最终全损，则共同海损分摊的基础便不存在，当然共同海损也就无法成立。

综上所述，共同海损与单独海损是有明显区别的，这主要表现在下列两个方面：

其一，造成海损的原因不同。单独海损是承保风险所直接导致的船、货损失；共同海损，则不是承保风险所直接导致的损失，而是为了解除或减轻共同危险人为地造成的一种损失。

其二，承担损失的责任方不同。单独海损的损失一般由受损方自行承担；而共同海损的损失，则应由受益的各方按照受益大小的比例共同分摊。若被保险人已投保海运保险，则由保险人按合同规定承担对被保险人分摊金额的赔偿责任。

三、保障的费用

当海洋运输货物发生海上危险事故时，为避免损失的发生和扩大，而采取适当措施所引起的费用，保险人按其性质和赔付原则予以赔偿。关于保险人负责赔偿的费用，主要有下列几种。

（一）施救费用

施救费用是指货物遭遇承保范围内的事故时，被保险人或其代理人、雇员和受让人为避免或减少损失而采取各种抢救、保护措施所产生的合理费用。施救费用应符合下列三个条件：

第一，施救行为必须是由被保险人及其代理人、雇员或受让人所采取的，如属其他与被保险人无关的人员采取抢救行为所产生的费用，不属于施救费用的范畴。

第二，只有承保责任范围内的施救费用，才能得到保险人的补偿。

第三，施救费用应当是必要的、合理的，施救行为不当引起的费用，保险人不予补偿。施救费用的赔偿金额受保险金额限制，最多不能超过保险金额。

（二）救助费用

载货船舶中途遭遇海难，由保险人和被保险人以外的第三者采取救助措施，在救助成功后，由被救方付给救助方的报酬，称为救助费用。由于救助行为使船、货避免或减少损失，从而可减少保险人的赔偿金额，故救助费用应由保险人负责赔偿。海上救助的成立和救助费用的产生，必须具备下列三个条件：

第一，被救助的船舶或货物必须处于不能自救的危险境地，只要船舶或货物的一方遇难，即可采取海上救助。

第二，救助人必须是与被保险人或保险人无关的第三者。

第三，救助行为必须有实际效果，救助人才有权获得适当的报酬，即保险人才赔付救助费。

（三）其他费用

船舶中途遭遇海上风险，为防止或减轻货物的损害，在中途港或避难港，由于卸货、存仓和运送货物所产生的费用，以及保险索赔成立时，对保险货物进行检验、查勘、公证、理算和拍卖受损货物等所支付的额外费用，保险人均负责赔偿。

第三节　我国海洋运输货物保险条款

在海洋运输保险业务中，保险人承保的责任范围，都是通过各种不同的保险条款规定的。为了适应国际货物海运保险的需要，中国人民保险公司根据我国保险实际情况并参照国际保险市场的习惯做法，分别制定了各种保险条款，总称为“中国保险条款”（China Insurance Clauses，CIC），其中包括“海洋运输货物保险条款”、“海洋运输货物战争险条款”和其他各种专门条款。投保人可根据货物特点和航线与港口实际情况自行选择投保适当的险别。

按中国《海洋运输货物保险条款》（2009 版）规定，我国海运货物保险的险别包括基本险、附加险和其他专门险三种类型。

一、基本险

中国人民保险公司所规定的基本险别包括平安险（Free from Particular Average，FPA）、水渍险（With Average or With Particular Average，WA or WPA）和一切险（All Risks）。

（一）平安险

投保了平安险，保险公司对下列损失负赔偿责任：

（1）被保险货物在运输途中由于恶劣气候、雷电、海啸、地震、洪水自然灾害造成整批货物的全部损失或推定全损。当被保险人要求赔付推定全损时，须将受损货物及其权利委付给保险人。被保险货物用驳船运往或运离海轮的，每一驳船所装的货物可视作一个整批。推定全损是指被保险货物的实际全损已经不可避免，或者恢复、修复受损货物以及运送货物到原定目的地的费用超过该目的地的货物价值。

（2）由于运输工具遭到搁浅、触礁、沉没、互撞，与流冰或其他物体碰撞以及失火、爆炸意外事故所造成的货物全部或部分损失。

（3）在运输工具已经发生搁浅、触礁、沉没、焚毁意外事故的情况下，货物在此前后又在海上遭受恶劣气候、雷电、海啸等自然灾害所造成的部分损失。

（4）在装卸或转船时由于一件或数件货物整件落海所造成的全部或部分损失。

（5）被保险人对遭受承保责任内的危险货物采取抢救、防止或减少货损的措施而支付的合理费用，但以不超过该批被救货物的保险金额为限。

（6）运输工具遭遇海难后，在避难港由于卸货引起的损失以及在中途港、避难港由于卸货、存仓以及运送货物所产生的特别费用。

（7）共同海损的牺牲、分摊和救助费用。

（8）运输契约订有“船舶互撞责任”条款的，根据该条款规定应由货方偿还船方的损失。

上述平安险的责任范围表明，在投保平安险的情况下，保险公司主要是对自然灾害造成的全部损失和对意外事故造成的全部损失及部分损失予以赔偿。此外，对于海上意外事故发生前后，由于自然灾害造成的部分损失也予以赔偿。

（二）水渍险

投保水渍险后，保险公司除担负上述平安险的各项责任外，还对被保险货物由于恶劣气候、雷电、海啸、地震、洪水自然灾害所造成的部分损失负赔偿责任。可见水渍险的责任范围比平安险大，投保水渍险时，保险公司对自然灾害和意外事故造成的全部损失或部分损失，均负责赔偿。

（三）一切险

投保一切险后，保险公司除承担水渍险的各项赔偿责任外，还对被保险货物在运输途中由于一般外来风险造成的全部或部分损失负责赔偿。

从上述三种基本险别的责任范围来看，平安险的责任范围最小，它对自然灾害造成的全部损失和意外事故造成的全部和部分损失负赔偿责任，而对自然灾害造成的部分损失，一般不负赔偿责任。水渍险的责任范围比平安险的责任范围大，凡因自然灾害和意外事故所造成的全部和部分损失，保险公司均负责赔偿。一切险的责任范围是三种基本险别中最大的一种，它除包括平安险、水渍险的责任范围外，还包括被保险货物在运输过程中，由于一般外来原因，如货物被盗窃、钩损、碰损、受潮、发热、淡水雨淋、短量、包装破裂和提货不着等所造成的全部或部分损失，保险公司均负责赔偿。由此可见，一切险是水渍险加一般附加险的总和。在这里还需特别指出的是，一切险并非保险公司对一切风险损失均负赔偿责任，它只对水渍险和一般外来原因引起的可能发生的风险损失负责，而对货物的内在缺陷、自然损耗以及由于特殊外来原因（如战争、罢工等）所引起的风险损失，概不负赔偿责任。

中国《海洋运输货物保险条款》（2009 版），除规定上述基本险的责任范围外，还同时规定了下列除外责任，即对下列原因造成的损失不负赔偿责任：

（1）被保险人的故意行为或过失所造成的损失。

（2）属于发货人责任引起的损失。

（3）在保险责任开始前，被保险货物即已存在品质不良或数量短差所造成的损失。

（4）被保险货物的自然损耗、本质缺陷、特性以及市价跌落、运输延迟引起的损失或费用。

（5）海洋运输货物战争险条款和罢工险条款规定的责任范围和除外责任。

我国的《海洋运输货物保险条款》（2009 版）除规定了上述各种基本险别的责任外，还对保险责任的起讫，也作了具体规定。在海运保险中，保险责任的起讫，主要采用“仓至仓”条款（Warehouse to Warehouse Clause），即保险责任自被保险货物运离保险单所载明的起运地仓库或储存处所开始，包括正常运输中的海上、陆上、内河和驳船运输在内，直至该项货物到达保险单所载明的目的地收货人的最后仓库或储存处所或被保险人用作分配、分派或非正常运输的其他储存处所为止。如未抵达上述仓库或储存处所，则以被保险货物在最后卸载港全部卸离海轮后满 60 天为止。如在上述 60 天内被保险货物需转运到非保险单所载明的目的地时，则以该项货物开始转运时终止。

当被保险货物遭受承保范围内的损失时，保险索赔时效，是从保险事故发生之日起算，最多不超过二年。

二、附加险别

在海运保险业务中，进出口商除了投保货物的上述基本险别外，还可根据货物的特点和实际需要，酌情再选择若干适当的附加险别投保。附加险别包括一般附加险和特殊附加险。

（一）一般附加险

一般附加险不能作为一个单独的项目投保，而只能在投保平安险或水渍险的基础上，根据货物的特性和需要加保一种或若干种一般附加险。如加保所有的一般附加险，这就叫投保一切险。可见一般附加险被包括在一切险的承保范围内，故在投保一切险时，不存在再加保一般附加险的问题。

由于被保险货物的品种繁多，货物的性能和特点各异，而一般外来的风险又多种多样，所以一般附加险的种类也很多，其中主要包括：偷窃提货不着险、淡水雨淋险、渗漏险、短量险、钩损险、混杂沾污险、碰损破碎险、生锈险、串味险、受潮受热险和包装破裂险。上述这 11 种一般附加险，均包括在一切险中。

（二）特殊附加险

1. 战争险

凡加保战争险时，保险公司则按加保战争险条款的责任范围，对由于战争和其他各种敌对行为所造成的损失负赔偿责任，按中国人民保险公司的保险条款规定，战争险不能作为一个单独的项目投保，而只能在投保上述三种基本险别之一的基础上加保。战争险的保险责任起讫和货物运输险不同，它不采取“仓至仓”条款，而是从货物装上海轮开始至货物运抵目的港卸离海轮为止，即只负责水面风险。其保险责任到货物卸离保险单所载明的目的港海轮或驳船时为止。若海轮到目的港后货物未卸船，最长期限则为海轮到达目的港当天午夜起算满 15 天。

2. 罢工险

罢工险是在投保海运货物保险的基础上加保的特殊附加险，它只承保罢工行为所致的被保险货物的直接损失，如因罢工行为使货物无法正常运输装卸导致的间接损失，保险人不负责赔偿。罢工险的保险期限与海运货物基本险相同，即以“仓至仓”条款为准。

假如，被保险人在投保海运货物基本险的基础上已加保战争险，还要再加保罢工险，按国际保险市场习惯，不需另行缴付罢工险的保险费。如果只在投保基本险的基础上加保罢工险，则需按战争险费率缴付保险费。

（三）其他附加险

除上述一般附加险和特殊附加险外，在中国人民保险公司附加险条款中，还列有六种不包括在基本险中的其他附加险别，即交货不到险、进口关税险、舱面货物险、拒收险、黄曲霉素险、出口货物到香港（包括九龙在内）或澳门存仓火险。这六种附加险所承保的风险，大多与国家行政法令、政策措施与航海贸易习惯有关。这六种附加险，必须在投保基本险的基础上另行加保，才能获得保障。

三、其他专门险别

在我国海洋运输货物保险中，根据被保险货物的特性，还专门制定了海洋运输冷藏货物保险条款和海运散装桐油保险条款。此外，为了促进出口贸易的发展，我国保险公司还专门设立了卖方利益险。现分别简述如下。

（一）海洋运输冷藏货物保险

凡蔬菜、水果、肉类和水产品等货物，为保持其新鲜程度，运输时都须置于专门的冷藏箱。为使这些冷藏货物在运输过程中得到全面保障，就需要投保海洋运输冷藏货物保险的有关险别，其中包括冷藏险（Risks for Frozen Products）和冷藏一切险（All Risks for Frozen Products）两种险别，两者均可单独投保。

冷藏货物保险的责任范围和除外责任如下：

冷藏险的责任范围包括由于冷藏机器（如冷藏车、冷藏集装箱和冷藏船上的制冷设备等）停止工作连续达 24 小时以上所造成的货物腐烂或损失，以及被保险的冷藏货物在运输途中由于自然灾害或意外事故造成的腐败或损失予以赔偿。冷藏一切险的责任范围更广，即在承保冷藏险的各项责任基础上，还负责被保险鲜货在运输途中由于外来原因所致的腐烂变质或损失。

海洋运输冷藏货物保险的除外责任在海洋运输货物保险条款的基础上稍有改变。改变之一是，增加了一项除外责任，即将“被保险鲜货在运输途中的任何阶段，因未存放在有冷藏设备的仓库或运输工具中，或辅助运输工具没有隔温设备所造成的货物腐败的损失”列入除外责任。改变之二是，将海洋运输货物保险条款除外责任中的“在保险责任开始前，被保险货物已存在的品质不良或数量短差所造成的损失”改为“被保险鲜货在保险责任开始时，因未保持良好状态（包括整理加工和包扎不妥，冷冻上的不合规定及骨头变质）所引起的货物腐败和损失”。

海洋运输冷藏货物保险的保险期限与海洋运输货物保险条款规定的保险期限有所不同。冷藏货物的保险期限为：

（1）冷藏货物到达保险单载明的最后目的港后，须在 30 天内卸离海轮，否则，保险责任终止。

（2）如冷藏货物卸离海轮后不存入冷藏仓库，保险责任至卸离海轮时即终止。

（3）冷藏货物全部卸离海轮并存入冷藏仓库，保险人负责货物卸离海轮后 10 天内的风险。但在上述期限内，货物一经移出冷藏仓库，保险责任即终止。

关于海洋运输冷藏货物发生承保范围内的损失，其索赔时效与海洋运输货物保险条款的规定相同。

（二）海运散装桐油险

桐油因自身特性，在运输过程中容易受到污染、变质等损失，故需要提供不同于一般货物保险的特殊保障。为此，保险公司设立了海运散装桐油保险的险别，本险别可以单独投保。

海运散装桐油险的责任范围，包括不论任何原因所致的桐油超过保险单规定免赔率的短少、渗漏损失和不论任何原因所致的桐油的沾污或变质损失，均予负责。海运散装桐油保险的除外责任与海洋运输货物保险条款的规定相同。

（三）卖方利益险

当出口货物按 FOB 或 CFR 条件成交时，由买方自行办理货物运输保险，一旦货物在运输途中遭受损失，若买方不付款赎单，卖方不仅无法收回货款，而且因为自己没有投保货运保险而不能向保险人索赔，这势必造成经济损失，为使卖方的损失能及时得到补偿，我国保险公司便设立了卖方利益险这项专门的险别。凡出口货物采用 FOB 或 CFR 贸易术语并按商业信用付款条件成交，出口商应投保卖方利益险，以便使其损失得到及时补偿。

根据卖方利益险条款的规定，保险人负责赔偿货物遭受保险单上载明的货运险责任范围内的卖方损失，但仅在买方不支付该项受损货物部分的货款时，才予赔偿。可见被保险人要在卖方利益险项下获得赔款，必须符合下列两个条件：一是被保险货物的损失，必须属于货运保险的承保责任，二是买方拒绝支付该受损货物部分的货款。至于因买方拒绝提货而使卖方遭受的其他损失，则不属于保险人承担的责任。

由于买方不付款赎单的行为违反了买卖合同，他应当承担违约责任，保险人只有取得代位求偿权后，方可向买方追偿。因此，卖方利益险条款还规定，被保险人应将其向买方或第三方追偿的权利转让给保险人。

第四节　伦敦保险协会海洋运输货物保险条款

在世界海上保险业中，英国是一个具有悠久历史的发达国家，英国伦敦保险人协会所制定的“协会货物条款”（Institute Cargo Clause，ICC）对世界各国有着广泛的影响。目前，世界上许多国家在海运保险业中直接采用该条款，还有一些国家在制定本国保险条款时参考或采用该条款内容。中国出口企业和保险公司对国外商人提出的投保 ICC 的要求，一般均可接受。

英国“协会货物条款”最早制定于 1912 年，它是为了补充、修正沿用已久、内容陈旧、用语古老过时的“船、货保险单”（The S. G. Policy Form，1779）而制定的。为了适应不同时期法律、判例、商业、贸易、航运等方面的变化和发展，“协会货物条款”经常进行修订和补充。2009 年 1 月 1 日，联合货物保险委员会（Joint Cargo Committee）推出了新的条款 ICC2009。新的条款扩展了保险责任起讫期，对保险人援引免责条款作出了一定的限制，对条款中易于产生争议的用词作出了更加明确的规定。新条款中的文字、结构等也更加简洁、严密，便于阅读和理解。

协会货物险条款包括协会货物 A 条款，即 ICC（A）；协会货物 B 条款，即 ICC（B）；协会货物 C 条款，即 ICC（C）；协会战争险条款（Institute War Clauses—Cargo）；协会罢工险条款（Institute Strikes Clauses—Cargo）；恶意损害险条款（Malicious Damage Clauses）和偷窃、提货不着险条款（Institute Theft，Pilferage and Non-delivery Clause）。前五个险别条款结构统一，系统清晰，都包含承保责任、除外责任、保险期间、索赔、保险的利益、减少损失、防止迟延和法律与惯例这八项内容，可以单独投保。而恶意损害险和偷窃、提货不着险属于附加险，不能单独投保。

为了与国际保险市场保持联系，并与国际惯例接轨，本节将对伦敦保险协会的货物保险条款进行论述。

一、ICC（A）条款的主要内容

（一）承保风险（Risks Covered）

ICC（A）条款承保风险包括三部分，即第 1 条风险条款，第 2 条共同海损条款和第 3 条船舶互撞责任条款。

1. 风险条款（Risks）

ICC（A）条款采用“一切风险-除外责任”方式规定保险人的风险条款，所以，本条款承保货物损失或损坏的一切风险，但第 4、5、6 和 7 条规定的除外责任除外。

2. 共同海损条款（General Average）

ICC（A）条款承保依运输合同及（或）准据法和惯例所理算或确定的共同海损和救助费用，其产生是为了避免任何原因造成的损失或与避免任何原因造成的损失有关，但此种原因须不是本保险第 4、5、6 和 7 条或其他条文除外的危险。

3. 船舶互撞责任条款（Both to Blame Collision）

ICC（A）条款负责赔偿被保险人根据运输合同中有关船舶互有责任碰撞条款的规定，由被保险人就承保风险应承担的责任。在上述条款下，若承运人向被保险人提起索赔，被保险人同意通知保险人，保险人有权自负费用为被保险人就此项索赔进行辩护。

（二）除外责任（Exclusions）

ICC（A）的除外责任涉及第 4、5、6 和第 7 条的内容。

1. 第 4 条

在任何情况下，本保险不承保下列损失或费用：

（1）归因于被保险人的恶意行为所引起的损失、损害或费用。

（2）保险标的的自然渗漏、重量或容量的自然损耗或自然磨损。

（3）由于保险标的的包装或准备不足或不当造成无法抵抗运输途中发生的通常的事故而产生的损失、损害或费用，此种情况适用于：该包装或准备是由被保险人或其受雇人完成的，或该包装或准备是在本保险责任开始前完成的。（本条所称的“包装”，包括集装箱；本条所称的“雇员”，不包括独立合同人。）

（4）保险标的的内在缺陷或特性所引起的损失、损害或费用。

（5）因迟延所引起的损失、损害或费用，即使迟延因承保风险所引起的也是如此（但第 2 条共同海损应予赔偿的费用不在此限）。

（6）因船舶所有人、经理人、租船人或经营人破产或不履行债务导致的损失、损害或费用。此情况适用于，在保险标的装上船舶之时，被保险人知道或被保险人在正常业务经营中应当知道，此种破产或不履行债务会导致该航程被取消。

本条除外条款不适用于，当保险合同已经转让给另一方，即另一方已经善意购买或同意购买保险标的且受保险合同约束。

（7）因使用任何原子或核子裂变和（或）聚变或其他类似反应或放射性力量或物质的武器或设备直接或间接导致的损失、损害或费用。

2. 第 5 条

（1）本保险在任何情况下均不承保因下述原因所致的损失、损害或费用：

① 被保险人在保险标的装船时已经知道船舶或驳船的不适航，及船舶或驳船不适合安全运输保险标的。

② 在本保险合同生效前，装载已开始或已完成，或被保险人或其受雇人在装载时已经知道集装箱或运输工具不适合安全运输保险标的。

（2）上述①所述的除外条款不适用于：当保险合同已经善意转让给另一方，即另一方已经购买或同意购买保险标的且受合同约束。

（3）保险人放弃运载保险标的至目的地的船舶违反适航和船舶适货的任何默示保证。

3. 第 6 条

本保险不承保因下列原因所引起的损失、损害或费用：

（1）战争、内战、革命、叛乱、暴乱，或由此引起的内乱，或来自交战方或针对交战方的任何敌对行为。

（2）捕获、扣押、逮捕、管制或扣留（海盗除外），以及上述原因所致的结果或任何企图、威胁。

（3）丢弃的水雷、鱼雷、炸弹或任何其他遗弃的战争武器。

4. 第 7 条

本保险不承保因下列风险所引起的损失、损害或费用：

（1）由罢工者、被迫停工工人或参与工潮、暴动或民众骚扰者所引起的。

（2）由罢工、停工、工潮、暴动或民众骚扰结果所引起的。

（3）由任何恐怖主义行为，或与恐怖主义行为相联系，任何组织通过暴力直接实施的旨在推翻或影响法律上承认的或非法律上承认的政府的行为引起的。

（4）由任何人出于政治、信仰或宗教目的实施的行为引起的。

（三）保险期间（Duration）

保险期间又称保险期限或保险有效期，是指保险人对保险标的发生的事故须负损失赔偿责任的起讫时间，即保险合同效力开始至终止的期间。协会海运货物（A）、（B）和（C）保险条款有关保险期间的规定，主要反映在“运输条款”（Transit Clause）、“运输合同终止条款”（Termination of Contract of Carriage Clause）和“航程变更条款”（Change Voyage Clause）三个条款之中。

ICC2009 在第 8 条的“运输条款”中，将“仓至仓”保险责任的起点扩展为：“自保险标的为了开始运输而立即搬运至运输车辆或其他运输工具的目的，开始进入仓库或储存处所（本保险合同载明的地点）时生效……”。而 ICC1982 的保险责任的起点则为“保险责任自货物运离仓库或储存处所开始运输时生效……”。显然，ICC2009 扩展了 ICC1982 的起点。

对保险责任终点而言，ICC2009 强调保险责任在“完成卸货（on completion of unloading）”后终止，而 ICC1982 强调保险责任在“交付（on delivery to）”后终止。显然，ICC2009 扩展了 ICC1982 的终点，对被保险人更为有利。此外，ICC2009 增加了一个终点，即“被保险人或其受雇人在正常运输过程之外，选择任何运输车辆或其他运输工具或集装箱储存货物”，这是限制被保险人或其受雇人在非正常运输过程中的临时仓储。

第 9 条“运输合同终止条款”主要规定：如果由于被保险人无法控制的原因，运输合同在载明的目的地以外的港口或地点终止，或运送在货物尚未按照上述“运输条款”规定完成卸货前终止，则本保险也终止。但是，在被保险人迅速通知了保险人并在本保险有效期内提出继续承保的请求，且同意保险人可能要求的额外保费的情况下，本保险继续有效，直到货物在这个卸载港口或地点卖出并交付时为止，但最长不超过货物到达该港口或地点满 60 天。如果货物在上述 60 天内被安排续运到原定目的地或事后双方同意的其他地点，则保险责任按照第 8 条“运输条款”的规定而终止。

第 10 条“航程变更条款”主要规定：在保险责任开始之后，如果被保险人要求变更保险单所载明的目的地，应立即通知保险人，并另行商定保险费率和保险条件。在此费率和条件达成一致前，出现保险事故，只有在保险费率和保险条件符合合理的市场行情情况下，本保险才会继续有效。

（四）保险索赔（Claims）

由于保险是一种损失补偿制度，若保险标的发生了承保风险范围内的损失，必然就会涉及索赔和理赔的问题。在现行伦敦保险协会货物保险条款中，有关索赔的规定主要反映在“可保利益”（Insurable Interest）、“续运费”（Forwarding Charges）、“推定全损”（Constructive Total Loss）和“增值”（Increased Value）等条款之中。现将上述几个条款的内容分别作如下简述。

1. 可保利益

第 11 条“可保利益”规定：“在发生损失时，被保险人必须对保险标的具有可保利益，才能获得本保险单项下的赔偿。被保险人有权按照上款的规定，对在本保险期间内发生的承保范围内的损失获得赔偿，即使损失发生在本保险合同订立之前，但在签订合同时被保险人已经知道损失发生，而保险人并不知晓者除外。”

这一条款是针对国际贸易业务的特点而制定的（如在 CFR 条件下的国际货物买卖），它规定被保险人在订立运输货物保险合同时对保险标的（货物）可以没有可保利益，但在货物发生损失时则必须具有可保利益，才能获得保险人的赔偿。同时，如果在保险合同订立之前，保险标的已经发生损失，但在订立保险合同时被保险人对此并不知情，仍然与保险人订立了保险合同，在这种情况下，被保险人仍然可以获得赔偿。

2. 续运费

第 12 条“续运费”规定：由于本保险承保的风险，致使保险运输在非保险单载明的港口或处所终止，保险人应偿付被保险人在卸货、存仓和续运保险标的至保险单载明的目的地的适当而合理的任何额外费用。

应特别注意在该条规定中，运输在非保险单载明的目的地之外终止的原因必须是由承保风险直接造成的，否则保险人对卸货、存仓和将货物续运到最终目的地的有关费用不予负责。同时该条款还规定因共同海损、被保险人或其受雇人的过失、疏忽、破产或不履行债务而引起的有关费用，不适用该条款，即保险人对这些原因引起的费用不负赔偿责任。

3. 推定全损

第 13 条“推定全损”规定：本保险不负推定全损赔偿责任，除非由于保险标的的实际全损已经不可避免，或者由于恢复、整理以及运送保险标的到保险目的地的费用将超过其抵达时的价值，保险标的被合理委付。

根据上述规定，若被保险人要获得保险人的推定全损赔偿，必须满足以下条件：① 保险标的遭受的损失必须是由承保风险造成或引起的；② 该损失的程度相当严重，已无可挽回地达到全损的地步，也就是说，若不采取一定措施肯定会发生实际全损；或对受损标的加以恢复、整理以及运至最终目的地的有关费用将超出标的本身的实际价值；③ 必须按委付的有关规定，将受损标的残余部分的所有权转让给保险人。若不能满足上述条件，被保险人只能获得部分损失的赔偿，而且有义务承担受损标的所产生的责任。

4. 增值

这一条款主要是针对货物增值保险而规定的。所谓货物增值保险是指，货物的买方估计所买进的货物在到达目的地时的完好价值将会超出卖方投保时同保险人约定的保险金额，因而将两者之间的估计差额投保增值保险。为此，第 14 条规定，若对货物办理增值保险，则货物的约定价值视为增值部分的保险金额与货物原有保险金额两者之和。当货物发生损失时，保险人将按其保险金额在总保险金额中所占的比例，承担赔偿责任。该条款还规定，在增值保险下，被保险人提出索赔时，应向保险人提供所有其他保险单所保金额的证明。其目的是由所有保险人按比例摊赔。

（五）保险的利益（Benefit of Insurance）

第 15 条“保险的利益”规定：本保险保障被保险人，包括根据本保险合同提出索赔的人员或收货人；除非有特别说明，承运人或其他受托人不享受本保险的利益。

制定本条款的目的是为了防止承运人或者其他受托人在运输合同或其他合同中写入一个享受保险利益的条款来摆脱其对货损、货差或迟延交货的责任，因为这样的条款会损害货物保险人的代位追偿权。

（六）减少损失（Minimizing Losses）

“减少损失”一项中规定了“被保险人义务条款”（Duty of Assured Clause）和“放弃条款”（Waiver Clause）两项内容。

第 16 条“被保险人义务”规定：当保险标的发生承保范围的损失时，被保险人及其受雇人、代理人有义务采取合理措施，以避免或减轻这种损失。同时，如果这种损失是属于承运人、受托人或其他第三者的责任造成时，被保险人应及时向他们行使损害赔偿请求权，并保证适当地维护向他们进行追偿的权利。保险人除了负责赔偿承保责任范围内的任何损失外，还负责赔偿被保险人履行上述义务所产生的任何适当和合理的费用。

为了鼓励被保险人积极采取措施，减轻或避免扩大损失，第 17 条“弃权条款”规定：在被保险货物发生承保风险时，被保险人或保险人为了施救、保护或恢复被保险货物所采取的措施，不应视为被保险人放弃“委付”或保险人接受“委付”的表示。因此，有人称该条款为“保障权利”条款。

（七）防止迟延（Avoidance of Delay）

第 18 条“防止迟延”规定：被保险人对其所投保货物所发生的任何事情，必须在一切力所能及的情况下，采取合理的迅速措施加以处理。例如，合理运送货物、及时提货、货物受损时采取措施减少或避免扩大损失等。该条款具有提醒被保险人注意履行义务的作用。

上述（六）、（七）两项内容都属被保险人应履行的义务，它关系到被保险货物的安全和保险人的利益，因此，若被保险人未予遵守履行，保险人对有关的损失有权拒绝赔偿。

（八）法律与惯例（Law and Practice）

第 19 条“法律与惯例”规定：“本保险受英国法律与惯例管辖。”

二、ICC（B）条款的主要内容

（一）承保风险

ICC（B）条款的这一部分内容也包括三部分，即第 1 条风险条款，第 2 条共同海损条款和第 3 条船舶互撞责任条款。因为第 2 和第 3 条的规定在措辞上和 ICC（A）的完全相同。这里主要介绍第 1 条风险条款。ICC（B）风险条款承保的责任范围比 ICC（A）要小，其采用承保“除外责任”之外列明风险的办法，即将其承保的风险一一列出。

ICC（B）条款承保下列风险事故所引起的损失或损害，但因除外责任造成的损失或损害不负责。

1. 保险标的的损失或损害可合理归因于下列原因者：

（1）火灾或爆炸。

（2）船舶或驳船触礁、搁浅、沉没或倾覆。

（3）陆上运输工具倾覆或出轨。

（4）船舶、驳船或运输工具同水以外的任何其他外界物体的碰撞或触碰。

（5）在避难港卸货。

（6）地震、火山爆发或雷电。

2. 保险标的的损失或损害由于下列原因造成者：

（1）共同海损的牺牲。

（2）投弃或浪击落海。

（3）海水、湖水或河水进入船舶、驳船、船舱、运输工具、集装箱或储存处所。

3. 货物在装卸船舶或驳船时落海或跌落导致整件货物的全损。

（二）除外责任

ICC（B）条款的除外责任也涉及第 4、5、6 和第 7 条的内容。它与 ICC（A）条款的规定基本相同，只有两点不同。

第一，在第 4 条中，增加规定对“由任何个人或数人不法行为故意损坏或故意破坏保险标的或其任何部分”不负责任。如果被保险人想获得这方面的保障，必须投保恶意损害险。

第二，ICC（A）条款第 6 条规定，不承保因“捕获、扣押、逮捕、管制或扣留（海盗除外），以及上述原因所致的结果或任何企图、威胁”所引起的灭失、损害或费用。这样 ICC（A）条款对海盗引起的灭失、损害和费用负责任。而 ICC（B）条款的第 6 条并没有“海盗除外”字样。但由于 ICC（B）条款对承保风险采用列明方式，而海盗风险并没有出现在承保风险内，所以 ICC（B）条款对海盗风险不承保。

三、ICC（C）条款的主要内容

（一）承保风险

ICC（C）条款的这一部分内容也包括三部分，即第 1 条风险条款，第 2 条共同海损条款和第 3 条船舶互撞责任条款。因为第 2 条和第 3 条的规定在措辞上和 ICC（A）条款的完全相同。这里主要介绍第 1 条风险条款。ICC（C）风险条款承保的责任范围比 ICC（B）要小，也采用列明风险方式。

ICC（C）条款承保下列风险事故所引起的损失或损害，但因除外责任造成的损失或损害不负责：

1. 保险标的的损失或损害可合理归于下列原因者：

（1）火灾或爆炸。

（2）船舶或驳船遭受搁浅、触礁、沉没或倾覆。

（3）陆上运输工具的倾覆或出轨。

（4）船舶、驳船或运输工具同除水以外的任何外界物体碰撞或接触。

（5）在避难港卸货。

2. 保险标的的损失或损害由下列原因造成者：

（1）共同海损的牺牲。

（2）投弃（或抛货）。

由此可见，ICC（C）承保的风险比 ICC（B）更小，它对自然灾害造成的损失不负责。

（二）除外责任

ICC（C）条款的除外责任也涉及第 4、5、6 和第 7 条的内容。它与 ICC（B）的规定完全相同，不再赘述。虽然 ICC（C）条款和 ICC（B）条款的除外责任相同，但因为这两个险别的风险条款都采用列明方式，而两者所列明的风险条款不同，所以保险公司承保的风险也就不同。

四、协会海运货物战争险条款的主要内容

（一）承保风险

协会海运货物战争险条款主要承保由于下列原因所导致保险标的的损失：

(1) 战争、内战、革命、叛乱、造反或由此引起的内乱，或交战国的或针对交战国的任何敌对行为。

(2) 由于上述承保风险引起的捕获、拘留、扣留、管制或扣押及其后果，或任何有关企图、威胁。

(3) 遗弃的水雷、鱼雷、炸弹或其他遗弃的战争武器。

(4) 上述原因导致的共同海损和救助费用。

在上述承保风险中不包括海盗行为所造成的损失，这一点与中国现行海运货物战争险条款的规定不同。

(二) 除外责任

在除外责任方面，战争险与 ICC (A) 条款的第 4 条和第 5 条的规定基本相同，但在第 4 条中增加了一个“航程挫折”条款 (Frustration Clause)，规定由于战争原因造成航程中止，货物未能到达保险单所载明的目的地而引起的间接损失，保险人不负赔偿责任。另外，对于原子或热核武器等所致损失，规定由于敌对行为使用原子或热核武器所致灭失或损害不负赔偿责任。

(三) 保险期间

协会海运货物战争险的保险期间的规定，同中国保险条款一样，采取承保“水上危险”的原则，而不采取承保“仓至仓”的原则，亦即把保险人对保险货物的责任期间规定为从货物装上海轮开始，直到卸离海轮为止。若载货海轮到达最后港口或卸货港口当日午夜起满 15 天仍不从海轮卸下货物，保险责任亦告终止。

五、协会海运货物罢工险条款的主要内容

(一) 承保风险

协会海运货物罢工险的承保风险与中国人民保险公司的罢工险一样，仅负责由于罢工等风险所直接造成的保险标的物质损失，而不负责由于罢工等风险所产生的费用或间接损失。

协会海运货物罢工险条款对承保风险的规定如下：

(1) 罢工者、被迫停工工人或参与工潮、暴动或民众骚扰者所致的灭失或损害。

(2) 任何恐怖主义行为，或与恐怖主义行为相联系，任何组织通过暴力直接实施的旨在推翻或影响法律上承认的或非法律上承认的政府的行为引起的灭失或损害。

(3) 由任何人出于政治、信仰或宗教目的实施的行为引起的灭失或损害。

(4) 为避免或有关避免以上承保风险所造成的共同海损或救助费用。

从上述承保风险中可以看出，协会罢工险的承保范围大大超出了罢工的范围。它除了负责罢工风险损失外，对于工潮、民众骚扰以及恐怖主义行为或出于政治、信仰或宗教目的的行为所致风险损失，也予负责。由于近年来国际上恐怖主义行为频繁，经常给国际贸易货物运输的安全造成极大威胁，因此协会罢工险将恐怖主义行为所致损失也列入了罢工险承保范围，以适应广大贸易商投保的需要。

(二) 除外责任

由于罢工险只负责承保风险直接造成的损失，因此，下列损失或费用保险人不负

赔偿责任：

（1）由于罢工、停工、工潮、暴动或民众骚扰等造成劳动力缺乏、短少或扣押所引起的损失或费用。

（2）由于航程挫折而引起的损失。

（3）由于战争、内战、革命、叛乱或由此引起的内乱，或交战国或针对交战国的任何敌对行为所造成的损失或费用。

（三）保险期间

罢工险的责任起讫和 ICC（A）、ICC（B）和 ICC（C）条款的规定完全相同，简言之是承保“仓至仓”责任，而不是战争险的“水上风险”原则。

六、恶意损害险的主要内容

恶意损害险是伦敦保险协会的附加险别。

该险所承保的是被保险人以外的其他人（如船长、船员等）的故意破坏行为所致被保险货物的灭失或损害。但是，恶意损害如果是出于政治动机等的人的行为，则不属于该险别的承保范围。

恶意损害的风险，除了在 ICC（A）条款中被列为承保风险外，在 ICC（B）和（C）条款中均列为“除外责任”。因此，在投保 ICC（B）和 ICC（C）条款时，如果被保险人要获得这方面的保险保障，须另行加保“恶意损害险”。

七、偷窃、提货不着险的主要内容

协会偷窃、提货不着险也是附加险别。同协会恶意损害险条款一样，投保 ICC（A）时被保险人无须加保。

本条款承保两类风险，一是偷窃（Theft，Pilferage），二是提货不着（Non-delivery）。所谓“偷”（Theft）是指海上袭击性偷窃，须伴有暴力或暴力威胁，不包括暗中的小偷小窃。而“窃”（Pilferage）是指暗中进行的小偷小摸。提货不着指由于任何不明原因造成整件货物不知去向，或者误交给不知姓名的其他提货人而无法追回。而货物短量或件数不足的短交不属于这个范畴。另外，如果交货不到的原因和货物所在的处所是知道的，那么也不属于“提货不着”的范畴。

第五节　陆运、空运货物与邮包运输保险

陆运、空运货物与邮包运输保险是在海上保险的基础上发展起来的。由于陆运、空运与邮运同海运可能招致货物损失的风险种类不同，所以陆、空、邮货运保险与海上货运保险的险别及其承保责任范围也有所不同，现分别简要介绍如下。

一、陆运货物保险

货物在陆运过程中，可能遭遇各种自然灾害和意外事故以及各种外来风险，这些风险会使运输途中的货物遭受损失，货主为了转嫁运输途中的风险与损失，就需要办理陆运货物的保险，并酌情选择适当的险别。

（一）陆上运输货物保险的基本险别

根据中国人民保险公司制定的《陆上运输货物保险条款》的规定，陆上运输货物保险的基本险别有陆运险（Overland Transportation Risks）和陆运一切险（Overland Transportation All Risks）两种。

1. 陆运险

陆运险的承保责任范围与海洋运输货物保险条款中的“水渍险”相似，即保险公司负责赔偿被保险货物在运输途中遭受暴风、雷电、洪水、地震等自然灾害或由于运输工具遭受碰撞、倾覆、出轨或在驳运过程中因驳运工具遭受搁浅、触礁、沉没、碰撞，或由于遭受隧道坍塌、崖崩或失火、爆炸等意外事故所造成的全部或部分损失。此外，被保险人对遭受承保责任内危险的货物采取抢救、防止或减少货损的措施而支付的合理费用，保险公司也负责赔偿，但以不超过该批被救货物的保险金额为限。

陆运险的责任范围适用于火车和汽车运输，并以此为限。

陆运险的除外责任与海洋运输保险条款中规定的除外责任基本相同。

陆运险责任的起讫也采用“仓至仓”责任条款。按此条款规定，保险人负责自被保险货物运离保险单所载明的起运地仓库或储存处所开始运输时生效，包括正常运输过程中的陆上和与其有关的水上驳运在内，直至该项货物运达保险单所载目的地收货人的最后仓库或储存处所或被保险人用作分配、分派的其他储存处所为止。如未运抵上述仓库或储存处所，则以被保险货物运抵最后卸载的车站满 60 天为止。

2. 陆运一切险

陆运一切险的承保责任范围与海洋运输货物保险条款中的“一切险”相似，即保险公司除承担上述陆运险的赔偿责任外，还负责承担被保险货物在运输途中由于外来原因所造成的全部或部分损失。

陆运一切险的责任范围，也仅适用于火车与汽车运输。

陆运一切险的除外责任也与海洋运输货物险的除外责任基本相同。

此外，陆运一切险的责任起讫和保险索赔时效同陆运险完全相同，故在此从略。

（二）陆上运输冷藏货物险

陆上运输冷藏货物险［Overland Transportation Insurance（Frozen Products）］是陆运货物保险中一种专门的险别，它适用于陆运冷藏货物的专门保险，并具有基本险的性质。其主要责任范围除负责陆运险所列举的自然灾害和意外事故所造成的全部或部分损失外，还负责赔偿由于冷藏机器或隔温设备的损坏或者车厢内储存冰块的融化所造成的被保险货物的解冻融化以致腐败的损失。但对于因战争、罢工或运输延迟而造成的被保险冷藏货物的腐败或损失，以及被保险冷藏货物在保险责任开始时未能保持良好状况，包括整理、包扎不妥，或冷冻上的不合规定及骨头变质所造成的损失则除外。一般的除外责任条款也适用本险别。

根据中国人民保险公司对本险别条款的规定，装货的任何运输工具，必须有相应的冷藏设备或隔温设备；或供应和储存足够的冰块使车厢内始终保持适当的温度，保证被保险冷藏货物不致因融化而腐败，直至目的地收货人仓库为止。本险别责任的起讫为，被保险货物运离保险单所载明的起运地冷藏库装入运送工具开始运输时生效，包括正常的陆运及与其有关的水上驳运在内，直至货物到达保险单所载明的目的地收货人仓库为止。但最长保险责任的有效期限以被保险货物到达目的地车站后 10 天为限。

（三）陆上运输货物战争险

陆上运输货物战争险（Overland Transportation Cargo War Risks）是陆上运输货物保险的一种特殊附加险，只有在投保了陆运险或陆运一切险的基础上方可加保。这种陆运战争险，国外私营保险公司大都不予承保，但为适应外贸业务发展的需要，我国保险公司接受加保，但目前仅限于火车运输，若使用汽车运输则不能加保。

加保陆上运输货物战争险后，保险公司负责赔偿在火车运输途中由于战争、类似战争行为和敌对行为、武装冲突所致的损失，以及各种常规武器包括地雷、炸弹所致的损失。

但是，由于敌对行为使用原子或热核武器所致的损失和费用，以及执政者、当权者或其他武装集团的扣押、拘留引起的承保运程的丧失和挫折而造成的损失除外。

陆上运输货物战争险的责任起讫与海运战争险相似，以货物置于运输工具时为限。即自被保险货物装上保险单所载起运地的火车时开始到卸离保险单所载目的地火车时为止。如被保险货物不卸离火车，则以火车到达目的地的当日午夜起计算，满 48 小时为止；如在运输中途转车，则不论货物在当地卸载与否，保险责任以火车到达该中途站的当日午夜起计算满 10 天为止。如货物在此期限内重新装车续运，仍恢复有效。但需指出，如运输契约在保险单所载目的地以外的地点终止时，该地即视作本保险单所载目的地，在货物卸离该地火车时为止，如不卸离火车，则保险责任以火车到达该地当日午夜起计算满 48 小时为止。

在加保陆上运输货物战争险外，如想再加保罢工险，不另收费。如仅加保罢工险，则按战争险费率收费。陆上运输罢工险的承保责任范围与海洋运输货物罢工险的责任范围相同。

二、空运货物保险

随着航空运输的发展和航空运输货运量的迅猛增长，航空运输货物保险也相应发展起来。为了适应航空运输货物保险的需要，伦敦保险协会和中国人民保险公司相继制定了空运货物保险方面的条款。现将中国人民保险公司的航空运输货物保险条款和伦敦保险协会航空运输货物保险条款，分别介绍如下。

（一）我国空运货物保险条款

根据我国现行的《航空运输货物保险条款》规定，空运货物保险的险别包括航空运输险（Air Transportation Risks）和航空运输一切险（Air Transportation All Risks）两种基本险条款，此外，我国还制定了《航空运输货物战争险条款》。

1. 航空运输基本险

（1）航空运输险

航空运输险的承保责任范围与海洋运输货物保险条款中的“水渍险”大致相同。保险公司负责赔偿被保险货物在运输途中遭受雷电、火灾、爆炸或由于飞机遭受恶劣气候或其他危难事故而被抛弃，或由于飞机遭受碰撞、倾覆、坠落或失踪等自然灾害和意外事故所造成的全部或部分损失。

航空运输险的除外责任，与海洋运输货物险的除外责任基本相同。

航空运输险的保险责任，也采用“仓至仓”条款。但应当指出的是，本条款同海洋运输险的“仓至仓”责任条款有下列几点不同之处：

第一，若货物运达保险单所载目的地而未运抵保险单所载明的收货人仓库或储存处所，则以被保险货物在最后卸载地卸离飞机以后满 30 天为止。如在上述 30 天内被保险货物需转送到非保险单所载明的目的地时，则以该项货物开始转运时终止。

第二，由于被保险人无法控制的运输延迟、绕道、被迫卸货、重新装载、转运或承运人运用运输契约赋予的权限所作的任何航行上的变更或终止运输契约，致使被保险货物运到非保险单所载目的地时，在被保险人及时将获知的情况通知保险人并在必要时加缴保险费的情况下，本保险单继续有效，保险责任按下述规定终止：一是被保险货物如在非保险单所载目的地出售，保险责任至交货时为止。但不论任何情况，均以被保险货物在卸载地卸离飞机后满 30 天为止。二是被保险货物在上述 30 天期限内继续运往保险单所载原目的地或其他目的地时，保险责任仍按上述规定的在保险单所载目的地或其他目的地卸离飞机后满 30 天终止。

（2）航空运输一切险

航空运输一切险的承保责任范围，除包括上述航空运输险的全部责任外，保险公司还负责赔偿被保险货物由于外来原因所造成的全部或部分损失。

航空运输一切险的除外责任和责任起讫，与航空运输险的除外责任和责任起讫相同，在此不赘述。

2. 航空运输货物特殊附加险

（1）航空运输货物战争险

航空运输货物战争险是航空运输货物险的一种特殊附加险，它只能在投保了航空运输险或航空运输一切险的基础上方可加保。

加保航空运输货物战争险后，保险公司承担赔偿在航空运输途中由于战争、类似战争行为、敌对行为或武装冲突所致的损失，以及由于上述行为引起的捕获、拘留、扣留、扣押所造成的损失，及各种常规武器和炸弹所造成的货物的损失，但不包括因使用原子或热核武器所造成的损失。

航空运输货物战争险的保险责任起讫是，自被保险货物装上保险单所载明的起运地的飞机时开始，直到卸离保险单所载明的目的地的飞机时为止。若被保险货物不卸离飞机，则以飞机到达目的地当日午夜起计算满 15 天为止，如被保险货物需在中途转运时，则保险责任以飞机到达转运地的当日午夜起计算满 15 天为止；俟装上续运的飞机，保险责任再恢复有效。

（2）航空运输罢工险

航空运输货物保险的特殊附加险，除战争险外，还可加保罢工险，航空运输罢工险的责任范围与海洋运输罢工险的责任范围相同。

与海运、陆运险相同，在加保战争险前提下，再加保罢工险，不另收费。如仅要求加保罢工险，则按战争险费率收费。

（二）伦敦保险协会航空运输货物保险条款

为了适应航空运输保险的特定需要，伦敦保险协会分别制定了《协会货物险条款（航空）》、《协会战争险条款（航空货物）》和《协会罢工险条款（航空货物）》三种险别条款。这三种条款与适用于海运的 ICC 条款的规定方法颇为相似，它们都分别包括承保风险、除外责任、保险期限、索赔、保险利益、减少损失、防止延迟和法律与惯例八方面内容。由于这三项险别条款的结构统一，体系完整，并具备了独立性，故均可单独投保。现将这三种险别条款的内容，分别介绍如下。

1. 协会货物险条款（航空）

本险别条款承保的责任范围较广，它与 ICC（A）条款一样，即采用一切风险减除外责任的规定方法。在本险别条款中，被特别规定的除外责任为一般除外责任、战争除外责任和罢工除外责任。在此应当注意的是，与 ICC（A）条款相比，仍有下列不同之处：一是在承保风险方面，本条款没有共同海损条款和船舶互有过失碰撞条款；在除外责任方面，本条款没有不适航、不适货除外责任的规定。之所以出现这些不同的规定，是因为航空运输有其特殊性。

协会货物险条款（航空）的保险期限亦采用“仓至仓”条款。与我国的航空运输险和航空运输一切险的规定相同，卸货后的保险期限是在最终卸货地，货物从飞机上卸下以后 30 天。如在上述 30 天内被保货物转运到非保险单所载明的目的地时，则以该货物开始转运时保险责任终止。本条款的其他内容均与海运 ICC（A）条款的各有关内容相同。

2. 协会战争险条款（航空货物）

投保协会战争险（航空货物），保险公司承担赔偿在航空货物运输途中因战争、内乱、革命、叛乱、动乱及由此而发生的国内斗争或由交战国采取的或对交战国采取的一切敌对行为引起的捕获、扣留、禁制、拘留而造成的保险标的的损失，其中也包括废弃水雷、鱼雷、炸弹以及其他废弃武器造成的损失。可见，该条款不包括因使用原子武器所造成的损失。此外，在一般除外责任中，还包括专门针对航空运输的飞机与集装箱等不合格的除外责任。

协会战争险（航空货物）的保险期限是自保险标的或其一部分因开始运输而被装上飞机时开始，直到在最终卸货地卸离飞机时为止。如保险标的不卸离飞机，则以飞机到达最终卸货地当天午夜 12 时起满 15 天为止。若保险标的在中途转运，在转运地的承保期限是 15 天，俟装上续运飞机，保险责任再恢复有效。由此可见，如同海上运输的战争险适用“水上危险”（Waterborne）一样，航空运输战争险适用的是所谓空中危险（Airborne）。

本条款中的其他内容，诸如索赔、保险利益、减少损失等条款，均与海运货物保险 ICC（A）条款相同。

3. 协会罢工险条款（航空货物）

投保协会罢工险（航空货物），保险公司负责赔偿在航空货物运输途中因罢工、关厂、劳资纠纷、暴动、骚动或出于恐怖主义与政治动机而采取的行动所引起的保险标的的损失。

本险别的保险期限与协会货物条款（航空）的原则一致，采用的也是“仓至仓”责任原则，承保期限为货物卸离飞机后30天。

三、邮包运输货物保险

邮包运输虽是一种较为简便的运输方式，但由于邮包运输一般须经海、陆、空辗转运输，在运送过程中遭受自然灾害与意外事故而导致损失的可能性较大。故保险公司在确定其承保责任范围时，必须综合考虑邮包在整个运输过程中可能出险的因素。各国保险公司针对邮包运输特点而使用的险别和条款不尽相同。现仅就中国人民保险公司和伦敦保险协会对邮包运输保险的有关条款，分别介绍如下。

（一）我国邮包运输保险条款

中国人民保险公司参照国际保险市场的通行做法，并结合我国邮政包裹业务的实际情况，制定了一套较为完备的邮包运输保险条款，其中包括邮包险条款和邮包战争险条款。

1. 邮包险条款

本条款对邮包险（Parcel Post Risks）和邮包一切险（Parcel Post All Risks）的承保责任范围、除外责任、保险责任起讫和索赔时效等都作了具体规定。这两种险别，都可以单独投保。

（1）邮包险

邮包险的承保责任范围包括负责赔偿被保险邮包在运输途中由于恶劣气候、雷电、海啸、地震、洪水、自然灾害或由于运输工具搁浅、触礁、沉没、碰撞、出轨、倾覆、坠落、失踪，或由于失火和爆炸意外事故造成的全部或部分损失；另外，还负责被保险人对遭受承保责任范围内风险的货物采取抢救、防止或减少货损的措施而支付的合理费用，但以不超过该批被救货物的保险金额为限。

邮包险的除外责任包括下列几方面，即保险公司对因战争、敌对行为、类似战争行为、武装冲突、海盗行为、工人罢工所造成的损失；直接由于运输延迟或被保险物品本质上的缺陷或自然损耗所造成的损失，以及属于寄件人责任和被保险邮包在保险责任开始前已存在的品质不良或数量短差所造成的损失；被保险人的故意行为或过失所造成的损失。上述各种损失，保险公司不负责赔偿。

邮包险保险责任的起讫是自被保险邮包离开保险单所载起运地点寄件人的处所运往邮局时开始生效。直至被保险邮包运达保险单所载明的目的地邮局发出通知书给收件人当日午夜起算满15天为止，但在此期限内邮包一经递交至收件人的处所时，保险责任即行终止。

（2）邮包一切险

邮包一切险的承保责任范围大于邮包险的承保责任范围，邮包一切险除包括邮包险的全部承保责任外，还负责被保险邮包在运输途中由于外来原因所致的全部或部分损失。

邮包一切险的除外责任、保险责任起讫和索赔时效，均与邮包险的规定相同。

2. 邮包战争险

邮包战争险（Parcel Post War Risks）是一种特殊附加险，它只能在投保了邮包险或邮包一切险的基础上方可加保。

加保邮包战争险后，保险公司负责赔偿在邮包运输过程中由于战争、类似战争行为、敌对行为、武装冲突、海盗行为以及各种常规武器包括水雷、鱼雷、炸弹所造成的损失。此外，保险公司还负责被保险人对遭受以上承保责任内危险的物品采取抢救、防止或减少损失的措施而支付的合理费用。但保险公司不承担因使用原子或热核制造的武器所造成的损失的赔偿。

邮包战争险的保险责任是，自被保险邮包经邮政机构收讫后自储存处所开始运送时生效，直至该项邮包运达保险单所载明的目的地邮政机构送交收货人为止。

邮包运输保险的特殊附加险，除战争险外，还有罢工险。在投保战争险前提下，加保罢工险不另收费。若只加保罢工险，按战争险费率收费。邮包罢工险的责任范围与海洋运输罢工险的责任范围相同。

（二）伦敦保险协会战争险条款（邮包）

伦敦保险协会并未制定邮递货物保险的标准条款，迄今为止，该协会只对邮包战争险制定了《协会战争险条款（邮包）》。根据该条款规定，协会战争险（邮包）的承保责任范围与协会战争险条款的风险条款相同，只是在一般除外责任中，从邮递的特殊性出发，没有特别规定飞机、运输工具、集装箱等不合格的除外责任条款及海上承运人、航空承运人等破产的风险除外责任条款，而增加了受理国际邮件时，由于地址、姓名不清楚及不正确所引起的损害的除外责任。

协会战争险（邮包）的保险责任为，自保险标的运离保险单所载明的发件人住所时开始，至保险标的在邮包上所标明的收件人住所交货后终止。

本险别条款具有独立、完整的结构，因此，本险也可单独投保。

第六节　买卖合同中的保险条款

在国际货物买卖合同中，为了明确交易双方在货运保险方面的责任，通常都订有保险条款，其内容主要包括：保险投保人、保险公司、保险险别、保险费率和保险金额的约定等事项。

一、保险投保人的约定

每笔交易的货运保险，究竟由买方抑或卖方投保，完全取决于买卖双方约定的交货条件和所使用的贸易术语。由于每笔交易的交货条件和所使用的贸易术语不同，故对投保人的规定也相应有别。例如，按 FOB 或 CFR 条件成交时，在买卖合同的保险条款中，一般只订明“保险由买方自理”。如买方要求卖方代办保险，则应在合同保险条款中订明："由买方委托卖方按发票金额 ×××% 代为投保××险，保险费由买方负担"。按 D 组术语成交时，在合同保险条款中，也可订明"保险由卖方自理"。凡按 CIF 或 CIP 条件成交时，由于货价中包括保险费，故在合同保险条款中，需要详细约定卖方负责办理货运保险的有关事项，如约定投保的险别、支付保险费和向买方提供有效的保险凭证等。

二、保险险别的约定

按 CIF 或 CIP 条件成交时，运输途中的风险本应由买方承担，但一般保险费则约定由卖方负担，因货价中包括保险费。买卖双方约定的险别通常为平安险、水渍险、一切险三种基本险别中的一种。但有时也可根据货物特性和实际情况加保一种或若干种附加险。如约定采用英国伦敦保险协会货物保险条款，也应根据货物特性和实际需要约定该条款的具体险别。在双方未约定险别的情况下，按惯例，卖方可按最低的险别予以投保，CIP 条件下的卖方要投保最高险别。

在 CIF 或 CIP 货价中，一般不包括加保战争险等特殊附加险的费用，因此，如买方要求加保战争险等特殊附加险时，其费用应由买方负担。如买卖双方约定，由卖方投保战争险并由其负担保险费时，卖方为了避免承担战争险的费率上涨的风险，他往往要求在合同中规定："货物出运时，如保险公司增加战争险的费率，则其增加的部分保险费，应由买方负担。"

交易双方在约定采用何种险别时，一般应考虑下列因素：

第一，应考虑货物的品类和特性。由于货物品类不同，其特性各异，在运输途中，即使遭遇同一风险事故，也可能引起不同损失后果。为了获得充分保障，就需要针对被保险货物的特性，约定适当的险别。

第二，需要考虑货物的包装条件。货物的包装方式和包装材料直接影响货物在运输途中的安全和损失程度，因此，选择险别时，应参照包装条件而定。

第三，必须考虑运输方面的各种因素。货物受损情况易受运输方式、运输工具、运输线路、运输时间的长短、运输距离的远近、运输季节和装、卸、转运车站及港口的环境等因素的影响，因此，选择运输保险的险别，必须注意运输方面的上述各种因素。

第四，需要考虑货物的使用价值与价值。为使被保险货物的使用价值与价值均能获得全面保障，应依据被保险货物的特定用途和价值贵重程度来确定险别。

三、保险金额的约定

按 CIF 或 CIP 条件成交时，因保险金额关系到卖方的费用负担和买方的切身利益，故买卖双方有必要将保险金额在合同中具体订明。根据保险市场的习惯做法，保险金额一般都是按 CIF 价或 CIP 价加成计算，即按发票金额再加一定的百分率。此项保险加成率，主要是作为买方的预期利润。按国际贸易惯例，预期利润一般按 CIF 价或 CIP 价的 10% 估算，因此，如果买卖合同中未规定保险金额时，习惯上是按 CIF 价或 CIP 价的 110% 投保。

中国人民保险公司承保出口货物的保险金额，一般也是按国际保险市场上通常的加成率，即按 CIF 或 CIP 发票金额的 110% 计算。由于不同货物、不同地区、不同时期的预期利润不一，因此，在洽商交易时，如买方要求保险加成超过 10% 时，卖方也可酌情接受。如买方要求保险加成率过高，则卖方应同有关保险公司商妥后方可接受。

四、保险公司和保险条款的约定

在按 CIF 或 CIP 条件成交时，保险公司的资信情况，与卖方关系不大，但与买方却有重大的利害关系。因此，买方一般要求在合同中限定保险公司和所采用的保险条款，以利日后保险索赔工作的顺利进行。例如，我国按 CIF 或 CIP 条件出口时，买卖双方在合同中，通常都订明："由卖方向中国人民保险公司投保，并按该公司的保险条款办理。"但是，若国外客户要求按伦敦保险协会制定的《协会货物条款》办理，卖方也可酌情接受。

五、保险单的约定

在国际货物买卖合同中，如约定由卖方代为保险，通常还要在合同中规定卖方必须向买方提供保险单。一旦被保险货物在运输途中发生承保范围内的损失，买方即可凭卖方提供的、并经卖方签章背书的保险单向有关保险公司索赔。

保险单格式，见表 6-1：

表 6-1　　保险单

中国人民保险公司

THE PEOPLE'S INSURANCE COMPANY OF CHINA

总公司设于北京　　一九四九年创立

Head Office: BEIJING　　Established in 1949

发票号码：
Invoice No.

保　险　单

INSURANCE POLICY

保险单号次
Policy No.

中国人民保险公司（以下简称本公司根据）

This Policy of Insurance witnesses that The People's Insurance Company of China (hereinafter called "The Company"), at the request of ______________________

（以下简称被保险人）的要求，由被保险人向本公司缴付约

(hereinafter called the " Insured ") and in consideration of the agreed premium paying to the Company

定的保险费，按照本保险单承保险别和背面所载

by the Insured , Undertakes to insure the undermentioned goods in transportation subject to the conditions of this

条款与下列特款承保下述货物运输保险，特立本保险单。

policy as per the Clauses printed overleaf and other special clauses attached hereon.

标　记 Marks & Nos.	包装及数量 Quantity	保险货物项目 Description of Goods	保险金额 Amount Insured

总 保 险 金 额：
Total Amount Insured: ____________________
保 费 费率 装载运输工具
Premium as arranged Rate as arranged. Per conveyance. S. S

开航日期 自 至
Sig on or abt ____________ From ------------ to ------------
承保险别
Conditions

中国人民保险公司
THE PEOPLE'S INSURANCE CO. OF CHINA

赔款偿付地点：
Claim payable at ----------
日 期
DATE ----------

本章小结

国际货物运输保险是国际货物贸易中不可缺少的重要环节，也是国际货物买卖合同条款中一项很重要的内容。由于国际货物运输方式不同，故国际货物运输保险相应地分为海洋运输保险、陆上运输保险、航空运输保险和邮包运输保险，其中，海洋运输货物保险的发展历史最长，它在整个货物运输保险中所占份额最大，因此，本章侧重阐述海洋运输货物保险。在海洋运输货物保险部分，对保险公司保障的风险、保障的损失和保险费用，作了具体介绍和说明，并分别介绍了我国海洋运输货物保险条款和伦敦协会海洋运输货物保险条款的基本内容及其异同点。

此外，本章分别就陆上运输货物保险、航空运输货物保险以及邮包运输保险的保障范围、承保险种等内容也作了简要的介绍。

本章最后一节，还专就交易双方如何约定买卖合同中的保险条款，作了具体说明，以利合同当事人依约办理货物运输保险事宜。

思考题

1. 进出口货物为什么要投保运输险？
2. 在海运货物保险中，保险公司承保哪些风险、损失和费用？

3. 何谓实际全损？何谓推定全损？请用实例说明。

4. 请用实例说明施救费用与救助费用的区别。

5. 何谓共同海损？它与单独海损有何区别？

6. 在国际保险业务中所使用的“仓至仓”（W/W）条款是什么意思？

7. 国际货物运输为什么要加保战争险？中国人民保险公司关于战争险的保险期限是如何规定的？

8. 伦敦保险协会货物保险条款规定承保哪几种险？在保险实务中如何具体运用？

9. 采用CIF条件成交时，按国际惯例，保险金额如何确定？并说出其理由。

10. 中国人民保险公司关于进出口货物投保陆运险、航空运输险和邮包险是怎样规定的？

11. 买卖合同中的保险条款主要包括哪些内容？规定此条款时应注意什么问题？

案例分析题

非洲某商人（卖方）曾按CIF波士顿港向美国某商人（买方）出售一批货物，卖方投保了一切险。该批货物从卖方仓库运至码头装船以前，发生了承保范围内的风险损失。当买方凭卖方转让的保险单向保险公司索赔时，保险公司以买方在货物受损时对该批货物没有保险利益为由，拒绝赔偿，双方因此引起争议。你认为，保险公司拒绝赔偿是否有理？试具体分析说明。

第七章

进出口商品的价格

在国际货物贸易中，如何确定成交价格和约定合同中的价格条款，是买卖双方都极为关心的一个重要问题，这是因为，成交价格的高低和作价方法的差异，直接关系买卖双方的经济利益。加之，价格条款与使用的贸易术语和合同中的其他交易条件密切相关，有着不可分割的内在联系。价格条款是合同中的核心条款，在约定价格条件时，要同时考虑与价格有关的其他交易条件，而约定合同的其他交易条件，也往往会涉及与价格有关的问题。由此可见，正确掌握价格和订好合同中的价格条款，具有十分重要的意义。

第一节　成交价格的掌握

确定进出口商品的成交价格是一项非常复杂而又十分重要的工作，为了做好此项工作，必须正确贯彻我国进出口商品的作价原则，根据国际市场价格变动趋势，充分考虑影响价格的各种因素，在核算成本和“货比三家”的基础上，根据自身经营意图，确定适当的价格，并切实了解价格构成因素和掌握价格换算方法。

一、正确贯彻作价原则

在确定进出口商品成交价格时，需要注意贯彻下列三项原则：

（一）按照国际市场价格水平作价

国际市场价格是以商品的国际价值为基础并在国际市场竞争中形成的，它是交易双方都能接受的价格，是我们确定进出口商品价格的客观依据。因此，我国对外成交的价格，一般都参照国际市场价格水平来确定。

（二）要结合国别、地区政策作价

为了使外贸配合外交，在参照国际市场价格水平的同时，也要结合考虑国别、地区政策，即在平等互利的基础上，双方约定按比较优惠的价格成交。

（三）要结合购销意图作价

进出口商品价格在国际市场价格水平的基础上，可根据购销意图来确定，即可略高或略低于国际市场价格。

二、注意国际市场价格动态

国际市场价格因受供求关系的影响而上下波动，有时甚至瞬息万变，因此，在确定成交价格时，必须注意市场供求关系的变化和国际市场价格涨落的趋势。当市场供不应求，国际市场价格就会呈上涨趋势；当市场供过于求，国际市场价格就会呈下跌趋势。可见，切实了解国际市场的供求状况，有利于对国际市场价格的走势做出正确判断，也有利于合理确定进出口商品的成交价格，该涨则涨，该降则降，避免价格掌握上的盲目性。总之，确定价格，应有客观依据，即要求从纵向和横向进行比较，不能凭主观愿望盲目定价，我们应将对外成交商品的历史价和现价进行比较，将对外成交商品在不同市场上的价格进行比较，将同一市场上不同客户的同类商品的价格进行比较，防止出现价格偏离国际市场的实际价格水平。

三、要考虑影响价格的各种具体因素

（一）要考虑商品的质量和档次

在国际市场上，一般都贯彻按质论价的原则，即好货好价，次货次价。品质的优劣，档次的高低，包装装潢的好坏，式样的新旧，商标、品牌的知名度，都会影响商品的价格。

（二）要考虑运输距离

国际货物买卖，一般都要经过长途运输。运输距离的远近，影响运费和保险费的开支，从而影响商品的价格。因此，确定商品价格时，必须认真核算运输成本，做好比价工作，以体现地区差价。

（三）要考虑交货地点和交货条件

在国际贸易中，由于交货地点和交货条件不同，买卖双方承担的责任、费用和风险有别，在确定进出口商品价格时，必须考虑这些因素。例如，同一运输距离内成交的同一商品，按 CIF 条件成交同按 DPU 条件成交，其价格应当不同。

（四）要考虑季节性需求的变化

在国际市场上，某些节令性商品，如赶在节令前到货，抢行应市，即能卖上好价。过了节令的商品，往往售价很低，甚至以低于成本的“跳楼价”出售。因此，我们应充分利用季节性需求的变化，掌握好季节性差价，争取按对我方有利的价格成交。

（五）要考虑成交数量

按国际贸易的习惯做法，成交量的大小影响价格。即成交量大时，在价格上应给予适当优惠，例如采用数量折扣的办法；反之，如成交量过少，甚至低于起订量时，则可以适当提高售价。不论成交量多少都按一个价格的做法是不当的，我们应当掌握好数量方面的差价。

（六）要考虑支付条件和汇率变动的风险

支付条件是否有利和汇率变动风险的大小，都影响商品的价格。例如，同一商品在其他交易条件相同的情况下，采取预付货款和凭信用证付款方式下，其价格应当有所区别。同时，确定商品价格时，一般应争取采用对自身有利的货币成交，如采用对自身不利的货币成交时，应当把汇率变动的风险考虑到货价中去，即适当提高出售价格或压低购买价格。

（七）要考虑其他因素

除上述各种因素外，交货期的长短、市场贸易习惯和消费者的爱好等因素，也对确定价格有一定程度的影响，因此，也应予以考虑。

总之，国际贸易从业人员必须在调查研究的基础上，切实注意上述影响进出口商品成交价格的各种因素，通盘考虑，权衡得失，然后确定适当的成交价格。

四、加强成本核算

为了合理确定成交价格以提高经济效益，在价格掌握上，要防止不计成本、不管盈亏而单纯追求成交量的偏向，尤其在出口商品价格的掌握上，更要注意这方面的问题。

在这里需要特别指出的是，在加强出口成本核算工作中，应当做到心中有数，即要求掌握有关出口成本方面必要的数据，这些数据包括出口总成本和出口成本价格、出口销售外汇净收入和人民币净收入，根据这些数据可以计算出出口商品换汇成本、出口盈亏和创汇情况。现将涉及核算成本和盈亏的上述有关指标，分别简介如下。

（一）出口总成本与出口成本价格

出口总成本是指外贸企业为出口商品支付的国内总成本，其中包括进货成本和国内费用。如需缴纳出口税的商品，则出口总成本中还应包括出口税。

出口成本价格是外贸企业以出口总成本为基础计算出来的单位成本价格，并不涉及有关国外的任何费用；而出口成交价格则可能包括单位商品的国外费用，如国外运费、保险费与佣金等。

（二）出口外汇净收入与出口换汇成本

出口外汇净收入是指出口外汇总收入扣除劳务费用等非贸易外汇后的外汇收入。如按 FOB 价格成交，成交价格就是外汇净收入。如按 CIF 价格成交，则扣除国外运费和保险费等劳务费用支出后，即为外汇净收入。如按含佣价成交。则还要扣除佣金。

出口换汇成本指某商品出口净收入一个单位的外汇所需要的人民币成本。其计算公式为：

$$出口换汇成本=\frac{出口总成本(人民币)}{出口外汇净收入(外汇)}$$

可以看出，出口换汇成本与出口总成本成正比，与出口外汇净收入成反比。出口换汇成本是衡量企业出口交易盈亏的重要指标。它与外汇牌价进行比较，能直接反映出商品出口是否盈利。例如，在一笔出口交易中，计算出的出口换汇成本为5.6元，如果当时外汇牌价为1美元折6.6元人民币，则出口1美元的该商品取得1元人民币的盈利。反之，如果计算出的出口换汇成本为7.6元，则出口1美元该商品，就会出现1元人民币的亏损。

（三）出口盈亏额与盈亏率

出口盈亏额是指出口销售的人民币净收入与出口总成本的差额。如差额是正数，为盈余额；如差额是负数，则为亏损额。

出口盈亏率是盈亏额与出口总成本的比例，用百分比表示。它是衡量出口盈亏程度的一项重要指标。其计算公式为：

$$出口盈亏率=\frac{出口销售人民币净收入-出口总成本}{出口总成本}\times 100\%$$

[例7-1] 某商品出口总成本为63 000元人民币，出口后外汇净收入为10 000美元，如中国银行的外汇牌价为100美元折合人民币730元，则本笔交易的盈利情况是：

$$盈利额=73\ 000-63\ 000=10\ 000(元人民币)$$

$$出口盈利率=\frac{10\ 000}{63\ 000}\times 100\%=15.9\%$$

（四）成品出口创汇率

成品出口创汇率是指加工后成品出口的外汇净收入与原料外汇成本的比率。如原料为国产的，其外汇成本可按原料的FOB出口价计算。如原料是进口的，则按原料的CIF价计算。通过出口的外汇净收入和原料外汇成本的对比，则可看出成品出口的创汇情况，从而确定出口成品是否有利。特别是在进料加工的情况下，核算成品出口创汇率这项指标，更有必要。其计算公式如下：

$$成品出口创汇率=\frac{成品出口外汇净收入-原料外汇成本}{原料外汇成本}\times 100\%$$

五、价格构成和价格换算

在国际贸易中，贸易术语通常是进出口商品价格的组成部分，不同的贸易术语表示其价格构成因素不同，即包括不同的从属费用。例如：FOB术语中不包括从装运港至目的港的运费和保险费；CFR术语中则包括从装运港至目的港的通常运费；CIF术语中除包括从装运港至目的港的通常运费外，还包括保险费。在对外洽商交易过程中，有时一方按某种贸易术语报价，而另一方不同意报价中使用的贸易术语，希望对方改用其他贸易术语报价。因此，外贸从业人员不仅要了解主要贸易术语的价格构成，还应了解主要贸易术语的价格换算方法，现分别简要说明如下：

（一）主要贸易术语的价格构成

1. FOB、CFR 和 CIF 的价格构成

这三种常用的贸易术语的价格构成包括进货成本、各项费用开支和净利润三方面内容，其中费用开支包括国内费用开支和国外费用开支两部分。

（1）国内费用：其项目较多，主要包括加工整理费、包装费、保险费、国内运费、装船费、检验费、公证费、产地证费、领事签证费、许可证费、报关单费、邮电费、贴现利息和手续费，以及预计损耗等。

（2）国外费用：主要包括从装运港至目的港的运输费用和海上货物运输保险费用，如有中间商，还应包括付给中间代理商的佣金。

以上表明，这三种贸易术语的价格构成的计算公式如下：

FOB 价格＝进货成本价＋国内费用＋净利润

CFR 价格＝进货成本价＋国内费用＋国外运费＋净利润

CIF 价格＝进货成本价＋国内费用＋国外运费＋国外保险费＋净利润

2. FCA、CPT 和 CIP 的价格构成

这三种贸易术语的价格构成与上述 FOB、CFR 和 CIF 三种贸易术语相类似，其价格构成也包括进货成本、各项费用开支和净利润三部分。由于这些贸易术语适用的运输方式不同，交货地点与交货方式也有别，故其发生的具体费用不尽相同。

（1）国内费用：通常包括加工整理费、包装费、保管费、国内运费（仓至码头、车站、机场、集装箱货运站或堆场）、拼箱费、商检费、公证费、领事签证费、许可证费、报关单费、邮电费、贴现利息和手续费以及预计损耗等。

（2）国外费用：主要包括自出口国内陆起运地至国外目的地的运输费用和国外保险费，在有中间商介入时，还应包括支付给中间代理商的佣金。因此，这三种贸易术语的价格构成的计算公式如下：

FCA 价格＝进货成本价＋国内费用＋净利润

CPT 价格＝进货成本价＋国内费用＋国外运费＋净利润

CIP 价格＝进货成本价＋国内费用＋国外运费＋国外保险费＋净利润

（二）主要贸易术语的价格换算

在磋商交易过程中，交易双方都希望选用于己有利的贸易术语，如一方对另一方提出的贸易术语不同意，而要求改用其他某种贸易术语时，则可采用下列价格换算方法：

1. FOB、CFR 和 CIF 三种价格的换算

CIF 的价格构成为：

CIF 价格＝FOB 价格＋国外运费＋国外保险费

这里要特别注意的是，国外保险费是以 CIF 价格为基础计算的。所以，如果写明保险费的计算办法，则应为：

CIF 价格=FOB 价格+CIF 价格×(1+保险加成率)×保险费率+国外运费

如已知 FOB 价格,现改报 CFR 价格或 CIF 价格,则 CFR 价格和 CIF 价格分别为：

CFR 价格=FOB 价格+国外运费

$$\text{CIF 价格}=\frac{\text{FOB 价格}+\text{国外运费}}{1-(1+\text{保险加成率})\times\text{保险费率}}$$

如已知 CIF 价格，现改报 FOB 价格或 CFR 价格，则 FOB 价格和 CFR 价格分别为：

FOB 价格=CIF 价格×[1-(1+保险加成率)×保险费率]-国外运费

CFR 价格=CIF 价格×[1-(1+保险加成率)×保险费率]

如已知 CFR 价格，现改报 FOB 价格或 CIF 价格，则 FOB 价格和 CIF 价格分别为：

FOB 价格=CFR 价格-国外运费

$$\text{CIF 价格}=\frac{\text{CFR 价格}}{1-(1+\text{保险加成率})\times\text{保险费率}}$$

2. FCA、CPT 和 CIP 三种价格的换算

CIP 的价格构成应为：

CIP 价格=FCA 价格+国外运费+国外保险费

要特别注意的是，保险费应以 CIP 价格为基础计算，所以，如果写明保险费的计算办法，则应为：

CIP 价格=FCA 价格+CIP 价格×保险加成×保险费率+国外运费

这样，如已知 FCA 价格，现改报 CPT 价格或 CIP 价格，则 CPT 和 CIP 价格分别为：

CPT 价格=FCA 价格+国外运费

$$\text{CIP 价格}=\frac{\text{FCA 价格}+\text{国外运费}}{1-(1+\text{保险加成率})\times\text{保险费率}}$$

如已知 CIP 价格，现改报 FCA 价格或 CPT 价格，则 FCA 价格和 CPT 价格分别为：

FCA 价格=CIP 价格×[1-(1+保险加成率)×保险费率]-国外运费

CPT 价格=CIP 价格×[1-(1+保险加成率)×保险费率]

如已知 CPT 价格，现改报 FCA 价格或 CIP 价格，则 FCA 价格和 CIP 价格分别为：

FCA 价格=CPT 价格-国外运费

$$\text{CIP 价格}=\frac{\text{CPT 价格}}{1-(1+\text{保险加成率})\times\text{保险费率}}$$

第二节 进出口商品的定价办法

在国际货物贸易中，定价方法多种多样，由交易双方当事人磋商确定，一般地说，通常采用的定价办法，可归纳为下列几种。

一、固定价格

固定价格是指交易双方在协商一致的基础上，对合同价格予以明确、具体的规定。按照《联合国国际货物销售合同公约》的有关规定，合同中的价格可以由当事人用明示的方法规定，也可用默示的方法规定。只要当事人根据合同或事先约定，可以将价格明确、具体地确定下来，即可称为固定价格。按各国法律规定，合同价格一经确定，就必须严格执行，任何一方都不得擅自更改。例如"每公吨 500 欧元，CIF 鹿特丹"，如合同中无其他规定，则被认为是固定价格。

采用固定价格，是国际市场上较常见的做法。在我国进出口业务中，一般多采用这种定价方法。这种规定价格的办法，既明确、具体和肯定，也便于核算和执行。

但是，由于国际商品市场受各种因素的影响，商品市场行情瞬息万变，价格涨落不定，一些不守信用的商人很可能为逃避巨额利益损失，而寻找各种借口撕毁合同。为了减少风险，在采用固定价格时，必须注意下列事项：

（1）必须对影响商品供需的各种因素进行仔细的研究，并在此基础上，对价格的前景作出正确的判断，以此作为确定合同价格的依据。

（2）对客户资信情况进行深入了解和认真研究，审慎选择合适的成交对象，以免在市场价格剧涨或暴跌时出现外商违约或毁约的情况。

（3）对价格一直相对稳定的商品，以及对成交数量不大或近期交货的商品，一般可以按固定价格成交。如属远期交货、大量成交或市场价格起伏不定的商品，则不宜轻易采用固定价格的做法，以减少价格变动的风险。

二、非固定价格

在国际货物贸易中，为了减少价格变动的风险、促成交易和提高履约率，在合同价格的规定方面，往往采用一些灵活变通的做法，即按非固定价格成交，这类定价方法又可分为下述几种。

（一）待定价格

此种定价办法，又可细分为下列两种具体做法。

1. 明确约定定价时间与定价方法

以海运进出口合同为例，如采用此种定价办法，可在价格条款中一并规定定价时间与定价方法。例如："在装船月份前 45 天，参照当地及国际市场价格水平，协商议定正式价格"；或"按提单日期的国际市场价格计算"。

2. 只规定作价时间

在进出口合同价格条款中，只规定作价时间，例如“由双方在20××年××月××日协商确定价格”。这种方式由于未就作价方式作出规定，容易给合同带来较大的不稳定性，双方可能因缺乏明确的作价标准而在商定价格时各执己见，相持不下，导致合同无法执行。因此，这种方式一般只适用于双方有长期交往并已形成比较固定的交易习惯的合同。

（二）暂定价格

在合同中先约定一个初步价格，作为开立信用证和初步付款的依据，待双方确定最后价格后，再进行最后清算，多退少补。例如：“单价暂定 CIP 神户，每公吨 1 000 美元，定价方法：以××交易所 3 个月期货，按装船月份月平均价加 5 美元计算。买方按本合同规定的暂定价开立信用证。”

（三）部分固定价格，部分非固定价格

为了照顾双方的利益，解决双方在采用固定价格或非固定价格方面的分歧，也可采用部分固定价格、部分非固定价格的做法，或是分批定价的办法。交货期近的价格，在订约时固定下来，余者在交货前一定期限内定价。

非固定价格是一种变通做法，在行情变动剧烈或双方未能就全部货物的价格取得一致意见时，采用这种作价办法有下列好处：

（1）有助于暂时解决双方在价格方面的分歧，先就其他条款达成协议，早日签约。

（2）有助于解除客户对价格风险的顾虑，使之敢于签订交货期长的合同。数量、交货期的早日确定，不但有利于巩固和扩大出口市场，也有利于生产，收购和出口计划的安排。

（3）对交易双方，虽不能完全排除价格风险，但对卖方来说，可以不失时机地做成生意，对买方来说，可以保证一定的转售利润。

但是，也应当看到，由于非固定价格的做法是先签约后定价，合同的关键条款即价格条款，是在签约之后由双方按一定的方式来确定的。这就不可避免地给合同带来较大的不稳定性，存在着双方在定价时不能取得一致意见而使合同无法执行的可能，以及由于合同定价条款规定不当而使合同失去法律效力的危险。

三、价格调整条款

在国际货物贸易中，有的合同除规定具体价格外，还规定有各种不同的价格调整条款。例如：“如卖方对其他客户的成交价高于或低于合同价格 5%，对本合同未执行的数量，双方协商调整价格。”这种做法的目的是，把价格变动的风险限定在一定范围之内，以提高客户经营的信心。

值得注意的是，在国际上，随着某些国家通货膨胀的加剧，有些商品合同，特别是加工周期较长的机器设备合同，都普遍采用所谓“价格调整条款”[Price Adjustment (Revision) Clause]，要求在签约时只规定初步价格（Initial Price），同时规定，如原料价格、工资发生变化，卖方保留调整价格的权利。

在价格调整条款中，通常使用下列公式来调整价格：

$$P=P_0\left(A+B\frac{M}{M_0}+C\frac{W}{W_0}\right)$$

式中：

P——商品交货时的最后价格；

P_0——签订合同时约定的初步价格；

M——计算最后价格时引用的有关原料的平均价格或指数；

M_0——签订合同时引用的有关原料的价格或指数；

W——计算最后价格时引用的有关工资的平均数或指数；

W_0——签订合同时引用的工资平均数或指数；

A——经营管理费用和利润在价格中所占的比重；

B——原料在价格中所占的比重；

C——工资在价格中所占的比重；

A、B、C 所分别代表的比例，在签合同时确定后固定不变。

如买卖双方在合同中规定，按上述价格调整公式计算出来的最后价格与约定的初步价格相比，其差额不超过约定的范围（如百分之若干），则初步价格可不予调整，合同原定的价格对双方当事人仍有约束力，双方必须严格执行。

上述价格调整条款的基本内容，是按原料价格和工资的变动来计算合同的最后价格。在通货膨胀的情况下，它实质上是出口厂商转嫁国内通货膨胀、确保利润的一种手段。但值得注意的是，这种做法已被联合国欧洲经济委员会纳入它所制定的一些“标准合同”之中，而且其应用范围已从原来的机械设备交易扩展到一些初级产品交易，因而具有一定的普遍性。

由于这类条款是以工资和原料价格的变动作为调整价格的依据，因此，在使用这类条款时必须注意工资指数和原料价格指数的选择，并在合同价格条款中具体写明。

此外，在国际货物贸易中，人们有时也应用物价指数作为调整价格的依据，如合同期间的物价指数发生的变动超出一定的范围，价格即作相应调整。

总之，在使用价格调整条款时，合同价格的调整是有条件的。用来调整价格的各个因素在合同期间发生的变化，如约定这种变化必须超过一定的范围才予调整，则未超过限度的即不予调整。

第三节　计价货币的选择

计价货币（Money of Account）是指买卖双方约定用来计算价格的货币。如合同中的价格是用一种双方当事人约定的货币（如美元）来表示的，且没有约定用其他货币支付，则合同中规定的货币（美元），既是计价货币，又是支付货币（Money of Payment）。如在计价货币之外，还约定了用其他货币（如欧元）支付，则这种指定的货币欧元就是支付货币。

在一般的国际货物买卖合同中，价格都表现为一定量的特定货币（如每公吨为 300

美元），通常不再规定支付货币。在国际货物贸易实际业务中，用来计价的货币，可以是出口国家的货币，也可以是进口国家的货币或交易双方同意的第三国的货币，还可以是某一种记账单位，这由双方当事人协商确定。由于世界各国的货币价值并不是一成不变的，而且在世界许多国家普遍实行浮动汇率的条件下，通常被用来计价的各种主要货币的币值更是经常波动变化。加之国际货物买卖的交货期一般都比较长，从订约到履约往往需要有一段时间，在此期间计价货币的币值可能会发生变化、甚至会出现大幅度的起伏，其结果必然直接影响进出口双方的经济利益。因此，如何选择合同的计价货币就具有重大的经济意义，这是买卖双方确定价格时必须注意的问题。

在国际货物贸易中，如交易双方所在国之间订有贸易协定和支付协定，而其交易本身又属于上述协定项下的交易，则必须按协定规定的货币进行清算，除此之外，一般进出口合同都是采用可兑换的、国际上通用的或双方同意的货币进行计价和支付。但是，由于目前各种货币在国际市场上的地位和发展趋势不同，其中有的走向疲软，有的日益坚挺，因此，任何一笔交易，都必须在深入调查研究的基础上，尽可能争取发展趋势于己有利的货币作为计价货币。从理论上说，在出口交易中采用硬币计价对卖方有利；而在进口交易中，采用软币计价对买方比较合算（硬币是指在实行浮动汇率的情况下具有上浮趋势的货币；软币则是指具有下浮趋势的货币）。但是，在实际业务中，以什么货币作为计价货币，还应视双方的交易习惯、经营意图和具体价格而定。如为了达成交易而不得不采用于己不利的货币成交，则可采用下述两种补救措施：

（1）根据该种货币今后可能的变动幅度，相应调整对外报价。

（2）在可能条件下，争取订立保值条款。在当前许多国家普遍使用浮动汇率的情况下，交易双方签订买卖合同时，可以约定合同货币与其他一种货币的汇率。付款时，若汇率发生变动，即按比例调整合同价格，以避免计价货币汇率变动的风险。

在合同规定用一种货币计价而用另一种货币支付的情况下，因两种货币在市场上的地位不同，其中有的为硬币，有的为软币，则这两种货币按什么时候的汇率进行结算，是关系到买卖双方利害得失的一个重要的问题。

按国际上的一般习惯做法，如两种货币的汇率是按付款时的汇率结算，则不论计价和支付用的是什么货币，都可以按计价货币的量收回货款。对卖方来说，如计价货币是硬币，支付货币是软币，基本上不会受损失，可起到保值的作用；如计价货币是软币，支付货币是硬币，其收入的硬币就会减少，这对卖方不利，而对买方有利。

如计价货币和支付货币的汇率在订约时已经固定，那么，在计价货币是硬币、支付货币是软币的条件下，卖方在结算时收入的软币所代表的货值，往往要少于按订约日的汇率应收入的软币所代表的货值，也就是说，这对买方有利，而对卖方不利。反之，如计价货币是软币，支付货币是硬币，则对卖方有利，而对买方不利。

此外，也有在签订合同时明确规定计价货币和另一种货币的汇率，到付款时，该汇率如有变动，则按比例调整合同价格。

第四节 佣金与折扣的运用

在进出口合同的价格条款中，有时会涉及佣金与折扣的运用。价格条款中所规定的价格，可分为包含有佣金或折扣的价格和不包含这类因素的净价（Net Price）。包含有佣金的价格，在实际业务中，通常称为“含佣价”。

一、佣金

（一）佣金的含义及其性质与作用

在国际货物贸易中，有些交易是通过中间代理商进行的。中间代理商因介绍生意或代买代卖而需收取一定的酬金，此项酬金叫佣金（Commission），它具有劳务费的性质。佣金直接关系到商品的价格，货价中是否包括佣金和佣金比例的大小，都影响着商品的价格。显然，含佣价比净价要高。

佣金是市场经济发展的必然产物，随着国际货物贸易的日益发展，中间代理商的作用也更加明显。正确运用佣金制度，有利于调动中间代理商的积极性和扩大交易。因此，物色好中间代理商、合理确定佣金额度和约定好进出口合同中佣金条款，具有重要的意义。

（二）佣金的规定方法

在价格条款中，对于佣金的规定，有下列几种方法：

（1）凡价格中包括佣金的，即为“含佣价”。例如：每公吨 1 000 美元，CIF 香港，包括佣金 3%。

（2）用英文字母“C”代表佣金，并注明佣金的百分比。例如：每公吨 1 000 美元，CIFC3%，香港。

（3）佣金也可以用绝对数表示。例如：每公吨支付佣金 50 美元。

买卖双方在洽谈交易时，如果将佣金明确表示出来并写入价格条款中，称为“明佣”。如果交易双方对佣金虽然已经达成协议，但却约定不在合同中表示出来，约定的佣金由一方当事人按约定另行支付，则称为“暗佣”。国外中间商为了赚取“双头佣”（即中间商从买卖双方都获取佣金），或为了达到逃汇或逃税的目的等，往往要求采取“暗佣”的做法。

（三）佣金的计算方法

计算佣金有不同的方法，最常见的是以买卖双方的成交额或发票金额为基础计算佣金。

佣金的计算公式为：

单位货物佣金额 = 含佣价×佣金率

净价的计算方法为：

净价 = 含佣价−单位货物佣金额

［例 7-2］ 卖方报价为某货物每公吨 1 000 美元，CIFC3%，则：

每公吨货物应支付的佣金＝1 000×3%＝30（美元）

卖方每公吨实际收入＝1 000－30＝970（美元）

如果已知净价，则含佣价的计算公式为：

$$含佣价=\frac{净价}{1-佣金率}$$

［例 7-3］ 已知某商品对外报价为不含佣金 CIF 价 2 000 美元，外商要求报 CIFC4%。若保持我方的净收入不变，则对外改报的含佣价应为：

$$含佣价=\frac{2\ 000}{1-4\%}=2\ 083.83（美元）$$

二、折扣

（一）折扣的含义及其性质与作用

折扣（Discount，Rebate，Allowance）是指卖方给予买方一定的价格减让。从性质上看，它是一种价格上的优惠。在我国对外贸易中，使用折扣主要是为了照顾老客户、确保销售渠道与扩大销售等。在实际业务中，应根据具体情况，针对不同客户，灵活运用各种折扣方法：为了扩大销售，使用数量折扣（Quantity Discount）；为发展同客户的关系或为实现某种特殊目的而给予的特别折扣（Special Discount）以及年终回扣（Turnover Bonus）；等等。折扣直接关系到商品的价格，在货价中是否包括折扣和折扣率的大小，都影响商品价格。折扣率越高，则价格越低。折扣如同佣金一样，都是市场经济的必然产物，正确运用折扣，有利于调动采购商的积极性和扩大销路。在国际货物贸易中，它是出口厂商加强对外竞销的一种手段。

（二）折扣的规定办法

在国际货物贸易中，折扣通常在约定价格条款时用文字明确表示出来。折扣有“明扣”和“暗扣”之分。凡在价格条款中明确规定折扣率的，称为“明扣”；凡交易双方就折扣问题已达成协议，而在价格条款中却不明示折扣率的，称为“暗扣”。

关于明示的折扣，可酌情采取适当的规定办法。例如：“CIF 伦敦每公吨 200 美元，折扣 3%”（USD 200 per metric ton CIF London including 3% discount）。本例还可这样表示：“CIF 伦敦每公吨 200 美元，减 3% 折扣”（USD 200 per metric ton CIF London less 3% discount）。此外，折扣也可以用绝对数来表示，例如：“每公吨折扣 6 美元。”

（三）折扣的计算与支付方法

折扣通常是以成交额或发票金额为基础计算出来的。其计算方法如下：

单位货物折扣额＝原价（或含折扣价）×折扣率

卖方实际净收入＝原价－单位货物折扣额

折扣一般是在买方支付货款时预先予以扣除。也有的折扣金额不直接从货价中扣除，而按双方当事人暗中达成的协议，由卖方以给“暗扣”或“回扣”的方式另行支付给买方。这种做法在实际业务中也常被采用。

第五节 价格条款的约定

一、价格条款的基本内容

在国际货物买卖中，商品价格的表述与国内贸易不同。进出口商品的单价，通常包括下列四个组成部分：一是计量单位，如每公吨或每件等；二是单位价格金额，如100或1 000等；三是计价货币名称，如美元或欧元等；四是贸易术语，如FOB上海或CIF伦敦等。现将这四部分内容组成的商品单价举例表述如下：

例如：每公吨100美元FOB上海（USD 100 per metric ton FOB Shanghai）

又如：每件200英镑CIF伦敦（£ 200 per piece CIF London）

上述单价一经买卖双方约定，履约时，则按此价格结算货款，即使订约后价格发生变动，任何一方都不得要求变更原定的价格。由于各种因素的影响，有些商品的价格容易发生波动，为确保合同的顺利履行，有时买卖双方订约时即在合同中明确规定：“合同成立后，不得提高价格或调整价格。”

商品单价与成交商品数量的乘积，即为商品的总值，它是指一笔交易的货款总金额。进出口合同价格条款中的总值与单价所使用的货币，应当是一致的。

上述商品单价和商品总值是商品价格条款的基本内容。由于价格条款是进出口合同中的核心条款，它与其他相关条款有着密切的联系，因此，价格条款涵盖的内容和涉及的问题，如前所述，确是相当广泛的。

二、约定价格条款的注意事项

为了约定好合同中的价格条款，外贸从业人员对外洽商价格和约定价格条款时，必须注意下列事项：

第一，应在充分调查研究的基础上，根据国际市场供求状况和价格走势，并遵循我国进出口商品作价原则和每笔交易的经营意图，合理约定适当的成交价格，防止盲目定价而导致成交价格偏离国际市场价格的情况出现。

第二，鉴于贸易术语是商品单价中的组成部分，且同交易双方有直接利害关系，因此，应根据运输市场情况、运价水平，并结合自身条件和经营意图，酌情选择于己有利的贸易术语。多年来，我国各外贸公司习惯于使用FOB、CFR和CIF三种常用的贸易术语，但随着集装箱运输的发展，出现了一些新的贸易术语，故在选用贸易术语时，我们也应随机应变而采取较为灵活的做法。例如，按装运港交货条件成交，在采用滚装、滚卸或集装箱运输，或者要求卖方在船舶到港前即将货物交到港口货站时，由于货物风险和费用以船舷为界来划分已失去实际意义，故在此情况下，就不宜继续沿用FOB、CFR或CIF三种贸易术语。就卖方而言，明智的做法应当是，按《2020通则》规定，分别选用FCA、CPT或CIP贸易术语更为适宜。这是因为，在按FCA、

CPT 或 CIP 贸易术语成交时，只要卖方将其出售的货物交给承运人处置，风险即随之转移。如仍沿用 FOB、CFR 或 CIF 贸易术语，实际上，卖方多承担将货物交给承运人处置时起至货物装上船为止这段时间与空间的费用与风险。若单价相同，显然，这对卖方是不利的。

第三，争取选择于己有利的计价货币，以免遭受币值变动带来的风险与损失。如根据当时市场情况和自身的经营意图，不得已而被迫采用不利的计价货币成交时，应当加订保值条款，以利维护自身的经济利益。或者，把币值可能变动的风险考虑到成交价格中去。

第四，根据成交商品的品种、数量、交货期限和市场行情变化等因素，灵活运用各种不同的作价办法，力争择优选用，以免承担价格变动的风险。

第五，参照国际贸易的习惯做法，注意佣金与折扣的合理运用，以便有效地利用中间代理商的购销渠道和扩大交易。

第六，若在买卖合同中，对交货品质、数量规定了机动幅度，即约定了品质增减价条款、数量增减条款（或称溢短装条款），则应一并表明其机动部分的作价，以利履行合同。

第七，若交易双方商定商品的包装材料和包装费另行计价，则其计价办法也应一并在买卖合同中具体订明，以便依约行事。

第八，鉴于合同中的价格条款是一项核心条款，它与其他相关条款有着内在联系，故价格条款的内容与其他相关条款的规定，应当彼此衔接，不能互相矛盾，以利合同的履行。

本章小结

价格条款是涉及买卖双方利害关系的一项核心条款，它与合同中的其他相关条款有着密切的联系，其涵盖的内容很广泛，它包括作价原则的贯彻，成交价格与作价办法的确定，贸易术语的使用，计价货币的选择以及佣金与折扣的合理运用等多方面内容。特别是在价格掌握问题上，更需要权衡利弊，通盘考虑。具体地说，要求根据市场供求状况与价格变动趋势，自身经营意图，成交商品质量的优劣与数量的多少，交货时间与地点的不同，并结合其他各有关交易条件的具体规定，相应确定适当的价格，以体现品质差价、数量差价、季节性差价、地区差价和公平合理的原则。

思考题

1. 我国进出口商品的作价原则是什么？在确定进出口商品价格时应考虑哪些因素？
2. 在国际货物买卖中，有哪些定价办法？在选用这些定价办法时应注意哪些事项？

3. 在我国出口贸易中加强成本核算的意义何在？如何计算出口商品盈亏率、出口商品换汇成本和出口创汇率？

4. 在我国进出口合同中为什么要正确选择计价货币？

5. 在国际货物贸易中如何正确运用佣金与折扣？

6. 为什么价格条款是进出口合同中的核心条款？规定此条款时应注意哪些问题？

案例分析题

中国某公司（卖方）曾向西欧某中间商（买方）出售一批货物，合同规定佣金为5%。卖方按合同规定将货物装运出口后，收到了买方全部货款。卖方经办人员竟误将全部货款当作佣金开具付佣的传票，以便公司财会人员向中国银行开立汇票，该传票虽先后经另一业务员和科领导复核，但均未发现差错。后财会人员核对后，疑有差错，要求重新审核，而复核员答复并无差错。随后，中国银行开汇票时，觉得金额过大，怀疑有差错，便向公司复核员提出询问，复核员再次坚持并无差错。于是，中国银行便按原货款金额向国外中间商开出了支付佣金的汇票。外商收到该汇票后，吃惊地发现金额过大，实属错汇，乃将原汇票退回。幸亏这位中间商比较诚实，才未造成太大的经济损失。但是，对外却造成了不良影响。试分析，为什么会出现这种事件？我们应从中吸取哪些教训？

第八章

国际货款的收付

国际货款的收付，远比国内货款结算复杂。这不仅由于使用的货币不同，而且在做法上也有较大的差异，同时，还涉及不同国家的法律、国际惯例和银行习惯等。在国际贸易中，货款的收付直接影响双方的资金周转和融通以及各种金融风险和费用的负担，它关系到买、卖双方的利益和得失。

我国对外贸易货款的收付，主要涉及支付票据、支付时间、地点及支付方式等问题，因此，买卖双方在磋商交易时，都力争约定对自己有利的支付条件。

第一节 票 据

国际贸易货款的收付，采用现金结算的较少，大多使用非现金结算，即使用代替现金作为流通手段和支付手段的票据来结算国际间的债权债务。

一、票据概述

（一）票据的含义和特点

票据的含义有广义和狭义之分。广义的票据是泛指商业上的权利凭证（Document of Title），即凡赋予持有人一定权利的凭证（如提单、存单、股票、债券等）都是票据。

狭义的票据是指以支付一定数额金钱为目的、用于清偿债权债务的凭证，即由出票人在票据上签名，无条件地规定自己或他人支付确定金额的、可流通的证券。国际贸易结算中通常所说的票据，即指狭义的票据。本书主要介绍的是狭义票据。

作为一种非现金结算工具，票据主要具有以下特点：

1. 无因性

票据上权利和义务的发生，都是由某种原因引起的，这种原因称为票据的基础关系。但是，在票据开立之后，票据上的权利和义务，即与产生票据的原因相脱离。不论其原因关系是否存在、是否有效，均不影响票据的效力。也就是说，持票人不必询问开立或者转移票据的各种原因，只要票据本身没有问题，持票人就可以取得票据所赋予的权利。

2. 要式性

票据是一种要式证券。票据的要式性是指票据的记载事项、记载方式等必要条件，必须按照法律的规定进行。如欠缺法律规定所必须记载的事项，则票据就不能认为有效。

3. 流通性

票据是可流通证券，票据的权利可以凭背书交付而转移，不必通知债务人。在票据流通中，受让人的权利优于让与人的权利，不受其前手的权利瑕疵的影响，其不仅获得票据的全部法律权利，还可以以自己的名义提出司法诉讼。

总之，无因性、要式性和流通性是票据的三个最基本的特性。但是，在某些情况下，流通票据也可能失去流通能力。如果票据被加上限制性批注，如“不得转让”“只能付某人”等，那么，这些票据就不再具有流通性了。

（二）票据的当事人

一般来说，票据涉及三方面的当事人，即出票人（Drawer）、受票人（Drawee）和收款人（Payee）。票据进入流通领域之后，又派生出流通中的关系人，即背书人、承兑人、持票人等。每个关系人在票据上签名后，即对票据的正当持票人负有付款或担保付款的责任。

出票人是开立票据并交付给他人的人。受票人，又称付款人，是根据出票人的命令支付票款的人。收款人是收取票款的人，也是票据的债权人。背书人是指收款人或持票人在票据背面签字，并把票据转让给他人的人。付款人对票据作出承兑，即成为承兑人。持票人是持有票据的人；票据的收款人或被背书人是票据的持票人。

（三）票据种类

各国法律对票据种类的规定并不完全一致，但在国际贸易中使用的金融票据包括汇票（Bill of Exchange；Draft）、本票（Promissory Note）和支票（Cheque；Check），其中以使用汇票为主。目前，我国票据法中规定的票据包括汇票、本票和支票三种。

二、汇票

（一）汇票的含义和基本内容

汇票是国际货款结算中使用最为广泛的主要票据。根据现行《中华人民共和国票据法》（2004 修正）的规定，“汇票是出票人签发的，委托付款人在见票时或者在指定日期无条件支付确定的金额给收款人或者持票人的票据”。

汇票是一种要式证券，所以必须要式齐全。所谓要式齐全，就是必须具备法定的形式要件，必须载明必要的法定事项，才能成为完整的汇票，从而具有票据的效力。

各国票据法对汇票内容的规定有所不同。根据我国的《票据法》（2004 修正）的明确规定，汇票必须记载下列事项：

（1）表明“汇票”的字样。这样做是为了方便使用者辨认，同时也是为了防止伪造汇票。

（2）无条件支付的委托。这种无条件支付是一次性的支付，不能分期支付。

（3）确定的金额。汇票上的金额必须确定，如果不确定，则汇票无效；同时，在汇票上记载金额的大小写数字也应该是一致的。

（4）付款人名称，又称受票人，即接受支付命令付款的人。在进出口业务中，通常是进口人或者指定的银行。

（5）收款人名称，又称受款人，即受领汇票所规定金额的人。在进出口业务中，通常是出口人或其指定的银行。

（6）出票日期。在签发的日期和汇票转移交付的日期之间不一致的，应该以汇票签发的日期为准。

（7）出票人签章。签章可以是签名、盖章或者是签名加盖章。

按照票据法的规定，汇票的要项必须齐全、完整，未记载前款规定事项之一的，汇票无效，受票人有权拒付。

汇票样式，见表 8-1：

表 8-1　　　　汇　票

Bill of Exchange

No. ________（汇票号码）

Drawn under（出票依据）________ L/C No. ________ Dated ________

Payable with interest at ________%（付款利息）

Exchange for（汇票金额）________________ Beijing，China（出票时间地点）____________ At（见票）________ Sight of this FIRST of Exchange（Second of Exchange being Unpaid）

Pay to the order of（收款人）______________________________

the sum of（金额）______________________________________

To（付款人）________________________

________________（出票人）

（Signature）（签字）

（二）汇票的种类

汇票从不同的角度可分为以下几种：

1. 按出票人不同，汇票分为银行汇票和商业汇票

（1）银行汇票（Banker's Draft）是指由银行签发的汇票，是一家银行向另一家银行发出的书面支付命令，出票人和付款人都是银行。

在我国，银行汇票根据用途，又分为现金银行汇票和转账银行汇票：现金银行汇票在出票金额前填写“现金”字样，并且只有在申请人和收款人都为个人时才能够使用。转账银行汇票只能用于转账方式付款。

（2）商业汇票（Trade Bill）是指由企业或个人签发的汇票。商业汇票的付款人可以是企业、个人或银行。

我国对于商业汇票使用比较严格，只有在银行开立存款账户的法人及其他组织之间才能够使用商业汇票，而个人不能使用商业汇票。

2. 按有无附属单据不同，汇票分为光票和跟单汇票

（1）光票（Clean Bill）是由出票人开立的不附任何单据的汇票。银行汇票多为光票。光票常在国际贸易中支付佣金、待垫费用以及收取货款尾数时开立。

（2）跟单汇票（Documentary Bill）是指附带有关单据的汇票，附带单据可能是发票、提单、保险单、产地证明等。商业汇票多为跟单汇票。

3. 按承兑人不同，汇票分为银行承兑汇票和商业承兑汇票

（1）银行承兑汇票（Banker's Acceptance Bill）是指汇票上的付款人为银行，以银行为承兑人的远期汇票。

（2）商业承兑汇票（Trader's Acceptance Bill）是指建立在商业信用基础上的，由银行以外的任何商号或个人为承兑人的远期汇票。

4. 按付款时间不同，汇票分为即期汇票和远期汇票

（1）即期汇票（Sight Bill 或 Demand Draft）是指持票人向付款人提示后对方立即付款，又称“见票即付”汇票。银行汇票多是即期汇票。

远期汇票（Time Bill 或 Usance Bill）是指在出票一定期限后或特定日期付款的汇票。远期汇票多为商业汇票。

（2）远期汇票的付款时间，有以下几种规定办法：

① 见票后若干天付款（At ×× days after sight）；

② 出票后若干天付款（At ×× days after date）；

③ 提单签发日后若干天付款（At ×× days after date of Bill of Lading）；

④ 指定日期付款（Fixed date）。

一张汇票往往可以同时具备几种性质，例如：一张商业汇票，同时又可以是即期的跟单汇票；一张远期的商业跟单汇票，同时又是银行承兑汇票。

（三）汇票的使用

汇票的使用，也称汇票票据行为，是以行为人在汇票上进行必备事项的记载、完成签名并交付为要件，以发生或转移票据权利、负担票据债务为目的的法律行为。汇票行为一般包括出票、提示、承兑、付款等。如需转让，通常经过背书行为转让。但当汇票遭到拒付时，还要涉及作成拒绝证书和行使追索等法律权利。根据票据法的规定，汇票的基本原理和法律规则同样适用于本票和支票。

1. 出票

出票（Issue），即汇票的签发，是指出票人在汇票上填写付款人、付款金额、付款日期和地点以及受款人等项目，经签字交给收款人的行为。可见，出票由两个动作组成，一是由出票人写成汇票并在汇票上签字；二是出票人将汇票交付给收款人。由于出票是设立债权债务的行为，所以只有经过交付，汇票才开始生效。

汇票通常需要签发一式两份（银行汇票只签发一份），其中一份写明“正本”

(Original) 或“第一份汇票”(First of Exchange)，另一份则写明“副本”(Copy) 或“第二份汇票”(Second of Exchange)。两份汇票具有同等法律效力，但只对其中一份承兑或付款。为了防止重复承兑和付款，均写明“付一不付二”和“付二不付一”(Second or First unpaid)。

汇票在出票时，对受款人通常有三种写法：

(1) 限制性抬头。例如，“仅付××公司”(Pay ×× Co. only) 或“付××公司，不准流通”(Pay ×× Co. not negotiable)。这种抬头的汇票不能流通转让，只限××收取货款。

(2) 指示性抬头。例如，“付××公司或指定人”(Pay ×× Co. or order 或 Pay to the order of ×× Co.)。这种抬头的汇票，除××公司可以收取票款外，也可以经过背书转让给第三者。

(3) 持票人或来人抬头。例如，“付给来人”(Pay Bearer)。这种抬头的汇票，无须由持票人背书，仅凭交付汇票即可转让。

2. 提示

提示 (Presentation)，又称见票 (Sight)，是指收款人或持票人将汇票提交付款人要求付款或承兑的行为。提示分为两种：

(1) 付款提示 (Presentation for Payment)，指汇票的持票人向付款人或承兑人出示汇票要求付款的行为。

(2) 承兑提示 (Presentation for Acceptance)，指远期汇票的持票人向付款人出示汇票，要求付款人承诺到期付款的行为。

值得注意的是，付款提示和承兑提示均应在法定期限内进行。我国《票据法》(2004 修正) 规定，见票即付和见票后定期付款汇票自出票日后一个月内提示；定日付款或出票日后定期付款汇票应在汇票到期日前向付款人提示承兑。而对于已经承兑的远期汇票的付款提示期限，则规定为自到期日起 10 日内。

3. 承兑

承兑 (Acceptance) 是指汇票付款人承诺在汇票到期日支付汇票金额的票据行为。我国《票据法》(2004 修正) 规定，“付款人承兑汇票后，应当承担到期付款的责任”。承兑的具体手续是由付款人在汇票正面写上“承兑”字样，注明承兑的日期，并由付款人签名，交还收款人或其他持票人。汇票一经承兑，付款人就成为汇票的主债务人。承兑人有在远期汇票到期时承担付款的责任。

4. 付款

付款 (Payment) 是指付款人向持票人按汇票金额支付票款的行为。无论是即期汇票，还是远期汇票，当持票人做付款提示时，付款人均应立即付款。对即期汇票，在持票人提示汇票时，付款人即应付款；而对远期汇票，付款人经过承兑后，在汇票到期日付款。付款后，汇票上的一切债务即告终止。

5. 背书

背书 (Endorsement) 是转让汇票权利的一种法定手续，指持票人在汇票的背面记载背书文句、签名，并把汇票交付给被背书人的行为。经过背书，汇票的权利由背书人 (Endorser) 转给被背书人 (Endorsee)，即受让人，被背书人获得票据所有权。对于受让人来说，所有在他以前的背书人以及原出票人都是他的“前手”；而对出让人来说，所有在他让与以后的受让人都是他的“后手”。前手对后手负有担保汇票必然会被承兑或付款的责任。在国际金融市场上，汇票既是一种支付工具，又是一种流通工具（Negotiable Instrument），通常情况下，可以在票据市场上流通转让。

背书通常有三种方式：

（1）记名背书（Special Endorsement）。背书人先作被背书人的记载，再签字。例如："付给 Smith 或其指定人"（Pay to Smith or Order）。经过记名背书的汇票，被背书人可以再作背书，转让给他人；这种再背书可以是记名背书，也可以是空白背书。

（2）空白背书（Blank Endorsement）。背书人在汇票背面签字，但不记载被背书人的名称。经空白背书之后，受让人可以不需背书，仅凭交付再继续转让汇票。

（3）限制性背书（Restrictive Endorsement）。背书人在背书中加注限制汇票继续流通的文字，例如："仅付 A 银行"（Pay to A Bank only）。

此外，在国际市场中，一张远期汇票的持有人如想在付款人付款前取得票款，可以经过背书转让汇票，即将汇票进行贴现。贴现（Discount）是指远期汇票承兑后，尚未到期，由银行或贴现公司从票面金额中扣减按一定贴现率计算的贴现息后，将余款付给持票人的行为。

6. 拒付

拒付（Dishonor），也称退票，指持票人的汇票要求承兑时，遭到拒绝承兑（Dishonour by Non-acceptance），或持票人提示汇票要求付款时，遭到拒绝付款（Dishonour by Non-payment）。此外，付款人拒不见票、死亡或宣告破产，以致付款事实上已不可能时，也称拒付。

如汇票在合理时间内提示，遭到拒绝承兑，或在到期日提示，遭到拒绝付款，对持票人立即产生追索权，他有权向其"前手"追索票款。持票人可以不按照汇票债务人的先后顺序，对其中任何一人、数人或者全体行使追索权。

所谓追索权（Right of Recourse）是指汇票遭到拒付时，持票人对其前手（背书人、出票人）有请求其偿还汇票金额及费用的权利。拒付证书是由付款地的法定公证人或其他依法有权出具证书的机构，如法院、银行、公会、邮局等，出具证明拒付事实的文件，它是持票人凭以向其背书人、出票人以及汇票的其他债务人行使追索权的法律依据。如拒付的汇票已经承兑，出票人可凭以向法院起诉，要求承兑汇票的承兑人付款。因此，汇票的出票人、背书人、承兑人和保证人对持票人承担连带责任。

按照各国票据法的规定，持票人在行使追索权时，必须具备以下条件：

（1）汇票遭到付款人拒绝承兑或拒绝付款。

（2）持票人已在法定期限内向付款人作承兑提示或付款提示。

（3）持票人为了行使追索权应及时作成拒付证书（Protest）。

值得注意的是，汇票的出票人或背书人为了避免承担被追索的责任，可在出票时或背书时加注"不受追索"（Without Recourse）字样。凡加注"不受追索"字样的汇票，在市场上难以流通。

三、本票

（一）本票的含义和内容

根据我国《票据法》（2004 修正）第 73 条规定，本票是出票人签发的，承诺自己在见票时无条件支付确定的金额给收款人或持票人的票据。第 74 条又规定，本票的出票人必须具有支付本票金额的可靠资金来源，并保证支付。

简言之，本票是出票人对受款人承诺无条件支付一定金额的票据。

本票的基本当事人只有两个：出票人和收款人。本票的付款人就是出票人本人。按我国《票据法》(2004 修正) 的规定，在持票人提示见票时，本票的出票人必须承担付款责任。

各国票据法对本票内容的规定各不相同。我国《票据法》（2004 修正）规定，本票必须记载下列事项：

（1）表明“本票”的字样；

（2）无条件支付的承诺；

（3）确定的金额；

（4）收款人名称；

（5）出票日期；

（6）出票人签章。

本票上未记载前款规定事项之一的，本票无效。

本票样式，见表 8-2：

表 8-2　　本　票

PROMISSORY NOTE

（本票金额）____________________　　____________________（出票日期地点）

On the ____________________（付款时间） fixed by the Promissory Note

We promise to pay to the order of ____________________（收款人）

the sum of（大写金额）____________________

____________________（出票人）

(Signed)

（二）本票的种类

本票可分为商业本票和银行本票。由工商企业或个人签发的称为商业本票或一般本票。由银行签发的称为银行本票。商业本票有即期和远期之分，银行本票则都是即期的。在国际贸易结算中使用的本票，大都是银行本票。有的银行发行见票即付、不记载收款人的本票或是来人抬头的本票，它的流通性与纸币相似。由于银行本票建立在银行信用的基础上，因此，它在国际货款结算中被广泛使用。

（三）本票的票据行为

在本票的票据行为中，对于出票、背书、付款等与汇票类似，但是本票还有一些特定的规定。例如，我国《票据法》（2004 修正）规定：出票人必须具有支付本票金额的可靠资金来源；本票自出票之日起，付款期限最长不得超过两个月；本票持票人未按规定期限提示见票的，丧失对出票人以外的前手的追索权。

（四）本票与汇票的区别

作为支付工具，本票与汇票都属于票据的范畴，但两者又有所不同，其主要区别有：

（1）本票的票面有两个当事人，即出票人和收款人；而汇票则有三个当事人，即出票人、付款人和收款人。

（2）本票的出票人即是付款人，远期本票无须办理承兑手续；而远期汇票则要办理承兑手续。

（3）本票在任何情况下，出票人都是绝对的主债务人，一旦拒付，持票人可以立即要求法院裁定，命令出票人付款；而汇票的出票人在承兑前是主债务人，在承兑后，承兑人是主债务人，出票人则处于从债务人的地位。

四、支票

（一）支票的含义与主要内容

我国《票据法》（2004 修正）第 82 条规定，支票是出票人签发的，委托办理支票存款业务的银行或者其他金融机构在见票时无条件支付确定金额给收款人或持票人的票据。

支票的基本当事人和汇票一样，共有三个：出票人、付款人和收款人。出票人就是支票的签发人，他在银行已经开设存款账户并且订有支票协议。付款人是出票人的开户银行。付款人可以在支票上注明，也可以不写明。

出票人在签发支票后，应负票据上的责任和法律上的责任。前者是指出票人对收款人担保支票的付款；后者是指出票人签发支票时，应在付款银行存有不低于票面金额的存款。如存款不足，支票持有人在向付款银行提示支票要求付款时，就会遭到拒付。这种支票叫作空头支票。开出空头支票的出票人要负法律上的责任。

我国《票据法》（2004 修正）规定，出票人必须按照签发的支票金额承担保证向该持票人付款的责任。出票人在付款人处的存款足以支付支票金额时，付款人应当在当时足额付款。又规定，支票的出票人所签发的支票金额不得超过其付款时在付款人处实有的存款金额。出票人签发的支票金额超过其付款时在付款人处实有的存款金额，为空头支票。法律禁止签发空头支票。

我国《票据法》（2004 修正）第 84 条规定，支票必须记载下列事项：

（1）表明“支票”的字样；

（2）无条件支付的委托；

（3）确定的金额；

（4）付款人名称；

（5）出票日期；

（6）出票人签章。

支票上未记载前款规定事项之一的，支票无效。

支票样式，见表 8-3：

表 8-3　　　　支　票

THE BANK OF COMMUNICATION（账户行）

________（支票号码）

（支票金额）________　　________（出票时间地点）

Pay against this Check to the order of（收款人）________

the sum of（大写金额）________

________（出票人）

(Signed)

（二）支票的种类

支票的种类大致可以分为以下几种：

1. 记名支票

记名支票（Check Payable to Order）是在支票的收款人一栏，写明收款人的姓名，如“支付某人或指定人”（Pay sb. or Order）；取款时须有收款人签章，方可支取。

2. 不记名支票

不记名支票（Check Payable to Bearer），又称空白支票。支票上不记载收款人姓名，只写“付来人”（Pay Bearer）。取款时持票人无须在支票背面签章，即可支取。

3. 划线支票

划线支票（Crossed Check）是在支票正面划两道平行线的支票。划线支票不同于一般支票。一般支票可委托银行收款入账，也可由持票人自行提取现款。而划线支票只能委托银行代收票款入账。划线支票制度最早起源于英国，后来欧美各国亦相继采用。划线支票的作用主要是为了减少支票遗失、被窃的风险，如被他人冒领，还有可能通过银行代收的线索追回票款。

4. 保付支票

保付支票（Certified Check）是指由付款银行在支票上加盖“保付”戳记并签字的支票。支票一经保付，付款银行就负有绝对付款的义务。保付支票具有更好的信誉，可靠性增强，身价也随之提高，更有利于流通。

（三）支票的票据行为

在支票的票据行为中，对于出票、背书、付款行为和追索权的行使，适用票据法中对于汇票的相应行为和权利行使的规定；但对支票的特殊规定除外。例如，我国《票据法》（2004 修正）规定，支票的持票人应当自出票日起 10 日内提示付款；异地使用的支票，其提示付款的期限由中国人民银行另行规定。超过提示付款期限的，付款人可以不予付款；付款人不予付款的，出票人仍应当对持票人承担票据责任。

第二节　汇付与托收

汇付与托收都是国际贸易中经常采用的支付方式。按资金的流向与支付工具的传递方向，支付方式可以分为顺汇和逆汇两种。顺汇是指资金的流动方向与支付工具的传递方向相同，汇付采用的是顺汇方法；逆汇是指资金的流转方向与支付工具的传递方向相反，托收采用的是逆汇方法。

一、汇付

（一）汇付的含义及其当事人

1. 汇付的含义

汇付（Remittance）又称汇款，指付款人（债务人）主动通过银行或其他途径将款项汇交收款人（债权人）的一种结算方式。国际货款的收付如采用汇付，一般是由买方按买卖合同约定的条件（如收到单据或货物）和时间，将货款通过银行，汇交给卖方。

2. 汇付方式的当事人

在汇付业务中，通常涉及四个当事人：

（1）汇款人（Remitter）。即汇出款项的人，在进出口交易中，汇款人通常是进口人。

（2）收款人（Payee or Beneficiary）。即收取款项的人，在进出口交易中，收款人通常是出口人。

（3）汇出行（Remitting Bank）。即受汇款人的委托汇出款项的银行，通常是在进口地的银行。

（4）汇入行（Paying Bank）。即受汇出行委托解付汇款的银行，故又称解付行，在对外贸易中，通常是出口地的银行。

汇款人在委托汇出行办理汇款时，要出具汇款申请书。此项申请书是汇款人和汇出行之间的一种契约。汇出行一经接受申请，就有义务按照汇款申请书的指示并使用一定的传递方式（如电报、电传、信件、票据等）通知汇入行。汇出行与汇入行之间，事先订有代理合同，在代理合同规定的范围内，汇入行对汇出行承担解付汇款的义务。

（二）汇付的种类

汇付方式可分信汇、电汇和票汇三种。

1. 信汇

信汇（Mail Transfer，M/T）是指汇出行应汇款人的申请，将信汇委托书邮寄给汇入行，授权解付一定金额给收款人的一种汇款方式。

信汇方式的优点是费用较为低廉，但资金在途时间长，收款人收到汇款的时间较迟。

2. 电汇

电汇（Telegraphic Transfer，T/T）是指汇出行应汇款人的申请，拍发加押电报、电传或 SWIFT 给在另一国家的分行或代理行（即汇入行）指示解付一定金额给收款人的一种汇款方式。

电汇方式的优点是收款人可迅速收到汇款且安全系数高，但费用也较高。

上述信汇、电汇结算业务流程大致相同。电汇结算业务流程，见图 8-1：

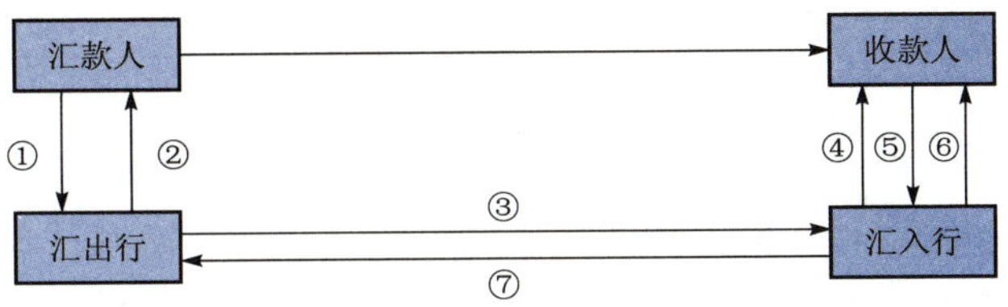

注释：

① 汇款人递交电汇申请书并交款、付费

② 汇出行发给汇款人电汇回执

③ 汇出行发出电报或电传

④ 汇入行缮制电汇通知书，通知收款人取款

⑤ 收款人持通知书一式两联向汇入行取款，并在收款收据上签章

⑥ 汇入行解付汇款

⑦ 汇入行向汇出行寄送付讫借记通知书并索偿

图 8-1 电汇结算业务流程图

3. 票汇

票汇（Remittance by Banker's Demand Draft，D/D）是指汇出行应汇款人的申请，代汇款人开立以其分行或代理行为解付行的银行即期汇票（Banker's Demand Draft），支付一定金额给收款人的一种汇款方式。

票汇与电汇、信汇的不同在于票汇的汇入行无须通知收款人取款，而由收款人持票登门取款。这种汇票除有限制转让和流通的规定外，经收款人背书，可以转让流通，而电汇、信汇的收款人则不能将收款权转让。因此，票汇具有较大的灵活性，使用也较方便。票汇结算业务流程，见图 8-2：

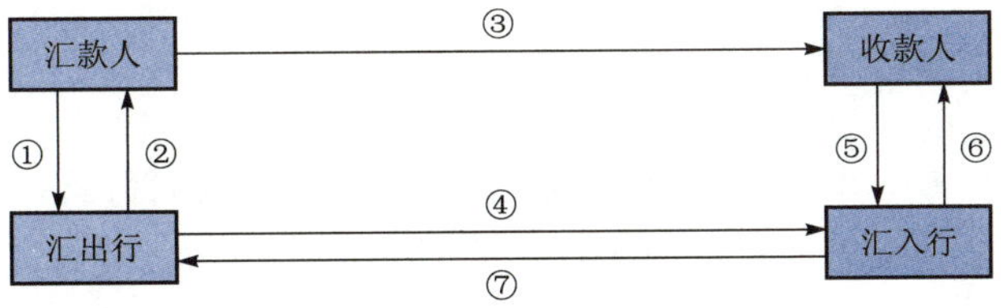

注释：

① 汇款人填写票汇申请书并交款、付费

② 银行开出即期汇票给汇款人

③ 汇款人将即期汇票自行邮寄给收款人

④ 汇出行将汇款通知书和汇票票根寄给汇入行

⑤ 收款人持汇票向汇入行取款

⑥ 汇入行核对无误后付款

⑦ 汇入行向汇出行寄送付讫借记通知书并索偿

图 8-2 票汇结算业务流程图

（三）汇付方式在国际贸易中的使用

在国际贸易中，汇付方式通常用于货到付款、赊销、预付货款及随订单付现等业务。

1. 货到付款

货到付款（Payment after Arrival of the Goods）是指出口商在没有收到货款以前，先交出单据或货物，然后由进口商主动汇付货款的方法，如交货付现（Cash on Delivery，简称 COD）就是其中较为典型的。这种方法实际上是一种赊账业务（Open Account Transaction），对进口商较为有利，出口商在发货后能否按时顺利收回货款，取决于进口商的信用。如进口商拒不履行或拖延履行付款义务，出口商就要发生货款落空的严重损失或晚收款的利息损失。因此，除非进口商的信誉可靠，出口商一般不宜轻易采用此种方式。

汇付方式如运用得当，对进出口双方都有利。因为，就进口方而言，先取得代表货物的装运单据或货物，然后再付款，有利于资金周转，并可以节省费用；就出口方而言，在进口方信誉可靠或与出口方有特殊密切关系的情况下，采用汇付方式，有利于扩大出口。

目前，我国货到付款汇付方法，主要用于下述几方面业务：

（1）在我国对某些地区的供应中，为了方便客户，巩固和扩大市场，作为一种特殊做法，对一些长年供应的鲜活商品，大部分采取汇付方式结算货款。

（2）在空运进出口买卖合同中，采用凭出口方电报或电传发货通知，进口方汇付货款的做法，以适应空运货物到货迅速的特点。

（3）在寄售出口业务中，为适应寄售业务先出货由代销商凭实货向买方进行现货销售的特点，通常采用“先出后结”的汇付方法。

（4）出口商为推销滞销商品或试销新产品，或者为打开国外市场，可酌情采用货到付款的结算方式。

2. 预付货款

预付货款（Payment in Advance）是指进口商先将货款汇付给出口商，出口商收到货款后再发货的方法。例如，订货时汇付（Cash with Order）或交货前汇付货款。这种做法多应用于客户提出特殊加工要求或专门为客户加工的特殊商品，或一些市场畅销而又稀缺的商品。因为，采用此法，买方可以优先取得供应。

预付货款对出口商较为有利，因为进口方预先履行付款义务，货物的所有权并没有在付款时转移，在 CIF 等装运港交货的条件下，出口方在没有交出装运单据以前，货物的所有权仍归其所有。由此可见，预付货款使进口方过早地垫出资金，并承担出口方可能延迟交货或不交货的风险。为了降低风险，进口商也会采取相应的措施，如要求出口商提供银行保函或者备用信用证等担保，以便督促出口商履行合同义务。总之，在国际贸易中，预付货款方式不易被普遍接受，只是在个别小额交易中采用。

（四）汇付的特点

汇付的特点主要表现如下：

1. 实现取决于商业信用

汇付虽是以银行为媒介进行国际结算的，但银行在此过程中仅承担收付委托款项的责任，而对买卖双方在履行合同中的义务并不提供任何担保。汇付的实现，取决于商人的信用。

2. 风险大

对于货到付款的卖方或对于预付货款的买方来说，能否按时收汇或能否按时收货，完全取决于对方的信用。如果对方信用不好，则可能钱货两空，因此，买卖双方必定有一方要承担较大的风险。这就要求经营者加强信用风险管理。

3. 资金负担不平衡

对于货到付款的卖方或预付货款的买方来说，资金负担较重，整个交易过程中需要的资金，或者由卖方，或者由买方承担，资金负担极为不平衡。

4. 手续简便与费用低廉

汇付结算的手续比较简单，银行的手续费用也较少。因此，在交易双方相互信任的情况下，或在跨国公司的各子公司之间，或公司内的贸易结算，均可以采用汇付方式。

（五）合同中的汇付条款

合同中的汇付条款举例如下：

“卖方应于20××年××月××日前将全部货物运抵目的地，在货到后15天内，买方将全部货款用电汇（信汇/票汇）方式汇付给卖方。”

“合同签署后30天内，买方应以电汇方式付给卖方合同价格10%的金额。”

二、托收

（一）托收的含义

托收（Collection）是委托收款的简称。国际商会制定的《托收统一规则》（URC522）对托收作了如下定义：托收是指由接到托收指示的银行根据所收到的指示处理金融单据和/或商业单据，以便取得付款/承兑，或凭付款/承兑交出商业单据，或凭其他条款或条件交出单据。

金融单据（Financial Documents）又指资金单据，是指汇票、本票、支票、付款收据或其他类似用于取得付款的凭证。商业单据（Commercial Documents）是指发票、运输单据、物权单据或其他类似单据，或除金融单据以外的其他单据。

简言之，托收是指债权人（出口人）出具债权凭证（汇票等）委托银行向债务人（进口人）收取货款的一种支付方式。

托收一般都通过银行办理，故又叫银行托收。银行托收的基本做法是：出口人根据买卖合同先行发运货物，然后开立汇票（或不开汇票）连同商业单据，向出口地银行提出托收申请，委托出口地银行（托收行）通过其在进口地的代理行或往来银行

（代收行）向进口人收取货款。

（二）托收的当事人

托收方式所涉及的当事人主要有：

1. 委托人

委托人（Principal或Consignor），即委托银行向国外付款人代收货款的人，通常为出口人。

2. 托收行

托收行（Remitting Bank），即接受出口商的委托代为收款的出口地银行。托收行有义务按照委托人的指示办事，它与委托人之间是委托代理关系。因此，托收行对单据的正确性不负责任。对于因委托人的指示，利用外国银行的服务而发生的一切费用和风险，托收行也不负责任。

3. 代收行

代收行（Collecting Bank），是指接受托收行的委托向付款人收取票款的进口地银行，它通常是托收银行的国外分行或代理行。代收行应遵照托收行的指示，尽快向付款人提示汇票，要求其付款或承兑，并在付款或承兑后，及时通知托收行。

4. 提示行

提示行（Presenting Bank），是指向付款人提示汇票和单据的银行。代收行可以自己兼任提示行，也可以委托与付款人有账户往来关系的银行作提示行。

5. 付款人

付款人（Drawee），是根据托收指示，向其提示单据的人。如使用汇票，即为汇票的受票人，也就是付款人，通常为进口人。

在托收业务中，如发生拒付，委托人可指定付款地的代理人代为料理货物存仓、转售、运回等事宜，这个代理人叫作“需要时的代理”（Customer's representative in case of need）。委托人如指定需要时的代理人，必须在托收委托书上写明此代理人的权限。

（三）托收委托书

托收委托书是约束委托人与托收行之间权利与义务的法律文件。按照国际商会《托收统一规则》（URC522）的规定，一切托收业务都必须附有委托书（Collection Order），以便对办理托收的有关事项作出明确指示，并注明该托收按照《托收统一规则》（URC522）办理。

根据惯例，委托人应填写托收委托书，并详细说明自己的要求，因为银行只根据托收委托书所给予的指示办理托收事宜。

出口托收委托书的内容包括：

（1）托收行、委托人、付款人、提示行的情况，如全称、邮编和SWIFT地址、电话、电传及传真号码；

（2）托收金额及货币；

（3）所附单据及其份数；

（4）光票托收时据以取得付款和/或承兑的条款及条件；跟单托收时据以交单的条

件：付款和/或承兑，以及其他条件；

（5）应收取的费用，同时须注明该费用是否可以放弃；

（6）应收取的利息（如果有），同时须注明该项是否可以放弃，并应包括利率、计息期和计算方法（如一年是按 360 天还是 365 天计算）；

（7）付款的方式和付款通知的形式；

（8）发生拒付、不承兑和/或执行其他批示情况下的指示。

应当指出，上述 URC522 规定托收指示应包括的内容仅具有指南性质，一笔具体的托收业务的托收指示，不一定仅局限于上述内容。

（四）托收的种类

根据委托人签发的汇票是否附有单据，托收可以分为光票托收和跟单托收。

1. 光票托收

光票托收（Clean Collection）是指委托人仅签发金融单据不附有商业单据的托收，即提交金融单据委托银行代为收款。在国际贸易中，光票托收用于收取货款的尾数、佣金、样品费以及其他贸易从属费用等小额款项。

2. 跟单托收

跟单托收（Documentary Collection）是指委托人签发的金融单据中附有商业单据或不附有金融单据的商业单据的托收。在实务中，跟单托收所附单据主要有提单、保险单、装箱单等。跟单托收如以汇票作为收款凭证，则使用跟单汇票。

在国际贸易中，货款的收取大多采用跟单托收。在跟单托收的情况下，按照货物单据和货款的支付是否同时进行，即向进口人交单条件的不同，又分为付款交单和承兑交单两种。

（1）付款交单

付款交单（Documents against Payment，简称 D/P）是指出口人的交单以进口人的付款为条件，即出口人发货后，取得装运单据，委托银行办理托收，并指示银行只有在进口人付清货款后，才能把商业单据交给进口人。

在付款交单情况下，如按付款时间的不同，又可细分为即期付款交单和远期付款交单。

① 即期付款交单（Documents against Payment at sight，简称 D/P at sight）。即出口人发货后开具即期汇票连同商业单据，通过银行向进口人提示，进口人见票后立即付款，进口人在付清货款后向银行领取商业单据。

② 远期付款交单（Documents against Payment after sight，简称 D/P after sight）。即出口人发货后开具远期汇票连同商业单据，通过银行向进口人提示，进口人审核无误后即在汇票上进行承兑，于汇票到期日付清货款后再领取商业单据。付款交单流程，见图 8-3：

上述即期付款交单或远期付款交单的两种做法，都说明进口人必须在付清货款之后才能取得单据，提取或转售货物。在远期付款交单的条件下，如付款日和实际到货日基本一致，则不失为对进口人的一种资金融通。如果付款日期晚于到货日期，进口人为了抓住有利时机转售货物，可以采取两种做法：第一种方法是，在付款到期日之

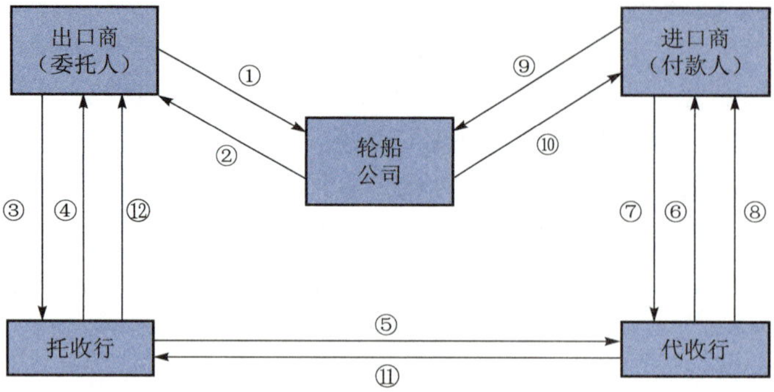

注释：

① 发货装船	⑦ 付款
② 获得货运单据	⑧ 交单
③ 托收申请（D/P）	⑨ 提货
④ 接收委托	⑩ 交货
⑤ 寄托收委托书	⑪ 贷记
⑥ 提示汇票	⑫ 收入账户

图 8-3 付款交单结算流程图

前付款赎单，扣除提前付款日至原付款到期日之间的利息，作为进口人享受的一种提前付款的现金折扣。另一种做法是，代收行对于资信较好的进口人，允许其凭信托收据（Trust Receipt）借取货运单据，先行提货，于到期时再付清货款。

所谓信托收据，就是进口人借单时提供的一种书面信用担保文件，用来表示愿意以代收行的委托人身份代为提货、报关、存仓、保险或出售，并承认货物所有权仍属银行。货物售出后所得的货款，应于汇票到期时交银行。这是代收行自己向进口人提供的信用便利，而与出口人无关。因此，如代收行借出单据后，到期不能收回货款，则应由代收行负责。因此，采用这种做法时，必要时还要进口人提供一定的担保或抵押品后，代收银行才肯承做。但如系出口人指示代收行借单，就是由出口人主动授权银行凭信托收据借单给进口人，即所谓远期付款交单凭信托收据借单（D/P · T/R）方式，也就是进口人承兑汇票后凭信托收据先行借单提货，日后进口人到期拒付的风险，应由出口人自己承担。这种做法的性质与承兑交单相差无几。因此，使用时必须特别慎重。

（2）承兑交单

承兑交单（Documents against Acceptance，简称 D/A），是指出口人的交单以进口人在汇票上承兑为条件。即出口人在装运货物后开具远期汇票，连同商业单据，通过银行向进口人提示，进口人承兑汇票后，代收银行即将商业单据交给进口人，在汇票到期时，方履行付款义务。承兑交单只适用于远期汇票的托收。由于承兑交单是在进口人承兑汇票后，即可取得货运单据，并凭以提货，这对出口人来说，已交出了物权凭证，其收款的保障只能取决于进口人的信用，一旦进口人到期不付款，出口人就有可能蒙受货物与货款两空的损失。所以，如采用承兑交单这种做法，必须从严掌握。承兑交单结算流程，见图 8-4：

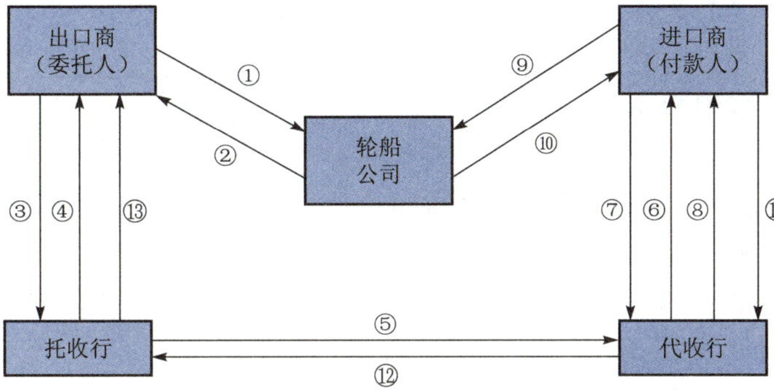

注释：

① 发货装船
② 获得货运单据
③ 托收申请（D/A）
④ 签 D/A 托收收据
⑤ 寄送有关 D/A 托收单据
⑥ 提示承兑
⑦ 承兑
⑧ 交单
⑨ 提货
⑩ 交货
⑪ 汇票到期付款
⑫ 汇交 D/A 款项
⑬ 收付 D/A 托收款项

图 8-4 承兑交单结算流程图

托收的性质是商业信用。托收虽然是通过银行办理，但银行只是按卖方的指示办事，不承担付款的责任，不过问单据的真伪，如无特殊约定，对已运到目的地的货物不负提货和看管责任。因此，卖方交货后，能否收回货款，完全取决于买方的信誉。可见托收是建立在商业信用基础上的一种支付方式。

托收方式对卖方来说是先发货后收款，如果是远期托收，卖方还可能要在货到后才能收回全部货款，这实际上是向买方提供信用。而卖方是否能按时收回全部货款，取决于买方的商业信誉。因此卖方要承担一定的信用风险。

这种信用风险表现在：如果买方倒闭，丧失付款能力，或是因为行市下跌，买方借故不履行合同，拒不付款，卖方不但要承担无法按时收回货款或货款落空的损失，而且要承担货物到达目的地后提货、存仓、保险的费用和变质、短重的风险，以及转售可能发生的价格损失；将货物转运他地或运回本国的运费负担；或是因储存时间过长，被当地政府贱价拍卖的损失等。当然，上述各项损失是买方违约造成的，卖方完全有权要求其赔偿损失。但在实践中，在买方已经破产或逃之夭夭或撕毁合同的条件下，卖方即使可以追回一些赔偿，也往往不足以弥补全部损失。特别是在行市下跌时，有些商人往往会利用不赎单给卖方造成被动，借以要挟卖方调低合同价格，对此，应特别予以注意。如采用承兑交单，卖方有可能遭受钱、货两空的损失。

但托收对于买方来说，也有一定的货物与信用风险，这主要表现在：由于付款交单强调了货物单据化的重要性，有可能在买方付款赎单提货后发现货物与合同不符，或者伪造单据骗取买方的钱财，从而使买方同样遭到钱货两空的危险。

总之，托收对卖方有较大的风险，而对买方却较为有利，可以减少其费用支出，有利于资金融通，所以在出口业务中采用托收，有利于调动买方采购货物的积极性，从而有利于促进成交和扩大出口，故许多卖方往往把采用托收支付方式作为推销库存和加强对外竞争的手段。

（五）托收风险的防范

在我国的出口业务中，为加强对外竞争能力和扩大出口，可针对不同商品、不同贸易对象和不同国家与地区的习惯，适当和慎重地使用托收方式。但是，在使用此种方式时，应注意下列问题：

（1）认真考察进口人的资信情况和经营作风，并根据进口人的具体情况妥善掌握成交金额，不宜超过其信用程度。

（2）对于贸易管理和外汇管制较严的进口国家和地区，不宜使用托收方式，以免货到目的地后，由于不准进口或收不到外汇而造成损失。

（3）要了解进口国家的商业惯例，以免由于当地习惯做法，影响安全迅速收汇。例如，有些拉美国家的银行，对远期付款交单的托收，按当地的法律和习惯，在进口人承兑远期汇票后，立即把商业单据交给进口人，即把远期付款交单（D/P 远期）改为按承兑交单（D/A）处理。因而会使出口人增加收汇的风险，并可能引起争议和纠纷。

（4）出口合同应争取按 CIF 或 CIP 条件成立，由出口人办理货运保险；必要时也可酌情投保出口信用险。在不采用 CIF 或 CIP 条件出口时，则可酌情投保卖方利益险。

（5）采用托收方式收款时，要建立健全管理制度，定期检查，及时催收清理，如发现问题，应迅速采取应对措施，以避免或减少可能发生的损失。

在我国进口业务中，也有采用跟单托收方式支付货款的。我国进口企业使用托收方式，可以节省费用，免于支付国外银行手续费。进口跟单托收方式，一般只采用即期付款交单条件，但也有采用远期付款的。

（六）国际商会《托收统一规则》和《托收统一规则（URC 522）关于电子交单的附则》

在国际贸易中，各国银行办理托收业务时，往往由于当事人各方对权利、义务的不同解释和各个银行业务做法上的差异，因而导致争议和纠纷。国际商会为调和各有关当事人之间的矛盾，以利国际贸易和金融活动的开展，早在 1958 年即草拟了《商业单据托收统一规则》，并建议各国银行采用该规则。此后，根据国际贸易的新变化，该规则几经修订，于 1995 年 4 月公布了新的《托收统一规则》，简称 URC522，并于 1996 年 1 月 1 日正式生效与实施。

URC522 包括七部分内容：A. 总则及定义；B. 托收的方式及结构；C. 提示方式；D. 义务与责任；E. 付款；F. 利息、手续费及费用；G. 其他规定，共 26 条。现将主要内容介绍如下：

（1）银行办理托收业务应以托收指示为准。一切寄出的托收单据均须附有托收指示，并注明该项托收按照 URC522 办理。托收指示是银行及有关当事人办理托收的依据。

（2）不提倡 D/P 远期。第 7 条规定：托收不应含有远期汇票而又同时规定商业单据要在付款后才交付。如果托收含有远期付款的汇票，托收指示书应注明商业单据是凭承兑（D/A）交付款人还是凭付款（D/P）交付款人。如无此项注明，商业单据仅能凭付款交付，代收行对因迟交单据产生的任何后果不负责任。如果托收单据中含有远期付款汇票，且托收指示注明凭付款交付商业单据，则单据只能凭付款交付，代收行对于因任何迟交单据所产生的后果概不负责。

（3）银行不接受或处理货物。除非事先征得银行同意，货物不应直接运交银行，不应以银行或其指定人为收货人。银行对跟单托收项下的货物没有义务采取任何行动，对此项货物的风险和责任由发货人承担。

（4）银行代制单据。在托收行指示，或者是代收行或者是付款人应代制托收中未曾包括的单据（汇票、本票、信托收据、保证书或其他单据）时，这些单据的格式和词句应由托收行提供，否则，代收行对由代收行和/或付款人所提供任何该种单据的格式和词句将不承担责任或对其负责。

（5）银行对收到单据的处理。银行必须确定它所收到的单据与托收指示中所列表面相符，如果发现任何单据有短缺或非托收指示所列，银行必须以电讯方式，如电讯不可能时，以其他快捷的方式通知从其收到指示的一方，不得延误；如果单据与所列表面不相符，托收行对代收行收到的单据种类和数量应不得有争议；银行将按所收到的单据办理提示而无需做更多的审核。

（6）银行对单据有效性的免责。银行对于任何单据的形式、完整性、准确性、真伪性或法律效力，或对于单据上规定的或附加的一般性和/或特殊条件，概不承担责任；银行对于任何单据所表示的货物的描述、数量、重量、质量、状况、包装、交货、价值或存在与否，对于发货人、承运人、运输行、收货人或保险人或其他任何人的诚信、行为和/或疏忽、偿付能力、行为能力，也概不负责。

（7）“需要时的代理”的职责。如果委托人在托收指示中指定一名代表，在遭到拒绝付款或拒绝承兑时作为“需要时的代理”，应在托收指示中明确而且完整地注明此项代理的权限。所谓“需要时的代理”是指委托人指定的在付款地的代理人，如托收发生拒付，此代理人便可代替委托人处理货物存仓、保险、转售、运回等事宜。如委托人指定需要时的代理人，必须在托收指示中明确代理人的权限，如是否有权提货、指示减价转售货物等。否则，银行将不接受该需要时的代理的任何指示。

（8）银行对托收被拒付的处理。托收如被拒付，提示行应尽力确定拒绝付款和/或拒绝承兑的原因，并须毫不延误地向发出托收指示的银行送交拒付的通知。委托行收到此项通知后，必须对单据如何处理给予相应的指示。提示行如在发出拒付通知后 60 天内仍未收到此项指示，则提示行可将单据退回发出托收指示的银行，而不再负任何责任。

此外，URC522 还对托收的提示方式，付款、承兑的程序，利息、托收手续费和费用的负担，托收被拒付后作成拒绝证书等事宜都分别作了具体规定。

《托收统一规则》公布实施后，已成为托收业务具有一定影响的国际惯例，并已被各国银行采纳和使用。但应指出，只有在有关当事人事先约定的条件下，才受该惯例的约束。

近年来，随着科学技术和电讯业的迅猛发展，贸易金融数字化及电子商务在托收业务中被世界各国银行业广泛运用，传统贸易工具将不可避免地向纸质和数字化混合的生态系统发展。为了保证电子托收的健康有序的发展，并确保其“电子适用性”，即能够使银行接受对应单据的数据，国际商会在 2019 年通过了《托收统一规则（URC 522）关于电子交单的附则》（URC Supplement for Electronic Presentation，简称 eURC），并于 2019 年 7 月 1 日正式生效。eURC 是对《托收统一规则》（1995 年修订本，国际商会第 522 号出版物）（URC）的补充，以适应电子记录的单独提交或与纸质单据联合提交的情形。该规则指出，当托收指示表明受 eURC 约束时，eURC 将被适用。eUPC 共有 12 条，涉及了 eURC 的适用、eURC 的范围、eURC 与 URC 的关系、定义、格式、交单、不付款或不承兑通知、到期日的确定、电子记录的放单、电子记录数据损坏、根据 eURC 提交电子记录时的额外免责、不可抗力等内容。

（七）合同中的托收条款

现将合同中有关托收条款举例说明如下：

1. 即期付款交单

例如：买方应凭卖方开具的即期跟单汇票，于见票时立即付款，付款后交单。（Upon first presentation, the buyers shall pay against documentary draft drawn by the sellers at sight. The shipping documents are to be delivered against payment only.）

2. 远期付款交单

例如：买方对卖方开具的见票后 45 天付款的跟单汇票，于提示时应即予承兑，并应于汇票到期日即予付款，付款后交单。（The buyers shall duly accept the documentary draft by the sellers at 45 days sight upon first presentation and make payment on its maturity. The shipping documents are to be delivered against payment.）

3. 承兑交单

例如：凭付款日为提单装船日后 60 天的汇票付款，承兑交单。（Payment by draft payable 60 days after on board B/L date, documents against acceptance.）

第三节　信用证付款

在国际货物贸易中，进出口双方互不信任，出口商担心发货后进口商不付款，进口商则担心预付货款后出口商不发货，而在国际货物贸易中，进出口双方一手交钱、一手交货的当面货款交割方式，既不可行，又非常罕见。随着银行参与国际贸易结算，逐步形成了信用证（Letter of Credit，L/C）支付方式，从而把由进口商履行付款责任，转为由银行来付款，保证出口商安全迅速收到货款，买方按时收到装运单据（Shipping Documents）。因此，在一定程度上解决了进出口商之间互不信任的矛盾；同时，也为进出口双方提供了资金融通的便利。所以，自信用证出现以来，这种支付方式发展很快，并在国际贸易中被广泛应用。当今，信用证付款已成为国际贸易中一种重要的支付方式。

需要指出的是，经过 3 年多的广泛咨询和充分酝酿，2006 年 11 月，国际商会终于在全球范围内正式发布了有关信用证领域的最新国际惯例——《跟单信用证统一惯例（2007 年修订本）》（简称 UCP600），并决定于 2007 年 7 月 1 日起全面取代实施了长达13年的《跟单信用证统一惯例（1993年修订本）》（简称UCP500）。UCP600的公布和实施，无疑是进出口交易领域十余年来的一件大事，亟待进出口从业人员准确掌握，灵活运用，以趋利避害。

一、信用证的含义、特点与作用

（一）信用证的含义

UCP600在第二条“定义”中规定：“信用证意指一项不可撤销的安排，不论其如何命名或描述，该项安排构成开证行对相符交单予以承付的确定承诺。”

简言之，信用证是一种银行开立的凭装运单据付款的书面承诺。信用证结算方式的特点之一就是凭单付款。进口方作为申请人在申请开证行开立信用证时需要递交开证申请书，进口商填写开证申请书，就是有效地将买卖合同条款转化为对出口商（受益人）提交单据的要求。以CIF买卖合同为例，出口方按买卖合同和信用证规定，通过向保险公司投保、商检机构报验、将货物装船发运等履约过程，获取了信用证所通常要求的保险单据、商检证书、海运提单，并连同出口方自己缮制的汇票、发票、装箱单等有关单据，在规定期限内送银行办理收结汇手续。这些单据是出口方按买卖合同及信用证要求履约的证据，其中，海运提单通常是买方在目的地据以提货的凭证，所以银行及进口方才肯凭单付款。从本质上讲，信用证就是买卖合同条款的单据要求加银行的付款保证。

由此可见，信用证是开证银行对受益人的一种保证，只要受益人履行信用证所规定的条件，即受益人只要提交符合信用证所规定的各种单据，开证行就保证付款。因此，在信用证支付方式下，开证行成为首先付款人，故属于银行信用。

（二）信用证的特点

银行信用一般比商业信用可靠，故信用证支付方式与汇付及托收方式比较，具有不同的特点，主要表现在下列三个方面：

1. 信用证是一种银行信用

信用证支付方式是一种银行信用，由开证行以自己的信用作出承付的保证。在信用证付款的条件下，开证银行处于第一付款人的地位，信用证是开证行的付款承诺。因此，开证行是第一付款人。在信用证业务中，开证行对受益人的承付责任是一种独立的责任，即开证行的承付不以进口人的付款作为前提条件。

2. 信用证是一项单据业务

在信用证方式下，实行的是凭单付款的原则。UCP600在第五条中规定：“银行处理的是单据，而不是单据可能涉及的货物、服务或履约行为。”所以，信用证业务是一种纯粹的单据业务。按照UCP600第十四条“审核单据的标准”中的a项规定：“按照指定行事的被指定银行、保兑行（如有）以及开证行必须对提示的单据进行审核，并仅以单据为基础，以决定单据在表面上看来是否构成相符交单。”因此，银行对任何单据的形式、完整性、准确性、真实性以及伪造或法律效力，或单据上规定的或附加的一般和/或特殊条件概不负责。按照UCP500的规定，在信用证结算方式下，受益人所提交的单据不仅要做到“单证相符”（受益人提交的单据在表面上与信用证规定的条款相符合），还要做到“单单不得互不一致”（受益人提交的各种单据之间在表面上不得互不一致）。

UCP600 在第二条“定义”中也首次明确规定：“相符交单是指与信用证条款、本惯例的相关适用条款以及国际标准银行实务相一致的交单。”

单据不符导致拒付是信用证支付方式下一种极为普遍的现象，这降低了信用证的使用范围，也导致信用证的诉讼案激增。因此，UCP600 在第十四条“审核单据的标准”中的 d 项中规定：“单据中的数据，在与信用证、单据本身以及国际标准银行实务参照解读时，无须与该单据本身中的数据、其他要求的单据或信用证中的数据等同一致，但不得矛盾。”可见，UCP600 即使在单证之间也不要求“等同”（Identical），而仅要求“不得矛盾”（Must not conflict with），从而体现了审单标准宽松化的倾向。

3. 信用证是独立于其他合同之外的一种自足的法律文件

虽然信用证是依据买卖双方之间的买卖合同和其他合同（如开证申请书、运输合同、保险合同）开立的，但信用证并不依附于买卖合同和其他合同，而是独立于买卖合同等之外的银行信用凭证。银行只对信用证负责，不受买卖合同或其他合同的约束。即使信用证中包含有关于合同的任何援引文句，银行也与该合同完全无关。例如，除自身条款外，有的信用证又在其中加注：“其他条款参照×××号合同”（Other terms as per contract No. ×××），即使如此，信用证也不受上述合同条款的约束。信用证与买卖合同是两项不同的业务，是各自独立存在的两种法律关系。

因此，一家银行作出承付、议付或履行信用证项下其他义务的承诺，并不受申请人与开证行之间或与受益人之间在已有关系下产生的索偿或抗辩的制约。受益人在任何情况下，不得利用银行之间或申请人与开证行之间的契约关系。

UCP600 在第四条“信用证与合同”中还进一步指出：“开证行应劝阻申请人试图将基础合同、形式发票等文件作为信用证组成部分的做法。”

（三）信用证的作用

采用信用证支付方式，在很大程度上缓解了进出口双方互不信任的矛盾，并给进出口双方以及银行都带来一定的好处。信用证在国际贸易结算中的作用，主要表现在：

1. 对出口商的作用

（1）保证出口商凭单取得货款。信用证支付的原则是单证相符，出口商交货后提交的单据，只要做到与信用证条款相符，银行就保证支付货款。在信用证支付方式下，出口商交货后不必担心进口商到时不付款，而是由银行承担付款责任，这种银行信用要比商业信用可靠。因此，信用证支付为出口商收取货款提供了较为安全的保障。

（2）使出口商得到外汇保证。在进口管制和外汇管制严格的国家，进口商要向本国申请外汇得到批准后，方能向银行申请开证，出口商如能按时收到信用证，说明进口商已得到本国外汇管理当局使用外汇的批准，因而可以保证出口商履约交货后，按时收取外汇。

（3）可以取得资金融通。出口商在交货前，可凭进口商开来的信用证作抵押，向出口地银行借取打包贷款（Packing Credit），用以收购、加工、生产出口货物和打包装船；或出口商在收到信用证后，按规定办理货物出运，并提交汇票和信用证规定的各种单据，叙作出口押汇取得贷款。这是出口地银行对出口商提供的资金融通，从而有利于出口商的资金周转和扩大出口。

2. 对进口商的作用

（1）确保取得出口商履行买卖合同的证据。进口商填写开证申请书，就是有效地将买卖合同条款转化为对出口商（受益人）提交单据的要求，因此，进口商申请开证时，可以通过控制信用证条款来约束出口商交货的时间、交货的品质和数量，如在信用证中规定最迟的装运期限，以及要求出口商提交由信誉良好的公证机构出具的品质、数量或重量证书等，以保证进口商按时、按质、按量收到货物。

其中，FOB、CFR 和 CIF 买卖合同项下的已装船海运提单，是卖方完成交货义务的凭证和买方在目的地据以提货的凭证，因此，可以保证进口商收到的是代表货物的单据，特别是提货凭证。

（2）提供资金融通。进口商在申请开证时，通常要交纳一定的开证押金，如开证行认为进口商资信较好，进口商就有可能在少交或免交部分押金的情况下履行开证义务。如采用远期信用证，进口商还可以凭信托收据（Trust Receipt）向银行借单，先行提货、转售，到期再付款，这就为进口商提供了资金融通的便利。

3. 对银行的作用

开证行接受进口商的开证申请，即承担开立信用证和凭相符单据付款的责任，这是银行以自己的信用作出的保证，以银行信用代替了进口商的商业信用。所以，进口商在申请开证时要向银行交付一定比例的开证押金或担保品，为银行利用资金提供便利。此外，在信用证业务中，银行每做一项服务，均可取得各种收益，如开证费、通知费、议付费、保兑费、修改费等各种费用。因此，承办信用证业务是各银行的业务项目之一。在国际贸易结算中，信誉良好、作风正派的银行及其高质量的服务，又促进了信用证业务的发展。

二、信用证涉及的当事人

信用证支付方式所涉及的当事人较多，通常有以下几个：

（一）开证申请人（Applicant）

按照 UCP600 的定义，申请人是指要求开立信用证的一方。在实际业务中，申请人通常为进口商。另外，UCP500 和 UCP600 均规定，允许开证行以自身名义开证。

（二）开证行（Issuing Bank）

按照 UCP600 的定义，开证行是指应开证申请人的要求或代表自己开出信用证的银行。在实际业务中，开证行一般为进口地的银行。开证行和开证申请人（通常为进口商）之间的契约是开证申请书。进口商在申请开证时，应根据开证行的要求，交付押金及手续费；开证行应根据申请书条款，正确、及时地开出信用证。信用证开出后，开证行要对信用证独立负责，承担第一性付款责任。开证行不能因进口商拒绝赎单或无力付款而拒绝承担保证承付的责任。

（三）通知行（Advising Bank）

按照 UCP600 的定义，通知行指应开证行要求通知信用证的银行。通知行通常是出口地银行，而且一般是开证行的代理行（Correspondent Bank）。按照UCP600的规定，通知行通知信用证或修改的行为，即表明其认为信用证或修改的表面真实性得到满足，且其通知准确地反映了所收到的信用证或修改的条款。如果一家银行被要求通知信用证或修改但其决定不予通知，则必须毫不延迟地通知向其发送信用证、修改或通知的银行。

需要指出的是，UCP600新增了"第二通知行"（Second Advising Bank）的概念，即：通知行可以通过另一银行（"第二通知行"）向受益人通知信用证及其修改。第二通知行的责任是核实所收到的通知书的表面真实性及其准确性。另外，经由通知行或第二通知行通知信用证的银行必须经由同一银行通知其后的任何修改。

（四）受益人（Beneficiary）

按照UCP600的定义，受益人是指有权使用信用证的人。在实际业务中，受益人通常是出口商或实际供货人。

（五）议付银行（Negotiating Bank）

UCP500首次明确规定："议付意指被授权议付的银行对汇票及/或单据给付对价，仅仅审核单据未给付对价不构成议付。"因此，议付行是指买入或贴现受益人按信用证规定提交的汇票及/或单据的银行。信用证中指定特定银行为议付行的，称为限制议付信用证；可由任何银行议付的信用证称为公开议付信用证，或称自由议付信用证。

必须注意的是，UCP600对议付的定义作出了重大修改。按照UCP600的规定，议付是指议付行在相符交单下，在其应获偿付的银行工作日当天或之前向受益人预付或同意预付款项，从而购买汇票及/或单据的行为。另外，汇票的付款人必须是银行，但不能做成以议付行为付款人。

（六）保兑行（Confirming Bank）

按照UCP600的定义，保兑行是指根据开证行的授权或要求在信用证上加具保兑的银行。保兑行在信用证上加具保兑后，即对信用证独立负责，承担必须对相符交单承付或议付的责任。汇票、单据一经保兑行承付或议付，即使开证行倒闭或无理拒付，保兑行均无权向出口商追索款项。这样，保兑信用证下的受益人可获得开证行和保兑行的双重独立付款保证。保兑银行可以由通知银行兼任，也可由其他银行加具保兑。

（七）偿付银行（Reimbursement Bank）

偿付银行又称清算银行（Clearing Bank），是指信用证指定的代开证行向议付行、承兑行或付款行清偿垫款的银行。偿付行的出现往往是由于开证行的资金调度或集中在该银行的缘故。信用证中如规定有关银行向指定银行索偿时，开证行应及时向该偿付行提供照付该索偿的适当指示或授权，并且不应以索偿行向偿付行提供单证相符的证明为先决条件。如索偿行未从偿付行获得偿付，开证行并不能解除其自身偿付的任何义务。除非另有规定，偿付费用应由开证行承担。需要指出的是，由于偿付银行并不审查单据，因此偿付银行的偿付具有追索权。

（八）受让人（Transferee）

受让人又称第二受益人（Second Beneficiary），是指接受第一受益人转让有权使用信用证的人，大都是出口人的实际供货商。在可转让信用证下，受益人有权要求将该证的全部或一部分转让给第三者，该第三者即为信用证的受让人。

三、信用证的主要内容及开立的形式

信用证内容虽然不多，但由于没有统一格式，各国银行均按本行需要自行设计，所以，各不相同，形式纷杂，不仅处理费时，还易引起误解，影响业务的顺利进行。为此，国际商会曾先后以 268、323、416 号出版物介绍了几种标准格式，为适应 UCP500 的需要，国际商会出版了 516 号小册子，即《为 UCP500 制定的新版标准跟单信用证格式》（The New Standard Documentary Credit Forms for the UCP500）。该 516 号出版物中的开证申请和开证格式对即期或延期付款、承兑、议付四种信用证同样适用，目的是减少信用证各当事人的不熟练、不准确和错误操作给信用证业务带来的风险，以期对跟单信用证业务带来新的澄清和一致性。

（一）信用证的主要内容

简言之，信用证的内容就是买卖合同条款的单据要求加银行的付款保证。这些信用证的内容是为了提供一个出口商履约的衡量标准，然后通过单据来证明其已经履约，随后开证行才予以承付，信用证主要有以下各项内容：

（1）对信用证本身的说明。对信用证本身的说明包括信用证的种类、性质、信用证号码、开证日期、有效期和到期地点、交单期限等。

（2）对汇票的说明。在信用证项下，如使用汇票，要明确汇票的付款人、汇票金额、汇票期限、主要条款等内容。

（3）对装运货物的说明。在信用证中，应列明货物名称、规格、数量、单价等，且这些内容应与买卖合同规定一致。

（4）对运输事项的说明。在信用证中，应列明起运地、目的地、装运期限以及可否分批、转运等项内容。

（5）对装运单据的说明。在信用证中，应列明所需的各种装运单据，主要规定应提交哪些单据（如发票、提单、保险单、装箱单、重量单、产地证及商检证书等），各种单据的份数，以及这些单据应表明的货物的名称、品质规格、数量、包装、单价、总金额、运输方式、装卸地点等。

（6）其他事项：

① 开证行对议付行的指示条款；

② 开证行保证承付的文句；

③ 开证行的名称及地址；

④ 其他特殊条款，例如限制由××银行议付、限制船舶国籍和船舶年龄、限制航线和港口等。这些特殊条款根据进口国政治经济情况的变动可以有所不同。

（7）根据《跟单信用证统一惯例》开立（Subject to UCP...）的文句。

（二）信用证开立的形式

信用证开立的形式，主要有信开本和电开本两种。

1. 信开本（To Open by Airmail）

信用证的英文名称是“Letter of Credit”，这是因为初创时采用“Letter”（信函）的形式开立的。信开本是指开证行采用印就的信函格式的信用证，开证后以空邮寄送通知行。这种形式现已很少使用。

2. 电开本（To Open by Cable）

电开本是指开证行使用电报、电传、传真、SWIFT 等各种电讯方法，将信用证条款传给通知行。电开本又可分为以下几种：

（1）简电本（Brief Cable）。即开证行只是通知已经开证，将信用证主要内容，如信用证号码、受益人名称和地址、开证行名称、金额、货物名称、数量、价格、装运期及信用证有效期等预先通告通知行，详细条款将另航寄通知行。由于简电本内容简单，在法律上是无效的，所以不足以作为交单承付或议付的依据。该简电通知中必须注明“详情后告”（Full Details to follow）或类似用语，或声明以邮寄确认书为有效信用证或修改的文本，借以表明该简电仅作预先通知之用，而不是信用证或信用证修改的有效文本。除非开证行在其预先通知书中另有规定，否则，发出预先通知的开证行应不可撤销地保证不延误地开出信用证或修改的文本，且条款不能与预先通知书相矛盾。

（2）全电本（Full Cable）。即开证行以电讯方式开证，把信用证全部条款传达给通知行。全电开证本身是一个内容完整的信用证，因此是交单承付或议付的依据。有些银行在电文中注明“有效文本”（Operative Instrument），借以明确该全电本性质。未标明“详情后告”或“随寄证实书”等字样的电开信用证或修改文本，应视为有效电开信用证或修改文本，即全电本。

（3）SWIFT 信用证。SWIFT 是“全球银行金融电讯协会”（Society for Worldwide Interbank Financial Telecommunication）的简称，于 1973 年在比利时布鲁塞尔成立。该组织设有自动化的国际金融电讯网，该协会的成员银行可以通过该电讯网办理信用证业务以及外汇买卖、证券交易、托收等。凡参加 SWIFT 组织的成员银行，均可使用 SWIFT 办理信用证业务。

凡按照国际商会所制定的电讯信用证格式，利用 SWIFT 系统设计的特殊格式（Format），通过 SWIFT 系统传递的信用证的信息（Message），即通过 SWIFT 开立或通知的信用证称为 SWIFT 信用证，也有称为“全银电协信用证”的。

采用 SWIFT 信用证，必须遵守 SWIFT 使用手册的规定，使用 SWIFT 手册规定的代号（Tag）。

采用 SWIFT 信用证后，信用证具有标准化、固定化和统一格式的特性，且传递速度快捷，成本也较低。现在已被西北欧、美洲和亚洲等国家与地区的银行广泛使用。我国银行在电开信用证或收到的信用证电开本中，SWIFT 信用证也已占很大比重。

四、信用证的流转程序

虽然不同类型信用证的流转程序在具体细节上有所不同，但其基本环节大致相同，现以议付信用证为例，信用证业务的一般流转程序，见图 8-5：

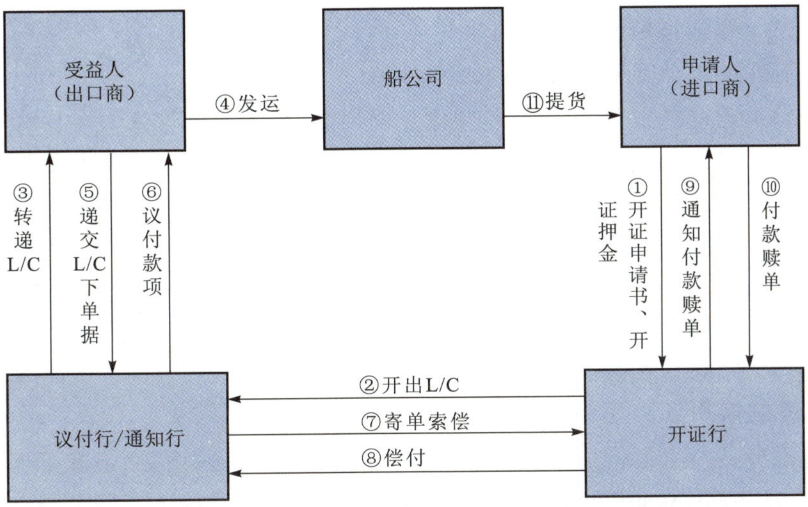

注释：

① 进口商根据买卖合同规定，填写开证申请书，向开证行申请开立信用证。

② 开证行接受进口方开证申请，收受开证押金后，依据开证申请书内容开出信用证，发送出口商所在地通知行。

③ 通知行鉴定信用证表面真实性后通知受益人（出口商）。

④ 出口商审核信用证与买卖合同条款相符后，按信用证规定装运货物。

⑤ 备齐各种装运单据并开立汇票，在信用证规定的交单期和有效期内送交当地银行（议付行）议付。

⑥ 议付行按信用证条款审核单证相符后，按汇票金额扣除有关利息和手续费，将余额垫付给出口商。议付后，议付行应在信用证背面作有关议付事项的必要记录，称为“背批”，其作用是防止超额和重复议付。

⑦ 议付行将汇票和装运单据分次寄往开证行索偿，以防邮递过程中发生单据遗失现象。

⑧ 开证行对照信用证审核单据无误后，将款项偿付给议付行。

⑨ 开证行通知进口商付款赎单。

⑩ 进口商付款赎单。倘若进口商验单时，发现单证不符，有权拒绝付款赎单，此时开证行就有可能造成损失。而且，开证行不能以验单时未发现单据不符为由向议付行要求退款。

⑪ 进口商付款赎单后，在海运方式下，凭海运提单在目的港提货。

图 8-5 信用证业务一般流转程序图

五、信用证的种类

信用证根据其性质、期限、使用方式等特点，可以从不同的角度分为以下几种：

（一）跟单信用证和光票信用证

以信用证项下的汇票是否附有装运单据，信用证可分为跟单信用证和光票信用证。

1. 跟单信用证（Documentary Credit）

跟单信用证是指开证行凭跟单汇票或仅凭装运单据付款的信用证。国际贸易中所使用的信用证，绝大部分是跟单信用证。

2. 光票信用证（Clean Credit）

光票信用证是指开证行仅凭不附装运单据的汇票付款的信用证。在采用信用证方式预付货款时，通常是用光票信用证。

（二）不可撤销信用证（Irrevocable Letter of Credit）

不可撤销信用证是指信用证一经开出，在有效期内，未经受益人及有关当事人的同意，开证行不得片面修改和撤销，只要受益人提供的单据符合信用证条款，开证行必须履行承付义务。这种信用证对受益人较有保障，故其在国际贸易中，使用最为广泛。根据 UCP500 第六条规定，信用证上应明确注明是可撤销的或是不可撤销的，如无此项注明，应视为不可撤销的信用证。

后来，由于在实际业务中，开立可撤销信用证的情形极少，故 UCP600 便删除了可撤销信用证的概念及其有关规定。

（三）保兑信用证和不保兑信用证

按照有没有另一家银行加以保证兑付，信用证可分为保兑信用证和不保兑信用证。

1. 保兑信用证（Confirmed Letter of Credit）

保兑信用证是指开证行开出的信用证，由另一家银行保证对符合信用证条款规定的单据履行兑付义务。对信用证加保兑的银行，称为保兑行（Confirming Bank）。保兑行一经保兑，就和开证行一样承担兑付责任，并在承付或议付后，对受益人或其他前手银行无追索权。

信用证的“不可撤销”是指开证行对信用证的承付责任，“保兑”则是指开证行以外的银行保证对信用证承担兑付责任。保兑信用证，则意味着该信用证不但有开证行不可撤销的承付保证，而且又有保兑行的兑付保证，两者都负第一性的付款责任。所以这种有双重保证的信用证对出口商最为有利。保兑行的兑付责任，是以规定的单据在到期日或之前向保兑行或信用证的指定银行提交，并符合信用证的条款为条件。保兑行通常是通知行，有时也可以是出口地的其他银行或第三国银行。保兑的做法一般是由保兑银行在信用证上加列下述保兑文句：“兹对此证加具保兑，并保证于提示符合此证条款的单据时履行兑付。”

2. 不保兑信用证（Unconfirmed Letter of Credit）

不保兑信用证是指开证银行开出的信用证没有经另一家银行保兑。当开证银行资信较好和成交金额不大时，一般都使用这种不保兑的信用证。

（四）议付信用证（Negotiation L/C）

UCP500 和 UCP600 均规定，任何一份信用证均须明确表示其适用于何种兑付方式。按照兑付方式的不同，信用证又可分为议付信用证、即期付款信用证、承兑信用证和延期付款信用证四种。

需要指出的是，UCP600 首次引入了“承付”（Honour）的概念。所谓“承付”是指：（1）如果为即期付款信用证，则即期付款。（2）如果为延期付款信用证，则承担延期付款责任并于到期日付款。（3）如果为承兑信用证，则承兑受益人开出的汇票并于到期日付款。可见，“承付”一词概括了“即期付款”、“承兑”和“延期付款”三类信用证项下与支付有关的行为，从而使得 UCP600 的条文更加统一和简洁。

标明“议付兑付”（Available by negotiation）的信用证称为议付信用证（Negotiation Credit）。议付信用证是指开证行在信用证中，邀请其他银行预先买入汇票及/或单据的信用证，即允许受益人向某一指定银行或任何银行交单议付的信用证。通常在单据符合信用证条款的条件下，议付银行扣除获得偿付前的利息和手续费后，将款项垫付给受益人。按照 UCP500 和 UCP600 的规定，保兑行的议付没有追索权。

需要指出的是，UCP600 规定：信用证不得开成凭以申请人为付款人的汇票兑付。

开证行通常在议付信用证中加列下述保证条款：“我行同意出票人、背书人及善意持票人在其适时提交符合信用证条款和条件的汇票/单据时即予以承付。”（We hereby agree with the drawers, endorsers and bona fide holders of Drafts/documents drawn under and in compliance with the terms and conditions of the Credit that such Drafts/documents will be duly honoured on due presentation.）

1. 公开议付信用证（Open Negotiation Credit）

公开议付信用证又称自由议付信用证（Freely Negotiation Credit），是指开证行对愿意办理议付的任何银行作公开议付邀请和偿付承诺的信用证，即任何银行均可按信用证条款自由议付的信用证。

2. 限制议付信用证（Restricted Negotiation Credit）

限制议付信用证是指开证行指定某一银行进行议付的信用证。在限制议付信用证中，通常有下列限制议付文句：“本证限××银行议付。”

公开议付信用证和限制议付信用证的到期地点都在议付行所在地。这种信用证经议付后，如因故不能向开证行索得货款，议付行（保兑行除外）有权对受益人行使追索权。任何除保兑行以外的议付行有议付的权利，但没有议付的义务。

议付信用证在我国出口业务中应用最为普遍。在出口时，受益人应要求议付信用证中的议付行由出口地一家或任何银行担负，此时信用证的交单地点也在该议付行处。目的是就近议付能较快收回货款，单据出现问题也可就近洽商解决，因为出口商应向信用证指定的议付行交单议付。UCP600 规定，除规定的交单地点外，开证行所在地也是交单地点。

（五）即期付款信用证

凡注明“付款兑付”（Available by Payment）的信用证称为付款信用证。按付款期限的不同，付款信用证又可分为即期付款信用证和延期付款信用证。

注明“即期付款兑付”（Available by Payment at sight）的信用证称为即期付款信用证（Sight Payment Credit）。因有些国家规定票据须征收印花税，为逃避印花税，即期付款信用证通常不要求受益人开立汇票，付款行或开证行仅凭与信用证条款相符的单据付款。开证行通常在不要汇票的即期付款信用证中加列下述保证条款：“我行保证凭符合信用证条款的单据付款。”（We hereby engage that payment will be dully made against documents presented in conformity with the terms and conditions of this credit.）即期付款信用证也可要求受益人出具以被指定银行（即付款行）为付款人的即期汇票。即期付款信用证要求汇票的原因有两个：一是履行付款的银行以受益人出具的即期汇票作为证明自己已履行付款义务的凭据；二是以汇票作为保护有关各方在票据法下所享有的权利。开证行通常在要求即期汇票的即期付款信用证中加列下述保证条款："我行保证凭符合本信用证条款之汇票及单据付款。"（We hereby engage that all drafts drawn under and documents presented hereunder will be duly honoured by us provided that the terms and conditions of the credit are complied with.）

出口人作为受益人，在利用即期付款信用证作为出口结算方式时，应注意以下问题：按 UCP600 规定，信用证必须规定可在其所在地兑付的银行，或者是否可在任何银行兑付。规定在指定银行兑付的信用证同时也可在开证行兑付。除非信用证规定只能由开证行办理即期付款，信用证须指定一付款行办理即期付款，该付款行即是信用证中"Available with"后紧接着的被指定银行。信用证中规定的最迟交单期及信用证有效期的到期地点，通常也在该被指定付款行处。

（六）承兑信用证（Acceptance Credit）

注明"承兑兑付"（Available by Acceptance）的信用证称为承兑信用证（Acceptance Credit）。承兑信用证必须要求受益人提供以被指定银行为付款人的远期汇票，不得要求出具以进口人等商号或非银行机构为付款人的汇票。远期汇票期限可定为："见票后××天付款""装运日后××天付款"等。因此，承兑信用证属远期信用证。开证行在承兑信用证中通常加列下述保证条款："我行保证对按信用证条款开立之汇票提示时即予承兑，并于到期时付款。"（We hereby engage that drafts drawn in conformity with the terms of this credit will be duly accepted on presentation and honoured at maturity.）

受益人在使用承兑信用证时应注意如下问题：

（1）按 UCP500 规定，除非信用证规定只能由开证行办理，否则，承兑信用证须指定一承兑行办理承兑汇票事项。除非被指定银行同时又是保兑行，否则，它对是否办理承兑汇票事项有自主决定权。承兑信用证中被指定的承兑行即是"available with"后紧接着的被指定银行，该行通常也是信用证中规定的最迟交单期及信用证有效期的到期地点。

（2）承兑信用证下受益人将符合信用证要求的远期汇票及有关单据向承兑行提交后，便可获得承兑行已承兑的银行承兑汇票，受益人据此获得票据法要求的承兑行到期付款的承诺。另外，受益人获得银行承兑汇票后可将其出售，以提前取得垫款，这项业务称为贴现。贴现业务是指贴现行或贴现公司为购得已承兑汇票，按汇票票面金额扣除至汇票到期日的利息及其他有关费用后，将余额提前垫付给受益人，从而成为汇票正当持有人的业务。通过贴现汇票，受益人可获得融资便利。但应注意，如贴现行或贴现公司到期未能从汇票付款人处取得票款，它享有向受益人索回已垫付款项的权利。

可见，承兑信用证一般用于远期付款的交易。但有时，买方为了便于融资或利用银行承兑汇票以取得比银行放款利率为低的优惠贴现率，在与卖方订立即期付款的买卖合同后，要求开立银行承兑信用证，证中规定"远期汇票即期付款、所有贴现和承兑费用由买方负担"。此种做法对受益人来说，他虽然开出的是远期汇票，但却能即期收到全部货款。

UCP500 并没有提及开证行对承兑信用证和延期付款信用证项下的指定银行的垫付融资有偿付责任，由此在实践中常引发纠纷。鉴此，UCP600 首次明确规定，开证行指定一银行承兑汇票或作出延期付款承诺，即为授权该指定银行预付或购买其已承兑的汇票或已作出的延期付款承诺。可见，UCP600 保障了指定银行的上述融资权力。

（七）延期付款信用证

标明“延期付款兑现”（Available by Deferred Payment）的信用证称为延期付款信用证（Deferred Payment Credit）。为逃避印花税，同时也由于某些国家对远期汇票的期限有所限制，延期付款信用证不要求受益人出具远期汇票。延期付款信用证必须在证中明确规定在何到期日付款（不能为即期付款），以及该到期日如何确定，如装运日后 45 天付款或交单日后 30 天付款。如延期付款信用证需要汇票，则开证行只能要求受益人在延期付款的到期日提示即期汇票，以作为有关银行已履行付款义务的凭证。

需要指出的是，延期付款信用证不要求远期汇票，也就没有“银行已承兑汇票”这一融资工具，因此，受益人不能据以贴现汇票融资，这对受益人相当不利。此时，作为出口人的受益人可通过向银行申请打包贷款和出口押汇等其他途径以解决其资金占压问题。

（八）可转让信用证

根据受益人对信用证的权利可否转让，分为可转让信用证和不可转让信用证。

可转让信用证（Transferable Credit）是指信用证的受益人（第一受益人）可以要求授权付款、承担延期付款责任、承兑或议付的银行（统称“转让银行”），或当信用证是自由议付时，可以要求信用证中特别授权的转让银行，将信用证全部或部分转让给一个或数个受益人（第二受益人）使用的信用证。

不可转让信用证是指受益人不能将信用证的权利转让给他人的信用证。凡信用证中未注明“可转让”的，就是不可转让信用证。UCP500 和 UCP600 均规定，只有明确指明“可转让”（Transferable）的信用证方可转让。UCP500 进一步规定，使用诸如“可分割”（Divisible）、“可分开”（Fractionable）、“可让渡”（Assignable）和“可转移”（Transmissible）之类措辞并不能使信用证成为可转让信用证。如使用此类措辞，则不予理会。

UCP500 和 UCP600 均规定，受益人可通过款项让渡及信用证转让两种方法将其权利转让于第三者。两种方法不同之处在于：在款项让渡项下，受益人是根据现行法律规定，将信用证项下应得款项让渡或转让于第三者；而在可转让信用证项下，受益人是将信用证项下应执行的权利转让于第三者（即第二受益人）。

可转让信用证通常适用于有中间商存在的情况。在一笔出口业务中，要求开立可转让信用证的出口人（即第一受益人）通常是中间商，为了赚取差额利润，将可转让信用证项下执行权利转让给实际供货商，由实际供货商（即第二受益人）装运出口、交单取款。

UCP600 对可转让信用证的主要规定如下：

1. 转让次数及受让人

（1）除非信用证另有规定，可转让信用证只能转让一次。因此，信用证不能应第二受益人的要求转让给任何其后的第三受益人，即禁止“垂直转让”。但允许第二受益人将收到的可转让信用证重新回转给第一受益人，此做法不属于二次转让。也就是说，第一受益人不视为其后受益人。

（2）如可转让信用证不禁止分批装运/分批支款，则可转让信用证可分为若干部分，在总和不超过信用证金额的情况下，分别办理转让，即可转让给多个第二受益人，这些转让的总和被认为只构成该信用证的一次转让，属允许之列。

2. 对转让行的限制

转让行意指办理信用证转让的被指定银行，或当信用证规定可在任一银行兑付时，转让行是指由开证行特别授权并实际办理转让信用证的银行。UCP600 还规定，开证行也可担任转让行。除上述银行外，其他银行一概无权办理信用证的转让。

另外，办理可转让信用证的转让属转让行的权力而非义务。在第一受益人提出的转让范围（如第二受益人的名称及转让金额）和转让方式（如转让行责任、是否替换单据、是否保留修改拒绝权）为转让行明确同意，且有关转让费用已由第一受益人付讫后，转让行才受理信用证的转让。

3. 对原证条款处理的规定

转让必须按原证条款办理，但以下几点除外：

（1）信用证金额和单价可以降低，差价为第一受益人的利润；

（2）有效期、运输单据签发日后的交单期和装运期可以缩短；

（3）保险加成比例可以增加；

（4）除非原信用证特别要求申请人名称出现于发票以外的任何单据中，第一受益人的名称可替换申请人的名称。

4. 对修改通知的规定

在申请转让时并在信用证转出之前，第一受益人须明示转让行，自己是否允许转让行将随后收到的对原证的修改通知第二受益人。如转让行同意第一受益人的这种要求，则该行在办理转让时，须将第一受益人关于修改的指示通知第二受益人，以保护第二受益人的利益。

当第二受益人为多数时，因第二受益人的立场不同，对于随后的信用证修改事项采取的态度可能并不一致，将会有同意及拒绝修改两种情形。对此，不同第二受益人得分别单独表示同意修改与否。同意修改的第二受益人，修改对其生效；不同意修改的第二受益人，该修改对其无效，以原证为准。

5. 对第二受益人交单的规定

为避免第二受益人绕过第一受益人直接交单给开证行，从而损害第一受益人的利益，UCP600 明确规定，第二受益人必须向转让行交单。

另外，为保护无过错的第二受益人的利益，UCP600 规定：若第一受益人换单时提交的发票导致了第二受益人的交单中原本不存在的不符点，而其未能在第一次要求时修正，转让行有权将从第二受益人处收到的单据照交开证行，并不再对第一受益人承担责任。

可见，在有中间商充当中介的交易中，作为第一受益人的中间商可通过向实际供货商（第二受益人）转让信用证，借以向实际供货商提供付款的银行保证，同时又不占用中间商自己的资金。如此，通过利用可转让信用证，有利于增强实际供货商的履约信心，保证中间商从实际供货商处获取货物，赚取差额利润，同时简化了交易及货款支付手续。但信用证的转让，并不等于买卖合同的转让，如第二受益人不能按时交货或单据有问题，第一受益人（原出口人）仍要负买卖合同上的卖方责任。所以，第一受益人在选择信用证受让人时，应注意其资信及履约能力的审查。

（九）对背信用证（Back to Back Credit）

对背信用证，是指受益人要求原证的通知行或其他银行以原证为基础，另开一张内容相似的新信用证。

对背信用证盛行于第二次世界大战后。因战后物资严重不足，出现卖方市场，商品制造商的地位较高，出口商作为中间商即使根据海外寄来的信用证订货，制造商也要求预付货款或提供某种确保付款的方法。此时，出口商不是向制造商预付货款，而是以国外寄来的信用证作抵押并提交其通知行，请该行为制造商重新开立一张新证，由于该新证起初附在原证的背面，所以对背信用证的名称由此而来。

对背信用证通常适用于以下几种情况：（1）当中间商收到的以自己为受益人的信用证为不可转让信用证时，为向实际供货商提供付款保证，获得所需货物，遂以原证为抵押请求原证通知行或另一家银行重开一张以实际供货商为受益人的新证（即对背信用证），以解决不可转让信用证禁止转让的局限性。对背信用证的受益人可以是国外的，也可以是国内的。对背信用证的开证行只能根据不可撤销信用证来开立。（2）信用证虽规定“可转让”，但因按《跟单信用证统一惯例》的规定，可转让信用证只能转让一次，当该笔交易有两个以上的中间商存在时，第一中间商将可转让信用证转让给第二中间商后，第二中间商及此后的中间商可通过依次开立对背信用证直至到达实际供货商的办法，以解决可转让信用证只能转让一次的局限性。

对背信用证的内容除开证人、受益人、总金额、单价、装运期限、有效期限等有变动外，其他条款一般与原证相同。由于对背信用证的条款修改时，新证开证申请人需得到原证开证申请人和开证行的同意，所以受益人使用对背信用证时必须特别慎重。

对背信用证与可转让信用证虽同样适用于存在中间商的交易，但二者仍有以下区别：

（1）可转让信用证允许将开给出口商（第一受益人）的信用证转让给作为第二受益人的供货商，并允许其直接利用该信用证；而对背信用证则是独立于原信用证的另开立的一张新证，二者相互并存。

（2）可转让信用证流转程序所涉及的银行是为一套互相关联的为可转让信用证服务的银行，主要包括：开证行，通告行，转让行；而对背信用证的流转程序要涉及为两套独立并存的信用证服务的银行，主要包括：原证开证行及通知行/指定银行，对背信用证（新证）开证行及通知行/指定银行。

（3）可转让信用证的转让，要以开证申请人及开证行的明确指示为前提；而对背信用证的开立，则与原证申请人及开证行无关。

（4）可转让信用证的受让人与原受益人一样，可以得到开证行的承付保证；而对背信用证的受益人对原证的申请人及开证行无任何债权，它仅能得到对背信用证开证行的承付保证。

（5）可转让信用证对转让行有一定限制；而可开立对背信用证的银行无任何限制。另外，对背信用证的开证行要比转让行承担更大的责任和风险。

（6）在可转让信用证项下，第一受益人只有权替换第二受益人的发票及/或汇票；而在对背信用证下，通常要将供货商提交的几乎所有单据全部替换为卖方（中间商）的单据，以便符合原证要求。

（十）对开信用证（Reciprocal Credit）

对开信用证是指两张信用证的开证申请人互以对方为受益人而开立的信用证。对开信用证的特点是，第一张信用证的受益人（出口人）和开证申请人（进口人）就是第二张信用证的开证申请人和受益人，第一张信用证的通知行通常就是第二张信用证的开证行。两张信用证的金额相等或大体相等，两证可同时互开，也可先后开立。对开信用证多用于易货交易或来料加工和补偿贸易业务，交易的双方都担心对方凭第一张信用证出口或进口后，另外一方不履行进口或出口的义务，于是采用这种互相联系、互为条件的开证办法，用以彼此约束。

（十一）循环信用证（Revolving Credit）

循环信用证是指信用证金额全部或部分使用后，其金额又恢复到原金额，可再次使用，直至达到规定的次数或规定的总金额为止。循环信用证与一般信用证的不同之处在于：一般信用证在使用后即告失效；而循环信用证则可多次循环使用。这种信用证通常在分期交货的情况下采用。

循环信用证又分为按时间循环信用证和按金额循环信用证。

1. 按时间循环信用证

按时间循环信用证是指受益人在一定的时间内可多次支取信用证规定的金额。例如，信用证规定：“本证按月循环，信用证每月可支金额 50 000 美元，于每个日历月的第一天被自动恢复。本行在此循环信用证项下的最大责任不超过 6 个月的总值300 000 美元，每个月未使用的余额，不能移至下个月合并使用。”

2. 按金额循环信用证

按金额循环信用证是指在信用证金额议付后，仍恢复到原金额可再使用，直至用完规定的总额为止。在按金额循环信用证的条件下，恢复到原金额的具体做法有以下三种：

（1）自动式循环使用。受益人按规定时间装运货物交单议付一定金额后，信用证即自动恢复到原金额，可再次按原金额使用。例如，信用证中规定：“本证将再次自动恢复每月一期，每期金额 50 000 美元，总金额为 150 000 美元。”

（2）非自动式循环使用。受益人按规定时间装运货物交单议付一定金额后，必须等待开证银行的通知到达后，才能使信用证恢复至原金额，再次使用。例如，信用证中规定：“本金额须在每次议付后，收到开证银行本证可以恢复的通知方可恢复。”

（3）半自动式循环使用。受益人每次装运交单议付后，在若干天内开证行未提出中止循环的通知，信用证即自动恢复至原金额，并可再次使用。例如，信用证中可规定如下条款：“议付银行在每次议付后 7 天内未被通知中止恢复，则信用证未用余额即恢复至原金额。”

循环信用证的优点在于：进口方可以不必多次开证，从而节省开证费用，同时也可简化出口方的审证、改证等手续，有利于合同的履行。

（十二）预支信用证（Anticipatory L/C）

预支信用证是指允许受益人在货物装运交单前预支货款的信用证，有全部预支和部分预支两种。在预支信用证项下，受益人预支的方式有两种；一种是向开证行预支，出口人在货物装运前开具以开证行为付款人的光票，由议付行买下向开证行索偿；另一种是向议付行预支，即由出口地的议付行垫付货款，待货物装运后交单议付时，扣除垫款本息，将余额议付给出口人。如货物未装运，由开证行负责偿还议付行的垫款和利息。为引人注目，这种预支货款的条款原先常用红字，故习称“红条款信用证”（Red Clause L/C）。

六、合同中的信用证支付条款

在进出口合同中，如约定凭信用证付款，买卖双方应将开证日期、信用证的种类、付款时间、信用证金额、信用证的有效期和到期地点等事项作出明确具体的规定。现将我国出口合同中信用证支付条款举例如下：

（一）即期信用证支付条款

（1）“买方应通过卖方所接受的银行于装运月份前××天开立并送达卖方即期议付信用证，有效期至装运日后第 15 天在中国议付。”

（2）“买方应于 20××年××月××日前（或收到卖方备货通知后××天内或签约后××天内）通过银行开出以卖方为受益人的（由××银行保兑的）不可撤销的（可转让的）全部发票金额的即期付款信用证。信用证有效期延至装运日后 15 天在中国到期。”

（二）远期信用证支付条款

“买方应于 20××年××月××日前（或收到卖方通知后××天内或签约后××天内）通过××银行开立以卖方为受益人的不可撤销的（可转让的）装运日后××天付款的银行承兑信用证。信用证有效期延至上述装运日后 15 天在中国到期。”

（三）循环信用证支付条款

“买方应通过为卖方所接受的银行于第一批装运月份前××天开立并送达卖方即期议付循环信用证，该证在 20××年期间，每月自动可供××（金额），并保持有效至 20××年 6 月 15 日在北京议付。”

第四节　银行保函与备用信用证

在国际商务活动中，交易者出于清偿债权债务、获得融资便利、降低交易成本、规避风险等诸多考虑，对金融服务的要求日趋综合化。保函和备用信用证是集担保、融资、支付及相关服务为一体的多功能金融产品，因其用途广泛及运作灵活，在国际商务中得以普遍应用。国际商会为建立一个各国统一适用的国际担保规则，先后于1978年和1992年分别出台了《合约保函统一规则》（URCG）和《见索即付保函统一规则》（URDG458）。由于1992年《见索即付保函统一规则》的条款过于笼统，缺乏可操作性，为此国际商会于2010年7月1日起生效了最新的2010年《见索即付保函统一规则》（简称URDG758）。为进一步在全球范围内规范备用信用证的做法，国际商会还于1998年4月6日正式颁布了《国际备用证惯例》（International Standby Practices，简称ISP98），并已于1999年1月1日起正式实施。鉴于独立保函和备用信用证这两种担保方式具有共同的特点，为帮助克服各种不同法律制度的不一致性，联合国国际贸易法委员会于1995年12月11日通过了旨在将两者统一起来的《联合国独立保函和备用信用证公约》。本节将根据上述国际惯例规则介绍银行保函与备用信用证的含义、性质和基本做法。

一、银行保函

（一）保函的含义及其性质

保函（Letter of Guarantee，简称L/G）又称保证书，是指银行、保险公司、担保公司或个人（担保人）应申请人的请求，向第三方（受益人）开立的一种书面信用担保凭证。保证在申请人未能按双方协议履行其责任或义务时，由担保人代其履行一定金额、一定期限范围内的某种支付责任或经济赔偿责任。

（二）保函的类别

在保函项下，受益人在什么条件下才能取得保证人的偿付，按索偿条件划分，通常可分为两种：

1. 有条件保函（Conditional L/G）

有条件保函是指担保人的偿付责任从属于或依附于委托人在基础交易合同下的责任和义务，如果委托人已经履行了合同下的责任和义务，担保人也随之解除了对受益人的偿付责任。可见有条件保函的担保人承担的是第二性的、附属的付款责任。

2. 见索即付保函（Demand Guarantee）

见索即付保函指“无论其如何命名或描述，指根据提交的相符索赔进行付款的任何签署的承诺。”可见，所谓“见索即付保函”就是担保人替债务人（申请人）向债权人（受益人）开出的凭规定单据赔款的承诺书，是集担保、融资、支付及相关服务为一体的多功能金融产品。据此，见索即付保函的担保人承担的是第一性的、直接的付款责任。故这种保函，又称无条件保函（Unconditional L/G）。

目前国际上通行的是担保人负第一性偿付责任的银行保函。银行保函（Banker's Letter Guarantee）是由银行开立的承担付款责任的一种担保凭证。银行根据保函的规定承担绝对付款责任，故银行保函一般为见索即付保函。

见索即付保函，“就其性质而言，保函与其可能依据的合约或投标条件分属不同的交易，即使在保函中提及此合约或投标条件，担保人也与该合约或投标条件完全无关”（URDG 第 2 条 b 款）。由此可见，见索即付保函是一种与基础合同相脱离的独立性担保文件，受益人的权利与担保人的义务完全以保函所载的内容为准，不受基础合同的约束，即使保函中包含有对基础合同的援引，担保人也与该合同无关，受益人只要提交了符合保函要求的单据，担保人就必须付款。保函必须是书面的，“书面”包括有效的电讯信息或加密押的电子数据交换（EDI）信息。

（三）银行保函的有关当事人

银行保函可能涉及如下当事人：

（1）申请人（Applicant），指保函中注明的所担保的基础关系的债务人。

（2）指示人（Instructing Party），指除了反担保人以外的指示开立保函或反担保函的人。指示人负责偿付担保人或反担保人。

（3）担保人（Guarantor），指开立保函之人，其中包括为自身开立保函之人。

（4）反担保人（Counter-Guarantor），指开立以一担保人或另一反担保人为受益人的反担保函之人，其中包括为自身开立反担保函之人。

（5）通知人（Advising Party），指应担保人要求通知保函之人。

（6）受益人（Beneficiary），指享受保函利益之人，通常为基础交易的债权人。

二、备用信用证

（一）备用信用证的起源

作为信用证的一个分支，备用信用证最早产生于 19 世纪的美国。由于世界各国银行一般均可开立保函，而当时美国法律却禁止其国内商业银行开立保函，为与外国银行竞争，达到为客户担保之目的，美国银行于第二次世界大战后开始广泛开立实际上属于保函性质的支付承诺——备用信用证。作为一个独立的凭单付款的承诺，备用信用证通常仅要求受益人提交汇票和简单的文件，以证明申请人违约。由于美国银行在开具备用信用证时很谨慎，开出的备用信用证多半是“备而不用”的，对申请人来说既方便又节省费用，所以很受欢迎。

时至今日，虽然美国限制商业银行开立保函的法律早已取消，但由于备用信用证具有独立性、单据化和见索即付的特点，在处理具体业务时又可根据 UCP 办理，因此较保函而言，备用信用证更易为银行和进出口商所接受，不仅在美国沿用至今，而且在世界范围也得到了广泛应用。

（二）备用信用证的含义与用途

备用信用证（Standby Letter of Credit）是一种跟单信用证或安排，不论其如何命名或描述，它代表了开证人对受益人的以下责任：

a. 偿还开证申请人的借款，或

b. 支付由开证申请人承担的任何债务，或

c. 支付由开证申请人违约所造成的任何损失。

备用信用证通常用作投标、还款、履约保证金的担保业务。在备用信用证下，只要受益人向指定银行提交备用信用证规定的汇票及/或开证申请人未履约的声明或证明文件，即可取得开证人的付款。备用信用证属跟单信用证的一种，它是相对于一般附有装运单据的商业信用证（Commercial Letter of Credit）而言的。商业信用证由受益人将货物装运出口并提交符合信用证要求的单据这一履约行为而使信用证成为可使用的结算方式；备用信用证则由于开证申请人的违约而支持了受益人，如到时开证申请人履约无误，则备用信用证就成为“备而不用”的结算方式，故称为“备用信用证”。由于备用信用证所具有的“担保”性质，所以有时也称为“担保信用证”（Guarantee L/C）。

按照用途的不同，备用信用证主要可分为以下几种：

（1）履约备用信用证（Performance Standby L/C），用于担保履约责任而非担保付款，包括对申请人在基础交易中违约所造成的损失进行赔偿的保证。在履约备用信用证有效期内如发生申请人违反合同的情况，开证人将根据受益人提交的符合备用信用证的单据（如索款要求书、违约声明等）代申请人赔偿备用信用证规定的金额。

（2）投标备用信用证（Tender Bond Standby L/C），主要用于担保申请人中标后签约的责任和义务，否则开证人须按备用信用证的规定向受益人履行赔款义务。投标备用信用证的金额一般为投标报价的 1%～5%（具体比例视招标文件规定）。

（3）预付款备用信用证（Advance Payment Standby L/C），用于担保申请人对受益人的预付款所应承担的责任和义务。预付款备用信用证常用于国际工程承包项目中业主向承包人支付的合同总价 10%～25% 的工程预付款，以及进出口贸易中进口商向出口商的预付款。

（4）直接付款备用信用证（Direct Payment Standby L/C），用于担保到期付款，尤指到期没有任何违约时支付本金和利息。直接付款备用信用证主要用于担保企业发行债券或订立债务契约时的到期支付本息义务。直接付款备用信用证已经突破了备用信用证“备而不用”的传统担保性质。

（三）备用信用证的当事人

备用信用证的当事人主要包括申请人、开证人、受益人、保兑人、转开行和通知人。

1. 开证申请人

开证申请人，简称“申请人”（Applicant），是指申请开立或代理他人申请开立备用信用证的一方当事人。具体讲，包括以自身名义为自己申请开证之人和代他人以自身名义申请开证之人。

2. 开证人

开证人（Issuer），是指开立备用信用证之人，开证人承担向受益人兑付表面上符

合备用信用证条款的提示的义务。

3. 受益人

受益人（Beneficiary），是在备用信用证下有权支款的指名当事人，包括可转让备用信用证下的“受让受益人”。

交单人（Presenter），是指作为或代表受益人或其指定人提交单据的人。具体讲，交单人主要包括两种人：第一种是为自己向开证人或被指定人提交单据要求付款的受益人；第二种是代表受益人提交单据要求付款的人。

4. 保兑人

保兑人（Confirmer），是指经开证人指定在开证人的承诺上加上其自身保证承付备用信用证的人。一般讲，保兑备用信用证，是指由开证行以外的银行接受开证行的授权或要求，对其开出的不可撤销备用信用证加具保兑责任的双重担保备用信用证。保兑人的责任与开证人的责任是分离的，相互独立的。

5. 转开行

转开行（The Reissuing Bank），是指接受反担保银行的要求，向受益人开出备用信用证的银行。转开备用信用证通常是由于外国法律或外国政府的规定和受益人的要求而进行的，其目的是为了使“海外”担保变为“国内”担保，一旦产生争议和纠纷，不仅索赔迅速，而且还可以利用本国法律来进行仲裁。转开行转开备用信用证后，如发生申请人（债务人）不履行基础合约，受益人凭备用信用证只能向转开行索偿，而不能向反担保银行（或指示行）索偿。

6. 通知人

通知人（Advising Party），即向受益人通知备用信用证之人。通知人通知的行为一般被认为已经检查了所通知信息的表面真实性，以及该通知正确反映了其收到的内容。

（四）备用信用证的主要内容

备用信用证虽然种类很多，但其内容基本相同，归纳起来主要有以下几点：

（1）备用信用证申请人的名称和详细地址；

（2）备用信用证受益人的名称和详细地址；

（3）开证人的名称和详细地址；

（4）备用信用证的通知行或转开行（如有的话）的名称和详细地址；

（5）备用信用证的编号和开立的日期；

（6）备用信用证所依据的合同或标书等协议的号码、日期及事由等；

（7）备用信用证项下开证人承担偿付责任的金额（包括大写和小写）；

（8）备用信用证的性质，即备用信用证的种类，如投标备用信用证或履约备用信用证等；

（9）备用信用证的有效期，包括备用信用证的生效日期（Effective Date）和失效日期（Expiry Date）；

（10）开证人的责任及申请人、受益人的权利和义务；

（11）备用信用证的索赔文件，即受益人根据备用信用证条款向开证人提出索赔时应附的文件；

（12）备用信用证的仲裁条款和适用法律，即在备用信用证项下发生纠纷时，应由哪个仲裁机构仲裁及其适用法律等。

（五）备用信用证与商业信用证的区别

与一般商业跟单信用证一样，备用信用证也具有独立性和单据化的特点，只要受益人提交了与备用信用证相符的单据，开证人就必须履行付款义务。但备用信用证的作用与一般商业跟单信用证存在显著不同。

1. 两者使用的范围不同

与商业信用证相比，备用信用证用途更广泛。除进出口交易外，备用信用证还广泛适用于保证付款或履约，如在大型工程承包中保证投标人履行其职责，在融资过程中保证借款人到期还款，在货到付款、技术交易、租赁贸易等交易中作付款保证等；而商业信用证则主要用于进出口贸易结算，其目的是为了解决进出口双方互不信任的矛盾，将商业信用转化为银行信用，为进出口双方提供资金融通上的便利。

2. 两者使用的前提不同

备用信用证下，只有在申请人未按照基础合同的规定履约时，开证银行才会根据受益人的索偿要求，凭相符单据按照备用信用证所规定的内容赔付款项。而在商业跟单信用证下，只有受益人履行其买卖合同义务后，提交了符合信用证条款的单据，开证行才必须向受益人或其指定人进行承付。因此，商业信用证项下的款项支付一般是必然会发生的。而备用信用证下，如申请人履约，则赔偿不会发生。简言之，商业跟单信用证用于受益人履约收款，而备用信用证则用于申请人违约赔款。可见，尽管备用信用证的开证人形式上承担着“见索即付”的“第一性”付款责任，但其开立意图实质上是“第二性”的，具有保函的性质，因此有时也称为“担保信用证”。

3. 两者要求付款的单据不同

备用信用证一般仅凭受益人或第三者所出具的证明开证申请人违约的文件、索赔书以及其他有关文件或单据来支付款项；而商业信用证一般以符合信用证要求的装运单据，如商业发票、保险单、商检证书等作为付款的依据。可见，备用信用证的特点是凭简单单据付款，而商业信用证的特点是凭证明履行买卖合同的装运单据付款。商业信用证规定全套装运单据和装运期、交单期、有效期等，是“狭义”的跟单信用证；而备用信用证一般仅规定汇票和违约声明书，只有有效期，一般没有装运期，属于“广义”的跟单信用证，接近于光票信用证。

4. UCP600 条款对两者的适用不同

商业信用证一般适用于 UCP600 的全部条款；而备用信用证仅适用 UCP600 的部分条文，另有一部分条款则不适用，如分期装运/分期支款和对到期日的限制等。

本章小结

本章所述表明，在国际货物买卖合同中，交易双方就有关货款支付的各项条件谈妥，并作出明确合理的约定，具有重要的实践意义和法律意义。支付条款的内容，主要包括支付手段、支付方式、支付时间与地点等。

在国际货款结算中，绝大部分采用非现金结算方式，即采用金融票据（如本票、支票和汇票）作为支付手段，其中以汇票的使用最为普遍。

国际货款的支付方式包括汇付、托收和信用证付款等方式，其中汇付和托收属商业信用，信用证付款属银行信用。这些支付方式，既可单独使用，也可结合使用，或者同备用信用证与银行保函结合使用。

国际货款支付的时间与地点，关系到买卖双方的利益，因此，交易双方都应合理选择和明确约定支付货款的时间与地点。

总之，我们在对外洽商交易时，应充分考虑收付货款的安全、汇率变动的风险、对资金周转的影响、利息与费用的负担等因素，并结合成交价格的高低和自身购销意图，在权衡利弊的基础上，明确合理地约定有利的支付条件，并切实按有关国际结算惯例搞好货款的收付工作，以利合同的顺利履行，维护自身的正当权益。

思考题

1. 何谓汇票？汇票有哪几种？汇票在市场上是怎样流转使用的？
2. 何谓本票？银行本票与商业本票有何区别？
3. 汇付和托收的性质怎样？采用这两种方式应注意哪些事项？
4. 在远期付款交单条件下，凭信托收据借单提货，如日后收不回货款，责任由谁承担？
5. 信用证的性质、特点和作用如何？为什么它在国际贸易中被广泛采用？
6. 与 UCP500 相比，UCP600 主要有哪些修改？
7. 信用证付款方式涉及的主要当事人有哪些？各当事人之间的相互关系是怎样的？
8. 信用证的主要内容有哪些？它与买卖合同有什么关系？
9. 在国际贸易中常见的信用证有哪些？其各自的使用情况如何？
10. 何谓备用信用证？其使用范围怎样？它与商业信用证有何不同？
11. 在采用信用证付款方式时，装运期、交单期和信用证有效期之间有什么关系？
12. 何谓保函？见索即付保函与有条件保函的区别何在？

案例分析题

1. 中东某商人从西欧购买一项商品，买卖双方约定采用信用证付款方式，并明确分两批交货和分两批开立信用证。第一张信用证开出后，已经顺利结汇。第二张信用证开出后，买方因第一批货物质量有问题，向卖方索赔的事尚未了结，便通知银行停止使用其已开出的第二张信用证，但银行仍凭卖方第二批交货的正确单据付了款。当银行通知买方对第二批交货付款赎单时，遭到买方拒付。试分析，买方拒绝付款赎单是否有理？银行对此应如何处理？

2. 有一备用信用证要求受益人分期支款时须提供申请人违约的如下声明："因为在到期日申请人没有对以下本票中的一张付款，因此，所开立汇票之金额代表开证申请人应该支付而未付的金额。"

分期号：	本票号	金额	到期日
1	AAA	GBP××××.00	2018/1/1
2	BBB	GBP××××.00	2018/2/1
3	CCC	GBP××××.00	2018/3/1
4	DDD	GBP××××.00	2018/4/1

申请人早于分期付款日，即2018年1月1日、2018年2月1日、2018年3月1日之前，在备用信用证外，直接向受益人支付了应付的分期支款金额。因此，受益人无须在备用信用证项下开立特殊的分期支款汇票。2018年4月2日，在分期支款第四张本票到期后，申请人没有如前三次那样如期付款，因此受益人向开证行提交了信用证所要求的违约声明书和汇票，以便在备用信用证项下向开证行索取申请人所欠款项。

试分析，按照ISP98规定，开证行收到单据后可否拒付？

第九章

进出口商品检验

进出口商品检验是随着国际货物买卖的发展而产生和发展起来的，它在国际货物买卖中占有十分重要的地位。在国际货物买卖中，由于交易双方身处异地，相距遥远，货物在长途运输过程中难免会发生残损、短少甚至灭失，尤其是在凭单证交接货物的象征性交货条件下，买卖双方对所交货物的品质、数量等问题更易产生争议。因此，为了便于查明货损原因、确定责任归属，以利货物的交接和交易的顺利进行，就需要有一个公证的第三者，即商品检验机构，对货物进行检验。由此可见，进出口商品检验是国际货物买卖中不可缺少的一个重要环节，做好进出口商品检验工作并在国际货物买卖中约定好商品检验条款，有着非常重要的意义。

第一节 商品检验的重要性

国际货物买卖中的商品检验（Commodity Inspection），简称商检，是指检验机构对进出口商品的品质、数量、包装、卫生、装运条件以及对涉及人类的健康安全、动植物的生命和健康的保护、环境保护、欺诈行为的防止、国家安全的维护等项检验内容进行检验、鉴定和监督管理。

由于商品检验直接关系到买卖双方在货物交接方面的权利与义务，特别是某些进出口商品的检验工作还直接关系到人类的健康安全、动植物的生命和健康的保护、环境保护、欺诈行为的防止、国家安全的维护以及生产、建设的顺利进行，因此，许多国家的法律和国际公约都对商品的检验问题作了明确规定。

例如，根据英国有关货物买卖的法律规定，买方在没有合理机会检验货物之前，不能认为他明示地通知卖方他已接受货物。

又如，《联合国国际货物销售合同公约》第 38 条也对货物的检验问题作出了明确规定："买方必须在按实际情况可行的最短时间内检验货物或由他人检验货物。如果合同涉及货物运输，检验可推迟到货物到达目的地后进行。"同时按该《公约》第 36 条规定，卖方对货物风险转移到买方时所存在的任何与合同不符的情形，均负有责任，即使这种不符，在风险转移后方始明显，也不例外。

鉴于进出口商品检验如此重要，故我国进出口商品，一般都需要依法进行检验，按《中华人民共和国进出口商品检验法》（以下简称《商检法》）规定，凡列入出入境检验机构必须实施检验的进出口商品目录的进出口商品，必须由商检机构按照国家技术规范的强制性要求进行检验；尚未制定国家技术规范的强制性要求的，应当依法及时制定，未制定之前，可以参照国家商检部门指定的国外有关标准进行检验。除经国家商检部门审查批准免于检验者外，进口商品未经检验的，不准销售、使用；出口商品未经检验合格的，不准出口。必须实施的进出口商品检验，是指确定列入目录的进出口商品是否符合国家技术规范的强制性要求的合格评定活动。合格评定程序包括：抽样、检验和检查；评估、验证和合格保证；注册、认可和批准以及各项的组合。

上述规定都体现了一个共同的原则，即除非买卖双方另有规定，买方在接受货物之前，应有权对其购买的货物进行检验。但买方对货物的检验权，并不是买方接受货物的前提条件。如买方未利用合理的机会检验货物，那么他就自动放弃了检验货物的权利。另外，如果合同中的检验条款规定，以卖方的检验为准，此时，就排除了买方对货物的检验权。

综上所述，有关商品检验权的规定是直接关系到买卖双方权利与义务的重要问题，因此，交易双方应在买卖合同中对与商品检验有关的问题作出明确、具体的规定，这就是合同中的检验条款。国际货物买卖合同中的检验条款，其内容因商品种类和特性的不同而有差异，但通常都包括检验时间和地点、检验机构、检验证书、检验所依据的标准以及货物与合同规定不符时买方索赔的时限等项内容。下面仅就一般商品检验条款作简要介绍。

第二节　检验时间和地点

检验时间和地点是指在何时、何地行使对货物的检验权。所谓检验权，是指买方或卖方有权对所交易的货物进行检验，其检验结果即作为交付与接受货物的依据。确定检验的时间和地点，实际上就是确定买卖双方中的哪一方行使对货物的检验权，也就是确定检验结果以哪一方提供的检验证书为准。谁享有对货物的检验权，谁就享有了对货物的品质、数量、包装等项内容进行最后评定的权利。由此可见，如何规定检验时间和地点，是直接关系到买卖双方切身利益的重要问题，因而是交易双方商定检验条款时的核心所在。

在国际货物买卖合同中，根据国际贸易的一般习惯做法和我国的业务实践，有关检验时间和地点的规定办法，可主要归纳为以下几种：

一、在出口国检验

此种方法又包括产地（工厂）检验和装运港（地）检验两种。

（一）产地（工厂）检验

产地（工厂）检验是指货物在产地出运或工厂出厂前，由产地或工厂的检验部门或买方的验收人员进行检验和验收，并由买卖合同中规定的检验机构出具检验证书，作为卖方所交货物的品质、重量（数量）等项检验内容的最后依据。卖方只承担货物离开产地或工厂前的责任，对于货物在运输途中所发生的一切变化，卖方概不负责。

（二）装运港（地）检验

装运港（地）检验又称“离岸品质、离岸重量”（Shipping Quality and Weight），是指货物在装运港或装运地交货前，由买卖合同中规定的检验机构对货物的品质、重量（数量）等项检验内容进行检验，并以该机构出具的检验证书作为最后依据。卖方对交货后货物所发生的变化不承担责任。

采用上述两种规定方法时，即使买方在货物到达目的港或目的地后，自行委托检验机构对货物进行复验，也无权对商品的品质和重量等项检验内容向卖方提出异议，除非买方能证明，他所收到的与合同规定不符的货物是由于卖方的违约或货物的固有瑕疵所造成的。因此，这两种规定办法，从根本上否定了买方的复验权，对买方极为不利。

二、在进口国检验

此种方法又分为目的港（地）检验和买方营业处所（最终用户所在地）检验。

（一）目的港（地）检验

目的港（地）检验习称为“到岸品质、到岸重量”（Landed Quality and Weight），是指货物运达目的港或目的地时，由合同规定的检验机构在规定的时间内，就地对商品进行检验，并以该机构出具的检验证书作为卖方所交货物品质、重量（数量）等项检验内容的最后依据。采用这种方法时，买方有权根据货物运抵目的港或目的地时的检验结果，对属于卖方责任的品质、重量（数量）等项检验内容的不符点，向卖方索赔。

（二）买方营业处所（最终用户所在地）检验

对于一些因使用前不便拆开包装，或因不具备检验条件而不能在目的港或目的地检验的货物，如密封包装货物、精密仪器等，通常都是在买方营业处所或最终用户所在地，由合同规定的检验机构在规定的时间内进行检验。货物的品质和重量（数量）等项检验内容，以该检验机构出具的检验证书为准。

采取上述两种做法时，卖方实际上须承担到货品质、重量（数量）等项检验内容的责任。由此可见，这两种方法，对卖方极为不利。

三、出口国检验、进口国复验

出口国检验、进口国复验是指卖方在出口国装运货物时，以合同规定的装运港或装运地检验机构出具的检验证书，作为卖方向银行收取货款的凭证之一，货物运抵目的港或目的地后，由双方约定的检验机构在规定的地点和期限内对货物进行复验。复验后，如果货物与合同规定不符，而且属于卖方责任所致，此时，买方有权凭该检验机构出具的检验证书，在合同规定的期限内向卖方索赔。由于这种做法兼顾了买卖双方的利益，较为公平合理，因而它是国际货物买卖中最常见的一种规定检验时间和地点的方法，也是我国进出口业务中最常用的一种方法。

四、装运港（地）检验重量、目的港（地）检验品质

在大宗商品交易的检验中，为了调和买卖双方在商品检验问题上存在的矛盾，常将商品的重量检验和品质检验分别进行，即以装运港或装运地验货后检验机构出具的重量检验证书，作为卖方所交货物重量的最后依据，以目的港或目的地检验机构出具的品质检验证书，作为商品品质的最后依据。货物到达目的港或目的地后，如果货物在品质方面与合同中规定的不符，而且该不符点是卖方责任所致，则买方可凭品质检验证书，对货物的品质向卖方提出索赔，但买方无权对货物的重量提出异议。这种规定检验时间和地点的方法就是，装运港（地）检验重量，目的港（地）检验品质，习称“离岸重量、到岸品质”（Shipping Weight and Landed Quality）。

需要指出的是，由于实际业务中检验时间和地点的规定，常常与合同中所采用的贸易术语、商品的特性、检测手段、行业惯例以及进出口国的法律、法规密切相关，因此，在规定商品的检验时间和地点时，应综合考虑上述因素，尤其要考虑合同中所使用的贸易术语。在通常情况下，商品的检验工作应在货物交接时进行，即卖方向买方交付货物时，买方随即对货物进行检验。货物经检验合格后，买方即受领货物，卖方在货物风险转移之后，不再承担货物发生品质、数量等变化的责任。在采用装运港交货的贸易术语成交的情况下，卖方只要按合同规定在装运港将货物装上船舶，并提交合同规定的单据，就算完成交货义务，货物风险也自货物装上船开始由卖方转移给买方。但此时买方却并没收到货物，自然更无机会检验货物。因此，按装运港交货的贸易术语达成的买卖合同，在规定检验时间和地点时，采用“出口国检验、进口国复检”最为适宜。

第三节 检验机构

在国际货物买卖中，交易双方除了自行对货物进行必要的检验外，通常还要委托独立于买卖双方之外的第三方对货物进行检验。有时，虽然买卖双方未要求对所交易的商品进行检验，但根据有关法律或法规的规定，必须由某机构进行检验，经检验合格后方可出境或入境。这种根据客户的委托或有关法律、法规的规定对进出境商品进

行检验、鉴定或监督管理的机构就是进出口商品检验机构，简称检验机构或商检机构。

一、国际上商品检验机构的类型

国际上的商品检验机构，其种类繁多，名称各异，有的称作公证行（Authentic Surveyor）、宣誓衡量人（Sworn Measurer），也有的称之为实验室（Laboratory），检验机构的类型，大体可归纳为官方检验机构、半官方检验机构和非官方检验机构三种。

（一）官方检验机构

官方检验机构是指由国家或地方政府投资，按照国家有关法律法令对出入境商品实施检验、鉴定和监督管理的机构。例如，我国的国家质量监督检验检疫总局，美国的美国食品药品监督管理局（FDA）、美国动植物检疫署和美国粮谷检验署以及日本通商省检验所等。

（二）半官方检验机构

半官方检验机构是指一些有一定权威的、由国家政府授权、代表政府行使某项商品检验或某一方面检验管理工作的民间机构。例如，根据美国政府的规定，凡是进口与防盗信号、化学危险品以及与电器、供暖、防水等有关产品的安全检验和鉴定，必须经美国保险人实验室（Underwriter's Laboratory）这一半官方检验机构检验认证合格，并贴上该实验室的英文缩写标志“UL”后，该产品方可进入美国市场。

（三）非官方检验机构

非官方检验机构主要是指由私人创办的、具有专业检验、鉴定技术能力的公证行或检验公司，如英国劳埃氏公证行（Lloyd's Surveyor），瑞士日内瓦通用公证行（Societe Generale do Surveillance，SGS）等。

二、我国的商品检验机构

中华人民共和国海关总署（以下简称海关总署）主管全国进出口商品检验工作。

海关总署设在省、自治区、直辖市以及进出口商品的口岸、集散地的出入境检验检疫机构，管理所负责地区的进出口商品检验工作。

海关总署应当依照商检法第四条规定，制定、调整必须实施检验的进出口商品目录（以下简称目录）并公布实施。

第四节　检 验 证 书

检验证书（Inspection Certificate）是检验机构对进出口商品进行检验后签发的书面证明文件。

一、检验证书的种类

国际货物买卖中的检验证书，其种类繁多，卖方究竟需要提供哪种证书，要根据商品的特性、种类、贸易习惯以及政府的有关法令而定。在实际业务中，常见的检验证书主要有以下几种：

（1）品质检验证书（Inspection Certificate of Quality），即证明进出口商品品质的证书。

（2）数量检验证书（Inspection Certificate of Quantity），即证明进出口商品数量的证书。

（3）重量检验证书（Inspection Certificate of Weight），即证明进出口商品重量的证书。

（4）价值检验证书（Inspection Certificate of Value），即证明出口商品价值的证书，通常用于证明发货人发票所载的商品价值正确、属实。

（5）产地检验证书（Inspection Certificate of Origin），即用于证明出口商品原生产地的证书，通常包括一般产地证、普惠制原产地证、野生动物产地证等。

（6）卫生检验证书（Sanitary Inspection Certificate），即证明食用动物产品、食品在出口前已经过卫生检验、可供食用的证书。

（7）兽医检验证书（Veterinary Inspection Certificate），即证明动物产品在出口前已经过兽医检验、符合检疫要求的证书。

（8）消毒检验证书（Disinfection Inspection Certificate），即证明动物产品在出口前已经过消毒处理、符合安全及卫生要求的证书。

（9）验残检验证书（Inspection Certificate on Damaged Cargo），即证明进口商品残损情况、估算残损贬值程度、判定致损原因的证书。

此外，常见的检验证书还有植物检疫证明、积货鉴定证书、船舱检验证书、货载衡量检验证书等。

二、检验证书的作用

（一）检验证书是证明卖方所交货物符合合同规定的依据

检验证书是证明卖方所交货物的品质、数量、包装以及卫生条件等方面符合合同规定的依据。在国际货物买卖中，交付与合同相符的货物是卖方的基本义务之一。因此，合同或信用证中通常都规定，卖方交货时必须提交规定的检验证书，以证明所交货物与合同规定一致。

（二）检验证书是报关验放的有效证件

为维护本国的政治经济利益，许多国家对某些进出口商品的品质、数量、包装、卫生、安全、检疫都制定了严格的法律法规，在有关货物进出口时，当事人必须向海关提交符合规定的检验证书，否则，海关不予放行。检验检疫机构签发的检疫证书、卫生证书、兽医证书、原产地证书等，是进口国海关和卫生、检疫部门准予进口的有效文件凭证。如在我国，凡属法定检验范围的商品，在办理进出口清关手续时，必须向海关提供检验检疫机构签发的检验证书，海关方予以验放。

（三）检验证书是买卖双方办理货款结算的依据

当合同或信用证规定在出口国检验，或规定在出口国检验、进口国复验时，一般合同或信用证都规定，卖方须提交规定的检验证书。在此种情况下，卖方向银行办理货款结算时，在所提交的单据中，必须包括检验证书。此外，在某些特定商品的交易中，为充分体现公正合理的原则，买卖双方往往以检验证书中所确定的货物等级、规格、重量、数量来计算货款。此时，检验证书是卖方向银行办理货款结算时必须提交的文件。例如，煤炭、棉花交易以检验证书所确定的公量来计算交接货物的重量及费用；铁矿石交易以检验证书中所验明的含铁量来确定等级和计价标准。

（四）检验证书是明确责任归属、办理索赔和理赔的依据

当报验货物与合同规定不符时，检验检疫机构签发的有关品质、数量、重量、残损证书，是收货人向有关责任方提出索赔和有关责任方办理理赔的重要依据。检验检疫机构应申请人委托，经检验鉴定后出具的货物积载状况证明、监装证明、监卸证明、集装箱的验箱、拆箱证明，对船舱检验提供的验舱证明、封舱证明、舱口检视证明，对散装液体货物提供的油温、空距证明，对冷藏箱或舱的冷藏温度证明、取样和封样证明等，均表明货物在装运和流通过程中的状态，是证明事实状态、明确责任归属的重要依据。

（五）检验证书是解决争议的依据

在国际货物买卖中，当交易双方发生争议未能协商解决，而提交仲裁或进行司法诉讼时，检验证书是当事人向仲裁机构或法院举证的重要凭证，也是仲裁机构或法院进行裁决的重要依据。

（六）检验证书是计算关税的依据

出入境检验检疫机构出具的重量、数量证书是海关核查、征收进出口货物关税时的重要依据。残损证书可以作为向海关申请退税的有效凭证。出入境检验检疫机构出具的产地证明书是进口国海关给予差别关税待遇的基本凭证。出入境检验检疫机构签发的一般产地证是取得进口国海关最惠国关税的证明文件，出入境检验检疫机构签发的普惠制原产地证明书是取得给惠国普惠制关税待遇，并享受在最惠国关税基础上进一步减免关税优惠待遇的证明文件。

（七）检验证书是计算运输、仓储等费用的依据

检验的货载衡量所确定的货物重量或体积，既是承运人与托运人之间计算运费的有效依据，也是港口仓储运输部门计算栈租、装卸、理货等费用的有效凭证。

在我国，法定检验商品的检验证书由出入境经验检疫机构签发；法定检验以外的商品的检验出证，按交易双方的约定办理。在填制检验证书时，要注意证书的名称和具体内容必须与合同及信用证的规定一致。另外，除非检验时间规定为出口装运后，否则检验证书的签发日期不得迟于运输单据签发日期，但也不宜比运输单据签发日期提前时间过长。

第五节 检验标准

在国际贸易中，检验标准是商品检验机构对进出口商品实施检验的基本依据。在

国际货物买卖合同中，即使是同一种商品，对其实施检验所依据的标准和方法不同，检验结果往往会大不一样。因此，交易双方在签订买卖合同时，除了规定检验时间和地点、检验机构及检验证书之外，往往还要明确检验所依据的标准。检验标准的具体内容，视商品的种类、特性及进出口国家有关法律或行政法规的规定而定。

一、国际上对标准的分类

在国际货物买卖中，商品的标准可归纳为以下三类：

（一）买卖双方自行商定的具有法律约束力的标准

买卖双方自行商定的具有法律约束力的标准，是国际货物买卖中普遍采用的检验标准，其中最常见的是买卖合同和信用证。

（二）贸易有关国家所制定的强制执行的法规标准

贸易有关国家所制定的强制执行的法规标准，主要指商品生产国、出口国、进口国、消费国或过境国所制定的法规标准，如货物原产地标准、安全法规标准、卫生法规标准、环保法规标准、动植物检疫法规标准。

（三）权威性标准

权威性标准是指在国际上具有权威性的检验标准，其中又包括国际专业化组织标准、区域性标准化组织标准和某国权威性标准三种。

1. 国际专业化组织标准

国际专业化组织标准，是指诸如国际标准化组织、国际电工委员会、国际计量局、国际海事组织、食品法规委员会、国际民航组织、国际法定计量组织、国际羊毛局、国际橡胶协会等组织分别制定的标准。

2. 区域性标准化组织标准

区域性标准化组织标准是指区域性组织所制定的标准，如欧洲标准化委员会、欧洲电工标准委员会、泛美技术标准委员会等制定的标准。

3. 某国权威性标准

某国权威性标准是指某些国家所制定的具有国际权威性的检验标准，如美国食品药品监督管理局标准、美国保险人实验室安全标准、美国公职分析化学家协会标准、美国材料与试验协会标准、英国药典等。

二、我国对标准的分类

根据《中华人民共和国标准化法》（以下简称《标准化法》）和《中华人民共和国标准化法实施条例》（以下简称《标准化法实施条例》）的规定，商品的标准分为国家标准、行业标准、地方标准和企业标准。

《标准化法》和《标准化法实施条例》还规定，国家标准、行业标准分为强制标准和推荐性标准。

三、我国商检机构对进出口商品实施检验的标准

根据《中华人民共和国进出口商品检验法实施条例》（2019 年修订）的规定，法

定检验的进出口商品，由海关总署按照国家技术规范的强制性要求进行检验；尚未制定国家技术规范的强制性要求的，应当依法及时制定，未制定之前，可以参照国家商检部门指定的国外有关标准进行检验。出入境检验检疫机构对法定检验以外的进出口商品，根据国家规定实施抽查检验。

海关总署根据进出口商品检验工作的实际需要和国际标准，可以制定进出口商品检验方法的技术规范和标准。

第六节 进出口商品检验法

一、我国进出口商品检验法的制定与修改

为了使我国进出口商品检验工作有法可依，规范进出口商品检验行为，并维护社会公共利益和进出口贸易有关各方的合法权益，以促进对外经济贸易关系的顺利发展，我国第七届人大常委会第六次会议审议通过了《中华人民共和国进出口商品检验法》（以下简称《商检法》），该法自 1989 年 8 月 1 日实施以来，在保证我国进出口商品质量，保护对外贸易有关各方及消费者的合法权益以及维护国家利益等方面，都发挥了重要的作用。但是，随着我国社会主义市场经济的不断发展和日益完善，国家进出口商品检验管理体制也相应地进行了较大的改革和调整，特别是在我国加入世界贸易组织后，原《商检法》中的有些规定，已经不能适应新形势、新情况变化的要求，因此，适时地对原《商检法》进行修改，势在必行。

2018 年 12 月 29 日，我国第十三届全国人大常委会第七次会议审议通过了《关于修改〈中华人民共和国产品质量法〉等五部法律的决定》，《商检法》（2018 年修正）于 2018 年 12 月 29 日正式施行。这是该法的第 4 次修订。

二、现行商检法主要内容简介

现行《商检法》包括总则、进口商品的检验、出口商品的检验、监督管理、法律责任和附则共六章，现分别概括介绍如下：

（一）总则

在《商检法》总则部分，首先明确了立法的目的与宗旨，规定了主管全国进出口商品检验工作的部门及其设在各地的商检机构的基本职能，强调国家商检部门制定、调整必须实施检验的进出口商品目录（以下简称目录），并公布实施，凡列入目录的进出口商品，由商检机构实施检验。列入目录的进出口商品是否符合国家技术规范的强制性要求的合格评定，必须遵循法定的程序进行，有关评定的程序和检验的标准，总则中都有明确规定；经国家商检部门许可的检验机构，可以接受对外贸易关系人或外国检验机构的委托，办理进出口商品检验鉴定业务。此外，还规定商检部门和商检机构工作人员在履行其职责中负有保密义务。

（二）进口商品的检验

《商检法》规定：必须经由商检机构检验的进口商品的收货人或其代理人，应向报关地点的商检机构报验，海关凭商检机构签发的货物通关证明验放。此外，还应在商检机构规定的地点和期限内接受检验，商检机构应在国家商检部门统一规定的期限内检验完毕，并出具检验证单。若收货人发现进口商品质量不合格或残损短缺，需要由商检机构出证索赔的，应及时向商检机构申请检验出证。若属重要的进口商品或大型成套设备，收货人应依约在出口国装运前进行预检验、监造或监装，商检机构根据需要也可派检验人员参加。

（三）出口商品的检验

《商检法》规定：必须经商检机构检验的出口商品的发货人或其代理人，应在商检机构规定的地点和期限内向商检机构报验。商检机构应在国家商检部门统一规定的期限内检验完毕，并出具检验证单。凡必须实施检验的出口商品，海关凭商检机构签发的货物通关证明验放。凡经商检机构检验合格发给检验证单的出口商品，应在商检机构规定的期限内报关出口，超过期限的，应重新报验。此外，还规定，生产出口危险货物的企业必须申请商检机构进行包装容器的使用鉴定，使用未经鉴定合格的包装容器的货物，不准出口。凡装运出口易腐变质食品的船舱和集装箱，必须在装运前申请检验，未经检验合格的，不准装运。

（四）监督管理

为了加强对进出口商品检验工作的监督管理，商检机构对依法必须经商检机构检验的进出口商品以外的进出口商品，可按国家规定实施抽查检验；对列入目录的出口商品，则可进行出厂前的质量监督管理和检验；国家商检部门和商检机构依法对国家商检部门许可的检验机构的进出口商品检验鉴定业务活动进行监督，并可对其检验的商品抽查检验；国务院认证认可监督管理部门根据国家统一的认证制度，对有关的进出口商品实施认证管理；此外，还规定了国家商检部门和商检机构对商检工作进行监督管理的其他许多具体事项，在此从略。这里需要特别指出的是，《商检法》规定国家商检部门和商检机构在依法履行其职责的同时，应当加强内部监督制度，不断提高商检工作人员素质，使其忠于职守，依法行事，不得滥用职权和谋取私利。

（五）法律责任

按《商检法》规定，凡必须经商检机构检验的进口商品未报经检验而擅自销售或者使用的，或者将必须经商检机构检验的出口商品未经检验合格而擅自出口的，由商检机构没收违法所得并处以罚款，构成犯罪的，依法追究刑事责任。未经国家商检部门许可，擅自从事进出口商品检验鉴定业务的，由商检机构责令停止非法经营，没收违法所得，并处以罚款。进口或出口属于掺杂、掺假、以假充真、以次充好的商品或者以不合格进出口商品冒充合格进出口商品的，由商检机构责令停止进口或出口，没收违法所得，并处以罚款，构成犯罪的，依法追究刑事责任。伪造、变造、买卖或者盗窃商检单证、印章、标志、封识、质量认证标志的，依法追究刑事责任，尚不够刑事处罚的，由商检机构、认证认可监督管理部门依据各自职责责令改正，没收违法所得，并处以罚款。

为了确保国家商检部门和商检机构依法履行职责和防止执法腐败，《商检法》还规定，国家商检部门和商检机构的工作人员必须遵守法律，不得徇私舞弊，伪造检验结果，或者玩忽职守，延误检验出证。否则，依法给予行政处分，有违法所得的，没收违法所得，构成犯罪的，依法追究刑事责任。

（六）附则

在附则中规定，商检机构和其他检验机构依照本商检法规定实施检验和办理鉴定业务，并按国家有关规定收取费用。

本章小结

综合本章所述，进出口商品检验是国际货物买卖中不可缺少的一个重要环节，它在国际货物贸易中占有十分重要的地位。因此，世界各国都分别设立了官方、半官方和非官方的商检机构，并分别颁布了有关进出口商品检验的法律或法规，以规范商品检验的行为和明确国际货物交接过程中各有关方面的责任。由于商品检验直接关系到买卖双方在交接货物方面的权利与义务，故交易双方应本着公平合理的原则，按照有关法律、法规约定好买卖合同中的商品检验条款，以利在履行进出口合同和处理交货品质争议时有据可依。

思考题

1. 在国际货物买卖合同中，为什么要订立商品检验条款？商品检验条款的主要内容有哪些？
2. 关于进出口商品的检验时间和地点通常有哪几种规定办法？
3. 在国际贸易中检验证书的作用主要有哪些？
4. 我国现行进出口商品检验法包括哪些主要内容？
5. 我国现行的进出口商品检验法实施条例对进出口商品实施检验的标准和依据作了哪些规定？

案例分析题

某公司与国外某客户以CFR条件签订了一笔小五金工具出口合同。合同中的检验条款规定：货到目的港后30天内检验，检验机构为设在进口国的世界著名的A检验机构。之后，出口商按期发货，进口商也按买卖合同规定支付了货款。半年后，出口商收到进口商的索赔文件，文件上称上述小五金工具有80%已锈损，索赔文件上还附有A检验机构出具的检验报告。试分析，进口商的索赔要求有无道理？出口商对此应如何处理？

第十章

争议的预防与处理

在国际货物贸易中，买卖双方从商订合同到实际履行合同，往往需要经过一段较长的时间。在此期间内，由于市场情况变化多端，金融货币市场动荡不定，致使商品价格和汇率瞬息万变。加之，国际贸易线长面广，中间环节多，一旦在生产、加工、收购、运输和资金供应等任何一个环节发生意外，或市场行情发生对一方当事人不利的变化时，就有可能出现一方当事人违约或拒不履约的情况，使另一方当事人蒙受损失，从而导致索赔事件的发生，甚至引起贸易纠纷。此外，国际贸易易受政治、经济形势变化和自然条件的影响，在履约过程中，有可能发生并非合同当事人过失造成的意外事件而使合同不能履行或不能如期履行的情况。为了预防或减少贸易纠纷和依约处理合同争议，在国际货物买卖合同中，有必要事先约定异议与索赔条款（Discrepancy and Claim Clause）、违约金条款（Liquidated Damages Clause）、定金条款（Deposit Clause）、不可抗力条款（Force Majeure Clause）和仲裁条款（Arbitration Clause），现分别加以介绍和说明。

第一节　异议与索赔

一、约定异议与索赔条款的意义

在国际货物贸易中，情况复杂多变，在履约过程中，如市场情况发生变化或某一环节出了问题，就可能导致合同一方当事人违约或毁约，而给另一方当事人造成损害。受损害的守约方，为了维护自身的权益，势必向违约方提出异议，并要求赔偿其损失。违约方对守约方提出的异议与索赔，应当适当处理，即为理赔。由此可见，索赔与理赔是一个问题的两个方面。索赔事件产生的原因是多方面的，一般地说，容易发生与交货期、交货品质、数量与包装等有关的问题，故买方向卖方提出索赔的情况较多。当然，买方不按期接运货物或无理拒收货物与拒付货款的情况，也时有发生，因此，也有卖方向买方索赔的情况。在我国进出口业务中，履行出口合同时，外商向我方索赔的情况比较多；履行进口合同时，则由我方向外商索赔的情况比较多。为了便于处理这类问题，在国际货物买卖合同中，通常都应订立异议与索赔条款。约定此项条款，具有双重意义，即一方面有利于促使合同当事人认真履约，另一方面也便于依约处理合同争议。

二、异议与索赔条款的主要内容

国际货物买卖合同中的异议与索赔条款，通常包括下列主要内容：

（一）索赔的证据

在异议与索赔条款中，一般都规定：货到目的地卸货后，若发现交货品质、数量或重量与合同规定不符，除由保险公司或承运人负责者外，买方应凭双方约定的某商检机构出具的检验证明向卖方提出异议与索赔。但货物在运输途中发生品质和重量上的自然变化，则不在索赔之列。

（二）索赔期限

在异议与索赔条款中，一般都规定守约方向违约方索赔的时限，如超过约定时限索赔，违约方可不予受理。在约定索赔时限时，对该时限的起算时间，也应一并作出具体规定，常见常用的起算方法有下列几种：

（1）货到目的地后××天起算；

（2）货到目的地卸离运输工具后××天起算；

（3）货到买方营业处所或用户所在地后××天起算；

（4）货到检验后××天起算。

此外，凡有质量保证期的商品，合同中应加订质量保证期限，若在质量保证期内出现质量问题，买方有权凭相关证明向卖方提出索赔。

（三）索赔金额

由于索赔金额事先难以预计，故订约时一般不作具体规定，待出现违约事件后，再由有关方面酌情确定。一般地说，一方违约给对方造成损失的，索赔金额应相当于因违约所造成的损失，其中包括合同履行后可以获得的利益，但不得超过违约方订立合同时能预见到或应当预见到的因违约可能造成的损失。

与此相反，若买卖合同中约定了损害赔偿的金额或损害赔偿额的计算方法，则按约定的赔偿金额或根据约定的损害赔偿额的计算方法计算出的赔偿金额提出索赔。

（四）索赔方法

在有的异议与索赔条款中，对守约方如何索赔和违约方如何理赔都分别作了具体规定。例如，有的进口合同规定：“货到目的港后，买方如发现品质及/或数量/重量与合同规定不符，除属于保险公司及/或船公司的责任外，买方可以凭双方同意的检验机构出具的检验证书向卖方提出异议。品质异议，须于货到目的港之日起 30 天内提出；数量/重量异议，须于货到目的港之日起 15 天内提出。卖方收到异议后，20 天内答复。”凡有此类规定的，应按约定办法处理。如合同未作具体规定，则应本着实事求是和公平合理的原则，在弄清事实与分清责任的基础上，区别不同情况，有理有据地对违约事件进行适当处理。

三、约定异议与索赔条款的注意事项

为了合理地约定异议与索赔条款，需要注意下列事项：

（一）应按公平合理原则约定索赔证据

在国际货物买卖合同的异议与索赔条款中，通常都规定由双方约定的某商检机构出具检验证明，作为双方交接货物、结算货款和办理索赔的依据。可见选择公正、权威的检验机构出具对双方都有约束力的证明文件，关系到合同当事人的切身利益。我国某公司曾在一项购买设备的进口合同中约定：“货到后，中国商检局初步检验，若买方索赔，卖方有权指派国外商检机构检验员证实有关索赔，检验员的检验结果为最终的，对双方具有约束力。”这项规定，显然违反公平合理的原则。后因到货质量很差，设备始终无法正常运转，但买方却无法通过索赔途径挽回损失。

（二）索赔期的长短应合理

索赔期的长短，同买卖双方有利害关系。若索赔期规定过长，势必使违约方承担责任的期限也随之延长，从而加重了其负担；如索赔期规定太短，有可能使守约方无法行使索赔权而蒙受更大的损失。因此，交易双方约定索赔期时，必须根据不同种类商品的特点，并结合运输、检验条件和检验所需的时间等因素，酌情作出合理的安排。对于一些性能比较复杂和有质量保证期的机、电、仪等设备的交易，由于在合同中需要加订质量保证期，故其索赔期可适当放长一些。此外，在不影响守约方行使其索赔权的前提下，索赔期可适当缩短一点。

（三）应注意索赔条款与检验条款之间的联系

异议与索赔条款同商品检验条款有着密切的联系。例如，买方索赔的期限同买方对货物进行复验的有效期就互相关联，故约定索赔期限时，必须考虑检验条件和期限的长短等因素。为了使这两项条款的约定互相衔接和更加合理，以免出现彼此脱节或互相矛盾的情况，在有些买卖合同中，有时便将这两项条款结合起来订立，即并称为“检验与索赔条款”（Inspection & Claim Clause）。

第二节 违约金与定金

在国际货物买卖合同中，买卖双方有时约定违约金或定金条款。因此，从事国际货物贸易的专业人员对违约金与定金的含义，以及违约金与定金条款的约定办法及其运用问题，应当有所了解，以利于订立、履行进出口合同和处理合同争议。

一、违约金

（一）违约金的含义及其性质

违约金是指一方当事人违反合同，依据约定或法律规定向另一方当事人支付一定数额的金钱的责任。它是违约责任中一种常见的责任形式。违约金有约定和法定之分。在国际货物贸易中，违约金通常多由合同当事人约定。从本质上而言，违约金是法律强制违约方向守约方支付的一笔金钱，它与赔偿损失虽有相同之处，但二者却有区别。违约方支付违约金的责任，并不是以造成守约方损失为前提条件，即使违约结果并未使守约方发生任何实际损害，守约方也可向违约方追究违约责任，以示惩罚，因此，有人便将违约金称为罚金（Penalty）。由于违约金数额与实际损失是否存在以及损失的大小无关，故法庭或仲裁庭审理违约争议时，并不要求原告或申请人就实际损失进行举证，这在追索程序上远比赔偿损失简单。

就违约金性质而言，有惩罚性违约金和补偿性违约金之分，世界上大多数国家以违约金的补偿性为原则，以惩罚性为例外。区分违约金性质的意义在于：如属惩罚性违约金，债权人除请求违约金以外，还可请求强制履行主债务或额外请求损害赔偿；如属补偿性违约金，则在违约金之外不得再请求强制履行主债务或额外请求损害赔偿。根据我国《合同法》第 114 条规定，当事人可以约定一方违约时应当根据违约情况向对方支付一定数额的违约金。只要一方违约，不论是否给守约方造成损失，违约方都应支付约定的违约金。由此可见，违约金既具有补偿性，也具有惩罚性。具体地说，在一方违约而未给对方造成损失时，违约金是对违约方的惩罚；当一方违约给对方造成的损失超过约定的违约金时，则违约金实际起了一定的补偿作用；当约定的违约金超过守约方所遭受的实际损失时，在此情况下，则违约金同时具有补偿性和惩罚性。

（二）约定违约金条款的意义

交易双方为了确保其订立的合同能得到切实有效的履行，在其签署的进出口合同特别是在大宗商品和机械设备进出口合同中，往往约定了违约金条款。因为，在有违约金条款的情况下，不论何方违约，也不论违约是否给对方造成实际损失，违约方都应向守约方支付约定的违约金。

为了体现公平合理原则，我国《合同法》规定，如约定的违约金过分低于或高于实际损失，则有关当事人可请求法院或仲裁庭酌情予以适当增加或减少。如约定的违约金不是过分高于实际损失，则不能请求减少，因为这样做，既体现了违约金的补偿性，又在一定程度上体现了它的惩罚性。此外，如当事人对迟延履行约定违约金的，则违约方支付违约金后，还应当履行债务。

上述规定和做法，既有利于维护合同的严肃性，也有利于促使合同当事人贯彻重合同、守信用的原则。由此可见，在进出口合同中约定违约金条款，具有重要的法律和实践意义。

（三）违约金条款的内容及约定此条款的注意事项

违约金条款的内容，主要包括交易双方协商确定的违约金数额，并写明履约过程中若出现当事人违约情况，则违约方应向对方支付约定的违约金数额。有时，甚至因违约产生的损失赔偿额的计算方法，在签约时即已由双方当事人约定。

交易双方约定违约金条款时，需要注意下列事项。

1. 违约金数额的确定应当合理

《国际统一私法协会国际商事合同通则》第 7 章第 4 条第 13 款规定：“如合同规定不履行方当事人应支付受损害方当事人一笔约定的金额，则受损害方当事人有权获得该笔金额，不管其实际损失如何。但是，如约定金额大大超过因不履行以及其他情况造成的损害，则可将该约定金额减少至一个合理的数目，而不考虑任何与此相反的约定。”由此可见，交易双方应根据公平合理的原则，实事求是地约定一个合理的违约金数额，防止估计过高或过低情况发生。因为，估计过高，无异于加重对违约方的惩罚；估计过低，则不仅对当事人不能有效地起到约束作用，甚至可能出现对违约所造成的实际损失也难以弥补，这与违约金一般以补偿性为原则的做法不符。

2. 违约金条款应明确具体

为便于执行有关违约金的约定，其条款内容不能含糊或笼统，以免引起争议。在国际货物贸易中，有些公司在约定违约金条款方面，积累了实践经验。例如，一份买卖粮食的 CIF 合同中规定：“装运期为 4 月份，如卖方迟延装运，每迟延 10 天，应向买方支付相当于合同总金额 1% 的违约金，迟延时间不足 10 天者，按 10 天计。违约金累计不得超过合同总金额的 5%。如卖方逾期 2 个月仍未装运，则买方有权终止合同。”上述规定是可取的，其内容不仅明确具体、易于执行，而且还体现了合同的严肃性。

二、定金

（一）定金的含义及约定定金条款的意义

定金，是指合同一方当事人按合同约定预先付给另一方当事人一定数额的金钱，以保证合同的订立与合同的成立、担保合同的履行和保留合同的解除权，它是作为债权的担保而存在的。定金与预付款有别，它是对履约作出的具体担保。而预付款则是对合同义务的预先履行。根据我国《合同法》第 115 条规定，若付给定金的一方履行合同义务后，定金应当抵作价款或者收回。反之，若付给定金的一方不履行合同义务，则无权要求返回定金。根据对等的原则，若收受定金的一方不履行合同义务，则应当双倍返还定金。在合同中有定金条款的情况下，无论哪一方当事人不履行合同义务，都要损失与定金数额相等的金钱，这就有利于促使合同双方当事人自觉地履行合同义务。由此可见，约定定金条款，从法律和实践的角度来看，都有着积极的意义。

（二）定金条款的内容

定金条款由合同双方当事人约定，其包括的内容如下：

（1）定金的数额及支付定金的时间与方式。

（2）付给定金的一方履行合同义务后，是收回定金还是抵作价款。

（3）定金罚则。即支付定金的一方不履行合同义务的，即丧失定金的所有权，因而无权请求返还定金；收受定金的一方不履行合同义务的，则应双倍返还定金。

（三）约定和运用定金条款的注意事项

第一，合同中是否订立定金条款，由双方当事人根据经营意图自愿酌情商定，任何一方不得强迫对方接受定金条款。

第二，定金条款的内容应当明确具体，以利于合同的履行。

第三，鉴于定金与预付款不同，故约定定金条款时，应就其含义和内容表述清楚，以免引起误解。

第四，在合同中同时有违约金与定金条款的情况下，一方违约时，另一方可以选择适用违约金条款或定金条款，即只能选择其中之一适用，不能两者同时适用。

第三节 不可抗力

在国际货物贸易中，由于自然原因或社会原因引起的人力不可抗拒的事件，使买卖双方签署的合同不能履行，在此情况下，按照国际贸易有关法律和惯例，可以免除合同当事人的责任。为了明确责任，在国际货物买卖合同中，一般都约定了此项免责条款，即所谓不可抗力条款。

一、约定不可抗力条款的意义

国际上对不可抗力的含义及其称呼并不统一。在英美法中，有“合同落空”之说；在大陆法中，有“情势变迁”或“契约失效”之说；按《联合国国际货物销售合同公约》的解释是，合同签订后，发生了合同当事人订约时无法预见和事后不能控制的障碍，以致不能履行合同义务。尽管上述称呼和解释不一，但其基本精神和处理原则大体相同，即：合同签订后，发生了当事人无法预见、无法预防和无法控制的意外事件，致使合同不能履行，可以免除当事人的责任。鉴于国际上对不可抗力事件及其引起的法律后果并无统一规定，为防止合同当事人对不可抗力事件的性质、范围作随意解释，或提出不合理的要求，或无理拒绝对方的合理要求，故有必要在买卖合同中订立不可抗力条款，明确约定不可抗力事件的性质、范围、处理原则和办法，以免引起不必要的争议，并有利于合同的履行。由此可见，在买卖合同中约定不可抗力条款，有着重要的法律和实践意义。

二、不可抗力条款的主要内容

不可抗力条款的约定繁简不一，也并无统一的格式和规定，但归纳起来，一般包括下列内容。

（一）不可抗力事件的性质与范围

不可抗力事件有其特定的解释，并不是任何一种意外事件都可随意称作不可抗力事件。不可抗力事件的范围较广，它包括自然力量引起的水灾、旱灾、冰灾、雪灾、雷电、暴风雨、地震、海啸等和社会原因引起的战争、暴动、骚乱、政府颁布禁令、封锁禁运和调整政策制度等。关于不可抗力事件的性质与范围，交易双方商定合同时应达成共识，并具体写明，以免事后引起争议。

（二）不可抗力事件的通知与证明

不可抗力事件发生后如影响合同履行，发生事件的一方当事人，应按约定的通知期限和通知方式，将事件情况如实通知对方，对方在接到通知后，应及时答复，如有异议也应及时提出。此外，发生事件的一方当事人还应按约定办法出具证明文件，作为发生不可抗力事件的证据。在国外，这种证明文件一般由当地的商会或法定公证机构出具。在我国，可由中国国际贸易促进委员会出具。

（三）不可抗力事件的处理原则与办法

发生不可抗力事件后，应按约定的处理原则和办法及时进行处理。不可抗力的后果有两种：一是解除合同；二是延期履行合同。究竟如何处理，应视事故的原因、性质、规模及其对履行合同所产生的实际影响程度，由双方当事人酌情依约处理。

鉴于在实践中往往会出现一旦发生不可抗力事件，一方就提出解除合同的问题，且合同是否延期执行或解除直接关系到交易双方的经济利益，故在不可抗力条款中，应就不可抗力所引起的法律后果作出明确规定，以利于执行。例如，我国进出口合同一般都规定，因不可抗力事件的影响而不能履行合同时，可根据实际所受影响的时间延迟履行合同的期限；如因不可抗力事件延迟履行合同达若干天（如 60 天或 90 天），双方应就履行合同的有关问题进行协商。按照这样的规定，当发生不可抗力事件时，可先推迟履行合同的期限；只有当不可抗力事件持续下去超过合同规定的期限以后，才能通过双方协商，最后决定是否解除合同。

三、约定不可抗力条款的注意事项

（一）对不可抗力事件性质与范围的约定办法要合理

关于不可抗力事件的性质与范围，通常有下列几种约定办法，我们应在权衡利弊的基础上，选用其中有利的一种。

1. 概括规定

在合同中不具体规定哪些事件属于不可抗力事件，而只是笼统地规定："由于公认的不可抗力的原因，致使卖方不能交货或延期交货，卖方不负责任"；或"由于不可抗力事件使合同不能履行，发生事件的一方可据此免除责任"。这类规定办法过于笼统，含义模糊，解释伸缩性大，容易引起争议，合同中不宜采用。

2. 具体规定

即在合同中详列不可抗力事件。这种一一列举的办法，虽然明确具体，但文字烦琐，且可能出现遗漏情况，因此也不是最好的办法。

3. 综合规定

列明经常可能发生的不可抗力事件（如战争、洪水、地震、火灾等）的同时，再加上"以及双方同意的其他不可抗力事件"的文句。这种规定办法，既明确具体，又有一定的灵活性，是一种可取的办法。在我国进出口合同中，一般都采取这种规定办法。

（二）约定不可抗力条款应体现公平合理原则

不可抗力条款应对买卖双方都有约束力，任何一方当事人因发生不可抗力事件，以致不能履行合同义务，均可免除责任。过去我国某外贸公司从国外订购货物时，在进口合同中仅片面约定“如卖方发生不可抗力事件可免除责任”的条款，这种显失公平的规定是极不合理的。

（三）不可抗力条款的内容应当完备

为了便于履行合同和按约定办法及时处理不可抗力事件，不可抗力条款的内容应当完备。在实际业务中，有的合同只约定了不可抗力事件的性质和范围，而对不可抗力事件的通知、出证和如何处理等事项，却缺乏明确具体的规定，以致影响对不可抗力事件作出及时妥善的处理。

第四节 仲　　裁

在国际货物贸易中，情况错综复杂，市场变化多端，因此，交易双方签订合同后，常常由于种种原因，合同没有履行，因而引起交易双方当事人之间的争议。交易双方一般都习惯于采用仲裁（Arbitration）的方式来解决合同争议。

一、仲裁是解决合同争议的重要方式

买卖双方解决合同争议有下列四种途径。

（一）友好协商

争议双方本着公平合理的原则，通过友好协商，达成和解，这是解决合同争议的好办法。但是，遇到与合同当事人有较大利害关系的争议时，争议双方往往各持己见，难以达成共识，故此种解决争议的办法有一定的局限性。

（二）调解

若争议双方通过友好协商不能达成和解，则可在争议双方自愿的基础上，由第三者出面从中调解。调解应在确定事实、分清是非和责任的基础上，尊重合同规定，依照法律，参照国际惯例，根据客观公正和公平合理的原则进行，以促使当事人互谅互让，达成和解。实践表明，这也是解决争议的一种好办法。多年来，我国仲裁机构首创的“调解与仲裁相结合”的做法，体现出奠基于我国优秀文化传统之上的中国仲裁制度的特点，这种做法已收到了良好的效果。其具体做法是：结合仲裁的优势和调解的长处，在仲裁程序开始之前或之后，仲裁庭可以在当事人自愿的基础上，对受理的争议进行调解，如调解失败，仲裁庭仍按照仲裁规则的规定继续进行仲裁，直到作出终局裁决。

（三）仲裁

国际货物贸易中的争议，如经友好协商与调解都未成功，而当事人又不愿意诉诸法院解决，则可采用仲裁办法。仲裁已成为国际上解决这种争议普遍采用的方式。仲裁的优势在于其程序简便，结案较快，费用开支较少，且能独立、公正和迅速地解决争议，给予当事人以充分的自治权。此外，仲裁还具有灵活性、保密性、终局性和裁决易于得到执行等优点。

（四）诉讼

争议双方经过友好协商与调解，都未达成和解，而他们又不愿采取仲裁方式，则可通过诉讼途径解决争端。诉讼具有下列特点：

（1）诉讼带有强制性，只要一方当事人向有管辖权的法院起诉，另一方就必须应诉，争议双方都无权选择法官。

（2）诉讼程序复杂，处理问题比仲裁慢。

（3）诉讼处理争议，双方当事人关系比较紧张，有伤和气，不利于以后贸易关系的继续发展。

（4）诉讼费用较高。

综上所述，友好协商与调解的使用都有一定的局限性，而诉讼也不是理想的途径，所以仲裁就成为解决合同争议广泛采用的一种行之有效的重要方式。

在此需要强调指出的是，我国一向提倡并鼓励以仲裁的方式解决国际商事争议。早在 1956 年，我国便已成立了涉外商事仲裁机构。60 多年来，该机构在审理案件中，坚持根据事实，依照法律和合同规定，参照国际惯例，公平合理地处理争议和作出裁决，其裁决的公正性得到国内外的一致公认，我国现已成为当今世界上主要的国际商事仲裁中心之一。在我国进出口合同中，一般都订立了仲裁条款，以便在发生争议时通过仲裁方式解决争端。

二、仲裁协议

（一）仲裁协议的形式

在国际货物贸易中，仲裁协议是指合同当事人或争议双方达成的有关解决彼此争议的一种书面协议。它主要包括下列两种形式：

一种是在争议发生之前订立的，它通常作为合同中的一项仲裁条款（Arbitration Clause）出现，在绝大多数国际货物买卖合同中都有此项条款。

另一种是在争议发生之后订立的，它是把已经发生的争议提交仲裁的协议（Submission）。

需要强调说明的是，仲裁协议应当采取书面形式。书面形式包括合同书、信件、电报、电传、传真、电子数据交换和电子邮件等可以有形地表现所载内容的形式。在仲裁申请书和仲裁答辩书的交换中一方当事人声称有仲裁协议而另一方当事人不做否认表示的，视为存在书面仲裁协议。

（二）仲裁协议的效力

上述买卖合同中规定的仲裁条款和交易双方发生争议之后提交仲裁的协议，其法律效力是相同的，而且它们都具有独立性。根据我国仲裁条款规定，合同中的仲裁条款，应视为与合同其他条款分离的、独立存在的条款，附属于合同的仲裁协议也应视为与合同其他条款分离的、独立存在的一个部分；合同的变更、解除、终止、转让、失效、无效、未生效、被撤销以及成立与否，均不影响仲裁条款或仲裁协议的效力①。

---

① 参见 2015 年 1 月 1 日起施行的《中国国际经济贸易仲裁委员会仲裁规则》第五条。

根据我国法律，有效的仲裁协议必须载有请求仲裁的意思表示、选定的仲裁委员会和约定的仲裁事项（该仲裁事项依法应具有可仲裁性）；必须是书面的；当事人具有签订仲裁协议的行为能力；形式和内容合法。否则，依中国法律，该仲裁协议无效。

此外，还要指出的是，仲裁委员会有权对仲裁协议的存在、效力以及仲裁案件的管辖权作出决定。如当事人对仲裁协议及/或仲裁案件管辖权有异议，应当在仲裁庭首次开庭前书面提出。书面审理的案件，应当在第一次实体答辩前提出。对仲裁协议及/或仲裁管辖权提出异议，不影响按仲裁程序进行审理。

三、仲裁协议的作用

仲裁协议的作用，包括下列三个方面：

第一，约束双方当事人只能以仲裁方式解决争议，不得向法院起诉。

第二，排除法院对有关案件的管辖权。如果一方违背仲裁协议，自行向法院起诉，另一方可根据仲裁协议要求法院不予受理，并将争议案件退交仲裁庭裁断。

第三，使仲裁机构取得对争议案件的管辖权。

这里需要强调说明的是，在上述三项作用中，最关键的是排除法院对争议案件的管辖权。因此，若双方当事人不愿将其争议提交法院审理，就应在争议发生前在合同中约定仲裁条款，以免将来发生争议后，由于达不成仲裁协议而不得不诉诸法院。

四、仲裁条款的基本内容

国际货物买卖合同中的仲裁条款，通常包括仲裁地点、仲裁机构、仲裁规则、仲裁裁决的效力和仲裁费的负担。现分别介绍和说明如下。

（一）仲裁地点

交易双方磋商仲裁条款时，都极为关心仲裁地点的确定，这是因为，仲裁地点与仲裁所适用的法律密切相关。按各有关国家的法律规定，凡属程序方面的问题，除非仲裁条款（或协议）另有规定，一般都适用审判地法律，即在哪个国家仲裁，就往往适用哪个国家的仲裁法规。至于确定合同当事人权利、义务的实体法，如在合同中未具体约定，一般则由仲裁庭按仲裁地点所在国的法律冲突规则予以确定。

鉴于仲裁地点是买卖双方共同关心的一个十分重要的问题，故在仲裁条款中必须作出明确具体的规定。在我国进出口合同中，关于仲裁地点通常有三种规定办法：一是约定在中国仲裁；二是约定在被申请人所在国仲裁；三是约定在双方同意的第三国仲裁。

（二）仲裁机构

国际上的仲裁机构很多，其中有常设的仲裁机构，也有由双方当事人共同指定仲裁员临时组成的仲裁庭。

在国际上，有些国际组织和许多国家或地区，都分别成立了常设仲裁机构。除设在巴黎的国际商会仲裁院外，还有英国伦敦仲裁院、瑞典斯德哥尔摩商会仲裁院、瑞士苏黎世商会仲裁院、美国仲裁协会、日本国际商事仲裁协会等。我国常设的涉外仲裁机构主要是中国国际经济贸易仲裁委员会和中国海事仲裁委员会。根据业务发展的需要，中国国际经济贸易仲裁委员会在上海和深圳分别设有分会。此外，我国有些省市和地区，近年来还按实际需要设立了若干地区性的仲裁机构。

鉴于国际上的仲裁机构很多，甚至在一个国家或地区就有多个仲裁机构，合同当事人究竟选用哪个仲裁机构，应在合同仲裁条款中具体列明。

专为审理某争议案而临时组成的仲裁庭，待案件审理完毕，即自动解散，因此，在采取此种办法处理争议时，买卖双方应在合同仲裁条款（或协议）中，就临时仲裁庭的组庭人数、是否需要首席仲裁员和指定仲裁员的办法等作出明确规定。

（三）仲裁规则

各国仲裁机构一般都制定了自己的仲裁规则，按照国际仲裁的通常做法，原则上都采用仲裁所在地的仲裁规则，但值得注意的是，在法律上也允许根据双方当事人的约定，采用仲裁地点以外的其他国家（或地区）仲裁机构所制定的仲裁规则进行仲裁。在中国仲裁时，双方当事人通常都约定使用《中国国际经济贸易仲裁委员会仲裁规则》。根据该仲裁规则的规定，凡当事人同意将争议提交中国国际经济贸易仲裁委员会仲裁的，均视为同意按照该仲裁规则进行仲裁。在此需要指出，如果当事人约定适用其他仲裁规则，或约定对本规则有关内容进行变更的，从其约定。但其约定无法实施或与仲裁强制性法律规定相抵触者除外。①

（四）仲裁裁决的效力

仲裁庭依法作出的裁决，通常都是终局性的，对争议双方当事人均具有法律效力，任何一方都必须依照执行，并不得向法院起诉要求变更裁决。即使当事人向法院起诉，法院一般也只是审查程序，而不审查实体，即只审查仲裁裁决在法律手续上是否完备、有无违反程序上的问题，而不审查裁决本身是否正确。若法院查出仲裁程序上确有问题，则可宣布仲裁裁决无效。

由于仲裁是建立在双方当事人自愿基础上的，因此，仲裁庭作出的裁决，如仲裁程序上没有问题，双方当事人应当承认和执行。若败诉方不执行裁决，胜诉方有权向有关法院起诉，请求法院强制执行，以维护自身的合法权益。若仲裁裁决的承认与执行涉及一个国家的仲裁机构所作出的裁决要由另一个国家的当事人去执行的问题，在此情况下，若国外当事人拒不执行仲裁裁决，则可依据国际间的双边协议或多边国际公约的规定来解决。

为了明确仲裁裁决的效力，以利于执行裁决，在订立合同中的仲裁条款时，应明确规定“仲裁裁决是终局性的，对双方当事人均有约束力”的条文。

（五）仲裁费的负担

仲裁费由谁负担，通常都在仲裁条款中予以约定，以明确责任。根据双方当事人的意愿，有的约定由败诉方承担，也有的约定由仲裁庭裁决确定。

五、我国通常采用的仲裁条款格式

为了体现上述仲裁条款的基本内容和便于约定好仲裁条款，我国各进出口公司通常采用中国国际经济贸易仲裁委员会向合同当事人推荐的下列几种示范仲裁条款格式。

---

① 参见2015年1月1日起施行的《中国国际经济贸易仲裁委员会仲裁规则》第四条第（三）款。

（一）在中国仲裁的条款格式

“凡因本合同引起的或与本合同有关的任何争议，双方应当通过友好协商的办法解决；如果协商不能解决，均应提交中国国际经济贸易仲裁委员会，按照申请仲裁时该会现行有效的仲裁规则进行仲裁。仲裁裁决是终局的，对双方都有约束力。”

（二）在被申请人所在国仲裁的条款格式

“凡因本合同引起或与本合同有关的任何争议，双方应通过友好协商来解决；如果协商不能解决，应提交仲裁，仲裁在被申请人所在国进行。在中国，由中国国际经济贸易仲裁委员会根据申请仲裁时该会的仲裁规则进行仲裁。如在×国（被申请人所在国名称）由×国×仲裁机构（被申请人所在国的仲裁机构的名称）根据该组织现行有效的仲裁程序规则进行仲裁。其仲裁裁决是终局的，对双方都有约束力。”

（三）在第三国仲裁的条款格式

“凡因本合同引起的或与本合同有关的任何争议，双方应通过友好协商来解决，如果协商不能解决，应按×国×地×仲裁机构根据该仲裁机构现行有效的仲裁程序规则进行仲裁。仲裁裁决是终局的，对双方都有约束力。”

合同当事人除酌情分别采用上述仲裁条款外，还可以在仲裁条款（或仲裁协议）中对仲裁员人数、国籍、开庭地点、普通程序或简易程序、适用法律及仲裁语言等事项作出约定，或者在仲裁条款（或仲裁协议）达成之后，争议提交仲裁之前或者仲裁程序开始之前，以书面补充协议的形式进行补充约定。

六、约定仲裁条款的注意事项

交易双方商定买卖合同时，为了明确合理地约定仲裁条款，必须注意下列事项。

（一）选择合适的仲裁地点

因仲裁地点的约定与双方当事人有利害关系，故在商定仲裁地点时，应考虑适用的法律与费用负担等问题。

众所周知，仲裁地点不同，适用的法律则不同，不同法律对同一问题的解释与处理结果也会有别，因此，交易双方都希望选择法律环境比较利于己方的地点仲裁。同时，仲裁地点与合同当事人所在地距离的远近以及在该处仲裁所花费的开支大小等，也是需要考虑的因素。若争议金额不大，一般应选择与自身距离近的地点仲裁，最好争取在本国仲裁，以利于节省开支和避免出现得不偿失的情况。

此外，交易双方如约定在双方同意的第三国仲裁，则应选择允许受理双方当事人都不是本国公民的争议案，而且态度比较公正并具有一定的业务能力的仲裁机构。

（二）择优选择适当的仲裁机构

国际上常设的仲裁机构很多，它们的情况很不一致，因此，需要根据择优选择的原则约定适当的机构。选择时，要考虑成交金额的大小，并考虑下列各种因素：该机构的历史沿革和背景，审理案件的态度是否公正，办案效率和业务水平的高低，裁决的权威性和对外影响程度等。

（三）合理约定仲裁费的负担

在仲裁条款中，关于仲裁费由何方负担有各种不同的规定，有的只约定由败诉方负担，也有的约定由仲裁庭决定。鉴于有时出现争议双方均有违约情况，双方都负有不同程度的责任，有时虽属一方违约引起争议，但由于胜诉方“狮子大开口”，索赔金额过高，而仲裁费是按索赔金额计收的，加之某些费用开支又不合理，致使仲裁费用加大，若这些不合理的加大部分费用，也由败诉方负担，显失公平。因此，在约定仲裁费用的负担时，最好同时约定：由败诉方承担或由仲裁庭酌情决定相互承担的比率。这种约定办法，既符合实事求是的原则，也体现尊重仲裁庭的裁量权。

（四）仲裁条款的规定应当明确具体

约定仲裁条款应当明确、具体，以利于争议的解决。例如，有的合同在约定仲裁地点时，规定“在中国或外国仲裁”，或者规定“在进口国或出口国仲裁”；有的合同约定“由中国国际经济贸易仲裁委员会仲裁”，同时又约定“在香港仲裁”；有的合同规定“发生争议在中国的仲裁机构或法院依法解决”；还有的合同约定“若双方发生争议，通过仲裁解决”，但仲裁地点、仲裁机构和仲裁规则等内容，都未具体规定。上述这些模棱两可或含糊其词的规定，都不利于解决争议。因此，订立合同中的仲裁条款或签订仲裁协议，应使其内容明确具体，以利于及时解决争议。

七、仲裁裁决的承认与执行

仲裁裁决是终局性裁决，仲裁裁决对双方当事人都具有法律上的约束力，当事人必须执行。双方当事人都在本国的情况下，如一方不执行裁决，另一方可请求法院强制执行。如一方当事人在国外，则涉及一个国家的仲裁机构所作出的裁决要由另一个国家的当事人去执行的问题。在此情况下，如国外当事人拒不执行裁决，则只有到国外法院去申请执行，或通过外交途径要求对方国家有关主管部门或社会团体（如商会、同业公会）协助执行。为了解决在执行外国仲裁裁决问题上的困难，国际上除通过双边协定就相互承认与执行仲裁裁决问题作出规定外，还订立了多边国际公约，1958 年 6 月 10 日联合国在纽约召开了国际商事仲裁会议，签订了《承认与执行外国仲裁裁决公约》（简称《1958 年纽约公约》）（Convention on the Recognition and Enforcement of Foreign Arbitral Award，CREFAA）。该公约强调了两点：一是承认双方当事人所签订的仲裁协议有效；二是根据仲裁协议所作出的仲裁裁决，缔约国应承认其效力并有义务执行。只有在特定的条件下，才根据被诉人的请求拒绝承认与执行仲裁裁决。例如，裁决涉及仲裁协议未提到的或不包括在仲裁协议之内的一些争议；仲裁庭的组成或仲裁程序与当事人所签仲裁协议不符等。

1986 年 12 月我国第 6 届全国人民代表大会常务委员会第 18 次会议决定中华人民共和国加入上述《1958 年纽约公约》，并同时作出下列两点声明：

第一，中华人民共和国只在互惠的基础上对在另一缔约国领土内作出的仲裁裁决的承认和执行适用该公约；

第二，中华人民共和国只对根据中华人民共和国法律认定为属于契约性和非契约性商事法律关系所引起的争议适用该公约。

我国政府对上述公约的加入和所作的声明，不仅为我国承认与执行外国仲裁裁决提供了法律依据，而且也有利于我国仲裁机构所作出的裁决在国外公约成员国内的执行。

本章小结

综上所述，足见在国际货物贸易中，由于种种原因，可能在履约当中出现意外问题而影响合同的履行，也可能因一方当事人违约或毁约而损害另一方当事人的合法权益，甚至引起贸易纠纷。为了维护国际贸易的正常秩序和合同当事人的合法权益，为了预防和减少贸易纠纷以及依约妥善处理合同争议，交易双方应在买卖合同中约定异议与索赔、违约金与定金、不可抗力和仲裁条款。约定上述这些条款，一方面体现了合同的严肃性，有利于促使合同当事人认真履约，另一方面，若出现了合同因故未能履行或发生当事人违约情况，也有利于有关方面根据事实、分清是非、明确责任和依法妥善处理履约过程中发生的争议。

思考题

1. 在国际货物买卖合同中为什么要订立索赔条款？《联合国国际货物销售合同公约》对货物的索赔期限是怎样规定的？

2. 在国际货物买卖合同中规定违约金条款有何意义？规定和运用该条款应注意哪些事项？

3. 在国际货物贸易中，规定和运用定金条款应注意哪些事项？

4. 何谓不可抗力？在国际货物买卖合同中规定不可抗力条款应注意哪些事项？

5. 为什么仲裁是解决国际经贸争议的重要方式？国际货物买卖合同中的仲裁条款应包括哪些主要内容？

6. 我国仲裁机构审理国际经贸仲裁案件应遵循哪些原则？

7. 我国参加《承认与执行外国仲裁裁决公约》的意义何在？该公约包括哪些基本内容？

案例分析题

买卖双方按CIF鹿特丹、即期信用证付款条件达成交易，在合同和信用证中规定："不准转船。"卖方按合同和信用证规定，及时将其出售的货物装上直达鹿特丹的班轮，并凭直达提单等装运单据办理了货款的议付。船方为了装载其他货物，中途擅自将卖方托运的货物换装其他船续运至鹿特丹。因其中途转船延误了时间，致使货物晚到1个月，买方便向卖方索赔，卖方拒赔。试分析，买方向卖方索赔是否有理？你认为此案应如何处理？

第三篇　国际货物买卖合同的商定与履行

在国际货物贸易中，买卖双方如何洽商交易、订立合同、履行合同和处理违约问题，对合同各方当事人都有着直接的利害关系。为了体现公平交易和实现双赢原则，我们必须在平等互利的基础上，正确开展商务谈判，依法订立买卖合同和合理约定合同条款，依约履行合同，并采取正确的救济方法处理当事人违约的问题。

第十一章

国际商务谈判

国际商务谈判是一项十分重要的工作，从事外贸业务的人员面对来自全世界不同国家、不同文化背景的商业伙伴，如何快速有效达成双赢的谈判结果，化解业务矛盾和利益冲突，其思维模式与谈判技巧显得特别重要。具备正确的思维模式和掌握巧妙的谈判艺术，可以让专业人员如虎添翼。本章专就国际商务谈判的概念及其重要性、国际商务谈判前的准备、谈判的基本原则与思维模式、谈判的步骤以及谈判的方法与技巧分别加以介绍。

第一节　国际商务谈判的概念及其重要性

一、国际商务谈判的概念

国际商务谈判一般被理解为，从事国际商务活动的当事人通过彼此沟通来满足各自现实和潜在利益的过程。国际商务谈判活动实际上是进出口商的基本工作。无数的实践经验告诉我们，参与国际商务谈判的人员除了应该具备专业知识之外，能否具备一定的国际商务谈判能力和技巧，对最终谈判结果具有重要影响。

国际商务谈判也有狭义和广义的含义。狭义的国际商务谈判指的是，为了达成一笔交易（如签订国际货物买卖合同）而进行责任与义务的磋商过程。其目的是为了能够达成满足各方利益的合同条件。因此，它是交易前的一个重要环节。广义的国际商务谈判贯穿国际商务活动的全过程。它是从事国际商务的人员（在国际贸易中主要是进出口商）通过沟通整合和满足各自利益，解决利益冲突的过程。广义理解的国际商务谈判，不仅指的是交易前的合同谈判，而且还包括在达成交易后履行合同中沟通和解决双方出现的各种利益冲突的情况。广义的谈判不仅要满足各方实际的现实利益，而且要包括通过沟通来挖掘各方潜在的需要，达到共赢的局面。

国际商务谈判贯穿进出口活动的方方面面。进出口双方既需要掌握谈判技巧来调整合同的基本责任与义务，谈妥合同条款，又要在出现利益矛盾时化解冲突，想方设法创造解决方案。因此，广义的国际商务谈判应该是双方或多方当事人在国际背景下解决实际问题，化解利益冲突的思维模式。因此，我们不能只限于了解狭义的谈判，也要掌握广义的谈判技巧。

二、国际商务谈判的重要性

国际商务谈判是国际货物买卖过程中必不可少的一个很重要的环节，也是签订买卖合同的必经阶段。国际商务谈判的内容，不仅包括商务与技术方面的问题，还包括法律与政策问题，它是一项政策性、策略性、技术性和专业性很强的工作。国际商务谈判的结果，决定着合同条款的具体内容，从而确定合同双方当事人的权利和义务，故买卖双方都很重视商务谈判这项重要的活动。

在国际货物买卖中，商务谈判是一项很复杂的工作，它比国内贸易中的洽谈交易复杂得多。因为，交易双方分属不同的国家或地区，彼此有着不同的社会制度、政治制度、法律体系、经济体制和贸易习惯，有着不同的文化背景、价值观念、宗教信仰和民族习惯，而且还有语言和文字沟通方面的困难。

在洽商过程中，买卖双方在确定价格和各种交易条件以及拟定合同条款方面，往往因利害关系不同而存在分歧和争论，有时这种分歧和争论甚至是十分激烈的。而且在洽商过程中，还可能出现种种预先没有估计到的变化。为了保证洽商交易的顺利进行，事先应精心准备和周密策划，组成精明能干的谈判团队，尤其是对一些大型的和内容复杂的交易，更要组织一个坚强有力的谈判班子，这个谈判班子中须包括熟悉商务、技术、法律和财务方面的人员，应具有较高整体素质，要善于应战，善于应变，并善于谋求一致，这是确保交易成功的关键。

综上所述，做好国际商谈判这一重要环节的工作，妥善处理国际商务谈判过程中所出现的各种问题，在平等互利的基础上达成公平合理和切实可行的协议，具有十分重要的意义。因此，凡从事外经贸活动的人员，都应高度重视并切实做好这一环节的工作。

第二节　国际商务谈判前的准备

为了做好商务谈判这项艰难复杂而又十分重要的工作，必须事前做好充分准备。许多研究表明，准备工作的充分与否直接影响到谈判的结果。在一般的进出口谈判中，需要准备的事项很多，其中主要包括下列工作：

一、组织谈判团队

参加谈判的人员需要具备多方面的专业知识，并善于综合运用各种知识。一般地说，他们应具备下列条件：

（1）必须熟悉我国对外经济贸易方面的方针政策，并了解国家关于对外经济贸易方面的具体政策措施。

（2）必须掌握洽商交易过程中可能涉及的各种商务专业知识，如商品知识、市场知识、金融知识和运输、保险等方面的知识。

（3）必须熟悉我国颁布的有关涉外法律、法令与规则，并了解有关国际贸易、国际技术转让和国际运输等方面的法律、惯例以及有关国家的政策措施、法规和管理制度等方面的知识。

（4）应当熟练地掌握外语，并能用外语直接洽谈交易和处理有关商务问题。

（5）具有较高的政治、政策水平，较好的心理素质和较高策略水平，并善于机动灵活地处理洽商过程中出现的各种问题。

二、熟悉目标市场

在谈判过程中，由于交易双方的立场及其追求的具体目标各不相同，故往往充满尖锐复杂的利害冲突并出现反复讨价还价的情况。参加商务谈判人员的任务是，根据购销意图，针对交易对手的具体情况，施展各种行之有效的策略，正确处理和解决彼此间的冲突和矛盾，谋求一致，达成一项双方都能接受的公平合理的协议。由于交易双方达成的协议，不仅直接关系着双方当事人的利害得失，而且具有法律上的约束力，不得轻易改变，所以是否拍板成交和达成协议，彼此都应持慎重态度。如果由于失误而导致磋商失败，就会失掉成交的机会。如果由于我方人员急于求成、疏忽大意或其他原因，作了不应有的让步，或接受了不合理的成交条件和有悖于法律规定的条款，致使交易磋商中出现一些错误和隐患，往往事后难以补救。这不仅会使我方在经济上蒙受不应有的损失，而且还可能给履约造成困难，进而影响双方关系，对外造成不良的政治影响。

在谈判之前，必须从调查研究入手，通过各种途径广泛收集市场资料，加强对国外市场供销状况、价格动态、政策法令措施和贸易习惯等方面情况的调查研究。谈判对方在考虑满足其利益时，一般都脱离不了他所处的市场环境。熟悉目标市场情况，可以让我们更清楚谈判对方的实际和潜在的需求情况，以便更好地把握谈判的结果。在熟悉国外目标市场时，应当注意以下两个问题。

（1）加强对市场供求关系的研究，包括价格走势，以及影响供求关系的市场因素，如政府决策、消费者偏好、企业投资需求、优惠政策、工资水平、货币政策、财政政策等的研究。

（2）考虑目标市场的竞争情况。首先，掌握国外市场的竞争状况，可以使得我方合理确定成交的价格条件，避免出现定价过高或过低的情况。因为，定价过高，可能造成丧失成交机会或者影响谈判效率；定价过低，又会付出不必要的代价。其次，掌握国外市场的竞争情况，可以使我们有更多的选择余地。如果谈不成，我们可以考虑其他替代的方案，以便为我方获取较好的成交条件提供讨价还价的筹码。例如向国外订货时，要做到“货比三家”，从优选择，以维护我方的利益。

三、了解交易对象

为了做到“知己知彼”，在商务谈判之前，首先必须通过各种途径对客户的政治、文化背景、资信情况、经营范围、经营能力和经营作风等方面的情况进行了解和分析，防范国际商业风险。其次，要对客户真实的需要进行了解和沟通。通过各种有效途径探求客户的潜在的需要。最后，就是要了解客户惯常的做法，以及关心和担心的问题，以便在满足对方需求的同时，为我方争取较好的成交条件。

四、制定商务谈判的方案

谈判的方案，是指为了完成某种或某类商品的进出口任务而确定的经营意图、需要达到的最高或最低目标，以及为实现该目标所应采取的策略、步骤和做法，它是对外洽谈人员遵循的依据。方案的内容繁简不一。对大宗进出口商品交易所拟定的经营方案，一般比较详细具体，尤其是制定某些大宗交易或重点商品的谈判方案时，更要考虑周全，因为谈判方案的完善与否，是决定成败的关键。在谈判方案中，对需要谈判的问题，应分清主次，合理安排谈判的先后顺序，明确对每一主要问题应当掌握的分寸和尺度，以及准备好在谈判中出现某些变化时所应采取的对策和应变措施，力争谈判成功，以取得最佳的效果。对一般中、小商品的进出口，则只要拟定简单的价格方案即可。

第三节　国际商务谈判的基本原则与思维模式

一、求同存异和实现互利共赢的原则

在商务活动中，谈判的双方或多方都有着一定的共同利益，但他们之间也存在商业利益的冲突。应该承认，在商务活动中，无时无刻不充满矛盾和冲突，而谈判的关键，就是我们如何运用有效的手段来化解这些矛盾和冲突。

在买卖合同中，一般都有单独的条款来规定解决合同纠纷的方法，如双方应先通过友好协商解决，也可请专家或双方信任的第三者进行调解；如果还不能解决合同争议，合同当事人可以将争议提交指定的仲裁机构来进行裁决。即使当事人不约定仲裁条款，合同当事人还可以选择司法诉讼的方式来解决争议。但是，一般来讲，买卖合同的当事人都不情愿采取将合同争议提交仲裁或诉讼来解决，因为仲裁或诉讼等方式使得合同的任何当事人对争议的解决失去了控制。这些解决争议的方法作为防备措施，只不过是在万不得已的情况下才使用。那么，谈判当事人是采取什么思维模式来协调各自的利益呢？求同存异和实现互利共赢是一般商务谈判所共同遵循的基本

前提和原则。

二、双赢的谈判应该符合的标准

谈判结果并不一定是“你赢我输”或“我赢你输”。谈判双方首先要树立“双赢”的理念。一场谈判的结局应该使谈判的双方都要有“赢”的感觉。采取什么样的谈判手段、谈判方法和谈判原则来达到这样的结局，乃是我们学习谈判和研究谈判所要达到的目的。

当人们提到谈判技巧，往往都集中在介绍谈判一方想方设法采取一些手段来对付谈判对手，特别是片面追求一方取胜的所谓“技巧”，而我们在这里给大家介绍的双赢的谈判原则，是所有的谈判者都应遵循和接受的原则，并且能够在不断实践中加以运用。

实现双赢，一般应满足以下三个标准：

（一）谈判要达成一个明智的协议

明智协议的核心特点就是双赢，谈判的结果应满足谈判各方的合法利益，能够公平地解决谈判各方的利益冲突，而且还要考虑到符合公众利益。

（二）谈判的方式必须有效率

效率高的谈判，使双方都能抓住商机，有更多的精力拓展商业利益。如果双方在谈判中久拖不决，难以选择双方满意的方案，无谓地消耗时间，就会给谈判各方带来压力，增加谈判不成功的风险。

（三）谈判应该可以改进或至少不会伤害谈判各方的关系

谈判的结果是要取得利益，然而，利益的取得却不能以破坏或伤害谈判各方的关系为代价。因为，商务合作并不是一朝一夕的事情，从发展的眼光看，商务上的长久合作关系会给你带来更多的商业机会。忽视建立关系的谈判，往往会使谈判者在心理上产生不良的反应，容易伤害“脸面”，从而对最终谈判结果带来负面的影响。

三、国际商务谈判的思维模式

国际商务谈判的思维模式是我们在从事国际商务活动中的思维定式。它要求我们在处理国际商务中要把握几个主要的思维变量。美国哈佛大学的学者经过多年研究总结的一套普遍适用的谈判基本思维模式，被称为“原则式谈判法”或“实质利益谈判法”。它要求谈判者在谈判中侧重谈判的实质利益（Interest），而非各自所持有的谈判立场（Position）。另外，它还强调谈判者在谈判中要重视实质利益谈判的实现步骤。

采用实质利益谈判法时，要求谈判者在谈判中自始至终把握正确原则，并妥善处理人、利益、方案、标准四个方面的问题。

第一，在谈判中，要将人与问题分开，要求正确处理谈判者之间的相互关系与利益，求同存异，化解矛盾和利益冲突。

第二，要注重利益，而非立场，即在谈判中，谈判者应将谈判集中于双方所关心的利益因素，而不是鲜明的立场。

第三，要提供各种选择方案。谈判者应基于共同利益创造各种可供选择的解决方案，以利彼此从中选择对双方最有利的方案。

第四，坚持使用客观标准，即在谈判中，谈判者若遇到相互冲突的利益，应按客观标准来衡量，并划分彼此的利益范围。

只要双方在谈判中始终贯彻上述基本原则，就不难对付各种谈判的情景。如双方在此基础上，仍然达不成任何协议，则双方就有可能不存在合作的利益基础。

第四节　实质利益谈判法的步骤与谈判阶段

一、实质利益谈判法的步骤

在商务谈判中，谈判双方毕竟不是敌对关系，但也并非不存在利害冲突与矛盾。灵活掌握谈判的步骤和谈判方法，可以达到双方都满意的结果。在谈判双方彼此存在长期合作诚意的前提条件下，谈判的过程应该为申明价值（Claiming Value）、创造价值（Creating Value）和克服障碍（Overcoming Barriers to Agreement）三个不断循环的步骤。现将这三个步骤分述如下：

（一）申明价值

在谈判开始时，谈判双方彼此应充分沟通各自的利益需要。此步骤的关键是弄清对方的真正需求，因此，其主要的技巧就是多向对方提出问题，探询对方的实际需要。与此同时，也要酌情申明自身的利益所在。因为你越了解对方的真正实际需求，就越能知道如何才能满足对方的要求；同时对方知道了你的利益所在，也才能满足你的要求。

在此需要指出的是，有些所谓“商务谈判技巧”主张故意迷惑对方，让对方不知道你的真正需要和利益所在，甚至想方设法误导对方，这是不可取的。因为，在谈判中，如果你总是误导对方，那么最终吃亏的可能是你自己。

（二）创造价值

此步骤是谈判的关键环节。双方彼此沟通，申明了各自的利益所在，并了解对方的实际需要。但是，以此达成的协议，并不一定对双方都是利益最大化，也可能不是最佳方案。因此，谈判中，双方还需要想方设法去寻求更佳的方案，满足谈判各方最大的利益需要。这一步骤就是创造价值过程。创造价值往往是商务谈判最容易忽略的步骤。许多谈判者不能从全局的角度出发去充分创造、比较与衡量最佳的解决方案。因此，也就使得谈判者往往总觉得谈判结果不尽如人意，没有“赢”的感觉，或者总有一点遗憾。

（三）克服障碍

这往往是谈判的攻坚环节。谈判久拖不决的障碍一般来自两个方面：一是谈判双方存在利益冲突；另一个是谈判者自身在决策程序上存在障碍。前一种障碍需要双方按照公平、合理、客观的原则来协调利益；后一种障碍，则需要谈判一方主动去帮助对方作出适当决策。

上述商务谈判的步骤是一个循环往复的过程。通常在谈判的不同阶段都要重复这三个步骤。只要谈判双方都牢记这一谈判步骤，并有效地遵循适当的方法，就能使谈判的结果达到双赢，并使双方利益都得到最大化。

二、实质利益谈判法的三个阶段

按照先后顺序，谈判可分为如下三个阶段。实质利益谈判法，自始至终贯穿于谈判的整个过程。从谈判的策划，到谈判的结果，或者达成协议，或者终止谈判。

（一）第一阶段：分析阶段（Analysis Stage）

这一阶段是谈判人员对谈判双方的谈判情况进行分析，达到知己知彼的阶段。此阶段的要点是：尽可能利用各种有效的途径获取信息，对信息进行组织、思考并对整体谈判形势作出判断。（1）关于人的因素，谈判者要考虑，谈判各方都持有什么样的观点？双方对同一个问题有没有认识上的差异？有没有敌对情绪？存在什么样的交流障碍？（2）关于利益因素，谈判者应考虑并认知各方的利益所在，双方是否存在共同的利益？是否彼此存在矛盾、但可以兼容的利益等？（3）关于方案因素，谈判者应审核既定的谈判方案，是否存在可供选择的谈判方案？（4）关于标准因素，谈判者在解决利益冲突时，是否存在可以划分利益的公平标准？

（二）第二阶段：策划阶段（Planning Stage）

这一阶段是谈判者在分析谈判形势的基础上，进行进一步周密策划的阶段。此阶段的要点是要求谈判人员利用创造性思维方式，策划如何实施谈判。谈判者要再次思考以上四个方面的原则。（1）关于人的问题，谈判者要对可能遇到的人的问题策划解决方案，若出现了双方认识上的差异，如何解决？若出现了双方情绪上的冲突，又如何解决？（2）关于利益问题，谈判者应考虑在你的各种利益中，哪些利益是对你非常重要的？哪些利益是对对方非常重要的？用什么样的方法可以满足双方的要求？（3）关于方案问题，谈判者应考虑用什么样的方法可以找出最终双方都能接受的解决方案。如何让双方摆脱僵局？（4）关于标准问题，谈判者应找出供最终决策的客观标准。如双方各不让步，哪些标准可以用来公平地划分利益？

（三）第三阶段：讨论阶段（Discussion Stage）

这一阶段是谈判双方讨论交流阶段。此阶段的要点是，要求谈判各方充分交流，以便达成双方都满意的协议，同样还要根据以上四个原则来考虑：（1）关于人的问题，要探讨观念的差异，让对方发泄挫折和气愤的情绪，克服交流的障碍；（2）关于利益问题，谈判每一方都要充分了解，并关注对方的利益所在，使用各种询问方式进一步证实对方的利益所在；（3）关于方案问题，双方都应积极配合对方在互利基础上寻求谈判解决方案；（4）关于标准因素，对于相冲突的利益，努力以客观标准划分利益，并达成协议。

这三个阶段，可以是一个循环往复的过程，谈判者可以从以上四个方面的内容展开。如在谈判中遇到了困难，应随时检查一下在哪个方面做得还不够，还有待改进，直到最终达成协议。

第五节　国际商务谈判的基本方法与技巧

一、注重利益，而非立场

以往有些僵持很久的谈判，往往都是谈判双方过于坚持自己的立场或原则，并将其视为谈判制胜的重要条件。然而他们并不了解，在谈判双方对立的立场背后，虽然存在冲突的利益，但实际上也可能存在共同的或可以彼此兼容的利益。例如，在机械设备的出口中，双方坚持各自的价格立场，并不能有助于双方达成明智的交易，因为，价格立场背后，还会有许多利益的存在，而这些利益的存在，对双方并不一定就是冲突。应该采用什么贸易术语？交货时间的安排对谁更重要？价格中是否包括人员培训的费用？运输的责任必须是由买方来承担吗？保险由谁办理更合适？对于卖方，信用证付款条件是不是必需条件？买卖双方是想签订长期出口合同，还是一笔交易的合同？有关设备的易损件是否包括在此合同的报价中？等等。

由此可见，一项合同谈判的立场背后，还会有许多的利益因素。而商务谈判者必须彻底分析交易双方的利益所在，认清哪些利益对于我方是非常重要的，是绝不能让步的；哪些利益是可以让步的，可以用来交换对方的条件。在不分清利益因素的情况下，盲目追求坚持立场和原则，往往使谈判陷入僵局，或者使谈判彻底失败。

在此应当指出，让步的谈判并不等于是失败的谈判。在谈判中最忌讳的是随意作出不当的让步。有经验的谈判者会用对自己不重要的条件去交换对对方无所谓、但对自己却很在意的一些条件。这样的谈判，才能是一个双赢的谈判。在上述例子中，办理运输对于买方可能没有任何优势，那么买方就可以签订 CIF 合同。但是，如果买方觉得办理保险是非常重要的，那么，买方也可以在取得尽快交货的前提下，与对方签订 CFR 合同。

在谈判中，利益的交换是非常重要的。双方谈判能否达到双赢，主要取决于双方让步的策略，即能否准确识别利益因素对于自己和对方的重要性。识别利益因素往往依赖于双方之间的沟通。例如，在谈判中，不妨向对方多问几个为什么，如“您为什么特别注重……，您为什么不接受……”等问题，以此来探求对方的真实利益所在。在商务谈判中，对于利益问题，应注意以下几点：

（1）向对方积极陈述你的利益所在，以引起对方的注意，并使对方满足你的利益。

（2）承认对方的利益所在，考虑对方的合理利益，甚至在保证自己利益的前提下，努力帮助对方解决利益冲突问题。

（3）在谈判中，既要坚持原则（如具体的利益），又要有一定的灵活性。

（4）在谈判中对利益作硬式处理，而对人作软式处理。在谈判中要强调你为满足对方利益所作出的努力，有时也要对对方的努力表示钦佩和赞赏。

二、创造双赢的解决方案

人们在谈判中，有时不欢迎律师参加，其原因是把律师在谈判中的职责想象成是从法律角度计较得失，千方百计维护谈判者的利益。而实际上，让好的律师参与谈判，往往会取得意想不到的效果。因为，好的律师在谈判中有能力为谈判双方寻求对双方都有利的解决方案。如果将双方的利益比作一张饼来切，那么律师并不是仅仅注重切在什么地方，而更注重在切分这块饼之前，尽量使这块饼变得更大。这就是提醒我们应该在谈判中注重创造双赢的解决方案。然而，在许多谈判中，谈判的结局并不理想。谈判者更多的是注重追求单方面利益，固守自己的立场，而从来也不考虑双方的实际情况。为什么谈判者没有创造性地寻找解决方案，没有将谈判双方的利益实现最大化？有经验的谈判专家认为，导致谈判者陷入上述谈判误区主要有如下四个障碍：

一是过早地对谈判下结论。谈判者往往在缺乏想象力的同时，看到对方坚持其立场，也盲目地不愿意放弃自己既有的立场，甚至担心寻求更多的解决方案会泄露自己的信息，减低讨价还价的力量。

二是只追求单一的结果。谈判者往往错误地认为，创造并不是谈判中的一部分；谈判只是在双方的立场之间达成一个双方都能接受的点。

三是误认为一方所得，即另一方所失。许多谈判者错误地认为，谈判具有零和效应，给对方所作出的让步就是我方的损失，所以没有必要再去寻求更多的解决方案。

四是谈判对手的问题始终该由他们自己解决。许多谈判者认为，谈判就是要满足自己的利益需要，替对方想解决方案似乎是违反常规的。

实践表明，成功的谈判应该使得双方都有赢的感觉。只有双方都是赢家的谈判，才能使以后的合作持续下去，双方才会在合作中各自取得自己的利益。因此，如何创造性地寻求双方都接受的解决方案，乃是谈判的关键所在，特别是在双方谈判处于僵局的时候更是如此。为了使谈判者走出误区，他们必须遵循如下的谈判思路和方法：

（一）将方案的创造与对方案的判断行为分开

谈判者应该先创造方案，然后再决策，不要过早地对解决方案下结论。比较有效的方法是采用所谓的“头脑风暴”式的小组讨论，即谈判小组成员彼此之间激发思想，创造出各种想法和主意，而不是考虑这些主意是好还是坏，是否能够实现。然后再逐步对创造的想法和主意进行评估，最终决定谈判的具体方案。在谈判双方是长期合作伙伴的情况下，双方也可以共同进行这种小组讨论。

（二）充分发挥想象力，以扩大方案的选择范围

在上述小组讨论中，参加者最容易走入的误区就是，觉得大家在寻找最佳的方案。而实际上，我们在激发想象阶段并不是寻找最佳方案的时候，我们要做的就是尽量扩大谈判的可选择余地。此阶段，谈判者应从不同的角度来分析同一个问题，甚至于可以就某些问题和合同条款达成有不同的约束程度的协议，如不能达成永久的协议，可以达成临时的协议；不能达成无条件的协议，可以达成有条件的协议等。

（三）找出双赢的解决方案

双赢在绝大多数的谈判中都是应该存在的。创造性的解决方案可以满足双方利益

的需求。这就要求谈判双方应该能够识别共同的利益所在。每个谈判者都应该牢记：每个谈判都有潜在的共同利益；共同利益就意味着商业机会；强调共同利益可以使谈判更顺利。另外，谈判者还应注意谈判双方兼容利益的存在，这种不同的利益同时并存，并不矛盾或冲突。

（四）替对方着想，并让对方容易作出决策

让对方容易作出决策的方法是：让对方觉得解决方案既合法又正当；让对方觉得解决方案对双方都公平；另外，列举对方的先例，也有利于促使对方作出决策。

三、使用客观标准，破解利益冲突

在谈判时，尽管充分理解对方的利益所在，并绞尽脑汁为双方寻求各种互利的解决方案，同时也非常重视与对方发展关系，但还是可能会遇到令人非常棘手的利益冲突问题。若双方就某一个利益问题争执不下，互不让步，即使强调“双赢”也无济于事。例如，交货期的长短问题和价格条款的谈判问题等。在此情况下，一般谈判者多数会采取立场式的谈判方法。这时，解决的方法有可能是，一方如果极力坚持自己的立场，则另一方就不得不作出一定的让步来达成协议。为什么会出现这种情况呢？这种谈判，双方的假设前提是：（1）我所失即你所得；（2）谈判协议的达成取决于谈判双方的意愿；（3）谈判者不考虑其他因素，而只考虑单一价格因素。这样，谈判就势必变成为一场意愿的较量，看谁最固执或谁最慷慨。谈判的内容就集中在，要看谁更加愿意达成协议。在许多情况下，谈判有可能会陷入一场持久的僵局中，从而不利于双方以后的进一步合作。

当上述利益冲突不能采取其他方式协调时，在商务谈判中使用客观标准，就能起到非常重要的作用。例如，过去在谈判一个出口机械设备合同时，交易双方在出具质量保函和提取质量保证款问题上争执不下，即进口商担心出口商交货质量不合格，要求其开立以进口商为受益人的银行保函，保证金约占全部货款的5%。而出口商却不同意这种做法，他担心万一进口商信誉不好，随时都有可能提取该款，这对出口商有很大风险。经过双方反复磋商，最后，双方决定遵循一些客观标准来解决这一互相都担心的问题，即若出现品质问题，由第三方公证鉴定机构出具品质鉴定书，并以此作为进口商向银行索取违约款项的唯一依据。由此可见，使用客观标准，乃是谈判的出路所在。

上述实例，具有一定的代表性。人们可以举一反三，其他商务谈判，以价格为例，也可运用客观标准，如市场价值、替代成本、折旧的账面价值等。实践证明，此种方式的谈判是行之有效的，它可以不伤和气地快速取得谈判成果。为了便于把握谈判，应遵循客观标准的基本原则，即公平有效的原则、科学性原则和先例原则。谈判者在运用客观标准时，应注意下列几个问题：

（一）建立公平的标准

在商务谈判中，一般遵循的客观标准有：市场价值、科学的计算、行业标准、成本、有效性、对等的原则、相互的原则等。客观标准的选取要独立于双方的意愿，要公平和合法，并且在理论和实践中均是可行的。

（二）确定公平地分割利益的步骤

在两个小孩分橘子的传统例子中，“一个切，一个选”；大宗商品贸易由期货市场定价进行基差交易；在两位股东持股相等的投资企业中，委派总经理采取任期轮换法等，都是一些通过步骤来分割利益的例子。

（三）将谈判利益的分割问题局限于寻找客观依据

在谈判中多问对方：您提出这个方案的理论依据是什么？为什么是这个价格？您是如何算出这个价格的？

（四）善于阐述自己的理由并接受对方提出的合理的客观依据

用严密的逻辑推理来说服对手。对方认为公平的标准必须对你也公平。运用你所同意的对方标准来限制对方漫天要价，甚至于两个不同的标准也可以谋求折中。

（五）不要屈从于对方的压力

来自谈判对手的压力，可以是多方面的：如，贿赂，最后通牒，以信任为借口让你屈从，抛出了不可让步的固定价格等。但是，无论哪种情况，都要让对方陈述理由，讲明所遵循的客观标准。

本章小结

本章所述表明，国际商务谈判是国际货物贸易中不可缺少的一个很重要的环节，它是一项政策性、策略性、专业性和技术性很强的工作。国际商务谈判的结果，关系到交易的成败和合同当事人的利害与得失。若充分了解以双赢谈判为目标的基本原则与思维模式、基本方法与谈判技巧，并灵活加以运用，必将取得良好的效果。

思考题

1. 为什么国际商务谈判非常重要？谈判前应做哪些准备？
2. 什么是双赢的谈判？如何理解国际商务谈判中的双赢？
3. 双赢的谈判应该符合什么标准？
4. 商务谈判有哪些步骤？请根据自己的亲身经历举例说明这些步骤。
5. 什么是“实质利益谈判法”？其基本指导思想是什么？
6. 请用实例说明实质利益谈判法中人的因素、实质利益因素、方案因素和标准因素。
7. 在长期的国际商务伙伴之间，为什么实质利益谈判方式优于立场性的谈判方式？
8. 采取什么样的方法和步骤，谈判双方可以更快地寻找到双赢的解决方案？
9. 在商务谈判中让步的基本原则和方法是什么？如果谈判双方在某一个问题上，例如价格的高低上出现僵局，应采取什么方法和步骤来化解僵局？

案例分析题

国内某公司A代理另外一家国内公司B与外商C签订了10台特殊用途的数控机床的CIF进口合同。每台金额为500万美元。该合同涉及的金额较大，又涉及软件和技术服务条款，所以A公司要求B公司预交2 400万元人民币的定金，B公司也顺利将该款项转入了A公司的账户。因此，A公司按照对外签订的进口合同的约定，给国外的C公司开立了全部款项的信用证。该信用证允许国外C公司分批交货。就在交货期来临之际，A公司从B公司处得知，国内市场对这种特殊机床的需求并不是想象的那样多，这种特殊用途的机床虽然技术先进，但是由于价格昂贵，国内市场目前最多也就能容纳3台左右。B公司因此就与A公司商量能否让A公司与国外C公司撤销该进口合同。当A公司与国外C公司磋商时，国外C公司告知，货物已经全部出运，已经分三批将单据交予了银行。A公司转向要求B公司货到一定支付全部货款时，B公司告诉A公司市场发生了变化，没有能力支付全部货款。因此，A公司又从银行的审单中找出了一些单证不符点想拒绝向国外C公司付款，而银行认为所发现的不符点不属于实质性的问题。由于货物已经到了口岸，仓储费用昂贵，C公司扬言要起诉A公司不收货付款，甚至威胁不提供日后设备的软件和相关的技术服务。试分析，A公司能否撤销与C公司签订的合同？A公司能否通过拒绝支付货款来解决所面临的困境？A公司如何通过谈判来解决自己面临的困境？

第十二章

国际货物买卖合同的订立

交易双方在洽商国际货物买卖合同过程中，一般包括询盘（Inquiry）、发盘（Offer）、还盘（Counter Offer）和接受（Acceptance）四个环节，其中，发盘和接受是达成交易、合同成立不可缺少的基本环节和必经的法律步骤。当交易双方通过洽商就各项交易条件达成一致协议后，合同即告成立，交易双方当事人即存在合同关系。现就订立合同的步骤、合同成立的时间与合同生效的要件以及合同的形式与内容，分别阐述如下。

第一节　订立合同的步骤

一、询盘

询盘是准备购买或出售商品的人向潜在的供货人或买主探询该商品的成交条件或交易的可能性的业务行为，它不具有法律上的约束力。

询盘的内容可以涉及某种商品的品质、规格、数量、包装、价格和装运等成交条件，也可以索取样品，其中多数是询问成交价格，因此在实际业务中也有人把询盘称作询价。如果发出询盘的一方只是想探询价格，并希望对方开出估价单（Estimate），则对方根据询价要求所开出的估价单只是参考价格，它并不是正式的报价，因而也不具备发盘的条件。

在国际贸易业务中，发出询盘的目的，除了探询价格或有关交易条件外，有时还表达了与对方进行交易的愿望，希望对方接到询盘后及时作出发盘，以便考虑接受与否。这种询盘实际上属于邀请发盘。

询盘不是每笔交易必经的程序，如交易双方彼此都了解情况，不需要向对方探询成交条件或交易的可能性，则不必使用询盘，可直接向对方作出发盘。

二、发盘

（一）发盘的含义

发盘又称发价或报价，在法律上称为要约。根据《联合国国际货物销售合同公约》（以下简称《公约》）第 14 条第 1 款的规定："向一个或一个以上特定的人提出的订立合同的建议，如果内容十分确定并且表明发盘人在得到接受时承受约束的意旨，即构成发盘。"发盘既可由卖方提出，也可由买方提出，因此，有卖方发盘和买方发盘之分。后者习惯上称为递盘（Bid）。

发盘应向一个或一个以上特定的人（Specific Persons）提出。向特定的人提出，即是向有名有姓的公司或个人提出。提出此项要求的目的在于，把发盘同普通商业广告及向广大公众散发的商品价目单等行为区别开来。对广大公众发出的商业广告是否构成发盘的问题，各国法律规定不一。大陆法规定，发盘需向一个或一个以上特定的人提出，凡向公众发出的商业广告，不得视为发盘。如北欧各国认为，向广大公众发出的商业广告，原则上不能作为发盘，而只是邀请看到广告的公众向登广告的人提出发盘。英美法的规定则与此相反，如英国有的判例认为，向公众作出的商业广告，只要内容确定，在某些场合下也可视为发盘。《联合国国际货物销售合同公约》（以下简称《公约》）对此问题持折中态度，该《公约》第 14 条第 2 款规定："非向一个或一个以上特定的人提出的建议，仅应视为邀请发盘，除非提出建议的人明确地表示相反的意向。"根据此项规定，商业广告本身并不是一项发盘，通常只能视为邀请对方提出发盘。但是，如商业广告的内容符合发盘的条件，而且登此广告的人明确表示它是作为一项发盘提出来的，如在广告中注明"本广告构成发盘"或"广告项下的商品将售给最先支付货款或最先开来信用证的人"等，则此类广告也可作为一项发盘。

鉴于《公约》对发盘的上述规定既原则又具体，且有一定的灵活性，加之世界各国对发盘又有不同的理解，因此，在实际应用时要特别小心。我方对外做广告宣传和寄发商品价目单，不要使对方理解我方有"一经接受，即受约束"的含义。在寄发商品价目单时，最好在其中注明"可随时调整，恕不通知"或"需经我方最后确认"等字样。

（二）构成发盘的要件

1. 发盘内容必须十分确定

根据《公约》第 14 条第 1 款的规定，发盘的内容必须十分确定（Sufficiently Definite）。所谓十分确定，指在提出的订约建议中，至少应包括下列三个基本要素：（1）标明货物的名称；（2）明示或默示地规定货物的数量或规定数量的方法；（3）明示或默示地规定货物的价格或规定确定价格的方法。凡包含上述三项基本因素的订约建议，即可构成一项发盘。如该发盘被对方接受，买卖合同即告成立。

在实际业务中，发盘人发盘时，如能明确标明要出售或要购买的货物的价格和数量，当然是最好的处理办法。但是，合同项下货物的数量，有时只能由当事人酌情处理或只能在交货时具体确定。例如，某商人向对方提出，向对方提供或购买一年内生产的某项产品，可以认为在数量问题上是十分确定的。同样，确定价格也是如此。例如，在远期交货的情况下，交易双方为了避免承担价格波动的风险，可采取较为灵活的作价办法，即不规定具体价格，只规定一个确定价格的办法，如规定按交货时某个市场的价格水平来确定该货物的价格。

在这里需要特别指出的是，订约建议中关于交货时间、地点及付款时间、地点等其他内容虽然没有提到，但并不妨碍它作为一项发盘，因而也不妨碍合同的成立。因为，发盘中没有提到的其他条件，在合同成立后，可以双方当事人建立的习惯做法及采用的惯例予以补充，或者按《公约》中关于货物销售部分的有关规定予以补充。

构成一项发盘应包括的内容，各国的法律规定不尽相同。有些国家的法律要求对合同的主要条件，如品名、品质、数量、包装、价格、交货时间与地点以及支付办法等，都要有完整、明确的规定，并不得附有任何保留条件，以便受盘人一旦接受即可签订一项对买卖双方均有约束力的合同。《公约》关于发盘内容的上述规定，只是对构成发盘的起码要求。在实际业务中，如发盘的交易条件太少或过于简单，会给合同的履行带来困难，甚至容易引起争议。因此，在对外发盘时，最好将品名、品质、数量、包装、价格、交货时间、地点和支付办法等主要交易条件一一列明。

2. 表明经受盘人接受，发盘人即受约束的意思

必须表明发盘人对其发盘一旦被受盘人接受，即受约束的意思。发盘是订立合同的建议，这个意思应当体现在发盘之中，如发盘人只是就某些交易条件建议同对方进行磋商，而根本没有受其建议约束的意思，则此项建议不能被认为是一项发盘。例如，发盘人在其提出的订约建议中加注诸如“仅供参考”“须以发盘人的最后确认为准”或其他保留条件，这样的订约建议就不是发盘，而只是邀请对方发盘。

在此需要指出，我国《合同法》对发盘及构成要件的规定同上述《公约》的规定与解释基本上是一致的。我国《合同法》第 14 条规定：要约是希望和他人订立合同的意思表示，该意思表示应当符合下列规定：内容具体确定；表明经受要约人承诺，要约人即受该意思表示约束。

（三）发盘的有效期

在通常情况下，发盘都具体规定一个有效期，作为对方表示接受的时间限制，超过发盘规定的时限，发盘人即不受约束，当发盘未具体列明有效期时，受盘人应在合理时间内接受才能有效。何谓“合理时间”，需根据具体情况而定。根据《公约》的规定，采用口头发盘时，除发盘人发盘时另有声明外，受盘人只能当场表示接受，方为有效。

采用函电成交时，发盘人一般都明确规定发盘的有效期，其规定方法有以下几种：

1. 规定最迟接受的期限

例如，限 6 月 6 日复，或限 6 月 6 日复到此地。当规定限 6 月 6 日复时，按有些国家的法律解释，受盘人只要在当地时间 6 月 6 日 24 点以前将表示接受的通知投邮或发

出即可。但在国际贸易中，由于交易双方所在地的时间大多存在差异，所以发盘人往往采取以接受通知送达发盘人为准的规定方法。按此规定，受盘人的接受通知不得迟于 6 月 6 日内送达发盘人。

2. 规定一段接受的期限

例如，发盘有效期为 6 天，或发盘限 8 天内复。采取此类规定方法，其期限的计算，按《公约》规定，这个期限应从发盘发出时刻或信上载明的发信日期起算。如信上未载明发信日期，则从信封所载日期起算。采用电话、电传发盘时，则从发盘送达受盘人时起算。如果由于时限的最后一天在发盘人营业地是正式假日或非营业日，则应顺延至下一个营业日。

此外，当发盘规定有效期时，还应考虑交易双方营业地点不同而产生的时差问题。

（四）发盘生效的时间

发盘生效的时间有各种不同的情况：以口头方式作出的发盘，其法律效力自对方了解发盘内容时生效；以书面形式作出的发盘，其生效时间，主要有两种不同的观点与做法：一是发信主义，即认为发盘人将发盘发出的同时，发盘就生效；另一种是受信主义，又称到达主义，即认为发盘必须到达受盘人时才生效。根据《公约》规定，发盘送达受盘人时生效。我国合同法关于发盘生效时间的规定同上述《公约》的规定是一致的，即也采取到达主义。此外，我国《合同法》第 16 条还同时对采用数据电文方式的到达时间如何确定作出了具体规定：即“采用数据电文形式订立合同，收件人指定特定系统接收数据电文的，该数据电文进入特定系统的时间，视为到达时间；未指定特定系统的，该数据电文进入收件人的任何系统的首次时间，视为到达时间。”

明确发盘生效的时间，具有重要的法律和实践意义，这主要表现在下列两个方面：

1. 关系到受盘人能否表示接受

一项发盘只有在送达受盘人时，才能发生效力。即只有当受盘人收到发盘之后，也就是发盘生效之后，受盘人才能表示接受，从而导致合同的成立。在受盘人收到发盘之前，即使受盘人通过其他途径已经知道发盘的发出及发盘的内容，也不能作出接受。

2. 关系到发盘人何时可以撤回发盘或修改其内容

一项发盘即使是不可撤销的，只要在发盘生效之前，发盘人仍可随时撤回或修改其内容，但撤回通知或更改其内容的通知，必须在受盘人收到发盘之前或同时送达受盘人。如发盘一旦生效，那就不是撤回发盘的问题，而是撤销发盘的问题。发盘的撤回（Withdrawal）与撤销（Revocation）是两个不同的概念：前者是指在发盘送达受盘人之前，将其撤回，以阻止其生效；后者是指发盘已送达受盘人，即发盘生效之后将发盘取消，使其失去效力。

（五）发盘的撤回与撤销

1. 发盘的撤回

发盘发出后，发盘人是否可以撤回发盘或变更其内容，在这个问题上，英美法与大陆法两大法系之间存在着尖锐的矛盾。英美法认为，发盘原则上对发盘人没有约束力。发盘人在受盘人对发盘表示接受之前的任何时候，都可撤回发盘或变更其内容。而大陆法则认为，发盘对发盘人有约束力，如《德国民法典》规定，除非发盘人在发盘中订明发盘人不受发盘的约束，否则发盘人就要受到发盘的约束。

根据《公约》的规定，一项发盘（包括注明不可撤销的发盘），只要在其尚未生效以前，都是可以修改或撤回的。因此，如果发盘人发盘内容有误或因其他原因想改变主意，可以用更快速的通信方法，将发盘的撤回或更改通知赶在受盘人收到该发盘之前或同时送达受盘人，则发盘即可撤回或修改。了解这一点，对我国从事进出口业务的工作人员具有实际意义，假如想撤回或修改已经发出的发盘，就必须要有准确的时间概念，例如发盘是何时发出的，预计何时可送达对方，然后再考虑采取最快的通信方法是否可以撤回或修改发盘。

2. 发盘的撤销

关于发盘能否撤销的问题，英美法与大陆法存在严重的分歧。英美法认为，在受盘人表示接受之前，即使发盘中规定了有效期，发盘人也可以随时予以撤销，这显然对发盘人单方面有利。这种观点，在英美法国家中也不断受到责难。有的国家在制定或修改法律时，实际上已在不同程度上放弃了这种观点。大陆法系国家对此问题的看法相反，认为发盘人原则上应受发盘的约束，不得随意将其发盘撤销。例如，德国法律规定，发盘在有效期内，或没有规定有效期，则依通常情况在可望得到答复之前不得将其撤销；法国的法律虽规定发盘在受盘人接受之前可以撤销，但若撤销不当，发盘人应承担损害赔偿的责任。

为了调和上述两大法系在发盘可否撤销问题上的分歧，《公约》采取了折中的办法，其中第 16 条规定，在发盘已送达受盘人，即发盘已经生效，但受盘人尚未表示接受之前这一段时间内，只要发盘人及时将撤销通知送达受盘人，仍可将其发盘撤销。如一旦受盘人发出接受通知，则发盘人无权撤销该发盘。

此外，《公约》还规定，并不是所有的发盘都可撤销，下列两种情况下的发盘，一旦生效，则不得撤销：（1）在发盘中规定了有效期，或以其他方式表示该发盘是不可能撤销的；（2）受盘人有理由信赖该发盘是不可撤销的，并本着对该发盘的信赖采取了行动。

（六）发盘效力的终止

任何一项发盘，其效力均可在一定条件下终止。发盘效力终止的原因，一般有以下几个方面：

（1）在发盘规定的有效期内未被接受，或虽未规定有效期，但在合理时间内未被接受，则发盘的效力即告终止。

（2）发盘被发盘人依法撤销。

（3）被受盘人拒绝或还盘之后，即拒绝或还盘通知送达发盘人时，发盘的效力即告终止。

（4）发盘人发盘之后，发生了不可抗力事件，如所在国政府对发盘中的商品或所需外汇发布禁令等。在这种情况下，按出现不可抗力可免除责任的一般原则，发盘的效力即告终止。

（5）发盘人或受盘人在发盘被接受前丧失行为能力（如患精神病等），则该发盘的效力也可终止。

三、还盘

还盘又称还价，在法律上称为反要约。还盘是指受盘人不同意或不完全同意发盘提出的各项条件，并提出了修改意见，建议原发盘人考虑，即还盘是对发盘条件进行添加、限制或其他更改的答复。受盘人的答复如果在实质上变更了发盘条件，就构成对发盘的拒绝，其法律后果是否定了原发盘，原发盘即告失效，原发盘人就不再受其约束。根据《公约》的规定，受盘人对货物的价格、付款、品质、数量、交货时间与地点、一方当事人对另一方当事人的赔偿责任范围或解决争端的办法等条件提出添加或更改，均视为实质性变更发盘条件。

此外，对发盘表示有条件的接受，也是还盘的一种形式。例如受盘人在答复发盘人时，附加有“俟最后确认为准”“未售有效”等规定或类似的附加条件，这种答复只能视作还盘或邀请发盘。还盘的内容，凡不具备发盘条件，即为“邀请发盘”。如还盘的内容具备发盘条件，就构成一个新的发盘，还盘人成为新发盘人，原发盘人成为新受盘人，其有对新发盘作出接受、拒绝或再还盘的权利。

四、接受

（一）接受的含义

接受在法律上称为承诺，它是指受盘人在发盘规定的时限内，以声明或行为表示同意发盘提出的各项条件。可见，接受的实质是对发盘表示同意。这种同意，通常应以某种方式向发盘人表示出来。根据《公约》的规定，受盘人对发盘表示接受，既可以通过口头或书面向发盘人发表声明的方式接受，也可以通过其他实际行动来表示接受。沉默或不行为本身，并不等于接受，如果受盘人收到发盘后，不采取任何行动对发盘作出反应，而只是保持缄默，则不能认为是对发盘表示接受。因为，从法律责任来看，受盘人一般并不承担对发盘必须进行答复的义务。但是，如沉默或不行为与其他因素结合在一起，足以使对方确信沉默或不行为是同意的一种表示，即可构成接受。假定交易双方有协议或按业已确认的惯例与习惯做法，受盘人的缄默也可以变成接受。例如，交易双方均为老客户，根据原定协议、惯例或习惯做法，几年来卖方一直按买方的定期订货单发货，并不需要另行通知对方表示接受其订货单。若卖方收到买方订货单后，既不发货，也不通知买方表示拒绝其订货单，则卖方的缄默就等于接受，买方就可以控告卖方违约。

（二）构成接受的要素

构成一项有效的接受，必须具备下列各项要素：

1. 接受必须由受盘人作出

发盘是向特定的人提出的，因此，只有特定的人才能对发盘作出接受。由第三者作出的接受，不能视为有效的接受，只能作为一项新的发盘。

2. 接受必须是同意发盘所提出的交易条件

根据《公约》的规定，一项有效的接受必须是同意发盘所提出的交易条件，只接受发盘中的部分内容，或对发盘条件提出实质性的修改，或提出有条件的接受，均不能构成接受，而只能视作还盘。但是，若受盘人在表示接受时，对发盘内容提出某些非实质性的添加、限制和更改（如要求增加重量单、装箱单、原产地证明或某些单据的份数等），除非发盘人在不过分迟延的时间内表示反对其间的差异外，仍可构成有效的接受，从而使合同得以成立。在此情况下，合同的条件就以该项发盘的条件以及接受中所提出的某些更改为准。

3. 接受必须在发盘规定的时效内作出

当发盘规定了接受的时限时，受盘人必须在发盘规定的时限内作出接受，方为有效。如发盘没有规定接受的时限，则受盘人应在合理时间内表示接受。对何谓“合理时间”，往往有不同的理解。为了避免争议，最好在发盘中明确规定接受的具体时限。

4. 接受通知的传递方式应符合发盘的要求

发盘人发盘时，有的具体规定接受通知的传递方式，也有未作规定的。如发盘没有规定传递方式，则受盘人可按发盘所采用的方式，或采用比其更快的传递方式将接受通知送达发盘人。

在这里需要强调说明的是，接受通知在规定期限内到达发盘人，对于合同的成立具有重要作用。因此，各国法律通常都对接受到达发盘人的期限作出了规定。我国《合同法》第 23 条也对此作了明确规定，即：承诺应当在要约确定的期限内到达要约人。要约没有确定承诺期限的，承诺应依照下列规定到达：（1）要约以对话方式作出的，应当及时作出承诺，但当事人另有约定的除外；（2）要约以非对话方式作出的，承诺应在合理期限内到达。

（三）接受生效的时间

接受是一种法律行为，这种行为何时生效，各国法律有不同的规定。在接受生效的时间问题上，英美法与大陆法存在着严重分歧。英美法采用“投邮生效”的原则，即接受通知一经投邮或电报发出，则立即生效；大陆法系采用“到达生效”的原则，即接受通知必须送达发盘人时才能生效。《公约》第 18 条第 2 款明确规定，接受送达发盘人时生效。如接受通知未在发盘规定的时限内送达发盘人，或者发盘没有规定时限，且在合理时间内未曾送达发盘人，则该项接受称作逾期接受（Late Acceptance）。按各国法律规定，逾期接受不是有效的接受。由此可见，接受时间对双方当事人都很重要。

此外，接受还可以在受盘人采取某种行为时生效。《公约》第 8 条第 3 款规定，如根据发盘或依照当事人业已确定的习惯做法或惯例，受盘人可以作出某种行为来表示接受，无须向发盘人发出接受通知。例如，发盘人在发盘中要求“立即装运”，受盘人可作出立即发运货物的行为对发盘表示同意，而且这种以行为表示的接受，在装运货物时立即生效，合同即告成立，发盘人就应受其约束。

（四）逾期接受

逾期接受又称迟到的接受。虽然各国法律一般认为逾期接受无效，它只能视作一个新的发盘，但《公约》对这个问题作了灵活的处理。该《公约》第 21 条第 1 款规定，只要发盘人毫不迟延地用口头或书面通知受盘人，认为该项逾期的接受可以有效，愿意承受逾期接受的约束，合同仍可于接受通知送达发盘人时订立。如果发盘人对逾期的接受表示拒绝或不立即向受盘人发出上述通知，则该项逾期的接受无效，合同不能成立。《公约》第 21 条第 2 款规定，如果载有逾期接受的信件或其他书面文件显示，依照当时寄发情况，只要传递正常，它本来是能够及时送达发盘人的，则此项逾期的接受应当有效，合同于接受通知送达发盘人时订立，除非发盘人毫不迟延地用口头或书面通知受盘人，认为其发盘因逾期接受而失效。以上表明，逾期接受是否有效，关键要看发盘人如何表态。

（五）接受的撤回或修改

在接受的撤回或修改问题上，《公约》采取了大陆法“送达生效”的原则。《公约》第 22 条规定：“如果撤回通知于接受原发盘应生效之前或同时送达发盘人，接受得予撤回。”由于接受在送达发盘人时才产生法律效力，故撤回或修改接受的通知，只要先于原接受通知或与原发盘接受通知同时送达发盘人，则接受可以撤回或修改。如接受已送达发盘人，即接受一旦生效，合同即告成立，就不得撤回接受或修改其内容，因为这样做无异于撤销或修改合同。

需要指出的是，在当前通信设施非常发达和各国普遍采用现代化通信手段的条件下，当发现接受中存在问题而想撤回或修改时，往往已来不及了。为了防止出现差错和避免发生不必要的损失，在实际业务中，应当审慎行事。

第二节　合同成立的时间与合同生效的要件

依法成立的合同，具有法律约束力，合同自成立时生效。但在这里需要说明的是，合同成立与合同生效是两个不同的概念。合同成立的判断依据是接受是否生效；而合同生效是指合同是否具有法律上的效力。在通常情况下，合同成立之时，就是合同生效之日，两者在时间上是同步的。但有时，合同虽然成立，却不立即产生法律效力，而是需要其他条件成立时，合同才开始生效。

一、合同成立的时间

在国际贸易中，合同成立的时间是一个十分重要的问题。根据《公约》的规定，合同成立的时间为接受生效的时间，而接受生效的时间，又以接受通知到达发盘人或按交易习惯及发盘要求作出接受的行为为准。由此可见，合同成立的时间有两个判断标准：一是有效接受的通知到达发盘人时，合同成立；二是受盘人作出接受行为时，合同成立。此外，在实际业务中，有时双方当事人在洽商交易时约定，合同成立的时间以订约时合同上所写明的日期为准，或以收到对方确认合同的日期为准。

在现实经济生活中，有些合同成立的时间有特殊规定。如我国《合同法》第 32 条规定：“当事人采用合同书形式订立合同的，自双方当事人签字或者盖章时合同成立。”签字或盖章不在同一时间的，最后签字或者盖章时合同成立。

二、合同生效的要件

买卖双方就各项交易条件达成协议后，并不意味着此项合同一定有效，根据各国合同法规定，一项合同，除买卖双方就交易条件通过发盘和接受达成协议外，还需具备以下要件，才是一项有效的合同，才能得到法律上的保护。

（一）合同当事人必须具有签约能力

签订买卖合同的当事人主要为自然人或法人。按各国法律的一般规定，自然人签订合同的行为能力，是指精神正常的成年人才能订立合同；未成年人、精神病人、禁治产人订立合同必须受到限制。关于法人签订合同的行为能力，各国法律一般认为，法人必须通过其代理人，在法人的经营范围内签订合同，即越权的合同不能发生法律效力。

我国《合同法》第 9 条规定："当事人订立合同，应当具有相应的民事权利能力和民事行为能力。当事人依法可以委托代理人订立合同。"由此可见，在订立合同时，注意当事人的缔约能力和主体资格问题，这是十分重要的。

（二）合同必须有对价或约因

英美法认为，对价（Consideration）是指当事人为了取得合同利益所付出的代价。法国法认为，约因（Cause）是指当事人签订合同所追求的直接目的。按照英美法和法国法的规定，合同只有在有对价或约因时，才是法律上有效的合同，无对价或无约因的合同，是得不到法律保障的。

（三）合同的内容必须合法

许多国家往往从广义上解释"合同内容必须合法"，其中包括不得违反法律，不得违反公共秩序或公共政策，以及不得违反善良风俗或道德三个方面。

根据我国《合同法》第 7 条规定："当事人订立、履行合同，应当依照法律、行政法规，尊重社会公德，不得扰乱社会经济秩序，损害社会公共利益。"

（四）合同必须符合法律规定的形式

世界上大多数国家，只对少数合同才要求必须按法律规定的特定形式订立，而对大多数合同，一般不从法律上规定应当采取的形式。我国《合同法》第 10 条规定："当事人订立合同，有书面形式、口头形式和其他形式。"

（五）合同当事人的意思表示必须真实

各国法律都认为，合同当事人的意思表示必须是真实的才能成为一项有约束力的合同，否则这种合同无效。

为了使签订的合同能得到法律上的保护，我们必须了解上述合同生效的各项要件，并依法行事。此外，我们还应了解造成合同无效的下列几种情况。根据我国《合同法》第 52 条规定：有下列情形之一的，合同无效：（1）一方以欺诈、胁迫的手段订立合同，损害国家利益；（2）恶意串通，损害国家、集体或者第三人利益；（3）以合法形式掩盖非法目的；（4）损害社会公共利益；（5）违反法律、行政法规的强制性规定。

第三节　合同的形式与内容

一、合同的形式

在国际贸易中，订立合同的形式有三种：书面形式，口头形式，以行为表示。随着国际贸易的迅速发展和国际通信技术的不断改进，当前国际货物买卖合同一般都是通过现代化的通信方法达成的，在此情况下，很难要求一定要用书面形式订立合同。为了加速成交和简化订立合同的手续，许多国家对于国际货物买卖合同一般不作形式上的要求，即使要求书面形式，也只是起证据作用。

根据国际贸易的一般习惯做法，交易双方通过口头或来往函电磋商达成协议后，多数情况下还需签订一定格式的正式书面合同。签订书面合同具有以下三方面的意义。

（一）合同成立的证据

合同是否成立，必须要有证明，而书面合同即可以作为合同成立的证明。

（二）合同生效的条件

交易双方在发盘或接受时，如声明以签订一定格式的正式书面合同为准，则在正式签订书面合同时合同方为成立。

（三）合同履行的依据

交易双方通过口头谈判或函电磋商达成交易后，把彼此磋商一致的内容集中订入一定格式的书面合同中，双方当事人可以以此书面合同为准，作为合同履行的依据。

在我国对外贸易实践中，书面合同的形式包括合同（Contract）、确认书（Confirmation）和协议书（Agreement）等，其中以采用“合同”和“确认书”两种形式的居多。从法律效力来看，这两种形式的书面合同没有区别，所不同的只是格式和内容的繁简有所差异。合同又可分为销售合同（Sales Contract）和购买合同（Purchase Contract）。前者是指卖方草拟提出的合同；后者是指买方草拟提出的合同。确认书是合同的简化形式，它又分为售货确认书（Sales Confirmation）和购买确认书（Purchase Confirmation）。前者是卖方出具的确认书，后者是买方出具的确认书。

在我国对外贸易业务中，合同或确认书通常一式两份，由双方合法代表分别签字后各执一份，作为合同订立的证据和履行合同的依据。

二、合同的内容

我国对外贸易企业与外商签订的买卖合同，不论采取哪种形式，都是调整交易双方经济关系和规定彼此权利与义务的法律文件。其内容通常包括约首、基本条款和约尾三部分。

（一）约首

一般包括合同名称、合同编号、缔约双方名称和地址、电话号码、电传号码等项内容。

（二）基本条款

这是合同的主要内容，它包括品名、品质规格、数量（或重量）、包装、价格、交货条件、运输、保险、支付方式、检验、索赔、不可抗力和仲裁等项内容。商定合同，主要是指洽商如何约定这些基本条款。

（三）约尾

一般包括订约日期、订约地点和双方当事人签字等项内容。

为了提高履约率，在规定合同内容时应考虑周全，力求使合同中的条款明确、具体、严密和相互衔接，且与洽商的内容一致，以利于合同的履行。

综上所述，国际货物买卖合同的商订是一项十分重要的工作。要做好此项工作，洽商交易的人员必须具有良好的政治、业务素质，事前应充分做好各项准备，在洽商交易的过程中，要善于应变，多谋善断，争取在平等互利的基础上达成协议和签订书面合同，并使约定的合同条款既公平合理又切实可行。

三、合同的格式

在国际货物贸易中，合同的名称与格式并无统一规定，合同格式的繁简程度也不一致，究竟采用详细的买卖合同格式，还是简易的销售确认书，取决于贸易习惯做法和交易双方的意愿。

本章小结

在洽商交易和订立合同过程中，可能出现询盘、发盘、还盘和接受各环节，其中，发盘和接受是每笔交易达成和订立合同不可缺少的基本环节和必经的法定步骤。因此，了解发盘与接受的含义及其应具备的条件、发盘与接受生效的时间、发盘效力的终止和逾期接受的处理以及发盘与接受的撤回或修改等，都有着重要的法律和实践意义。

交易双方就各项交易条件经洽商达成协议后，即可订立合同。但合同成立是有条件的。一项合同，只有符合合同成立的有效条件，才能成为有法律约束力的合同。

订立合同的形式，包括书面形式、口头形式和以行为表示三种，其中采用书面形式的最多。合同的名称、内容和模式并无统一规定，究竟如何确定，取决于双方当事人的意愿。

思考题

1. 何谓发盘？构成发盘需具备哪些条件？《联合国国际货物销售合同公约》关于

发盘的撤销问题是怎样规定的？

2. 何谓接受？构成接受应具备哪些条件？《联合国国际货物销售合同公约》对逾期接受以及接受的撤回与修改问题分别有何规定？

3. 《联合国国际货物销售合同公约》关于合同成立的时间是如何规定的？在实际业务中，有关合同成立的时间是怎样确定的？

4. 一项有法律约束力的合同应具备哪些条件？

案例分析题

买方接受卖方按 FOB 条件和信用证付款方式出售一批货物的发盘，并要求卖方将合同和信用证条款传真给买方。买方收到卖方传真的合同后，修改了原合同中与卖方无关的船龄与运费支付问题的条款，并委托其转售的下家某公司签字盖章后，于当天即传真给卖方，卖方收到作了非实质性变更的合同后，并未就此立即表示异议。后经一段时间，卖方才致函买方，宣称双方已达成的合同无效，买方开出的信用证作废。在此情况下，买方为了履行其与下家所签的转让协议，只好另行在市场上购买了替代货物交给下家，买方因此蒙受损失。后买方就此向卖方索赔。试分析，卖方毁约是否有理？买方是否有权向卖方提出索赔？

第十三章

进出口合同的履行

买卖双方经过交易磋商达成协议，或者签订书面买卖合同，这样，双方就各自享有合同所规定的权利和承担约定的义务。在国际贸易中，买卖合同一经依法有效成立，有关当事人就必须履行合同规定的义务。履行合同是当事人双方共同的责任。

在实际业务中，合同约定的双方权利和义务通常涉及多方面的问题。由于所买卖货物的品种不同、贸易条件不同、所选用的惯例不同，每份合同所规定的具体责任与义务当然会各不相同。按时、按质、按量履行合同的规定，不仅关系到买卖双方行使各自的权利和履行相应的义务，而且关系到企业、国家的对外信誉。因此，买卖双方必须本着“重合同、守信用”的原则，严格履行合同。

第一节　出口合同的履行

在履行出口合同过程中，工作环节较多，涉及面较广，手续也较繁杂。各进出口企业为圆满履行合同义务，必须十分注意加强同各有关单位的协作和配合，把各项工作做到精确细致，尽量避免工作脱节、延误装运期限以及影响安全、迅速收汇等事故的发生。同时，进出口企业应同各个部门之间相互协作，共同配合，切实加强出口合同的科学管理，以保证出口合同的顺利履行。

我国绝大多数出口合同都采用 CIF 或 CFR 贸易术语，并且一般都采用信用证付款方式，故在履行这类合同时，必须切实做好备货、催证、审证、改证、租船订舱、报验、报关、投保、装船和制单结汇等环节的工作。在这些环节中，以货（备货、报验）、证（催证、审证和改证）、船（租船订舱、办理货运手续）、款（制单结汇）四个环节的工作最为重要。另外，上述环节在出口合同履行中具有一定的普遍性和代表性，其他贸易术语或使用其他运输方式的出口合同，其所涉及的环节也同上述环节大体相近或相似。为此，我们就以上述货、证、船、款作为参考顺序，将出口合同履行所涉及的各项业务环节分述如下：

一、备货、报验

备货工作是指卖方根据出口合同的规定，按质、按量地准备好应交的货物，并做好申请报验和领证工作。

（一）备货

备货是进出口企业根据合同或信用证规定，向有关企业或部门采购和准备货物的过程。目前在我国有两种企业：一种是生产型企业，另一种是贸易型企业，它们的备货过程各不相同。

生产型企业备货是向生产加工或仓储部门下达联系单（在有些企业称其为加工通知单或信用证分析单等），要求该部门按联系单的要求，对应交的货物进行清点、加工整理、包装、刷制运输标志以及办理申报检验和领证等项工作。联系单是进出口企业内部各个部门进行备货、出运、制单结汇的共同依据。对于贸易型企业，如果该企业没有固定的生产加工部门，那么就要向国内有关生产企业联系货源，订立国内采购合同。无论是哪种类型的企业，在备货工作中，都应注意以下几个问题：

1. 有关货物问题

（1）货物的品质、规格。应按合同的要求核实，必要时应进行加工整理，以保证货物的品质、规格与合同或信用证规定一致。

（2）货物的数量。应保证满足合同或信用证对数量的要求，备货的数量应适当留有余地，万一装运时发生意外或损失，以备调换和适应舱容之用。

（3）备货时间。应根据信用证规定，结合船期予以安排，以利于船货衔接。

2. 有关货物的包装问题

出口货物要经过长途运输，中途还要经过多次搬运和装卸，甚至多次转换运输工具。为了最大限度地使货物保持完好无损，应注意如下出口包装问题：

（1）尽量安排将货物装运到集装箱中或牢固的托盘上。

（2）必须将货物充满集装箱并做好铅封工作。

（3）集装箱中的货物应均匀放置且均匀受力。

（4）为了防止货物被盗窃，货物的外包装上不应注明识别货物的标签或货物的品牌。

（5）由于运输公司按重量或体积计算运费，出口企业应尽量选择重量轻的小体积包装，以节省运输费用。

（6）对于海运货物的包装，应着重注意运输途中冷热环境变化出现的潮湿和冷凝现象。即使有些船舱有空调设备，但仍可能导致货物受损。采用集装箱运输通常可以避免绝大多数货物的受潮现象。

（7）对于空运货物的包装，应着重注意货物被偷窃和被野蛮装卸的情况，特别是易损货物，应用牢固的箱子包装。鉴于飞机的舱位有限，对于包装尺寸的要求，应与有关运输部门及时联系。

（8）随着技术进步，自动仓储环境处理的货物越来越多，货物在运输和仓储过程中，通常由传送带根据条形码自动扫描分拣。因此，应注意根据仓储要求，严格按统一尺寸对货物进行包装或将货物放置于标准尺寸的牢固托盘上，并预先正确印制和贴放条形码。

3. 有关货物外包装的运输标志问题

正确刷制运输标志的重要性主要反映在如下四个方面：一是符合运输要求和有关国家海关的规定；二是保证货物被适当处置；三是掩盖包装内货物的性质；四是帮助收货人识别货物。因此，在运输标志的准备上应注意以下内容：

（1）刷制运输标志应符合有关进出口国家的规定。

（2）包装上的运输标志应与所有出口单据上对运输标志的描述一致。

（3）运输标志应既简洁，又能提供充分的运输信息。

（4）所有包装上的运输标志必须用防水油墨刷写。

（5）有些国家海关要求所有的包装箱必须单独注明重量和尺寸，甚至规定用公制，或用英语或目的国的语言注明。为此，应注意有关国家的海关规定。

（6）在运输包装上的运输标志尺寸应大小适中，使相关人员在一定距离内能够看清楚。根据国外的通行做法，就一般标准箱包装，刷制的运输包装字母的尺寸至少为4厘米高。

（7）运输标志应该在包装箱的表面都刷制，以防货物丢失。

（8）除了在外包装上刷制运输标志之外，应尽量在所有的货运单据上标注相同的运输标志。这些单据包括：内陆运输提单、海运提单或空运单、码头收据、装箱单、商业发票、报关单等。

（二）报验

凡属国家规定法检的商品，或合同规定必须经中国检验检疫机构检验出证的商品，在货物备齐后，应向检验检疫机构申请检验。只有取得出入境检验检疫机构发给的合格的检验证书，海关才准放行。经检验不合格的货物，一般不得出口。

申请报验的手续是，凡需要法定检验出口的货物，应填制“出口检验申请单”，向出入境检验检疫机构办理报验手续。

申请报验后，如出口公司发现“申请单”内容填写有误，或因国外进口人修改信用证以致货物规格有变动时，应提出更改申请，并更改“申请单”，说明更改事项和更改原因。

货物经检验合格，即由出入境检验检疫机构发给检验证书，进出口公司应在检验证书规定的有效期内将货物出运。如超过有效期装运出口，应向出入境检验检疫机构申请展期，并由出入境检验检疫机构进行复验，经复验合格货物才能出口。

二、催证、审证和改证

针对信用证付款的合同，在履行过程中，对信用证的掌握、管理和使用，直接关系到进出口企业的收汇安全。信用证的掌握、管理和使用，主要包括催证、审证和改证等几项内容，这些都是与履行合同有关的重要工作。

（一）催证

在出口合同中，买卖双方如约定采用信用证方式付款，买方则应严格按照合同的规定按时开立信用证。如合同中对买方开证时间未作规定，买方应在合理时间内开出，因为买方按时开证是卖方正常履约的前提。但在实际业务中，有时经常遇到国外进口商拖延开证，或者在行市发生变化或资金发生短缺的情况时，故意不开证。对此，我们应催促对方迅速办理开证手续。特别是针对大宗商品交易或应买方要求而特制的商品交易，更应结合备货情况及时进行催证。必要时，也可请驻外机构或有关银行协助代为催证。

（二）审证

信用证是依据买卖合同开立的，信用证内容应该与买卖合同条款保持一致。但在实践中，由于种种原因，如工作的疏忽、电文传递的错误、贸易习惯的不同、市场行情的变化或进口商有意利用开证的主动权加列对其有利的条款，往往会出现开立的信用证条款与合同规定不符；或者在信用证中加列一些出口商看似无所谓但实际是无法满足的信用证付款条件（在业务中也被称为“软条款”）等，使得出口商根本就无法按该信用证收取货款。为确保收汇安全和合同顺利执行，防止给我方造成不应有的损失，我们应该在国家对外政策的指导下，对不同国家、不同地区以及不同银行的来证，依据合同进行认真的核对与审查。

在实际业务中，银行和进出口公司应共同承担审证任务。其中，银行着重审核该信用证的真实性、开证行的政治背景、资信能力、付款责任和索汇路线等方面的内容。银行对于审核后已确定其真实的信用证，应打上类似“印鉴相符”的字样。出口公司收到银行转来的信用证后，则着重审核信用证内容与买卖合同是否一致。但为了安全起见，出口商也应尽量根据自身能力对信用证的内容进行全面审核或复核性审查，此项审核一般应包括以下两个方面的审核：

1. 信用证基本内容审核的范围

（1）信用证是保兑的还是不保兑的；

（2）信用证的到期日；

（3）信用证的到期地点；

（4）信用证中注明的基础交易中买方和卖方名称、地址的准确性；

（5）信用证的金额；

（6）信用证所规定的汇票的提交要求；

（7）信用证付款银行的所在地址；

（8）信用证要求受益人提交的单据；

（9）有关货物的描述和单价；

（10）装运地点和到达地点；

（11）有关分批和转运的规定；

（12）所使用的贸易术语；

（13）信用证是否受国际商会《跟单信用证统一惯例》的约束；

（14）有关特别指示。

2. 对信用证基本因素审核的要求

（1）信用证及其所有相关单据最好使用英语。

（2）在证内出现对开证行付款责任方面加列“限制性”条款或“保留”条件的条款时，受益人对此必须特别注意。如来证注明“以领到进口许可证后通知时方能生效”，电报来证注明“另函详”等类似文句，应在接到上述生效通知书或信用证详细条款后方履行交货义务。

（3）买卖双方签订的合同号、销售确认书或买方的采购订单号应该在信用证上注明。

（4）开证行的名称和银行参考号应该清楚地注明在信用证上。

（5）支付货币和金额应描写清楚。信用证金额应与合同金额相一致。如合同订有溢短装条款，信用证金额亦应包括溢短装部分的金额。信用证金额中单价与总值要填写正确，大、小写并用。来证所采用的货币应与合同规定相一致。

（6）应有明确的付款时间，或采取受益人开立汇票方式付款，但需注明汇票的付款时间，如汇票即期付款（At sight）。

（7）信用证应该由在中国的通知银行负责通知。如果是保兑的信用证，最好由通知银行保兑。信用证上要注明通知行的银行参考号。

（8）信用证对货物的描述应该清楚，并使用惯常的描述方法。

（9）信用证应受国际商会现行的《跟单信用证统一惯例》的约束。

（10）信用证受益人应使用合法的公司名称，银行一般不给个人开立信用证。

（11）信用证中应注明所使用的贸易术语，并与买卖双方订立的买卖合同的内容一致。

（12）信用证应注明装运期和信用证的到期日，装运期必须与合同规定一致，如国外来证晚，无法按期装运应及时电请国外买方延展装运期限。

（13）信用证有效期一般应与装运期有一定的合理间隔，以便在装运货物后有足够时间办理制单结汇工作。

（14）关于信用证的到期地点，通常要求规定在中国境内到期，如信用证将到期地点规定在国外，一般不宜轻易接受。

（15）信用证的受益人应至少有21天的交单时间。

（16）应根据运输情况酌情规定是否允许分批装运和转运。

（17）在信用证中一般不应指明承运货物的货运代理人，以便出口商本着节约的原则自由选择货运代理人。

（18）在信用证中一般不应指明运输航线，以便出口商和货运代理人本着节省费用的原则灵活选择运输线路。

（19）在非海运的情况下，如航空运输，为了保证出口商安全收回货款，航空运单的收货人一般应写明是开证银行。

（20）对于来证中要求提供的单据种类和份数及填制方法等，要进行仔细审核，如发现有不正常规定，例如要求商业发票或产地证明须由国外第三者签证以及提单上的目的港后面加上指定码头等字样，都应慎重对待。

（21）在审证时，除对上述内容进行仔细审核外，有时信用证内加列许多特殊条款（Special Condition），如指定船公司、船籍、船龄、船级等条款，或不准在某个港口转船等，一般不应轻易接受，但若对我方无关紧要，而且也可办到，则也可酌情灵活掌握。

（三）改证

对信用证进行了全面细致的审核以后，如果发现问题，应区别问题的性质，分别同银行、运输、保险、商检等有关部门研究，作出恰当、妥善处理。凡是属于不符合我国对外贸易方针政策，影响合同执行和安全收汇的情况，我们必须要求国外客户通过开证行进行修改，并坚持在收到银行修改信用证通知书后才能对外发货，以免发生货物装运后而修改通知书未到的情况，造成我方工作上的被动和经济上的损失。

在办理改证工作中，凡需要修改的各项内容，应做到一次向国外客户提出，尽量避免由于我方考虑不周而多次提出修改要求。否则，不仅会增加双方的手续和费用，而且会延误装运，影响合同履行。

按 UCP600 第 10 条规定：除可转让信用证另有规定外，“未经开证行、保兑行（如有保兑的话）及受益人同意，信用证既不得修改，也不得撤销”。因此，信用证中任何条款的修改，都必须在有关当事人全部同意后才能生效。开证行自发出修改之时起即不可撤销地受其约束。在受益人告知通知修改的银行其接受修改之前，原信用证的条款对受益人仍然有效。受益人应提供接受或拒绝修改的通知。如果受益人未能给予通知，当交单与信用证以及尚未表示接受的修改的要求一致时，即视为受益人已作出接受修改的通知，并且从此时起，信用证被修改。对同一修改的内容不允许部分接受，部分接受将被视为拒绝修改的通知。

此外，对来证不符合同规定的各种情况，还需要作出具体分析，不一定坚持要求对方办理改证手续。只要来证内容不违反政策原则并能保证我方安全迅速收汇，我们也可灵活掌握。

总之，对国外来证的审核和修改，是保证顺利履行合同和安全迅速收汇的重要前提，我们必须给予足够的重视，认真作好审证工作。

三、办理货运、报关和投保

出口企业在备货的同时，还必须及时办理运输、报关和投保等手续。

（一）办理货运

现代信息技术正在迅速改变国际货物运输的运作方式。电子商务，特别是 EDI 电子数据交换技术用电子方式的信息传输正在代替纸单据的传递。运输公司已经利用卫星地面定位技术来自动跟踪货物的运输情况，并通过国际互联网络向客户提供货物的运输信息。

新的信息通信技术的运用正在改变全球运输行业的做法。特别是运输服务出现更加细致的专业化分工。目前，现代企业运作方式更强调减少库存，为全球客户提供及时到位的运输。及时到位的运输要求更快和更准确地操作。为了达到快速和准确的目的，就要求有专业化较强的货运服务机构，以及全球货物运输监控体系。

随着技术的进步，更具有实际意义的是，货主越来越少地与运输工具承运人，如船公司直接打交道，而是由专业化较强的货运服务机构从中提供中介服务。就货运服务的公司而言，货运代理公司、储运公司、报关经纪行、卡车运输公司和其他的运输与物流管理公司都在试图调整自己的运输服务功能。这些具有不同行业特点的公司所提供的服务的界限也在逐渐模糊，这就为出口商办理货运提供了多种选择。

在国际上，出口企业在办理货物运输时，根据货运公司提供服务的不同类型划分，一般会与三种类型的货运服务机构打交道：国际储运公司、国际货运代理公司、世界货物运输联盟。

1. 国际储运公司

国际储运公司都有自己的仓储设施，最初国际储运公司的发展就是为了给等待装运的货物提供仓储服务。出口商通常都是将出口货物在装运前先用卡车或火车运送到离装运地点最近的国际储运公司的仓库中。多数情况是，出口货物在实际装运前要在储运公司的仓库中进行装运前的处理，如果是集装箱货物，需要进行货物拼箱和装箱，国际储运公司要负责货物的拼箱处理（Consolidation），然后负责将货物直接运到装运码头或航空港进行实际装运。许多大的外贸公司都有自己的内部储运公司和仓储设施，负责上述工作。

由于受到现代物流管理潮流的影响，现在的国际储运公司，其业务已经不再局限于提供仓储服务或货物的拼箱装箱和装运前的运输，它们也充当了国际货运代理人的角色，即在为进出口商提供仓储服务的同时也负责办理国际运输。一个典型的国际储运公司的集装箱运输的运作程序为：

（1）出口商就一批货物与储运公司接洽，国际储运公司就出口商的整体运输情况向出口商提出建议。

（2）运输条件达成后，储运公司负责向船公司租船订舱，并根据装运期就装运前的拼箱和装箱时间作出安排。

（3）储运公司就货物及有关单据，如发票、装箱单等的准确性进行核对。

（4）储运公司负责制作有关运输单据，如载货清单（Cargo Manifest）、运输代理行提单（House B/L）或主提单（Master B/L）等。

（5）储运公司进行货物的拼箱和装箱，将货物及运输标识打在外包装上。标识信息包括：运输代理行提单和主提单号、货物的起运地和目的地、货物的总箱数等。

（6）用卡车或火车等运输工具将货物从仓库运到装运港，并安排货物装上运输工具。

2. 国际货运代理公司

国际货运代理公司的业务范围通常比国际储运公司的业务范围广，其主要的优势就是掌握国际上四通八达的运输网络，有的在世界各国的港口有许多代理机构。国际货运代理公司为货主服务，并从货主那里获得报酬。

国际货运代理公司有大有小，大的公司其海陆空及多式联运货运代理业务齐全；

小的公司则专办一项或几项业务。常见的货运代理公司的业务有：租船订舱、货物报关、转运及理货、仓储、集装箱拼箱及拆箱、国际多式联运、物流管理以及运输咨询等。

国际货运代理公司通常都在某个地区或国家具有综合性的运输优势，业务逐渐拓展到全球范围。下面就以一家综合性国际货运代理公司为例，说明一下货运代理公司的典型货运程序：

（1）出口商就一批货物与货运代理公司接洽，国际货运代理公司就出口商的整体运输情况向出口商提出建议，并报一个全程运输的综合价格。

（2）运输条件达成后，货运代理公司确定货物运输的航线，负责向船公司或航空公司订舱，并根据装运期就货物从仓库到装运港的运输仓储和装运作出总的安排。

（3）货运代理公司与装运前的仓储公司或陆运公司洽商货物从仓库到装运港这一段的运输，并就货物及有关单据，如发票、装箱单等的准确性进行核对。

（4）货运代理公司受出口商的委托办理货物通关手续。

（5）待货物在装运港装运完毕后，根据大副收据制作运输代理行提单（House B/L），并与船公司或航空公司联系取得主提单（Master B/L）等。

（6）货运代理公司将运输代理行提单交付出口商，同时将船公司或航空公司的主提单寄交国外目的港的代理。

（7）出口商经银行结汇后，有关货运单据，包括运输代理行提单被转移到进口商手中。

（8）货物到达目的港后，货运代理公司的目的港代理通知进口商直接从港口提货，或者由货运代理公司的目的港代理作为收货人替进口商办理进口报关手续，再将货物运送到进口商的目的地。

（9）进口商向在目的港的货运代理公司的代理出示运输代理行提单，换取主提单或者其他提货凭证。

（10）如果进口商未能在规定的时限内提货，由货运代理公司的目的港代理作为收货人，在征求有关货主意见后将货物另行处置。

3. 世界货物运输联盟

世界货物运输联盟（World Cargo Alliance，WCA）是指在国际上具有一定实力的大的货运公司，它们凭借在全世界各地的运输代理机构，与不同地区的各有优势的货运代理公司结成运输战略联盟。通常它们的优势是为客户提供复杂、系统的大型工程项目的运输。

由于大型工程项目的运输周期长、货物规格复杂、运输航线不定，这通常要求运输公司具有较强的协调能力。世界货物运输联盟将许多国际货运代理公司和国际储运公司的优势结合起来，并利用现代信息技术手段，能够满足任何特殊运输的需要。

以上三种类型的运输公司服务的内容虽然有交叉，但各有优势和侧重。出口企业应根据货物和运输线路的情况，合理选择合适的货运服务机构。

（二）报关

报关是指进出口货物出运前向海关申报的手续。按照我国海关法规定：凡是进出国境的货物，必须经由设有海关的港口、车站、国际航空站进出，并由货物的发货人或其代理人向海关如实申报，交验规定的单据文件，请求办理查验放行手续。经过海关放行后，货物才可提取或者装运出口。

目前，我国的出口企业在办理报关时，可以自行办理报关手续，也可以通过专业的报关经纪行或国际货运代理公司来办理。

无论是自行报关，还是由报关行来办理，都必须填写出口货物报关单，必要时，还需提供出口合同副本、发票、装箱单或重量单、商品检验证书及其他有关证件，向海关申报出口。

（三）投保

如果需要卖方投保，例如按 CIF 价格成交的出口合同卖方需替买方办理保险，那么，卖方在装船前，须及时向保险公司办理投保手续，填制投保单。出口商品的投保手续，一般都是逐笔办理的。投保人投保时，应将货物名称、保额、运输路线、运输工具、开航日期、投保险别等一一列明。保险公司接受投保后，即签发保险单或保险凭证。

从以上出口合同履行的环节可以看出，在出口合同履行过程中，货、证、船的衔接是一项极其细致而又复杂的工作。因此，进出口企业为做好出口合同的履行工作，必须加强对出口合同的科学管理，建立起能反映出口合同执行情况的进程管理制度，采取相应的合理措施，力求做到证、货、船三方面的衔接和平衡。尽力避免交货期不准、拖延交货期或不交货等现象的发生。

四、信用证项下制单结汇

出口货物装运之后，出口企业即应按照信用证的规定，正确缮制各种单据。在信用证规定的交单有效期内，递交银行办理议付结汇手续。

（一）信用证条件下制单结汇的三种做法

在信用证付款条件下，我国目前出口商在银行可以办理出口结汇的做法主要有三种：收妥结汇、押汇和定期结汇。不同的银行，其具体的结汇做法不一样。即使是同一个银行，针对不同的客户信誉度，以及不同的交易金额等情况，所采用的结汇方式也有所不同。现将上述在我国常见的三种结汇方式简单介绍如下：

1. 收妥结汇

收妥结汇又称收妥付款，是指信用证议付行收到出口企业的出口单据后，经审查无误，将单据寄交国外付款行索取货款的结汇做法。这种方式下，议付行都是待收到付款行的货款后，即从国外付款行收到该行账户的贷记通知书（Credit Note）时，才按当日外汇牌价，按照出口企业的指示，将货款折成人民币拨入出口企业的账户。

2. 押汇

押汇又称买单结汇，是指议付行在审单无误情况下，按信用证条款贴现受益人（出口公司）的汇票或者以一定的折扣买入信用证项下的货运单据，从票面金额中扣除从议付日到估计收到票款之日的利息，将余款按议付日外汇牌价折成人民币，拨给出口企业。议付行向受益人垫付资金、买入跟单汇票后，即成为汇票持有人，可凭票向付款行索取票款。银行之所以做出口押汇，是为了给出口企业提供资金融通的便利，这有利于加速出口企业的资金周转。

3. 定期结汇

定期结汇是指议付行根据向国外付款行索偿所需时间，预先确定一个固定的结汇期限，并与出口企业约定该期限到期后，无论是否已经收到国外付款行的货款，都主动将票款金额折成人民币拨交出口企业。

（二）处理单证不符情况的几种办法

在信用证项下的制单结汇中，议付银行要求“单、证表面严格相符”。但是，在实际业务中，由于种种原因，单证不符情况时常发生。如果信用证的交单期允许，应及时修改单据，使之与信用证的规定一致。如果不能及时改证，进出口企业应视具体情况，选择如下处理方法：

1. 表提

表提又称为“表盖提出”，即信用证受益人在提交单据时，如存在单证不符，向议付行主动书面提出单、证不符点。通常，议付行要求受益人出具担保书，担保如日后遭到开证行拒付，由受益人承担一切后果。在这种情况下，议付行为受益人议付货款。因此，这种做法也被称为“凭保议付”。表提的情况一般是单证不符情况并不严重，或虽然是实质性不符，但事先已经开证人（进口商）确认可以接受。

2. 电提

电提又称为“电报提出”，即在单、证不符的情况下，议付行先向国外开证行拍发电报或电传，列明单、证不符点、待开证行复电同意再将单据寄出。电提的情况一般是单、证不符属实质性问题，金额较大。用电提方式可以在较短的时间内由开证行征求开证申请人的意见。如获同意，则可以立即寄单收汇；如果不获同意，受益人可以及时采取必要措施对运输中的货物进行处理。

3. 跟证托收

如出现单、证不符，议付行不愿用表提或电提方式征询开证行的意见。在此情况下，信用证就会失效。出口企业只能采用托收方式，委托银行寄单代收货款。

这里要指出的是，无论是采用“表提”“电提”，还是“跟证托收”方式，信用证受益人都失去了开证行在信用证中所作的付款保证，从而使出口收汇从银行信用变成了商业信用。

五、非信用证结汇与国际保理业务

随着国际贸易格局的变化，国际市场竞争日益激烈。除了特殊情况，进口商愿意预付货款之外，一般都希望采用优惠灵活的非信用证支付方式，如托收中的承兑交单（Documents against Acceptance，D/A）和记账赊销（Open Account，O/A）等。这些方式对于进口商而言，不占压资金，能增强进口商在当地市场上的竞争力。然而，对于出口商而言，却要承担资金占压，甚至经常出现追不回货款的风险。为此，国际贸易中出现了集信用管理、资金融通和结汇为一体的国际保理业务。

（一）国际保理业务的含义

国际保理（International Factoring）又叫承购应收账款业务，是指在使用托收、赊销等非信用证方式结算货款时，保理商（Factor）向出口商提供的一项集买方资信调查、应收款管理和追账、贸易融资及信用管理于一体的综合性现代金融服务。其基本做法是，在以商业信用出口货物时，出口商按照与保理商事先商定的协议，向进口商交货后把应收账款的发票和装运单据转交给保理商，即可得到保理商的资金融通，取得应收账款的全部或大部分货款。日后一旦发生进口商不付款或逾期付款，则保理商承担付款责任。

国际保理业务作为现代金融服务方式之一，是以出口商与保理商签订的国际保理合同为核心的。根据国际统一私法学会 1988 年 5 月通过的《国际保理公约》（The Convention on International Factoring）的规定，该合同是指一方当事人（供货商）与另一方当事人（保理商）之间所订立的合同。该合同应该符合如下基本条件：

（1）必须是商业机构与商业机构之间货物销售产生的应收账款，该应收账款不属于个人或家庭消费或类似使用性质；

（2）该商业机构必须将应收账款的权利转让给保理商；

（3）保理商必须履行下述职能：以贷款或预付款形式向供货商融通资金；管理与应收账款有关的账户；收取应收账款；对债务人的拒付提供坏账担保；

（4）应收账款的转让通知必须送交债务人。

为强调国际保理合同的国际性，公约还规定，该公约适用于营业地处于不同国家的供货商和债务人之间订立的货物销售合同所产生的、根据保理合同所转让给保理商的应收账款。该公约所指的“货物”和“货物销售”应包括服务和服务的提供。

（二）国际保理业务的当事人

在国际保理业务中一般有四个当事人：

1. 供货商（Seller）

供货商在国际货物买卖中即出口商，是指对所提供的货物或劳务出具发票，向保理商转让其应收账款权利的保理协议当事人。

2. 债务人（Debter）

债务人在国际货物买卖中即进口商，是指对由提供货物或劳务所产生的应收账款负有付款责任的当事人。

3. 出口保理商（Export Factor）

出口保理商是指在出口国内对供货商的应收账款做保理业务的当事人。

4. 进口保理商（Import Factor）

进口保理商是指在进口国内同意代收由供货商转让给出口保理商的应收账款，并承担信用风险审查以及负责应收账款催收和管理的当事人。

在一项国际保理业务中，供货商与出口保理商签订国际保理合同，进、出口保理商之间签订保理商代理合约，各有关当事人分别根据所签署的保理合约办理保理业务。签署的各项保理合同是确定有关权利和义务的基本法律文件。

（三）国际保理业务的基本程序

目前在国际贸易中，保理商所提供的国际保理业务一般都是双保理的做法。现将国际上通行的双保理业务程序简介如下：

（1）进出口商签订货物买卖合同、规定使用 D/A 或 O/A 等非信用证结算方式；

（2）出口商与出口保理商签订保理协议，并书面提出对进口商所审查的信用额度；

（3）出口保理商将出口商提出的信用额度申请转给与之有业务往来的进口保理商；

（4）进口保理商对进口商的资信进行调查和评估，确定进口商的信用额度，告知出口保理商，并转通知出口商；

（5）出口商到期交货，并提交发票及各项货运单据；

（6）出口商同时将发票副本交出口保理商，即可取得 80% 的发票金额融资；

（7）出口保理商将发票副本送交进口保理商，进口保理商将发票入账，并定期催促进口商按期付款；

（8）进口商到期向进口保理商支付发票全部金额；

（9）进口保理商将发票金额拨交出口保理商；

（10）出口保理商扣除预付货款、服务费用及其他费用，将货款余额交出口商。

（四）国际保理业务的特点

1. 贸易融资

保理商在收妥发票后，即向出口商预付发票金额的 70% ~ 80% 的货款。出口商由于收回了大部分货款，从而加速了资金周转，提高了企业的经济效益。这 70% ~ 80% 的融资一般都是无追索权的。当然，保理商做保理业务要收取一定的融资利息和保理服务费。

2. 信用风险担保

通常，在保理合同签订后，出口商要填写信用额度申请表，保理商通过对客户的资信调查，为客户确定一个信用额度，由保理商以书面通知核准信用额度以内的应收账款，这叫已核准应收账款。对这部分应收账款，保理商提供 100% 的信用风险担保。而对于未经核准的信用额度产生的应收账款，叫未核准应收账款，保理商对此种账款只承担代收责任，而不承担保证付款责任。

3. 销售分户账管理和催收应收账款

销售分户账是出口商与进口商（债务人）交易的记录。在保理业务中，保理商可利用先进的管理技术和丰富的管理经验为出口商提供财务管理服务。保理商收到出口商交来的发票后，在计算机中设立有关账户，并利用计算机自动进行记账、催收、计息、收费、统计等项工作，可随时向出口商提供有关资料和数据。如进口商对应收账款到时不付，或逾期付款，保理商可以利用有效的追债手段和法律途径负责收取债款。

4. 资信调查和信用评估

各国保理商都有设备先进的数据中心和数据通信网络，所以保理商可利用广泛的数据网络和咨询机构，收集有关进口商的资信情况，并作出信用评估，为出口商提供资信报告，核定合理的信用额度。在信用额度内，如因进口商的信用出现坏账，只要这种坏账不是由于交货品质、数量、交货期或财务水平所引起的贸易纠纷，保理商对此坏账负责赔付。

（五）国际保理业务的选择

在国际贸易中，由于国际保理对出口商可提供上述综合的金融服务，有利于出口商的资金周转，扩大出口。因此，出口商在下列情况下可酌情选择国际保理业务：

（1）出口商对进口国的有关法规、外汇管制、关税政策等缺乏了解，在出口交易中遇到实际困难；

（2）希望扩大出口，同时又希望尽量减少收汇风险；

（3）采用托收或赊销等非信用证方式，可能发生逾期拖欠货款的情况；

（4）遇有良好出口机会，但进口商不愿开立信用证；

（5）出口商有融资要求；

（6）对进口商资信情况及清偿能力存在顾虑，希望解除账面管理和应收账款烦恼，以避免坏账损失。

第二节 进口合同的履行

进口合同签订以后，交易双方都要坚持“重合同、守信用”的原则，及时履行合同规定的义务。即买方应及时开证，卖方应按合同规定履行交货义务。

在我国的进口业务中，一般按 FOB 价格条件成交的情况较多，如果是采用即期信用证支付方式成交，履行这类进口合同的一般程序是：开立信用证、租船订舱、装运、办理保险、审单付款、接货报关、检验、拨交、索赔。这些环节的工作，是由进出口公司、运输部门、商检部门、银行、保险公司以及用货部门等各有关方面分工负责、紧密配合而共同完成的。

现将履行进口合同的主要环节分别介绍和说明如下：

一、开立信用证

进口合同签订后，进口商应按照合同规定填写开立信用证申请书（Application for Letter of Credit）向银行办理开证手续。开证申请书是开证银行开立信用证的依据。进口商申请开立信用证，应向开证银行交付一定比率的押金（Margin）或抵押品，开证申请人还应按规定向开证银行支付开证手续费。

信用证的内容，应与合同条款一致，例如品质、规格、数量、价格、交货期、装货期、装运条件及装运单据等，应以合同为依据，并在信用证中一一作出规定。

信用证的开证时间，应按合同规定办理，如合同规定在卖方确定交货期后开证，买方应在接到卖方上述通知后开证；如合同规定在卖方领到出口许可证或支付履约保证金后开证，则买方应在收到卖方已领到许可证的通知，或银行转知保证金已照收后开证。

卖方收到信用证后，如提出修改信用证的请求，经买方同意后，即可向银行办理改证手续。最常见的修改内容有：展延装期和信用证有效期、变更装运港口等。

二、派船接运货物

履行 FOB 交货条件下的进口合同，应由买方负责派船到对方口岸接运货物。卖方在交货前一定时间内，应将预计装运日期通知买方。买方接到上述通知后，应及时向货运代理公司办理租船订舱手续。在办妥租船订舱手续后，应按规定的期限将船名及船期及时通知对方，以便对方备货装船。同时，为了防止船货脱节和出现船等货物的情况，注意催促卖方按时装运。对数量大或重要物资的进口，如有必要，买方亦可请我驻外机构就地督促外商履约，或派人员前往出口地点检验监督。

国外装船后，卖方应及时向买方发出装船通知，以便买方及时办理保险和做好接货等项工作。

三、投保货运险

FOB 或 CFR 交货条件下的进口合同，保险由买方办理。由进口商（或收货人）在向保险公司办理进口运输货物保险时，有两种做法：一种是逐笔投保方式，另一种是预约保险方式。

逐笔投保方式是收货人在接到国外出口商发来的装船通知后，直接向保险公司填写投保单，办理投保手续。保险公司出具保险单，投保人缴付保险费后，保险单随即生效。

预约保险方式是进口商或收货人同保险公司签订预约保险合同，其中对各种货物应投保的险别作了具体规定，故投保手续比较简单。按照预约保险合同的规定，所有预约保险合同项下按 FOB 及 CFR 条件进口货物的保险，都由该保险公司承保。因此，每批进口货物，在收到国外装船通知后，即直接将装船通知寄到保险公司或填制国际运输预约保险启动通知书，将船名、提单号、开船日期、商品名称、数量、装运港、目的港等项内容通知保险公司，即作为已办妥保险手续，保险公司则对该批货物负自动承保责任，一旦发生承保范围内的损失，由保险公司负责赔偿。

四、审单和付汇

银行收到国外寄来的汇票及单据后，对照信用证的规定，核对单据的份数和内容。如内容无误，即由银行对国外付款。同时进出口公司用人民币按照国家规定的有关外汇牌价向银行买汇赎单。进出口公司凭银行出具的“付款通知书”向用货部门进行结算。如审核国外单据发现单、证不符时，应作出适当处理。处理办法很多，例如：停止对外付款；相符部分付款；不符部分拒付；货到检验合格后再付款；凭卖方或议付行出具担保付款；要求国外改正单据；在付款的同时，提出保留索赔权等。

五、报关、纳税

（一）报关

进口货物运到后，由进出口公司或委托货运代理公司或报关行根据进口单据填具“进口货物报关单”，并随附发票、提单、装箱单、保险单、许可证及审批文件、进口合同、产地证和所需的其他证件向海关申报。如属法定检验的进口商品，还须随附商品检验证书。货、证经海关查验无误，才能放行。

（二）纳税

海关按照《中华人民共和国海关进出口税则》的规定，对进口货物计征进口税。货物在进口环节由海关征收（包括代征）的税种主要有：关税、增值税和消费税。

六、验收和拨交货物

（一）验收货物

进口货物运达港口卸货时，港务局要进行卸货核对。如发现短缺，应及时填制“短卸报告”交由船方签认，并根据短缺情况向船方提出保留索赔权的书面声明。卸货时如发现残损，货物应存放于海关指定仓库，待保险公司会同商检机构检验后作出处理。对于法定检验的进口货物，必须向卸货地或到达地的商检机构报验，未经检验的货物不准投产、销售和使用。如进口货物经商检机构检验，发现有残损短缺，应凭商检机构出具的证书对外索赔。对于合同规定的卸货港检验的货物，或已发现残损短缺有异状的货物，或合同规定的索赔期即将届满的货物等，都需要在港口进行检验。

一旦发生索赔，有关的单证，如国外发票、装箱单、重量明细单、品质证明书、使用说明书、产品图纸等技术资料、理货残损单、溢短单、商务记录等都可以作为重要的参考依据。

（二）办理拨交手续

在办完上述手续后，如订货或用货单位在卸货港所在地，则就近转交货物；如订货或用货单位不在卸货地区，则委托货运代理将货物转运内地并转交给订货或用货单位。关于进口关税和运往内地的费用，由货运代理向进出口公司结算后，进出口公司再向订货部门结算。

第三节　进出口货物报关

我国《海关法》规定，中华人民共和国海关是国家的进出关境监督管理机关，其任务是：依照《海关法》和其他有关法律、行政法规，监管进出境的运输工具、货物、行李物品、邮递物品和其他物品；征收关税和其他税、费；查缉走私；并编制海关统计和办理其他海关业务。

进出口合同的履行必然涉及货物的进出关境，因此，依法报关是我国进出口企业必须履行的义务。一般进出口货物的报关程序包括进出口申报、配合查验、缴纳税费、完成结关手续四个环节。本节就进出口报关的上述程序中的关键问题阐述如下：

一、进出口申报

所谓“申报”，是指进出口货物的收发货人、受委托的报关企业，依照《海关法》以及有关法律、行政法规和规章的要求，在规定的期限、地点，采用电子数据报关单和纸质报关单形式，向海关报告实际进出口货物的情况，并接受海关审核的行为。进出口货物申报主要涉及如下问题：

（一）申报时限

进口货物的收货人应当自运输工具申报进境之日起十四日内，出口货物的发货人除海关特准的外应当在货物运抵海关监管区后、装货的二十四小时以前，向海关申报。逾期申报的，由海关征收滞报金。

进口货物的收货人自运输工具申报进境之日起超过三个月未向海关申报的，其进口货物由海关提取依法变卖处理，所得价款在扣除运输、装卸、储存等费用和税款后，尚有余款的，自货物依法变卖之日起一年内，经收货人申请，予以发还；其中属于国家对进口有限制性规定，应当提交许可证件而不能提供的，不予发还。逾期无人申请或者不予发还的，上缴国库。

（二）申报单证

办理进出口货物的海关申报手续，应当采用纸质报关单和电子数据报关单的形式。进、出口货物报关单应当随附的单证包括：合同；发票；装箱清单；提（运）单；代理报关授权委托协议；进出口许可证件及其他进出口有关单证。货物实际进出口前，海关已对该货物作出预归类决定的，进出口货物的收发货人、受委托的报关企业在货物实际进出口申报时应当向海关提交《预归类决定书》。

在填写报关单时，进出口商应如实申报进出口货物的商品名称、税则号列（商品编号）、规格型号、价格、运保费、成交条件及其他相关费用、原产地、数量等。海关经审核，可以对进出口货物进行查验，组织化验、检验或者对相关企业进行核查。

二、配合查验

配合查验指进出口商对海关的查验行为予以配合的行为。海关查验，是指海关为确定进出口货物收发货人向海关申报的内容是否与进出口货物的真实情况相符，或者为确定商品的归类、价格、原产地等，依法对进出口货物进行实际核查的执法行为。进出口货物应当接受海关查验。经收发货人申请，海关总署批准，其进出口货物可以免验。配合查验主要涉及如下问题：

（一）查验地点

查验应当在海关监管区内实施。出于特殊原因，海关可以派员到海关监管区外实施查验。海关在对进出口货物实施查验前，应当通知进出口货物收发货人或者其代理人到场。

（二）查验方法

海关实施查验可以彻底查验，也可以抽查。彻底查验，是指逐件开拆包装、验核货物实际状况的查验方式。抽查，是指按照一定比例有选择地对一票货物中的部分货物验核实际状况的查验方式。

查验结束后，查验人员应当如实填写查验记录并签名。查验记录应当由在场的进出口货物收发货人或者其代理人签名确认。查验记录作为报关单的随附单证由海关保存。

三、缴纳税费

进口货物的收货人、出口货物的发货人是进出口税费的纳税义务人。进出口税费，是指在进出口环节中由海关依法征收的关税、消费税、增值税等税费。

收发货人或者其代理人应当按照法律、行政法规以及海关要求如实、准确申报其进出口货物的商品名称、规格型号等，并且对其申报的进出口货物进行商品归类，确定相应的商品编码。海关根据《商品名称及编码协调制度》对进出口商品实施归类管理，并以此作为计税依据。进出口税费主要涉及如下问题：

（一）关税

从报关业务的角度来看，关税分为进口关税和出口关税。

1. 进口关税

进口关税是指一国海关以进境货物和物品为课税对象所征收的关税。从征税的主次程度来看，进口关税可分为进口正税和进口附加税。进口正税是按海关税则法定进口税率征收的进口税。进口附加税是对进口货物除征收正税之外另外征收的进口税，一般具有临时性，主要包括反倾销税、反补贴税、保障措施关税、报复性关税等。海关征收关税、滞纳金等，应当按人民币计征。

进口关税按照计征方法可分为：从价税、从量税、复合税、滑准税等。

（1）从价税（Ad valorem Duty），是指以货物的价格作为计税标准，以应征税额占货物价格的百分比为税率，价格和税额成正比例关系，这是包括我国在内的大多数国家使用的主要计税标准。从价计征关税的计算公式为：应纳税额=完税价格×关税税率。例如，2011 年我国对税号 02011000 的“整头及半头鲜或冷藏的牛肉”的最惠国税率为 20%。

（2）从量税（Specific Duty），是指以货物的计量单位如重量、数量、容量等作为计税标准，以每一计量单位货物的关税税额为税率。从量计征关税的计算公式为：应纳税额=货物数量×单位关税税额。我国目前征收从量税的进口商品主要包括冻鸡、石油原油、啤酒、胶卷等。例如，2011 年我国对税号 02071200“冻的整只鸡”的最惠国税率为 1.3 元/千克。

（3）复合税（Compound Duty），是指在海关税则中，一个税目中的商品同时使用从价、从量两种标准计税，计税时按两种税率合并计征的一种关税。复合税应征税额=从价部分的关税额+从量部分的关税额=货物的完税价格×从价税税率+货物计量单位总额×从量税税率。我国目前征收复合税的进口商品主要包括录像机、放像机、摄像机、非家用型摄录一体机、部分数字照相机等。例如，2011 年我国对税号 85211020“磁带放像机”的最惠国税率为：完税价格不高于 2 000 美元/台为 30%；完税价格高于 2 000 美元/台为 3%，加 4 373 元。

（4）滑准税（Sliding Duty），也称滑动税，是指在海关税则中，对同一税目的商品按其价格高低而适用不同档次税率计征的一种关税。滑准税是一种关税税率随进口商品价格由高至低而由低至高设置来计征关税的方法，即进口商品价格越高，其关税税率越低；进口商品价格越低，其关税税率越高，目的是使该种进口商品，不论其进口价格高低，其税后价格保持在一个预定的价格标准上，以稳定进口国国内该种商品的市场价格，免受国际市场影响。例如，2011 年我国对配额外进口的一定数量的棉花（税号为 52010000）适用滑准税形式的暂定税率，即当进口完税价格高于或等于 11.397 元/公斤时，按 0.570 元/公斤计征从量税；当进口棉花完税价格低于 11.397 元/公斤时，暂定关税税率按下式计算：$R_i=8.686/R_i+2.526\%\times R_i-1$，对计算结果四舍五入保留 3 位小数。其中 R_i 为暂定关税税率，当其计算值高于 40% 时，R_i 取值 40%；P_i 为关税完税价格，单位为元/公斤。

2. 出口关税

出口关税，是指海关以出境货物、物品为课税对象所征收的关税。征收出口关税的目的主要是：① 增加财政收入；② 限制重要原材料大量输出，保证国内供应；③ 提高以使用该国原材料为主的国外加工产品的生产成本，削弱其竞争能力；④ 反对跨国公司在发展中国家低价收购初级产品。我国目前征收的出口关税都是从价税。在计算出口关税时，出口暂定税率的执行优先于出口税率。例如我国对鳗鱼苗（税号 03019210）的出口税率为 20%，2011 年的暂定税率为 10%。应征出口关税税额 = 出口货物完税价格×出口关税税率。其中，出口货物完税价格 = 离岸价格/（1+出口关税税率）。如果出口货物是以我国口岸离岸价格成交的，应以该价格扣除出口关税后作为完税价格；如果该价格中包括了向国外支付的佣金等，对这部分费用应先予以扣除。

（二）进口环节海关代征税

目前进口货物进口环节海关代征税主要有增值税和消费税两种。

1. 增值税

增值税是以商品的生产、流通和劳务服务各个环节所创造的新增价值为课税对象的一种流转税。增值税由税务机关征收，进口环节增值税由海关征收。进口环节增值税的基本税率为 17%，粮食、实用植物油、天然气等部分货物按 13% 征收。

进口环节的增值税以组成价格作为计税价格，征税时不得抵扣任何税额。其组成价格由关税完税价格（到岸价格）加上关税组成；对于应征消费税的品种，其组成价格还要加上消费税。进口环节增值税应纳税额 =（完税价格+实征关税税额+实征消费税税额）×增值税税率。例如，某进出口公司进口某批不征收进口消费税的货物，经海关审核其成交价格总值为 CIF 境内某口岸 800 美元。已知该批货物的关税税率为 35%，增值税税率为 17%，兑换率为 1 美元 = 6.8 元人民币，应征增值税税额的计算方法为先计算关税税额，然后再计算增值税税额。应征关税税额 = 完税价格×关税税率 = 800×6.8×35% = 1 904（元人民币）；应纳增值税税额 =（完税价格+关税税额）×增值税税率 =（5 440+1 904）×17% = 1 248.48（元人民币）。

2. 消费税

消费税是以消费品或消费行为的流转额作为课税对象而征收的一种流转税。消费税由税务机关征收，进口环节消费税由海关征收。目前国家规定应征消费税的商品共有四种类型：第一类：一些过度消费会对人的身体健康、社会秩序、生态环境等方面造成危害的特殊消费品，如烟、酒、酒精、鞭炮、烟花等；第二类：奢侈品等非生活必需品，如贵重首饰及珠宝玉石、化妆品等；第三类：高能耗的高档消费品，如小轿车、摩托车等；第四类：不可再生和替代的资源类消费品，如汽油、柴油等。

从价计征进口环节消费税的计算公式为：应纳税额=〔（完税价格+实征关税税额）/（1-消费税税率）〕×消费税税率。

从量计征进口环节消费税的计算公式为：应纳税额=货物数量×单位消费税税额。

四、完成结关手续

我国《海关法》第29条规定："除海关特准的外，进出口货物在收发货人缴清税款或者提供担保后，由海关签印放行。"完成结关手续指的是进出口货物申报人完成办理各项海关手续，海关最后放行的环节。

针对进口货物，一般由海关在进口货物提货凭证或出口货物装货凭证上加盖海关放行章，进出口商凭以到海关监管仓库提取进口货物或将出口货物装上运输工具离境的工作环节。完成结关手续通常涉及如下环节：

（一）申请签发报关单证明联

根据国家外汇、税务、海关对加工贸易等管理的要求，进出口货物的收发货人、受委托的报关企业办结海关手续后，可以向海关申请签发报关单证明联，具体包括：用于办理出口退税的出口货物报关单证明联；用于办理付汇的进口货物报关单证明联；用于办理收汇的出口货物报关单证明联；用于办理加工贸易核销的海关核销联。

（二）海关事务担保

2018年3月19日起施行的《中华人民共和国海关事务担保条例》规定，有下述情形之一的，当事人可以在办结海关手续前向海关申请提供担保，要求提前放行货物：进出口货物的商品归类、完税价格、原产地尚未确定的；有效报关单证尚未提供的；在纳税期限内税款尚未缴纳的；滞报金尚未缴纳的；其他海关手续尚未办结的。法律、行政法规规定可以免除担保的除外。国家对进出境货物、物品有限制性规定，应当提供许可证件而不能提供的，以及法律、行政法规规定不得担保的其他情形，海关不得办理担保放行。

第四节 主要进出口单据

一、主要进出口操作单据

（一）报验单

报验单也称检验申请单，是指根据我国《商检法》规定，针对法定检验的进出口货物向指定商检机构填制和申报货物检验的申请单。其内容一般包括：品名、规格、数量（或重量）、包装、产地等项。如需有外文译文时，应注意使中、外文内容一致。

在填制和提交"出口检验申请单"时，要注意按一种商品、一次出运、一个收货人为一批，填写一张出口检验申请单。一般还应附上合同和信用证副本等有关凭据，供商检机构检验和发证时参考。

在填写和提交"进口检验申请单"时，国内外贸企业一般应随附货物买卖合同、国外发票、提单、装箱单、重量明细单、质量保证书和国外检验证书等资料。

（二）报关单

报关单是向海关申报进出口货物，供海关验关估税和放行的法定单据，也是海关对进出口货物统计的原始资料。根据货物进出口的情况，又分为《出口货物报关单》（见表 13-1）和《进口货物报关单》（见表 13-2）。其主要填写项目为：经营单位、贸易性质、贸易国别（地区）、原产国别（地区）、货名、规格及货号、成交价格、数量等。

表 13-1　　　　出口货物报关单

中华人民共和国海关出口货物报关单

预录入编号：　　　　　　　　　　海关编号：

出口口岸	备案号	出口日期	申报日期	
经营单位	运输方式	运输工具名称	提运单号	
发货单位	贸易方式	征免性质	结汇方式	
许可证号	运抵国（地区）	指运港	境内货源地	
批准文号	成交方式	运费	保费	杂费
合同协议号	件数	包装种类	毛重（公斤）	净重（公斤）
集装箱号	随附单据		生产厂家	
标记唛码及备注				

项号	商品编码	商品名称、规格型号	数量及单位	最终目的国（地区）	单价	总价	币制	征免

税费征收情况		
录入员　录入单位	兹申明以上申报无讹并承担法律责任	海关审单批注及放行日期（签章）
报关员		审单　　审价
单位地址	申报单位（签章）	征税　　统计
邮编　　电话	填制日期	查验　　放行

表 13-2　　进口货物报关单

中华人民共和国海关进口货物报关单

预录入编号：　　　　　　　　　　　　　　　　　　海关编号：

<table>
<tr><td>进口口岸</td><td colspan="2">备案号</td><td colspan="2">进口日期</td><td>申报日期</td></tr>
<tr><td>经营单位</td><td>运输方式</td><td colspan="2">运输工具名称</td><td colspan="2">提运单号</td></tr>
<tr><td>收货单位</td><td colspan="2">贸易方式</td><td colspan="2">征免性质</td><td>征税比例</td></tr>
<tr><td>许可证号</td><td colspan="2">起运国（地区）</td><td colspan="2">装货港</td><td>境内目的地</td></tr>
<tr><td>批准文号</td><td>成交方式</td><td colspan="2">运费</td><td>保费</td><td>杂费</td></tr>
<tr><td>合同协议号</td><td>件数</td><td>包装种类</td><td colspan="2">毛重（公斤）</td><td>净重（公斤）</td></tr>
<tr><td>集装箱号</td><td colspan="4">随附单据</td><td>用途</td></tr>
<tr><td colspan="6">标记唛码及备注</td></tr>
<tr><td colspan="6">项号　商品编码　商品名称、规格型号　数量及单位　原产国（地区）　单价　总价　币制　征免</td></tr>
<tr><td colspan="6"></td></tr>
<tr><td colspan="6"></td></tr>
<tr><td colspan="6"></td></tr>
<tr><td colspan="6"></td></tr>
<tr><td colspan="6"></td></tr>
<tr><td colspan="6">税费征收情况</td></tr>
<tr><td>录入员　录入单位</td><td colspan="2">兹声明以上申报无讹并承担法律责任</td><td colspan="3">海关审单批注及放行日期（签章）</td></tr>
<tr><td>报关员</td><td colspan="2"></td><td colspan="3">审单　　　　审价</td></tr>
<tr><td>单位地址</td><td colspan="2">申报单位（签章）</td><td colspan="3">征税　　　　统计</td></tr>
<tr><td>邮编　　电话</td><td colspan="2">填制日期</td><td colspan="3">查验　　　　放行</td></tr>
</table>

出口货物报关单综合了出口发票有关货物的各项记载和托运单上运输事项的记载，此外还设有“海关统计商品编号”和“离岸价格”等栏目，前一栏目须按《中华人民共和国海关统计商品目录》的规定填制，后一栏目须将不同价格条件、不同币种的出口金额减除运费、保险费、佣金和折扣等，以 FOB 净额按国家外汇管理局核定的各种货币对美元统一折算率折算后填报，以利海关统计汇总。

在提交进出口货物报关单时，一般还须按规定随附如下文件或单证：进出口许可证或批准文件、进出口货物提货单、装货单或运单；进出口货物发票、进出口货物装箱单、减税、免税或免验的证明文件，必要时还须附上货物买卖合同、产地证明等有关单证。

（三）投保单

投保单是进出口企业向保险公司对运输货物进行投保的申请书，也是保险公司据以出立保险单的凭证，保险公司在收到投保单后即缮制保险单。

投保单一般是在逐笔投保方式下采用的。进出口企业在投保单中要填制的内容包括货物名称、运输标志、包装及数量、保险金额、保险险别、运输工具、开航日期、提单号等。

（四）货物托运单

货物在办理运输过程中需要缮制托运单据，不同运输方式或运输工具使用不同格式的托运单。现分别介绍如下：

1. 海运托运单

出口企业填写托运单（Booking Note，B/N），作为订舱依据。所谓托运单是指托运人（发货人）根据买卖合同或信用证条款内容填写的，向承运人（货运服务机构、船公司或装运港的船方代理人）办理货物托运的单证。

承运人根据托运单内容，并结合船舶的航线、挂靠港、船期和舱位等条件考虑，认为合适后，即接受这一托运，并在托运单上签章，留存一份，退回托运人一份。至此，订舱手续即告完成，运输合同即告成立。

货运服务机构、船公司或其代理人在接受托运人的托运单证后，即发给托运人装货单（Shipping Order，S/O）。装货单俗称下货纸。其作用有三：一是通知托运人货物已配妥××航次××船，及装货日期，让其备货装船；二是便于托运人向海关办理出口申报手续，海关凭以验放货物；三是作为命令船长接受该批货物装船的通知。

海洋运输按运输工具不同有两种运输方式：一种是传统的散货运输，另一种是现代化的集装箱运输，海运托运单又根据这两种不同运输方式分为以下两种：

（1）散货运输托运单，是在装货单（Shipping Order）和大副收据（Mate’s Receipt）基础上发展而成的一种多功能单据，一套十二联。其内容包括目的港、运输标志、件数和包装式样、货名、运费到付或运费预付、重量、尺码、可否转船、可否分批、装运期和有效期等。

（2）集装箱货物托运单，是指集装箱运输专用出口单证。标准格式一套共十二联，性质与散装运输托运单相同，此套单据的核心是装货单和场站收据（Dock Receipt）。其内容与散装运输托运单基本相同。

2. 陆运托运单

陆运托运单一般指陆上火车运输所使用的托运单。陆上火车运输方式主要有沪港联运和国际联运。两者都纳入货运代理人，如外运公司的货运代理业务范围。为简化工作，各出口单位一般以发票代替托运单，但发票上必须加注必要的项目，如编号、装运期、有效期、可否分批等，并随附出口报关单、出口收汇核销单、出仓（提货）单等报运的有关单证。

3. 空运托运单

中国民用航空局制定有统一的国际货物托运书（Shipper's Letter of Instruction），其内容与海运托运单大同小异，也与陆运托运单类似。

（五）大副收据

在海运方式中，货物装船之后，即由船长或大副签发收货单，也被称为大副收据。收货单是船公司签发给托运人的表明货物已装船的临时收据。托运人凭收货单向外轮代理公司交付运费并换取正式提单。收货单上如有大副批注，则在换取提单时，将该项大副批注转注在提单上。

（六）出口货物退税单

此即出口货物报关单中的退税专用联，格式与出口货物报关单完全相同，但纸张为黄色，通关时由海关盖章表示货物业已出口，出口单位可凭此联作为证明，按规定时期向主管退税的税务机关申请退还本批出口货物所征纳过的产品税或增值税。

二、主要进出口结付汇单据

现对出口履约中涉及的几种主要结汇单据及制单时应注意的问题，扼要介绍如下：

（一）汇票（Bill of Exchange; Draft）

汇票一般是各种结汇方式中都使用的主要单据之一。其填制方法和内容是否正确无误，对出口商安全收汇很重要。出口商开具汇票时，首先要明确如下事项：

1. 付款人

采用信用证支付方式时，汇票的付款人应按信用证的规定填写，如来证没有具体规定付款人名称，一般可理解为付款人是开证行。如果是采取托收方式，一般汇票的付款人是进口商。

2. 受款人

除个别情况另有规定外，无论是信用证付款方式，还是其他付款方式，如托收，汇票的受款人一般作成凭指示抬头（Pay to Order），由收款银行指示将该货款打入出口公司的银行账号。

3. 开具汇票的依据

开具汇票的依据，作为出票条款的内容，一般指的是开具汇票的具体原因。如属于信用证方式付款的凭证之一，应按照来证的规定文句填写。如信用证内没有规定具体文句，可在汇票上注明开证行名称、地点、信用证号码及开证日期。如属于托收方式下付款的凭证之一，则应在汇票上注明有关合同号码等。

汇票一般开具一式两份，两份具有同等效力，其中一份付讫，另一份自动失效。

（二）发票（Invoice）

发票，通常指的就是商业发票，但是，根据用途的不同，还有许多其他种类发票，如海关发票、领事发票、厂商发票和形式发票等。

1. 商业发票（Commercial Invoice）

它是卖方开立的载有货物名称、数量、价格等内容的清单，作为买卖双方交接货物和结算货款的主要单证，也是进出口报关完税必不可少的单证之一。

我国各进出口公司的商业发票没有统一格式，但主要项目基本相同，其中包括：发票编号、开票日期、数量、包装、单价、总值和支付方式等项内容。

在制作发票时应注意以下问题：

（1）对收货人的填写，除少数信用证另有规定外，一般均应填写来证的开证申请人或进口人。

（2）对货物的名称、规格、数量、单价、包装等项内容的填制，凡属信用证方式，必须与来证所列各项要求完全相符，不能有任何遗漏或改动。如来证内没有规定详细品质或规格，必要时可按合同加注一些说明，但不能与来证的内容有抵触，以防国外银行挑剔而遭到拖延或拒付货款。

（3）如客户要求或信用证规定在发票内加列船名、原产地、生产企业的名称、进口许可证号码等，均可一一照办。

（4）来证和合同规定的单价含有“佣金”（Commission）的情况，在发票处理上应照样填写，不能以“折扣”字样代替。如来证和合同规定有“现金折扣”（Cash Discount）的字样，在发票上也应全名照列，不能只写“折扣”或“贸易折扣”（Trade Discount）等字样。

（5）如属信用证方式付款，发票的总值不得超过信用证规定的最高金额。按照银行惯例的解释，开证银行可以拒绝接受超过信用证金额的商业发票。

（6）如信用证内规定“选港费”（Optional Charges）、“港口拥挤费”（Port Congestion Charges）或“超额保费”（Additional Premium）等费用由买方负担，并允许凭本信用证支取的条款，可在发票上将各项有关费用加在总值内，一并向开证银行收款。但是如信用证内未作上述注明，即使合同中有此约定，也不能凭信用证支取。除非国外客户同意并经银行通知在信用证内加列上述条款，否则，上述增加的费用，应另制单据通过银行托收解决。

（7）由于各国法令或习惯不同，有的来证要求在发票上加注“证明所列内容真实无误”（或称“证实发票”Certified Invoice）、“货款已经收讫”（或称“收妥发票”Receipt Invoice），或加注有关出口企业国籍、原产地等证明文句，出口商应在不违背我国方针、政策和法令的情况下，酌情办理。出具“证实发票”时，应将发票的下端通常印有的“有错当查”（E. &. O. E.）字样删去。

商业发票格式，见表13-3：

表 13-3　　商业发票

中国轻工业品进出口公司上海市分公司
CHINA NATIONAL LIGHT INDUSTRIAL
PRODUCTS IMPORT AND EXPORT CORPORATION

To:
SHANGHAI BRANCH
128, HUCHIU ROAD
SHANGHAI, CHINA
CABLE ADD: INDUSTRY
SHANGHAI

发票号码
Invoice Number ----------------------
订单或合约号码
Sales Confirmation No.
发票日期
Date of Invoice ----------------------

装船口岸
From ----------------------

目的地
To ----------------------

信用证号数
Letter of Credit No. ----------------------

开证银行
Issued by ----------------------

唛头号码 Marks & Numbers.	数量与货品名称 Quantities and Descriptions	总值 Amount

2. 海关发票（Customs Invoice）

有些国家的海关制定一种固定的发票格式，要求国外出口商填写。这类发票有下列三种不同的叫法：

（1）海关发票（Customs Invoice）；

（2）估价和原产地联合证明书（Combined Certificate of Value and Origin, C. C. V. O.）；

（3）根据××国海关法令的证实发票（Certified Invoice in Accordance with ×× Customs Regulations）。

对上述三种叫法的发票，在习惯上我们统称为海关发票。进口国要求提供这种发票，主要是作为估价完税或征收差别待遇关税或征收反倾销税的依据。此外，还供编制统计资料之用。

在填写海关发票时，一般应注意以下问题：

（1）各个国家（地区）使用的海关发票，都有其固定格式，我们不得混用。

（2）凡是商业发票和海关发票上共有项目的内容，必须与商业发票保持一致，不得相互矛盾。

（3）在"出口国国内市场价格"一栏，其价格的高低是进口国海关作为是否征收反倾销税的重要依据。我们在填制这项内容时，应根据有关规定慎重处理。

（4）如成交价格为 CIF 条件，应分别列明 FOB 价、运费、保险费，这三者的总和，应与 CIF 货值相等。

（5）签字人和证明人均须以个人身份出现，而且这两者不能为同一个人。个人签字均须以手签生效。

3. 领事发票（Consular lnvoice）

有些国家，例如一些拉丁美洲国家、菲律宾等规定，凡输往该国家的货物，国外出口商必须向该国海关提供经该国领事签证的发票。有些国家制定了固定格式的领事发票；也有一些国家则规定可在出口商的商业发票上由该国领事签证（Consular Visa）。领事发票的作用与海关发票基本相似。各国领事签发领事发票时均需收取一定的领事签证费。如国外来证载有需由我方提供领事发票的条款，一般不宜接受，或者由银行注明当地无对方机构，争取取消。特殊情况应按我国主管部门的有关规定办理。

4. 厂商发票（Manufacturer's Invoice）

厂商发票是由出口货物的制造厂商所出具的以本国货币为计价单位、用来证明出口国国内市场出厂价格的发票。其目的也是供进出口国海关估价、核税以及征收反倾销税之用。如果国外来证有此要求，应参照海关发票有关国内价格的填制办法处理。

（三）海运提单（Bill of Lading）

1. 海运提单的重要性

海运提单是船方或其代理人在收到其承运的货物时签发给托运人的货物收据，也是承运人与托运人之间的运输契约的证明，在法律上它具有物权凭证的作用。收货人在目的港提取货物时，必须提交正本提单。可见海运提单是各种单据中最重要的单据。

2. 制作提单应注意的问题

（1）提单的种类。提单的种类很多，应按国外来证所要求的类别提供。

（2）提单的收货人（Consignee）。提单的收货人，习惯上称为抬头人。在信用证或托收支付方式下，绝大多数的提单都做成"凭指定"（To Order）抬头或者"凭发货人指定"（To Order of Shipper）抬头。这种提单必须经发货人背书，才可流通转让；也有的要求做成"凭××银行指定"（To Order of ×× Bank），一般是规定凭开证行指定。

（3）提单的货物名称。提单上有关货物名称可以用概括性的商品统称，不必列出详细规格，但应注意不能与来证所规定的货物特征相抵触。

（4）提单的运费项目。如 CIF 或 CFR 条件，在提单上应注明"运费已付"（Freight Prepaid）；如成交价格为 FOB 条件，在提单上则注明"运费到付"（Freight to Collect）。除信用证内另有规定外，提单上不必列出运费的具体金额。

（5）提单上的目的港和件数。提单上的目的港和件数，原则上应和运输标志上所列的内容相一致。对于包装货物在装船过程中，如发生漏装少量件数，可在提单上的运输标志件号前面加"EX"字样，以表示其中有缺件，例如："EX Nos. 1-100"。

（6）提单的签发份数。根据《跟单信用证统一惯例》规定，银行接受全套正本仅有一份的正本提单，或一份以上正本提单。如提单正本有几份，每份正本提单的效力是相同的，但是，只要其中一份凭以提货，其他各份立即失效，因此，合同或信用证中规定要求出口商提供"全套提单"（Full Set or Complete Set B/L），就是指承运人在签发的提单上所注明的全部正本份数。

(7) 提单的签署人。如信用证要求港到港的海运提单，银行将接受由承运人或作为承运人的具名代理或代表，或船长或作为船长的具名代理或代表签署的提单。

(8) 有关装运的其他条款。买方有时限于本国法令，或为了使货物迅速到达或其他原因，在来证中加列其他装运条款，并要求出口商照办。如要求出口商提供航线证明、船籍证明、船龄证明，或者指定装运船名、指定转运港、指定用集装箱货轮等。对上述各项要求，应按照有关规定，并结合运输条件适当掌握。如属不合理的或者卖方难以办到的运输条款，必须向买方提出修改信用证。

(四) 保险单 (Insurance Policy)

(1) 保险单的被保险人应是信用证上的受益人，并加空白背书，便于办理保险单转让。

(2) 保险险别和保险金额应与信用规定一致。在单据的表面上对 CIF 和 CIP 的金额能够被确定时，保险单必须表明投保最低金额。该项金额应为货物的 CIF 或 CIP 的金额加 10%，否则，银行接受的最低投保金额，应为根据信用证要求而付款、承兑或议付金额的 110%，或发票金额的 110%，以两者之中较高者为准。保险单所表明的货币，应与信用证规定的货币相符。

(3) 保险单的签发日期应当合理，在保险单上，除非表明保险责任最迟于货物装船或发运或接受监督之日起生效外，银行将拒受出单日期迟于装船或发运或接受监管时间的保险单。

(五) 产地证明书 (Certificate of Origin)

产地证明书是一种证明货物原产地或制造地的证件。不用海关发票或领事发票的国家，要求提供产地证明，以便确定对货物应征收的税率。有的国家限制从某个国家或地区进口货物，也有的要求以产地证来证明货物的来源。

产地证明书一般由出口地的公证行或工商团体签发。在我国，可由国家出入境检验检疫机构或贸促会签发。

(六) 普惠制原产地证

普惠制原产地证全称为“普惠制原产地证明书（申报与证明之联合）格式 A” [Generalized System of Preferences Certificate of Origin (Combined Declaration and Certificate)]，简称 Form A，是所有给惠国都接受的格式，是受惠国的原产品出口到给惠国欲享受普惠制减免关税待遇时所需提供的正式官方凭证。

Form A 共有 12 栏，其中第 4 栏“供官方使用”，第 11 栏“签证当局的证明”两栏由官方主管单位签发，我国由各地出入境检验检疫机构负责在对证书审查无误后签发。其余 10 栏均由出口商负责填制。

(七) 装箱单和重量单 (Packing List and Weight Memo)

这两种单据是用来补充商业发票内容的不足，便于国外买方在货物到达目的港时，供海关检查和核对货物。

装箱单又称花色码单，列明每批货物的逐件花色搭配；重量单则列明每件货物的毛、净重。

（八）检验证书

各种检验证书是分别用以证明货物的品质、数量、重量和卫生条件的证书。在我国，这类证书一般由出入境检验检疫机构出具，如合同或信用证无特别规定，也可以分别不同情况，由进出口公司或生产企业出具，但应注意证书的名称及所列项目或检验结果，应与合同及信用证规定相同。

在信用证结汇中，当信用证要求除运输单据、保险单据和商业发票以外的单据时，信用证应规定该单据的出单人及其内容。倘若信用证无此规定，如提交的单据的内容能说明单据中述及的货物和/或服务与提交的商业发票上所述有关联，或当信用证不要求商业发票时，与信用证中所述的货物和/或服务有关联，则银行将予接受。因此，在缮制上述各种单据时，应严格按信用证规定办理。

三、制作并审核结汇单据的基本原则

如前所述，开证行只有在审核单据与信用证表面完全相符后，才承担付款的责任。开证行除发现出口商所提交的单据与信用证有任何不符，均不可能出现拒付货款的情况。因此，结汇单据的缮制是否正确、完备与安全、迅速收汇有着十分重要的关系。对于结汇单据，一般都要本着“正确、完整、及时、简明、整洁”的原则来制作和审核。

（一）正确

制作的单据只有正确，才能够保证及时收汇。单据应做到两个一致，即：单据与信用证保持一致、所提交的单据与单据之间也要保持严格一致。此外，单据与货物也应一致，单据内部不矛盾（即单内一致）。这样，单据才能真实地代表货物，以免发生错装、错运事故。

（二）完整

必须按照信用证的规定提供各项单据，不能短少或缺项。单据的份数和单据本身的项目，如产地证明书上的原产国别、签章；其他单据上的货物名称、数量；海运提单和汇票的背书签字或人名章、公司章等内容和形式，也必须完整无缺。

（三）及时

应在信用证的有效期内，及时将单据送交议付银行，以便银行早日寄出单据，按时收汇。此外，在货物出运之前，应尽可能将有关结汇单据送交银行预先审核，使银行有较充裕的时间来检查单证、单单之间有无差错或问题。如发现一般差错，可以提前改正，如有重大问题，也可及早由进出口企业与国外买方联系修改信用证，避免在货物出运后不能收汇。

（四）简明

单据的内容，应按信用证要求和国际惯例填写，力求简明，切勿加列不必要的内容，以免弄巧成拙。

（五）整洁

单据的布局要美观、大方。缮写或打印的字迹要清楚。单据表面要清洁，对更改之处要加盖校对图章。有些单据，如提单、汇票以及其他一些单据的主要项目，如金额、件数、重量等，一般不宜更改。

随着现代信息技术的发展，电脑及其网络的普及和人们对科学管理、现代化和标准化工作认识的加深，传统的国际贸易程序及制单结汇的做法，逐渐被高效的电子化信息处理和传输手段所代替。为此，各国都在对传统的贸易程序和制单工作进行改革，并在简化国际贸易的各种手续、取消不必要的环节、减少单证的种类和份数、统一单证格式、改进制单方法、实行贸易信息的标准化、代码化以及应用自动化电子数据处理和交换贸易信息等方面，取得很大成果。这一变革，必将进一步推动国际贸易实务运作的规范化和标准化。

第五节 索赔与理赔工作

索赔（Claim）在我国对外贸易实践中泛指“主张权利”，也就是当事人依据有关合同对违约造成的经济损失或货物损失向责任方提出予以补救的主张。索赔在实践中不仅指向责任方提出损害赔偿的要求，它还包括行使法律上规定的其他救济方法，如解除合同、拒收货物、实际履行等。理赔是指责任方对索赔的处理。索赔与理赔，可以说是同一问题的两个方面。

由于国际货物买卖涉及面比较广，环节多，手续繁杂，各方面的原因造成的索赔情况时有发生，当事人对索赔处理不当，出现纠纷诉诸法律者屡见不鲜。为了避免在索赔与理赔中出现失误，更好地做好索赔与理赔工作，我们要注意以下几个方面的问题：

一、明确索赔的对象

索赔对象就是指要对索赔方承担损失赔偿等责任的当事人。国际货物买卖涉及许多当事人。如果出现索赔事故，索赔的对象即责任方可能不仅限于买卖双方，有时还会涉及其他当事人，如承运人、保险公司等。一旦发生索赔事故，首先要弄清事实，在分清责任的前提条件下，才能向有关责任方提出索赔的要求。

为了解决责任归属问题，现将业务中经常出现的索赔事故及其可能的责任方分析如下：

（一）短交（Short Delivery）

短交指货物包装良好，但买方在收到货物后，经开箱检验，将实际货物与装箱单（Packing List）核对，发现货件短少。这种情况一般不是运输公司的责任，多数为卖方疏忽或故意短交，所以应向卖方提出索赔。

（二）短卸（Short Unloaded）

运输工具到达目的地后，所卸货物的数量与提单或运单所列明的数量不相符合，这种情况多是运输公司将货物误卸其他口岸，或因疏忽短卸，甚至有的故意短卸。通常索赔对象为承运人。

（三）短失（Lost in Transit）

发票、装箱单和提单等单证均证明货物已经全部装到运输工具上，或已交承运人，但货到后，发现货物短少。出现这种情况的原因有几种：一种情况是运输公司可能将货物误卸其他口岸，或运输公司因疏忽或故意短卸，这时的索赔对象是运输公司；另一种情况也可能是在运输途中货物被盗或遗失，特别是陆运，货物被盗和遗失的可能性较大。如果货主对货物的保险包括了这种情况，可向保险公司提出索赔。然而，短失的情况往往很难判断出责任的归属，业务上的通常做法是，依据保险合同和运输合同的规定分别向保险公司和运输公司同时提出索赔。

（四）包装破损，导致货物散失

货物到达目的地或目的港后，发现包装已经破裂，货物散失，而提单中却没有注明。这种情况的出现可能有几种原因：一是属卖方没有针对货物的特性和运输状况进行包装，经商检部门出具证明后，可向卖方提出索赔；另一种原因是卖方对货物进行良好包装，在运输途中，由于搬运或堆积操作不当造成的包装破损与货物散失，如钩损等，这种情况应由承运人负责；另外，如果货物在运输途中遇上自然灾害或意外事故等造成包装破损、货物损害，如海水浸入纸箱，则属于保险公司的承保范围，应向保险公司提出索赔。若发生上述情况很难判断最终责任方时，则应根据商检部门出具的证明向各责任方同时进行索赔。

（五）品质或规格与合同规定不符

这是指所交货物全部或部分，经商检部门检验后认为品质或规格与合同不相符合。出现这种情况，有的是卖方交货品质低劣，有的是货物本身原因造成的，有的是运输原因造成的。首先要弄清事实，如品质低劣，货物本身含有瑕疵，多半是卖方的责任；如果是运输途中出现的自然灾害所致，如恶劣气候，海水入舱，而使货物受损，则应向保险公司提出索赔。

除了上述所列几种最经常出现的索赔事故，还有许多由其他原因造成的索赔，在此不一一列举。总之，在进行索赔时，要有充分理由证明事故出自责任方，再根据合同关系，依法向对方提出合理的索赔要求。

二、注意索赔时效

按各国法律的规定，索赔方必须在一定时限内提出，索赔方可有效。如果提出索赔要求时已超过了索赔时限，则索赔方就被视为自动放弃要求索赔的权利。因此，在处理索赔时要注意有关索赔时效的规定。

（一）向卖方提出索赔的时效

向卖方提出索赔的时效有下列几种情况：

（1）合同中具体规定索赔的时效，则买方应在合同规定的索赔时效内向卖方提出索赔，通常是卖方在此期限内正式发出索赔通知。

（2）如果合同中没有明确规定索赔期，则合同中的品质保证期限被认为是买方提出索赔的有效期限。

（3）如果合同中没有规定索赔期或品质保证期，则按《联合国国际货物销售合同公约》第 39 条的规定："买方对货物不符合同，必须在发现或理应发现不符情况后一段合理时间内通知卖方，说明不符合同情形的性质，否则就丧失声称货物不符合同的权利。"但无论如何，最长的索赔时效为买方收到货物之日起不超过 2 年。

（二）向运输公司提出索赔的时效

1. 海运方式下

按《海牙规则》的有关规定，托运人或收货人在收取货物时，如果发现货物灭失或损坏应在提货日起 3 天之内，向运输公司提出索赔的书面通知。如果在提货时，双方已对货物进行了联合检验，托运人或收货人就无须再发出上述索赔通知，有关索赔依据可事后补送。如果货主的索赔未被受理，则诉讼的时效为货物交付之日起 1 年之内。如逾期不提起诉讼，运输公司可以免除对货物灭失或损害所负的一切责任。

值得注意的是于 1992 年 11 月 1 日起生效的《汉堡规则》对向承运人索赔的时效作了新的修改，依据《汉堡规则》，托运人或收货人应在提取货物后 15 天内发出索赔通知。对于承运人延迟交货，收货人必须于收到货物后 60 天内以书面通知承运人，否则承运人将不承担赔偿责任。关于诉讼时效，《汉堡规则》规定为 2 年。

2. 空运方式下

按《华沙公约》的规定，如果货物遭受损害，收货人必须在收货后 7 天内向承运人提出书面索赔通知。如果承运人延迟交货，则收货人应在货运后 14 天内提出索赔。有关空运合同的诉讼时效为 2 年，从货物到达之日或货物应到达之日或运输终止之日起算。

3. 国际多式联运方式下

按《联合国国际货物多式联运公约》的有关规定，如果货物灭失或损坏，收货人应在交货后 6 天内向多式联运经营人提出索赔。如果双方当事人在交货时进行了联合调查或检验，就无须再发索赔通知。对于延迟交货，收货人应于交货后 60 天内向多式联运经营人发出书面索赔通知。

有关国际货物多式联运的诉讼时效为 2 年，自货物交付之日起算，如果货物未交付，则自货物应当交付的最后一日的次日起算。

值得注意的是，《联合国国际货物多式联运公约》将诉讼时效与索赔时效联系起来，如果货物交付之日起 6 个月内没有提出书面索赔通知，以说明索赔性质和主要事项，则诉讼在此期限届满后失去效力。

（三）向保险公司提出索赔的时效

中国人民保险公司的保险单规定，被保险人发现保险货物受损后，应立即通知当地的理赔、检验代理人进行检验。

中国人民保险公司规定的索赔时效为 2 年，即从保险事故发生之日起算，最多不超过 2 年。但提出索赔时不一定提交全部赔偿单据，被保险人一经提出赔偿要求后，即不受时效限制。

三、索赔的依据

索赔的依据包括两个方面：一是法律依据；二是事实依据。法律依据是指索赔方提出的救济方法必须符合法律规定。如果法律上规定有几种救济方法，当事人必须从案情的具体事实出发，从中选择最合适的原则作为主张权利的依据。事实依据是指索赔所需要的足够的证明文件。它包括当事人业务往来的各种单证函电，以及发生索赔事故时，有关人员的现场签字证明等。根据不同的索赔对象，索赔方应出具的索赔依据有：

（一）向出口方索赔的依据

（1）合同及往来函电；

（2）公证报告（Survey Report）；

（3）检验证书（Certificate of Inspection）；

（4）破损证明（Damage Report）；

（5）提单（B/L）；

（6）装箱单（Packing List）；

（7）发票（Invoice）；

（8）银行通知等。

（二）向承运人索赔的依据

（1）公证报告；

（2）破损证明，或承运人、商检机构、保险公司及港务机构等的会签证明；

（3）提货单或提单或运输合同；

（4）商业发票；

（5）商检证书；

（6）承运人要求的其他证明文件等。

（三）向保险公司索赔的依据

（1）保险单或保险凭证正本（Signed Policy or Certificate of Insurance）；

（2）提单正本或副本（Signed B/L or Copy）；

（3）托运人开立的发票（Shipper's Invoice）；

（4）装箱单；

（5）重量证明书（Weight Certificate）；

（6）公证报告；

（7）船公司签发的事故证明或破损证明书（Damage Report）；

（8）磅码单（Weight Note）或理货单（Tally List）；

（9）船公司所签发的短卸证明书（Shortage Report Landing Certificate）；

（10）公证费收据；

（11）修理费用及其估价单；

（12）破损货物剩余价值估价单；

（13）海难报告（Marine Protest）等。

目前，在我国进口业务中，索赔属于船方和保险公司责任的由货运代理公司代办；属于卖方责任的，由进口公司直接办理。为了做好索赔工作，要求进出口公司、货运代理公司、订货部门、商检机构等各有关单位密切协作，要做到检验结果正确，证据属实，理由充分，赔偿责任明确，并要及时向有关部门提出，力争使货物所受到的损失如数得到补偿。

四、理赔工作

处理理赔工作是一项政策性、法律性和技术性都很强的工作。在实践中，要本着实事求是的精神，尽可能通过友好协商的办法解决，做到既要维护我方的正当权益，又不影响双方的贸易关系。在理赔时，应注意下列各点：

（1）要认真细致地审核国外买方提出的单据和出证机构的合法性。对其检验的标准和方法也都要一一核对，以防买方串通检验机构弄虚作假或国外的检验机构检验有误。

（2）要认真做好调查研究，弄清事实，分清责任。为此，必须会同生产部门或运输部门对商品品质、包装、储运、备货、运输等方面进行分析研究，查清货物发生损失的环节、原因，并确定责任范围。如果属于船公司或保险公司的责任范围，应交船公司或保险公司处理；如确实属于卖方的责任，我们就应据实予以赔偿。对国外商人提出的不合理要求，我们必须根据可靠的资料，以理拒绝。

（3）要合理确定损失程度、金额和赔付办法。如果索赔方未采取合理措施减轻包括利润方面的损失，则我方应从对方索赔金额中扣除原可以减轻的损失数额。

本章小结

本章按照进出口合同签订后的履约顺序，对履行进出口合同的各具体环节分别进行了介绍。另外，对合同履行中所出现的索赔与理赔问题，也进行了讨论。进出口合同的履行，涉及完成进出口合同的当事人的方方面面，既要重视法律与管理的相关规定，遵守合同所规定的具体责任与义务，同时也要注重履行进出口合同的程序。总之，不论履行出口或进口合同，都要贯彻“重合同、守信用”的原则，以维护合同的严肃性。

思考题

1. 履行出口合同包括哪些基本程序？
2. 出口企业在备货和印制运输标志时应注意哪些事项？
3. 审核国外开来的信用证时应注意什么问题？按国际惯例，出口企业应如何对待和处理开证行开来的信用证修改通知？

4. 货运服务机构有哪些类型？如何选择货运服务机构？

5. 什么是押汇？它与收妥结汇有什么区别？

6. 什么是“电提”？“电提”对出口商有什么保障？

7. 请分析国际保理业务的特点，对于非信用证结算方式，都有必要采用保理的方式来收回货款吗？

8. 在进口环节中，海关向进口企业或收货人征收（包括代征）的主要税种有哪些？它们是如何计算的？

9. 大副收据与提单有何联系与区别？

10. 出口收汇核销单的主要作用是什么？

11. 制作发票应该注意什么问题？

12. 何谓海关发票？其主要作用是什么？

13. 什么是普惠制单据？它有什么作用？

14. 制作和审核结汇单据的基本原则是什么？

案例分析题

内地某生产企业在广交会以 FOB 方式与英国某进出口商签订了一份番茄酱出口合同，该合同约定当年 8 月份装船，英国进口商提供包装番茄酱的铁桶。双方签订合同后，中国生产厂家发现番茄酱在欧洲市场发生短缺，国际市场的行情一直在上涨，6 月份，英国进口商按照惯常的条件将包装用的铁桶发运到中国口岸，并运往了内地生产厂家。7 月份，欧洲番茄酱的价格比四月份上涨了近 20%，而且还有上涨的空间。该生产企业这是第一次与英国的进口商合作，眼看这笔出口订单丧失了获得更多利润的机会，但也不想因为不交货而失去信用，因此就按照合同规定进行备货。就在 8 月份备妥货物，并运往口岸储运仓库后，商检机构需要对该批番茄酱进行出口检验。商检机构发现，该批货物的包装铁桶属于再次使用的旧桶，在进口时没有按正规程序进行报检，有漏检的情况，遂拒绝对该批出口货物出具商检证书，除非该生产厂家缴纳罚款。该生产厂家马上将发生的情况告知英国进口商，并拖延交货。英国进口商多次催促中国生产商交货，但该货物被滞留在口岸的外贸仓库，一直到 9 月底。而英国进口商还是要求该中国生产商一定交货。试问：中国的内地生产商是否必须要交货？其应如何解决上述出口合同履行过程中的问题？并从中吸取哪些教训？

第十四章

违约及其法律救济方法

国际货物买卖合同一经成立，买卖双方当事人就要受合同的约束，严格按合同规定的各项交易条件履行自己的义务。然而，在履行合同的复杂环节中，买卖双方很可能由于种种不同的原因，不能履行自己的义务，从而发生争议和纠纷。合同当事人为了维护自己的合法权益，往往要援引法律规定来解释合同，主张权利。而买卖双方地处两个不同国家，其法律制度和具体法律规定，往往差异颇大，在解决时通常要根据具体情况采用或援引不同国家的有关法律规定。为此，本章专就合同一方当事人违约以及另一方当事人可以采取的各种法律上的救济问题，对主要国家的法律规定和《联合国国际货物销售合同公约》的有关规定加以介绍。

第一节　一般原则

一、违约的含义

违约（Breach of Contract）指合同的一方当事人没有履行或没有完全履行其合同规定的义务的行为。例如，在合同成立后，卖方出现不按合同规定的时间和地点交付货物，或交付了不符合合同规定的货物；或者买方不按合同规定的时间支付货款，等等，都属于违约行为。除合同或法律上规定的属于不可抗力原因造成者外，违约方都要承担违约的责任。另一方当事人也就有权依据合同或有关法律规定向违约方提出救济。

二、各国法律对违约的不同规定

为了进一步分析违约的情况和处理违约救济的问题，各国法律对违约都有不同的规定，有的法律对如何构成违约作了规定，有的法律将违约在性质或形式上作了划分，现概述如下：

（一）关于构成违约的条件方面

大陆法在处理买卖合同这类民事责任时，是以过失责任作为一项基本原则。而英美法认为，一切合同都是“担保”，只要债务人不能达到担保的结果，就构成违约，应负责赔偿损失。《联合国国际货物销售合同公约》未明确规定违约必须以当事人有无过失为条件。从《公约》第 25 条看，只要当事人违反合同的行为的结果，使另一方蒙受损害，就构成违约，当事人就应承担违约的责任。

（二）关于违约的形式方面

1. 大陆法的规定

大陆法基本上将违约的形式概括为不履行债务和延迟履行债务两种情况。不履行债务，也称为给付不能，即指债务人由于种种原因，不可能履行其合同义务。延迟履行债务，也称为给付延迟，是指债务人履行期已届满，而且是可能履行的，但债务人没有按期履行其合同义务。违约方是否要承担违约责任，则要看是否有归责于他的过失。如果有过失，违约方才承担违约的责任。

2. 英国法的规定

《英国货物买卖法》将违约的形式划分为违反要件和违反担保两种。违反要件（Breach of Condition）是指合同当事人违反合同中重要的、带有根本性的条款。按英国法，买卖合同中关于履约的时间、货物的品质、数量等条款，都属于合同的要件。违反担保（Breach of Warranty）是指当事人违反合同中次要的、从属于合同的条款。

3. 美国法的规定

美国法现已放弃使用“要件”与“担保”这两个概念来划分违约的情况，即不是用合同条款的性质来划分，而是从违约的性质及其带来的结果来划分违约的情况。美国法把违约划分为轻微的违约和重大的违约两类。

所谓轻微的违约（Minor Breach of Contract）是指债务人在履约中尽管存在一些缺陷，但债权人已经从合同履行中得到该交易的主要利益。例如，履行的时间略有延迟，交付的货物数量和品质与合同略有出入等，都属于轻微的违约之列。当一方轻微违约时，受损方可以要求赔偿损失，但不能拒绝履行合同的义务或解除合同。所谓重大的违约（Material Breach of Contract）是指由于债务人没有履行合同或履行合同有缺陷，致使债权人不能得到该项交易的主要利益。在重大违约情况下，受损的一方可以解除合同，同时还可以要求赔偿全部损失。

4. 《联合国国际货物销售合同公约》的规定

《联合国国际货物销售合同公约》将违约划分为根本性违约和非根本性违约两类。所谓根本性违约（Fundamental Breach of Contract），按《公约》第 25 条的规定为，“一方当事人违反合同的结果，如使另一方当事人蒙受损害，以至于实际上剥夺了他根据合同有权期待得到的东西，即为根本性违反合同，除非违反合同的一方并不预知而且一个同等资格、通情达理的人处于相同情况中也没有理由预知会发生这种结果。”不构成根本性违约的情况，均视为非根本性违约（Non-fundamental Breach of Contract）。由此可见，《公约》规定根本性违约的基本标准是“实际上剥夺了合同对方根据合同有权期待得到的东西”。这种规定，避免了对各种违约情况作出武断的划分，实际上是对违约的性质作了基本的定义。至于怎样才构成根本性违约，只能视具体情况而定。从法律结果看，《公约》认为，构成根本性违约，受害方可解除合同，否则只能请求损害赔偿。

三、违约的救济方法

救济方法（Remedies）是指一个人的合法权利被他人侵害时，法律上给予受损害一方的补偿方法。各国法律均规定，如果合同一方当事人违反合同规定，另一方当事人有权采取相应的救济方法。各国法律对各种救济方法都有较详细的规定，但不尽相同，有的规定比较概括，有的规定比较具体。纵观各国法律，其法律规定的基本救济方法，可概括为实际履行、损害赔偿和解除合同三种。现分别详细介绍如下：

（一）实际履行

实际履行有两重含义：一是指一方当事人未履行合同义务，另一方当事人有权要求他按合同规定完整地履行合同义务，而不能用其他的补偿手段，如以金钱来代替；另一重含义是指一方当事人未履行合同义务，另一方当事人有权向法院提起实际履行之诉，由法院强制违约当事人按照合同规定履行他的义务。各国法律对实际履行作为一种救济方法都有规定，但是差异较大。现分析如下：

（1）大陆法将实际履行作为一种主要的救济方法。按照大陆法的原则，债权人可以请求法院判令债务人实际履行合同，但是，法院只有在债务人履行合同尚属可能时，才能作出实际履行的判决。若出现实际履行不可能的情况，如买卖的特定物已被烧毁，法院就不会作出实际履行的判决。在实践中，当事人提起实际履行之诉的情况并不多见。一般当事人都要求其他的救济方法，如解除合同或请求损害赔偿等。只有当所要求的金钱赔偿不能满足时，债务人才会提起实际履行之诉。

（2）英美法将实际履行作为例外的辅助性的救济方法。英美法认为，强制债务人具体履行某种人身性质的义务，是对“个人自由”原则的过分干预，是违反宪法精神的，故英美法中并未规定这种实际履行的救济方法。但在司法实践中，依据衡平法原则，实际履行只被视为一种例外的救济方法。法院对是否判令实际履行有自由裁量权。

（3）我国《合同法》明确规定实际履行可以作为一种救济方法。该法第 110 条规定：“当事人一方不履行非金钱债务或者履行非金钱债务不符合约定的，对方可以要求履行。”这里指的就是实际履行。只要根据具体情况，采取实际履行的措施是合理的，当事人可以要求实际履行，法院和仲裁院也可作出实际履行的判定。但是，上述实际履行有下列情形之一的除外：“法律上或者事实上不能履行；债务的标的不适于强制履行或者履行费用过高；债权人在合理期限内未要求履行。”

（4）《联合国国际货物销售合同公约》为了调和英美法和大陆法在实际履行问题上

的分歧，并不给予法院依据《公约》作出实际履行判决的权利。《公约》第 28 条作了如下规定："如果按本公约的规定，一方当事人有权要求另一方当事人履行某一义务，法院没有义务作出判决，要求实际履行此项义务，除非法院依照其本身的法律对不属本公约范围的类似销售合同愿意这样做。"按《公约》的上述规定，当事人有权要求对方实际履行合同义务。当事人的这项权利在第 46 条和第 62 条均作出规定。然而，如果当事人诉诸法院，要求法院判决实际履行，法院没有义务按《公约》去判决实际履行，除非法院按法院本地法对另一方当事人判决实际履行。

（二）损害赔偿

损害赔偿（Damages）是指违约方用金钱来补偿另一方由于其违约所遭受到的损失。各国法律均认为损害赔偿是一种比较重要的救济方法。在国际货物买卖中，它是使用最广泛的一种救济方法。但是各国法律对损害赔偿的规定，往往涉及违约一方赔偿责任的成立、赔偿范围和赔偿办法等问题，而且，差异很大。现介绍如下：

1. 损害赔偿责任的成立

合同当事人一方违约，另一方当事人在什么情况下才有权向对方提出损害赔偿的主张，提出损害赔偿的主张有无基本的前提条件？此问题涉及损害赔偿责任的成立。对此，各国法律有着不同的规定：

（1）大陆法认为，损害赔偿责任的成立，必须具备以下三个条件：① 必须要有损害的事实。此条主要基于，如果根本没有发生损害，就不存在赔偿的问题。至于发生损害的事实，则一般须由请求损害赔偿的一方出具证明。② 必须有归责于债务人的原因。这是大陆法承担违约责任的基本原则和前提条件。③ 损害发生的原因与损害之间必须有因果关系，即损害是由于债务人应予负责的原因造成的。

（2）英美法不同于大陆法。根据英美法的解释，只要一方违约就足以构成对方可以提起损害赔偿之诉。至于违约一方有无过失，是否发生实际损害，并不是损害赔偿责任成立的前提。如果守约方没有遭到实际损失，或无法证明，或不能确定损失的基础，他就无权要求实质性的损害赔偿。

（3）《联合国国际货物销售合同公约》认为，损害赔偿是一种主要的救济方法。一方违反合同，只要使另一方蒙受损失时，受害方就有权向对方提出损害赔偿要求，而且要求损害赔偿并不因采取了其他救济方法而丧失。因此，《公约》关于损害赔偿责任的成立是主要考虑到买卖双方的实际利益。

2. 损害赔偿的方法

纵观各国法律，损害赔偿的方法有两种，即恢复原状和金钱赔偿。所谓恢复原状，是指用实物赔偿损失，使恢复到损害发生前的原状，例如，把损坏的物品加以修复，或用同种类货物替换等。所谓金钱赔偿，就是用支付一定金额的货币来弥补对方所遭到的损害。各国法律对各种损害赔偿的方法都予以考虑，但对以哪种方法为主却有不同的规定。

3. 损害赔偿的范围

损害赔偿的范围是指，在发生违约以后，当事人在要求损害赔偿时，其金额应包括哪些方面，按什么原则来确定。对此，具体情况千差万别，但在法律上，对损害赔偿的范围的规定有两种情况：一种是约定的损害赔偿，即由当事人自行约定损害赔偿的金额或计算原则；另一种是法定的损害赔偿，即在当事人没有约定的情况下，由法律予以确定损害赔偿的金额。

（1）约定的损害赔偿。在通常情况下，当事人在订立合同时，就考虑到当事人可能会因故出现违约行为。为了使履约顺利进行，双方当事人在订立合同条款时，就订立违约金条款（Liquidated Damages），事先约定一方违反合同，应向对方支付一定额度的金钱。但在订立违约金时，其金额的多少，直接关系到当事人的利益，有时可能会高出造成的损失额，带有明显的罚款性质。德国法认为违约金具有惩罚的性质。而美国法院要依据案情或事实来断定这一金额是罚金还是约定的损害赔偿金额。我国《合同法》第 114 条规定，违约金具有“赔偿”和“惩罚”的双重性质，违约金的“赔偿”性表现在对损失的补偿上。

（2）法定的损害赔偿。如果当事人在合同中未就有关赔偿范围作出规定，发生违约时，当事人只能依据法律规定来计算或确定损害赔偿的金额。各国法律对损害赔偿的范围都有较明确的规定。

（三）解除合同

解除合同（Rescission）指合同当事人免除或中止履行合同义务的行为。各国法律均认为解除合同是一种法律救济方法。那么合同当事人在对方违约情况下是否可以解除合同呢？各国法律对构成解除合同的条件有着不同的规定，现介绍如下：

（1）大陆法对解除合同的条件规定得比较简单。大陆法认为，只要合同一方当事人不履行其合同义务时，对方就有权解除合同。债务人不履行合同包括：拒绝给付，全部给付不能和部分给付不能，给付迟延，不完全给付。在拒绝给付和给付不能两种情况下，债权人有权立即解除合同。而在给付迟延和不完全给付的情况下，需要先经催告，通知对方履行，在催告的期限内，债务人仍未完全履行时，债权人也可以解除合同。

（2）英国法认为，一方违约构成违反要件，对方才可要求解除合同；如果一方仅仅是违反担保，对方只能请求损害赔偿，而不能要求解除合同。要件是涉及合同本质的那些条款，它既可以是明示的，也可以是默示的。英国法在解除合同的条件上，其规定比大陆法要苛刻。

（3）美国法与英国法的规定有些相似。美国法认为，只有一方违约构成重大违约时，对方才可以要求解除合同。如属轻微的违约，则只能请求损害赔偿，不能要求解除合同。

（4）我国《合同法》第 94 条认为，一方违约，另一方在下列两种情况下才能要求解除合同：① 违约必须导致不能实现合同的目的，即违约必须造成严重的后果，使守约一方期望的目的不能实现。这时，守约方可以解除合同。② 如果一方延迟履行合同，经催告后在合理期限内仍未履行，则守约方可要求解除合同义务。这一条与大陆法中实行的催告制度有相似之处。

（5）《联合国国际货物销售合同公约》认为，合同一方不履行义务构成根本性违约时，另一方有权解除合同。然而，解除合同必须向对方发出通知。如延迟交货或货物存在瑕疵，很难判断是否属于根本性违约，则《公约》还规定，可以规定一段合理的额外时限，让违约方履行义务。如在这一段时间内，违约方仍未履行合同，则守约方可以根据违约情况，宣告合同无效。解除合同并不意味着他就丧失了可以采取其他的救济方法。

总之，由于各国法律体系不同，在违约救济方面的规定差异较大，特别是英美法与大陆法之间更是如此。《联合国国际货物销售合同公约》为了调和两大法系的矛盾，对各项法律原则作了比较具体的规定。

第二节　对卖方违约的救济方法

国际货物买卖合同一经成立，买卖双方都要依照合同规定履行自己的义务。其中，对卖方来讲，他的基本义务概括起来不外乎就是按合同规定的时间交付符合合同规定的货物，交付符合合同规定的各种单据和转移货物的所有权（参阅《公约》第30条的规定）。在实践中，卖方违约的情况经常表现为不交货、延迟交货以及交货与合同规定不相符合等。现分别就卖方违约的主要情形，以及买方依法提出合理的救济方法，加以介绍如下：

一、卖方不交货

交货（Delivery）指卖方将对货物的占有权转移出去，在广义上应包括交运货物或提交单据。不交货（Non-delivery）是指卖方不交运货物或不提交单据。对于卖方不交货，无论是英美法，还是大陆法以及《联合国国际货物销售合同公约》均规定，买方可以采取各种救济方法，包括实际履行、解除合同或请求损害赔偿。

《联合国国际货物销售合同公约》对卖方不交货，买方可以采取的法律救济方法作了比较详细的规定。根据《公约》第三部分第二章第三节的有关规定，买方可以采取如下几种救济方法：

1. 要求实际履行

按《公约》第46条的规定，买方可以要求卖方履行合同的义务，但条件是买方未采取与此相抵触的补救措施。也就是说，买方不得已采取类似解除合同，另行购货等补救方法。值得注意的是，按《公约》的规定，卖方不交货时，买方可以要求对方实际履行，但如果诉诸法院，法院则不能按《公约》的规定判令实际履行，因为《公约》并不赋予法院判令实际履行的权力。

2. 解除合同

按《公约》规定，买方在下列情况下，可以解除合同；第一，如果卖方不交货等于根本性违反合同，买方可以解除合同。第二，如果卖方不交货，买方可以规定一段合理时限的额外时间，让卖方履行其义务，如果卖方声明他将不在所规定的时间内交货，买方可以解除合同，宣告合同无效。

3. 请求损害赔偿

依照《公约》第45条的规定，如果卖方不交货，买方可享有要求损害赔偿的任何权利。对于损害赔偿的范围，在买方宣告合同无效的情况下，可有两种处理方法。如果买方在宣告合同无效后一段时间内，以合理方式购买替代货物，则要求赔偿的买方可以取得合同价格和替代货物交易价格之间的差额，以及任何其他的损害赔偿（参见《公约》第75条）。如果买方宣告合同无效后，买方没有购买替代物，而且货物又有时价，则买方可以取得合同规定的价格和宣告合同无效时的时价之间的差额，以及任何其他的损害赔偿。

二、延迟交货

在国际货物买卖合同中，按时交货是卖方的义务之一，而在实际业务中，卖方不按时交货时常发生，特别是延迟交货是一种较常见的违约形式。延迟交货是指卖方没有严格按合同所规定的时间完成交货义务，而是在合同规定的交货期后一段时间才履行交货义务。延迟交货，虽然看起来卖方已经完成了他的交货义务，只是交货时间往后推迟，但有时如货物价格波动幅度较大时，会给买方带来比较严重的损失。

《联合国国际货物销售合同公约》对延迟交货问题未作太具体的规定，但依据《公约》的有关规定，买方可以行使《公约》允许的各种救济方法，包括解除合同和请求损害赔偿，但条件有所不同，现分别说明如下：

1. 解除合同

按《公约》的规定，卖方不按时交货，但已交付货物之后，买方就不能主张解除合同（参见《公约》第49条第2款的规定）。但是，对于延迟交货，如果卖方违约构成根本性违约，即使卖方已经交货，买方仍有权解除合同。

然而，值得注意的是，按《公约》的规定，对于延迟交货，买方要解除合同，他必须在知道或理应知道卖方已交货后的一段合理时间内这样做。否则将失去宣告合同无效的权利（参阅《公约》第49条的有关规定）。《公约》对合理时间无确切的说明，因此，在实际业务中，如遇此情况，最好根据具体情况，尽快行使。

2. 请求损害赔偿

卖方交货属于未按合同规定履行合同义务。按《公约》的有关规定，买方可要求卖方赔偿由于延迟交货而带来的损失。即使买方已经按《公约》规定解除了合同，他仍然有权提出赔偿损失的要求。

三、卖方所交货物与合同规定不符

所交货物与合同不符是指卖方虽然交付了货物，但其所交货物在品质、数量或包装等方面有与合同不相符合的地方。所交货物与合同不符的情况，在实际业务中比较常见。

《联合国国际货物销售合同公约》对卖方交货不符合合同的情况作了比较详细的规定。按《公约》的规定，买方可以行使多种救济手段。但值得注意的是，《公约》要求买方在采取各种救济方法之前，有义务通知对方，否则他将无权行使《公约》所规定的各种救济方法。《公约》第39条第2款还规定，“无论如何，如果买方不在实际收到货物之日起两年内将货物不符合同情形通知卖方，他就丧失声称货物不符合同的权利，除非这一时限与合同规定的保证期限不符。”

按《公约》规定卖方所交货物与合同不符，买方可采取如下救济方法：

1. 要求卖方交付替代货物

这项要求必须受两个条件的约束：一是此权利只有在卖方交货不符合同构成根本性违约时，才可行使；二是买方要求卖方交付替代货物，必须事先通知卖方，但可以在发出声称货物不符通知时提出，也可以在发出不符通知后一段合理时间内提出。

2. 要求卖方对不符合同的货物进行修补

如果买方认为，对货物的修补不会给他带来不合理的不便，而且经过修补可以达到规定货物的使用价值，则买方可以采取这种救济方法。值得注意的是，《公约》还规定了买方要求修补的通知，必须在声称货物不符时或在发出不符通知后一段合理时间内作出。

3. 要求降低货价

降价的幅度应按实际交付的货物在交货时的价值与符合合同的货物在当时的价值两者之间的比例计算。值得注意的是，如果卖方在交货日期前后，曾对交货不符合同进行了修补，或买方拒绝卖方对不符货物进行修补，买方就不能再采取降低货价的救济方法，而只能请求损害赔偿。

4. 解除合同

《公约》规定，只有在下列两种情况下，买方才能主张解除合同：(1) 卖方所交货物不符合合同构成根本性违约，买方可以立即宣告合同无效。(2) 如果卖方所交货物不符合合同规定未构成根本性违约，则买方应给予卖方对不符货物进行补救的机会，即规定一段合理的额外时间，让卖方对不符之处进行补救。如卖方未能在规定的合理时间内交付与合同相符的货物；或卖方未能在规定的时间内对不符合同之处的货物进行修理，或卖方声明他将不在这段时间内采取任何补救措施，那么买方才可宣告合同无效。

5. 请求损害赔偿

按《公约》规定，买方不因行使了其他的救济方法而丧失请求赔偿的权利。请求损害赔偿的范围包括：如果卖方交付替代货物或修理货物，则损害赔偿金额应包括交付替代货物或修理货物带来的不合理开支等。如宣告解除合同，则损害赔偿的金额，应包括合同规定的价格与宣告解除合同时的时价的差额以及其他的损害赔偿。如买方接受了不符的货物，则损害赔偿应包括符合合同规定货物的时价与接受货物时的时价之间的差额以及其他的损害赔偿。

第三节　对买方违约的救济方法

在国际货物买卖合同中，买方的基本义务是，按合同规定受领货物和支付货款。而买方违约不履行合同义务，往往表现在不按合同规定履行上述两项基本的义务。对此，《联合国国际货物销售合同公约》规定卖方可以行使用下列各种救济方法：

一、请求买方履行合同义务

按《公约》第62条的规定，如买方违约，卖方可以要求买方履行合同义务，包括支付价款，收取货物或履行他的其他义务（如检验货物以便卖方及时交货等）。但值得注意的是，这项救济方法要受两个条件的约束：一是卖方尚未采取与实际履行相抵触的补救方法，二是此项实际履行的要求，仅限于当事人之间，法院无义务按《公约》的规定判令买方实际履行合同义务（参阅《公约》第28条的规定）。

二、规定一段额外的合理时间让买方履行其义务

按《公约》第63条的规定，如果买方违约，卖方可以规定一段额外的合理时间让买方履行其合同义务，卖方在这段时间内不得再采取其他的救济方法，但卖方并不因此而丧失可能享有的其他权利（如解除合同或请求损害赔偿等）。

三、解除合同

按照《公约》第64条规定，当买方违约时，卖方可以解除合同，但有一些限制条件。只有在下述两种情况下，卖方才可宣告解除合同：

（1）买方不履行合同义务构成《公约》第25条所规定的根本性违约时，卖方可解除合同。

（2）如买方违约不构成根本性违约，则卖方应依据上述有关原则给买方规定一段额外的合理时间，让买方履行合同义务，如买方不在这段时间内履行其义务，或买方声称他将不在所规定的时间内履行其义务，则卖方可宣告解除合同。

解除合同的卖方，仍可根据《公约》的有关规定行使其他的救济方法。

四、请求损害赔偿

如买方违约不支付货款或不受领货物，按《公约》的有关规定，卖方可以要求损害赔偿。其损害赔偿的金额，应相当于他由于买方违约所造成的包括利润在内的损失。这种损害赔偿，不得超过违反合同一方在订立合同时，依照他当时已知或理应知道的事实和情况，对违反合同预料到的可能损失，具体地说，有下列几种情况：

（1）如卖方已以合理方式将货物转售，则请求损害赔偿金额为合同价格和转售价格之间的差额，加上买方违约而造成的其他损失额。

（2）如卖方没有转售货物，则损害赔偿金额为合同价格与解除合同时交货地点的现行市价之间的差额，再加上因买方违约而造成的其他损失额。

（3）如买方延迟支付货款，则卖方可以要求赔偿利息损失。

本章小结

本章针对进出口商可能出现的违约情况，从法律角度介绍了相关的法律原则及处理方法。这些处理方法，主要包括实际履行、损害赔偿、解除合同等。其中

侧重阐述了《联合国国际货物销售合同公约》规定的各种违约及其处理的规定。此外，还分别论述了卖方和买方违约及其救济方法。

思考题

1. 什么是违约？从法律角度看，违约的形式都有哪些？

2. 《联合国国际货物销售合同公约》对违约是如何规定的？

3. 什么是约定的损害赔偿？在国际货物买卖合同中规定违约金条款应注意什么问题？

4. 根据我国《合同法》的规定，在什么条件下，可以采取解除合同的救济方法？

5. 如果卖方不交货，买方根据《联合国国际货物销售合同公约》的规定，可以采取哪些救济方法？

6. 如果卖方所交货物与合同不符，买方根据《联合国国际货物销售合同公约》的规定可以采取哪些救济方法？

案例分析题

买卖双方于2018年按FOB条件签订了一份购买油籽的合同，合同规定“2018年3月份内装船”，“如果买方在合同规定的期限内不能派船接运货物，卖方同意保留28天，但是买方需负担按现行费率计算的仓租，以及相应的利息与保险费”。事后，买方在3月份内未能派船接运货物。卖方发出警告，如果4月28日前仍不能派船接运货物，卖方将撤销合同并保留索赔权。结果买方所派的船只直到5月5日才到达，于是卖方拒绝交货，并提出损害赔偿。试分析，卖方可否拒绝交货？卖方是否有权向买方提出索赔？如卖方有权索赔，索赔应该包括哪些项目？

第四篇　国际贸易方式

国际贸易方式是指国际商品流通所采取的形式和具体做法。由于国际交易的商品种类繁多、千差万别，加之各国和各地区交易的习惯做法各不相同，故贸易方式也多种多样。本篇所介绍的是指与通常使用的逐笔售定的单边进口或单边出口有别的各种贸易方式，诸如经销、代理、寄售、展卖、招标与投标、拍卖、期货交易、对销贸易和加工贸易。

第十五章

独家经销与独家代理

出口企业将自己的产品打入国外市场后，往往在当地寻找合适的经销商或代理商，利用他们的销售渠道、推销策略或提供的其他中介服务来达到在当地站稳脚跟并进一步扩大市场份额的目的。独家经销和独家代理正是为达到这一目的所采取的具体做法。但两者之间在性质上是有区别的，也因此导致了当事人的权利和义务上的差异。

第一节 独家经销

一、经销的含义及做法

国际贸易中的经销（Distribution）是指进口商（即经销商Distributor）根据他与国外出口商（即供货商Supplier）达成的协议，在规定的期限和地域内购销指定商品的一种做法。按照经销商权限的不同，经销方式分为两种：一种是独家经销（Sole Distribution），也称包销（Exclusive Sales），它是指经销商在协议规定的期限和地域内，对指定的商品享有独家专营权的经销方式。另一种是一般经销，也称定销。在这种方式下，经销商不享有独家专营权，供货商可在同一时间、同一地区内，委派几家商号来经销同类商品。

二、独家经销业务中当事人之间的关系

独家经销业务中的两个当事人，供货人和包销人之间是一种买卖关系，即供货人是卖方，包销人是买方。双方通过订立独家经销协议确立对等的权利和义务。从法律上讲，供货人和

包销人之间是货主对货主（Principal to Principal）的关系。在这种关系下，供货人按照协议规定向包销人供应指定的商品，包销人是以自己的名义买进商品，自行销售，自负盈亏，承担货价涨落及库存积压的风险。包销人在协议规定的区域内转售这些商品时，也是以自己的名义进行。接受转售商品的当地客户与外国供货人之间不存在合同关系。

三、独家经销协议的主要内容

独家经销协议是供货人和包销人之间订立的确立双方法律关系的契约。独家经销协议的内容可繁可简，这要由订约双方根据商品的特点、销售地区的情况以及双方当事人的意图加以确定。在实际业务中，许多独家经销协议只原则地规定双方当事人的权利义务和一般交易条件，以后每批货的交付要依据经销协议订立具体买卖合同，明确价格、数量、交货期甚至支付方式等具体交易条件。

通常，独家经销协议主要包括以下内容：

（一）包销商品的范围

在独家经销方式下，包销人经销的商品可以是供货人经营的全部商品，也可以是其中的一部分，这要根据包销人的经营能力、资信情况等来合理确定。在协议中要明确规定商品的范围，以及同一类商品的不同牌号和规格，以便于执行。

（二）独家经销的区域

经销区域也就是包销人行使独家经营权的地理范围。经销的区域可大可小，确定经销区域时要考虑包销人的经营能力、经销网点的大小以及商品的性质等因素。对于经销区域的规定并非一成不变，它可以根据业务发展的具体情况，由双方协商加以调整。在独家经销协议中，规定了包销区域之后，供货人即要承担义务，在该区域内不再指定其他经销商经营同类商品，以维护包销人的专营权。

（三）包销数量或金额

在独家经销协议中通常都要规定包销人在一定期限内负责推销商品的数量或金额。这一规定具有双重意义，它既规定了包销人应承购的数额，也规定了供货人应保证供应的数额，对协议双方有同等的约束力。包销数额一般采用规定最低承购额的做法，确定实际承购数额有各种不同的做法，一般以实际装运数为准。

（四）作价方法

包销的商品可以在规定的期限内一次作价，结算时以协议规定的固定价格为准。但这种做法对交易双方都有一定的风险，所以，大多数包销协议是采用分批作价的方法，即在协议中只规定价格问题由双方签订具体合同或成交确认书时予以确定，也可以规定，价格由双方随时或定期（如按季度）根据市场情况加以商定。

（五）包销商的其他义务

这主要包括：做好广告宣传、市场调研和维护供货人权益等。在通常的独家经销协议中，往往规定，包销人有义务为其所经营的商品做广告宣传工作，以促进销售。在协议中还可以规定包销人承担市场调研的义务，这主要是指收集和通报当地市场的情况，供出口人在制定销售策略和改进产品质量时参考。有的独家经销协议中还规定，在包销区域内如果发生侵犯供货人知识产权的问题，包销人要及时向供货人通报，并配合供货人采取必要的行动，维护其合法权益。

（六）协议期限和终止条款

在这一条款中，首先要规定协议的生效时间，一般采用签字生效的做法。协议期限可规定为一年或若干年。本条款中还往往要规定延期条款，其做法可以是经双方协商后延期，也可以规定在协议到期前若干天如没有提出终止的通知，则可以继续延长一期。

除了协议期限届满可以终止外，如遇到下列情况之一，也可以终止协议：

（1）任何一方有实质性的违约行为，并在接到另一方的要求纠正该违约行为的书面通知后的一段时间内，未能加以纠正。

（2）任何一方发生破产清理或公司改组等严重事项，另一方提出终止协议的书面通知。

（3）由于发生了人力不可抗拒的意外事故，造成协议落空，而且遭受事故的一方在一定的期限之后仍无法履行协议规定的义务，另一方发出终止协议的书面通知。

除上述主要内容外，还应规定不可抗力及仲裁条款等一般交易条件，其规定方法与一般买卖合同大致相同。

四、采用独家经销方式时应注意的问题

对于出口商来讲，采用独家经销方式是稳固市场、扩大销售的有效途径之一。这主要是因为，在独家经销方式下，出口商通常要在价格、支付条件等方面给予包销商一定的优惠，这有利于调动包销商的积极性，利用其经销渠道为推销出口商品服务。由于包销商在经销区域内对指定的商品享有独家专营权，这在一定程度上可避免或减少因自相竞争而造成的损失。当然，这只是成功的经验。在实际业务中，我们也有过失败的教训。根据以往的经验，为了扩大出口而采用独家经销方式时，应注意以下问题：

（一）慎重选择包销商

经验证明，如果包销商选择得当，他可以利用自己熟悉所在国或地区的消费习惯，以及政府条令、法规等方面的便利，及时为供货商提供必要的信息，如市场供需情况、消费者对产品的反映等，以帮助其改进产品，做到适销对路，并且减少不必要的法律纠纷。然而，如果包销商选择不当，其经营能力较弱，或者信誉不佳，则会使供货人陷入困境。有些包销商在市场情况不利时，拒绝完成包销协议中规定的承购数额，或“包而不销”，结果不仅不能使供货商通过包销方式达到扩大出口销售的目的，反而减少了出口销量，又失掉了其他客户。也有的包销商凭借自己多年来独家专营所形成的特殊地位，反过来制约供货商，如在价格以及其他条件上与其讨价还价，为自己谋取好处，却损伤了对方的利益。为了防止这类情况的发生，出口商在选择包销商时，必须认真进行资信调研，以防后患。

（二）订好独家经销协议

独家经销协议是确定供货人和包销人之间的权利和义务的法律文件，协议规定的好坏，直接关系到业务的成败。在协议中应合理确定包销的商品种类，因为并非所有的商品都适合采用包销方式。一些市场潜力较大，出口方货源又有限的畅销商品就不宜采用包销方式，以免捆住手脚。对于包销商品的数量或金额，也应根据实际情况合理规定，不要过高或过低。过高，完不成定额，会产生纠纷；过低，则达不到扩大出口的目的。另外，还应妥善地规定包销的区域和期限。一开始，区域不宜过大，期限不宜过长。以后随着双方合作的发展情况再逐步调整。关于其他条款，均可根据双方的共同意愿，作出合理明确的规定。

第二节 独家代理

一、代理的概念

代理（Agency）的一般概念是，代理人（Agent）按照本人（Principal）的授权，代表本人与第三人订立合同或从事其他法律行为，而由本人直接负责由此所产生的权利与义务。我国《民法通则》第 63 条规定："代理人在代理权限内，以被代理人的名义实施民事法律行为，被代理人对代理人的代理行为承担民事责任"。

国际贸易中的代理是以委托人为一方，接受委托的代理人为另一方达成协议，规定代理人在约定的时间和地区内，以委托人的名义与资金从事业务活动，并由委托人直接负责由此而产生的后果。

二、代理的类型

（一）代理按照行业性质的不同划分

（1）销售代理。它是代理方式中常见的一种，指的是代表出口商或制造商为其商品在国际市场上的销售提供服务的代理人。

（2）购货代理。购货代理又称采购代理，即代理人受进口人的委托，为其在国际市场上采购商品提供服务。

（3）货运代理。一般是以货主的受托人身份为货主办理有关货物的报关、交接、仓储、调拨、检验、包装、转运、订舱等项业务。

（4）船方代理。船方代理是指承运人的代理人，包括外轮代理，为承运人承揽货载提供服务。

（5）保险代理。这通常是指保险人的代理，代表保险人和被保险人打交道。还有一种代理称作保险经纪人（Broker），他是作为被保险人的代理，为其办理投保手续服务。

此外，还有广告代理、诉讼代理、仲裁代理、商标代理、专利代理等。

（二）国际货物买卖中的代理按委托人授权范围的不同划分

（1）总代理。总代理（General Agent）是委托人在指定地区的全权代表，他有权代表委托人从事一般商务活动和某些非商务性的事务。

（2）一般代理。一般代理（Agent）又称佣金代理（Commission Agent），指不享有独家经营权的代理。因此，在同一地区和期限内委托人可同时委派几个代理人代表委托人行为。

（3）独家代理。独家代理（Sole Agent or Exclusive Agent）是在指定地区和期限内单独代表委托人行为，从事代理协议中规定的有关业务的代理人。委托人在该地区内，不得再委托其他代理人。这种进出口业务中常见的独家销售代理是本节介绍的重点。

三、独家代理的特点

在国际货物买卖中的独家代理是享有独家专营权的代理，代理商和进出口企业之间不是买卖关系，而是委托和被委托的关系。在代理商和进出口企业之间，没有货物所有权的转移，代理商不承担经营风险，也不负担盈亏。

在代理业务中，代理商只是代表委托人招揽客户、接受订单、签订合同、代为处理委托人的货物、收受货款等，并从中收取协议规定的佣金，即代理商承担积极推销货物的义务和享有收取佣金的权利。

四、独家代理协议的主要内容

代理协议也称代理合同，它是用以明确委托人和代理人之间权利与义务的法律文件。协议内容由双方当事人按照契约自由的原则，根据双方的合意加以规定。国际贸易中的代理种类繁多，代理协议的形式和内容也各不相同。业务中常见的独家销售代理协议主要包括以下内容：

（一）代理的商品和区域

协议要明确规定代理商品的品名、规格以及代理权行使的地理范围。其规定方法与包销协议大体相同。

（二）代理人的权利与义务

这是代理协议的核心部分。一般应包括下述内容：

（1）明确代理人的权利范围，是否有权代表委托人订立合同，或从事其他事务，以及明确其所享有的专营权。

（2）规定代理人在一定时期内应推销商品的最低销售额，并说明核定方法，以及完不成定额的处理办法。

（3）代理人应在代理权行使的范围内，保护委托人的合法权益。代理人在协议有效期内无权代理与委托人商品相竞争的商品，也无权代表协议地区内的其他相竞争的公司。对于在代理区域内发生的侵犯委托人的知识产权等不法行为，代理人有义务通知委托人，以便采取必要措施。另外，代理人还负有保守商业秘密的责任。

（4）代理人应承担市场调研和广告宣传的义务。在独家代理协议中，往往规定代理人应定期或不定期地向委托人汇报有关代理区域的市场情况，对代理的商品进行广告宣传，并确定广告的内容及其形式。

（三）委托人的权利与义务

委托人的权利主要体现在对客户的订单有权接受，也有权拒绝，对于拒绝订单的理由，可以不作解释，代理人也不能要求佣金。对于代理人在授权范围按委托人规定的条件与客户订立的合同，委托人应保证执行。但应注意，在国际贸易中不应轻易授予海外商人缔约权，这是因为不同国家的人在商业习惯和价值观念上存在差异，一般来说，让外国的代理商代表本人签约是危险的。但有时为了扩大国外的生意，迅速抓住商机，也可授予外商缔约权。在这种情况下，为了降低风险，首先需要做好资信调查，另外，还可事先替代理商预备好委托缔约的买卖合同格式，设定代理缔结买卖合同金额的上限，了解代理商的日常经营活动，等等。

委托人有义务维护代理人的合法权益，保证按协议规定的条件向代理人支付佣金。在独家代理的情况下，委托人要尽力维护代理人的专营权。如由于委托人的责任给代理人造成损失，委托人应予以补偿。

（四）佣金的支付

佣金是代理人为委托人提供服务所获得的报酬。代理协议要规定在什么情况下代理人可以获得佣金。在独家代理的协议中，常常规定如委托人直接与代理区域内的客户签订买卖合同，代理人仍可获取佣金。协议中还要规定佣金率、佣金的计算基础、佣金的支付时间和方法等内容。

（五）商标保护、广告宣传和市场报道

代理商同包销商一样，按协议规定，有义务对推销货物的商标予以保护，并进行广告宣传和市场销售情况的报道。但对上述所支付的费用，有的规定由委托人支付；还有的规定由委托人与代理商共同分担。

除上述基本内容外，还可在协议中规定不可抗力条款、仲裁条款以及协议的期限和终止办法等条款。这些条款的规定办法与包销协议的做法大致相同。

五、独家代理的优点

在出口业务中，使用独家代理的优越性主要表现在以下几个方面：

（1）代理商不负担经营亏损的风险，但享有专营权利，多推销货物即可多得佣金，因此，有利于调动代理商经营委托方货物的积极性。

（2）在代理业务中，代理商一般只负责介绍业务关系，收取订单，由委托方与买方直接谈判和签订合同。因此，委托方掌握货物成交价格、数量和其他交易条件，因而委托方比较主动，代理商一般不至于控制市场。

（3）独家代理经营比较集中，容易发挥委托方货物集中推销的作用。

本章小结

综上所述，在出口业务中，独家销售代理与独家经销方式有相似之处，但从当事人之间的法律和风险的承担方面来看，两者却有根本的区别。实践证明，这两种方法采用得当的话，都可以达到扩大出口的目的。前提是对客户选择必须得当，另外，还要科学合理地订立相关的法律契约。

思考题

1. 什么是独家经销？它与一般的出口销售方式有何不同？
2. 在独家经销协议中规定包销金额的意义何在？应如何规定？
3. 在独家经销协议中通常是如何规定作价方法的？其意义何在？
4. 国际贸易中代理业务存在的意义是什么？
5. 请比较出口销售业务中的独家经销和独家代理的区别。

案例分析题

2018 年 10 月，A 与 B 签订了某种工艺品的经销合同。合同规定：B 一年以内向 A 订购该产品 3 万件，总值 USD 450 万，A 根据订单分批交货，合同期限为一年，装运口岸为我国香港，目的口岸为我沿海某城市。支付条件是货到目的地验收后，30 天内付款。收货人为 C。签约后，A 根据订单发运了第一批货 1 万件，价值 150 万美元，货到目的地数月后仍未收到货款。A 要求 B 付清货款或退回货物，但 B 一直未答复，后提交仲裁。仲裁庭审理过程中，B 称，他只是代理 C 购进货物并由 C 销售，B 与 C 之间有代理协议。而且 A、B、C 三方之间曾口头商定，由 C 收到货后支付人民币给 B，B 再换成美元付给 A。后来由于该工艺品销路不好，C 未向 B 支付人民币，B 也无法向 A 支付美元。

请分析 A、B、C 三者之间的法律关系，并判定 B 是否有违约行为。

第十六章

寄售与展卖

当事人在交易现场看货买卖的情况，在国内商品交易中是十分普遍的，但在国际贸易中，却比较少见。本章中介绍的寄售和展卖业务，就是在国际贸易中为交易者提供的现场现货、按质论价的交易方式。

第一节 寄　售

一、寄售的概念及其性质

寄售（Consignment）是一种委托代售的贸易方式，其一般做法是，寄售人（Consignor）先将准备销售的货物运往国外寄售地，委托当地代销人（Consignee）按照寄售协议规定的条件代为销售后，再由代销人向货主结算货款。世界上许多国家和地区在推销手工艺品、轻纺产品、土特产品、易腐商品以及小型机械设备等时都会采用这种交易方式。

寄售是按双方签订的协议进行的，寄售人和代销人之间不是买卖关系，而是委托与受托关系。寄售协议属于行纪合同（或信托合同）性质。按照我国合同法的解释，行纪合同是指行纪人接受委托人的委托，以自己的名义，为委托人从事贸易活动，委托人支付报酬的合同。在寄售业务中的代销人属于行纪人，他也是一个赚取佣金的受托人，其权利义务与代理人相似，但又有区别。最主要的区别是代理人在从事授权范围内的事务时，可以用委托人的名义，也可以用自己的名义，但代销人只能用自己的名义处理寄售合同中规定的事务，而且受托人同第三方从事的法律行为不能直接对委托人发生效力。由此可见，寄售既不同于包销，又与一般的代理业务有区别。

二、寄售协议的主要内容

寄售协议是寄售人和代销人之间就双方的权利义务以及寄售业务中的有关问题签订的法律文件。寄售协议中一般应包括下列内容：协议性质、寄售地区、寄售期限、寄售商品名称、规格、数量、运输、保险、商品检验、作价办法、佣金的支付、货款的收付，以及对未售出货物的处理办法等。在签订寄售协议时，要特别注意的几个条款是：

（一）寄售商品的作价方法

在寄售协议中规定寄售商品的作价方法时，归纳起来，大致有四种不同做法：

1. 规定最低限价

代销人在不低于最低限价的前提下，可以任意出售货物，否则，必须事先征得寄售人同意。

2. 随行就市

代销人可在不低于当地市价的情况下出售寄售货物，寄售人不作限价。这种做法，代销人有较大的自主权。

3. 销售前征得寄售人同意

代销人在得到买主的递价后，立即征求寄售人意见，确认同意后，才能出售货物。也有的是规定一定时期的销售价格，由代销人据以对外成交。

4. 规定结算价格

货物售出后，双方依据协议中规定的价格进行结算。对于代销人实际出售货物的价格，寄售人不予干涉。这种做法，代销人须承担一定的风险。

（二）佣金的支付

佣金是寄售人付给代销人作为其提供服务的报酬。除了采用结算价格方式以外，寄售人都应支付给代销人一定数量的佣金。佣金结算的基础一般是发票净售价，通常解释为用毛售价减有关费用（如已包括在售价之内），如销售税、货物税、增值税、关税、包装费、保险费、仓储费、商业和数量折扣、退货的货款和延期付款的利息等。

关于佣金的支付时间和方法，做法各异。代销人可在货物售出后从所得货款中直接扣除代垫费用和应得佣金，再将余款汇给寄售人，也可先由寄售人收取全部货款，再按协议规定计算出佣金汇给代销人。佣金多以汇付方式支付，也有的采用托收方式收取。

（三）货款的收付

寄售方式下，货款多数是在货物售出后收回。寄售人和代销人之间通常采用记账的方法，定期或不定期地结算，由代销人将货款汇给寄售人，或者由寄售人用托收方式向代销人收款。为了保证收汇安全，有的当事人在协议中加订“保证收取货款条款”，或者在协议之外另订“保证收取货款协议”，由代销人提供一定的担保。

（四）剩余商品的处理办法

由于寄售属于委托代售方式，寄售商品在未售出之前所有权归寄售人，所以，在寄售协议中通常都用明确的文字规定，在寄售期结束后，对未售出的剩余商品，代销人可以退给寄售人。当然，双方也可以作出其他约定，如有的规定剩余商品可作价卖给代销人，或者规定剩余商品自动转入下一个寄售期继续销售。

三、寄售方式的特点及利弊

（一）寄售业务的特点

寄售与正常的出口销售相比，具有以下特点：

（1）寄售人先将货物运至目的地市场（寄售地），然后经代销人在寄售地向当地买主销售。因此，它不同于售定方式那样在货物发运前已有买主，是典型的凭实物进行买卖的现货交易。

（2）寄售人与代销人之间是委托代售关系，而非买卖关系。代销人只根据寄售人的指示处置货物。货物的所有权在寄售地出售之前仍属寄售人。万一代销人破产，寄售人仍可收回寄售商品。

（3）寄售货物在售出之前，包括运输途中和到达寄售地后的一切费用和风险如运费、保险费、储存费、税收以及其他杂项费用，除非代销人失责或违反寄售协议规定，否则均由寄售人承担。

（4）寄售货物装运出口后，在到达寄售地前也可使用出售路货的办法，先行销售，即当货物尚在运输途中，如有条件即成交出售，出售不成则仍运至原定目的地。

（5）代销人在货主授权范围内，可以用自己的名义与当地客户直接签订买卖合同。如代销人与当地客户发生贸易纠纷，代销人可以是直接的申诉人或被诉人。

（6）代销人在寄售人不执行寄售协议时，可以对寄售人的货物行使留置权，或将货物作为担保或抵押品。同时，代销人只负责货物的销售，如超过一定期限货物未能售出，有权将货物退回寄售人。

（二）寄售方式的优缺点

1. 寄售方式对于寄售人、代销人和买方都有其明显的优点

（1）对寄售人来说，寄售有利于开拓市场和扩大销路。通过寄售可以与实际用户建立关系，扩大贸易渠道，便于了解和适应当地市场需要，不断改进品质和包装。另外，寄售人还可根据市场供求情况，掌握有利的推销时机。

（2）代销人在寄售方式中不需垫付大量资金，也不承担商业风险，只需提供销售服务，就可获取佣金，因此，寄售方式有利于调动那些有推销能力、经营作风好，但资金不足的客户的积极性。

（3）寄售通常都是凭实物进行的现货买卖，买主可在交易现场按质论价，看货成交，付款后即可提货，大大节省了交易时间，减少了风险和费用，为买主提供了便利。

2. 采用寄售方式出口时，对于寄售人来讲存在的缺点主要有：

（1）承担的贸易风险大

寄售人要承担货物售出前的一切风险，包括运输途中和到达目的地后的货物损坏和灭失的风险，货物价格下跌和不能售出的风险，以及代销人资信不佳而导致的损失。

（2）资金周转期长、收汇不很安全

寄售方式下，货物售出前的一切费用开支均由寄售人负担，而货款要等货物售出后才能收回，不利于其资金周转。此外，一旦代销人违反协议，也会给寄售人带来意料不到的损失。

第二节 展　　卖

一、展卖的含义及做法

展卖（Fairs and Sales）是利用展览会、博览会、展销会、交易会及其他会展形式，对商品实行展销结合，以展促销的一种贸易方式。

展卖可以采取各种不同的方式，我国企业可以到海外参展，利用国外举办的各种展卖会，来推销商品。还可以参加国内举办的展卖会，与各国同行同台竞争，一比高下。改革开放以来，会展业在我国得到蓬勃发展，成为一项前景广阔的新兴产业。

广义的会展业除上述以展促销为目的的经济活动外，还包括为实现政治、外交和科技文化交流为目的的非商业性展览。但本书所讲的展卖仅限于会展业中主要以商品交换为中心的经济活动。

到海外参展时，从展卖商品的所有方和客户的关系来看，展卖的做法主要有两种：一种是将货物通过签约方式卖断给国外客户，由客户在国外举办或参加展览会。另一种方式是由双方合作，展卖时货物所有权不变，展品出售的价格由货主决定。国外客户承担运输、保险、劳务及其他费用，货物出售后收取一定手续费作为补偿。展出结束后，未售出的货物可以折价卖给合作的客户，或运往其他地方进行另一次展卖。

除此之外，还可以将寄售和展卖方式结合起来进行。即在寄售协议中规定，代销人将寄售的商品在当地展卖。至于展卖的有关事项，可在该协议中同时规定，也可另签协议作出规定。

无论是哪一种做法，展卖作为一种商品推销方式，其基本特点可概括为：把商品的展览和推销有机地结合起来，边展边销，以销为主。展卖这种方式的优点主要表现在以下方面：

（1）有利于宣传出口商品，扩大影响，招揽潜在买主，促进交易。

（2）有利于建立和发展客户关系，扩大销售地区和范围。通过项目展示，引进资本。

（3）有利于开展市场调研，听取消费者的意见，改进产品质量，增强出口竞争力。

近年来，随着现代科学技术的发展，又出现了虚拟展览会，也称网上展览会、在线展览会。它是指将产品以信息的方式在网上展示或交易。这种做法可以突破时间和空间的限制，将传统会展业务向线上延伸，通过线上线下的互动，让供应商和需求方能够更快速地相互了解，使得贸易效率提高，交易机会相应增加。另外，许多展会的举办者在进行实物展览的同时，也开设了网上展示，二者并举。但是，我们应该清楚地认识到，实物展示有其独特的优势，所以虚拟展会只能起到辅助和补充作用，而不可能完全取代传统的展卖会。

二、我国开展的展卖方式

我国从20世纪50年代就开始在广州举办中国出口商品交易会，以后又陆续开展了各种类型的交易会、展览会、小交会，并多次参加国外举办的博览会。随着改革开放的深入进行，展卖业务在我国也得到更为广泛地运用，极大地促进了我国的对外交往和经济贸易的发展。

（一）参与国际展卖会

国际展卖会或博览会（International Fair）也称国际集市，是指在一定地点定期举办的，由一国或多国联合组办，邀请各国商人参加交易的贸易形式。

根据史料记载，最早的国际展卖会主要出现在欧美国家，如1851年在英国伦敦举办的“万国工业展览会”参展国有18个，展示的商品摊位有4 000多个，长达10多公里，在国际上产生了巨大影响。另外，欧洲的莱比锡、法兰克福、米兰、巴黎、阿姆斯特丹、维也纳以及美国的波士顿和芝加哥等都是举办大型国际展卖会的城市。第二次世界大战后，许多亚非拉地区的发展中国家也相继开展了国际展卖业务，如埃及、叙利亚、智利、印度、新加坡、韩国、南非等国家都是举办展卖会较多的国家。

国际展卖会这一方式不仅为买卖双方交易提供了便利，而且越来越多地作为产品介绍和广告宣传以打开销路，以及作为介绍新产品、新工艺和进行技术交流的重要方式。参加展卖会的商人除进行现场交易外，还可通过这一机会同世界各国建立更广泛的商业关系。

国际展卖会可分为综合性和专业性两种类型。各种商品均可参加展出和交易的展卖会属于综合性展卖会，又称“水平型展卖会”，比较著名的有智利的圣地亚哥和叙利亚的大马士革的国际博览会，其展出期限长、展出规模大，而且对普通公众开放，当地人习称为庙会；凡只限某类专业性商品参加展览和交易的展卖会属于专业性的展卖会，又称“垂直型展卖会”，如比较著名的科隆世界食品博览会、慕尼黑的国际建筑机械博览会，法兰克福的消费品博览会，巴黎国际车展和东京汽车展等，它们都是专业性很强的国际展卖会。

中国曾多次参加各国举办的国际博览会。1951年3月，我国首次参加了莱比锡春季博览会，这是新中国出国参展的开始。1952年5月，中国国际贸易促进委员会成立，简称贸促会。这是一个半官方的机构，由国内经济贸易界有代表性的人士、企业和团体组成。除在北京设立总会外，全国各地还设立了数百家分会。贸促会的建立对于发展我国与世界各国的经济贸易关系，组织企业出国参展和联系国外企业来华办展都发挥了巨大作用。

（二）国内举办展卖会

我国于1957年春举办了首届中国出口商品交易会（China Export Commodities Fair），又简称广交会（Guang Zhou Trade Fair），是中国各进出口公司联合举办的，邀请国外客户参加的一种集展览与交易相结合的商品展销会。广交会每年春、秋两季各举办一次。2006 年秋，中国迎来了第 100 届广交会。半个多世纪以来，中国利用广交会定期邀请国外客户来华集中谈判成交，根据“平等互利、互通有无”的对外贸易原则，以出口为主，进出结合，有买有卖，形式多样，极大地促进了中国的对外贸易发展，加强了中国同世界各国的经济联系。根据形势的发展，中国政府在 2007 年将中国出口商品交易会更名为中国进出口商品交易会。

中国进出口商品交易会的作用主要表现在以下几方面：

（1）来会的各国客商和友好团体众多，为集中成交创造了有利条件。

（2）加强了与各国客户的广泛联系，便于了解国外市场动态，开展行情调研，熟悉客户的资信和作风。

（3）有利于生产和其他有关部门直接听取客户对产品的要求和反馈意见。

（4）因交易会采取当面洽商、看样成交的方式，有利于及时发现与解决问题。

除了广交会外，我国各地和各口岸还定期开展了各种类型的会展业务，例如展销会、博览会、投资贸易洽谈会、高新技术成果交易会等，均产生了巨大的社会影响和经济效益。

另外，在某些商品的产地或出口口岸等地，还举办一些专业性的小型交易会（Mini-fair），简称“小交会”，如地毯交易会、工艺品交易会、服装交易会、茶叶展销会、小商品博览会等。小交会的特点是专业性强，成交高度集中，交易方式灵活，对于推销新小商品起到了积极作用。有关资料显示，改革开放以来，在我国举办的各类国际性展览会以每年 20%的速度增长。

我国还于 1985 年 1 月在北京建成了自己的博览会——中国国际展览中心。同年 11 月，中国第一次作为东道主举办了亚洲及太平洋地区第四届国际贸易博览会，从此揭开了在此举办大型国际性博览会和展览会的序幕。国际上的一些大的展览集团如德国的汉诺威、慕尼黑，英国的蒙哥马利特，意大利的米兰等展览中心也把目光投向中国。频繁开展的在华和出国展览，为加强中国与世界各国的贸易联系与经济交往发挥了重要作用。我国于 1999 年在昆明举办了世界园艺博览会，又于 2010 年在上海举办了世博会，这些都在国际上产生了巨大的影响，为中国了解世界和世界了解中国创造了极好的条件。特别要指出的是，从 2018 年开始我国在上海举办的中国国际进口博览会可以说是我国举办博览会最成功的范例，被称为新时代高水平对外开放的里程碑。党中央决定 2019 年 11 月举办第二届，以后年年举办。这充分表明了中国坚定支持贸易自由化，主动向世界开放市场的决心。

目前，我国的会展业已经初步形成了东部地区以“京津冀”“长三角”“珠三角”为代表，中西部地区以“川陕渝”为中心的格局。其中，上海、北京和广州是会展业中的领军城市。近年来，具有代表性的国际会展活动有中国—东盟博览会、中国—亚欧博览会、中国—东北亚博览会。这些博览会是为了配合我国的政治经济发展战略而举办的，具有特殊的政治、经济和社会功能。

三、开展展卖业务应注意的问题

展卖是一种将产品宣传、推销和市场调研结合起来的贸易方式。它所带来的经济效益，不能单纯地从一次展卖会的销售额来衡量。经验证明，一次成功的展卖会后，由于建立了广泛的客户联系，往往会给参展者带来数量可观的订单。为了进一步更有效地开展展卖业务，还应注意下列问题：

（一）选择适当的展卖商品

展卖这种交易方式并不是对所有商品都普遍适用的，它主要适合于一些品种规格复杂、用户对造型、设计要求严格，而且性能发展变化较快的商品，如机械、电子、轻工、化工、工艺、玩具、纺织产品等。选择参展商品时，要注意先进性、新颖性和多样性，要能反映现代科技水平，代表时代潮流。另外，展品必须适销对路。

（二）选择好合作的客户

到国外参加展卖会之前，应选择合适的具有良好信誉的客户作为合作伙伴。选择的客户必须具有一定的经营能力，对当地市场十分熟悉，并有较为广泛的业务联系或销售系统。通过客户开展宣传组织工作，扩大影响，联系各界人士，这对展卖的成功具有重要作用。经验证明，一场有创意的推介会、权威人士的演讲、对未来技术和市场的科学分析等都有利于提高展卖会的成功率。

（三）选择合适的展出地点

一般来说，应考虑选择一些交易比较集中，市场潜力较大，有发展前途的集散地进行展卖。同时还应考虑当地的各项设施，如展出场地、旅馆、通讯、交通等基本设施所能提供的方便条件和这些服务的收费水平。

（四）选择适当的展卖时机

这对于一些销售季节性强的商品尤为重要。一般来说，应选择该商品的销售旺季进行展卖。展出的时间长短由多种因素决定，有些短展只有三四天，而长展可达数月甚至半年之久。

本章小结

综上所述表明，寄售和展卖是两种现货交易方式，它们各有自己的特点和长处，但同时也有其不利之处，只有充分了解这些问题，才能扬其所长，避其所短。另外，寄售和展卖两种方式还可结合采用，使其在拓展海外市场方面发挥更大的作用。

思考题

1. 将寄售与独家经销和独家代理进行比较，指出它们在合同性质、当事人的权利和义务方面的区别。

2. 如何理解寄售方式对于寄售人的利与弊？

3. 与其他贸易方式相比，展卖方式对拓展商品市场有哪些明显的长处？
4. 试举例说明到海外开展展卖业务时应注意的问题。

案例分析题

2017 年 1 月，A 公司同 B 公司签订了委托代销某种轻工产品的合同。合同规定：代销产品的价格由 A 公司确定，开具 B 公司发票，每季度结算一次，代销费率为 10%，未售出的货物可以退货，合同期为一年。由于当时该产品属于新产品，广受消费者欢迎，因而十分畅销。2017 年 12 月，B 公司与 A 公司又签订了一份同一种产品的经销合同。该合同规定：2018 年 A 公司向 B 公司提供 5 万件产品，单价 26.5 美元，1 月底之前交货，货到付款。签约后不久，市场情况发生变化，该产品由畅销变为滞销。B 公司收到货物后迟迟不付款，A 公司多次催要，B 公司均以货未售出为由拖延付款，并要求将存货退回。A 公司予以拒绝，双方多次协商未果，A 公司遂向法院提起诉讼。

请比较前后两个合同在性质上的不同及其对当事人的利弊。

第十七章

招标投标与拍卖

招标投标和拍卖都属于传统的贸易方式，前者主要运用于大宗物资的采购和工程承包业务，后者主要用于艺术品、初级产品和某些无形资产的交易。它们的相同之处是，交易的组织者通过一定的方式，在特定的场合，吸引众多的交易对象参与竞争，以争取获得最大的经济效益。

第一节　招标与投标

招标和投标简称招投标，是一种传统的贸易方式。一些政府机构、市政部门和公用事业单位经常用招投标方式采购物资、设备、勘探开发资源或招包工程项目，有些国家也用招投标方式进口大宗商品。联合国、世界银行等国际机构贷款和援助项目以及各国之间政府贷款项目的操作之中，通常也在贷款协议中规定，运用这些贷款采购物资、设备、发包工程时，必须采用国际竞争性招投标方式。本节仅介绍商品采购中的招投标。

一、招投标的含义

招标与投标是相互关联的两个概念，是一种贸易方式的两个方面。

招标（Invitation to Tender）是指招标人在规定的时间、地点，以某种特定的方式发布招标公告，表明自己对特定的商品、工程或服务采购的规格、条件和要求，同时邀请相关的投标人参加投标并按照规定程序从中选择交易对象的一种市场交易行为。

投标（Submission of Tender）是指投标人按照招标人的邀请，根据招标人发布的招标公告所列明的具体条件和要求，在规定时间内向招标人提交自己报价的过程，它是对招标人的一种响应。

从以上的定义我们可以清楚地看到，招标和投标是同一交易方式的两个最基本的环节，也是同一过程的两个方面，前者是招标人以一定的方式邀请不特定或一定数量的自然人、法人或其他组织投标，供自己选出最合理的报价或者是最优惠的贸易条件的过程；而后者则是投标人响应招标人的要求参加投标竞争，争取获得该项商品、服务或者工程的供应权的过程。

二、招投标的特点

招投标方式与逐笔售定的方式相比，具有以下特点：

（1）招投标方式中，投标人是按照招标人规定的时间、地点和程序规则进行报价。

在公开招标的情况下，投标具有全开放、透明度高的特点。按照规则，严格禁止招标人和投标人就招投标的实质内容单独谈判。通过这样的操作，招标投标活动就完全置于公开的社会监督之下，可以防止不正当的交易行为。而在传统的交易中，价格的磋商过程和价格本身都属于商业机密，买方没有义务向其他方通报。

（2）一般情况下，双方没有反复磋商的过程，投标人发出的投标书是一次性报盘。

这样交易的主动权掌握在招标人手中，投标者只能应邀进行一次性递价，并以合理的价格定标。招标人最终选定供货商是通过对报价的筛选结果决定的。所以，投标人报价后是否能够同招标人达成交易完全取决于他递交的投标书的质量和可信程度。只有投标人的报价符合招标方的要求并具有竞争力，招标人才会与之成交。在传统贸易方式中，合同的订立是通过双方当事人之间的反复博弈和妥协来达成的，任何一方都可以提出自己的交易条件并讨价还价，但是在投标时，投标人只能一次性投标，在递标后一般不能作出修改，这也是为了保证招投标程序的公平性。

鉴于招投标是一种竞卖方式，卖方之间的竞争使买方在价格及其他条件上有较多的比较和选择，因此，在大宗物资的采购中，这一方式被广泛运用。

三、招投标的基本做法

商品采购中的招投标业务，基本上包括四个步骤：招标、投标、开标评标和签约。

（一）招标

1. 公开招标

公开招标是指招标人在国内外报纸杂志上发布招标通告，将招标的意图公布于众，邀请有关企业和组织参加投标。招标通告一般只简要地介绍招标机构、所采购物资的名称、数量、投标期限、索取招标文件的地点和方式等。这在法律上是一种要约的邀请行为。凡有意投标者均可按照招标通告的规定索取招标文件，详细考虑后办理各项投标手续。

招标文件的内容可归纳为两大部分。其一是属于“投标人须知”，主要是制定规则，使投标人投标时能有所遵循。这些规则大致包括三个内容：（1）一般情况，如资金来源，所需设备或货物的简要说明、投标资格及货物来源地、投标费用的负担等；（2）程序性规定，如投标的时间、地点、投标格式、投标保证金的规定、投标有效期、标书修改或撤销的规定等；（3）实质性的规定，如是否可投标供应一部分，是否可提出代替性方案，分包以及投标报价的规定等。其二是列明商品采购的合同条件，与买卖合同的内容类似，还包括双方的责任和义务。

招标文件中往往要求对投标人进行资格预审，以确保投标人在各方面具有投标能力。资格预审主要集中在下列方面（一般限于过去5年内的情况即可）：投标人的经验及过去完成类似的合同的成绩、财务状况、生产能力、经营作风等。在利用国际金融机构或国外政府贷款进行物资采购或工程承包的招投标业务中，资格预审更是必不可少。

2. 非公开招标

非公开招标又称选择性招标。招标人不公开发布招标通告，只是根据以往的业务关系和情报资料，向少数客户发出招标通知。非公开招标多用于购买技术要求高的专业性设备或成套设备，应邀参加投标的企业通常是经验丰富、技术装备优良、在该行业中享有一定声誉的企业。

3. 两段招标

两段招标是指根据该程序，招标活动明显地分为两个阶段：在第一阶段，招标机构就拟采购的目标货物或工程的技术、质量或其他特点以及就合同条款和供货条件等广泛地征求意见，并同招标商进行谈判以确定目标货物或工程的技术规范。在第一阶段结束后，招标机构可最后确定技术规范。第二阶段，招标机构根据第一阶段所确定的技术规范进行正常的公开招标程序，邀请合格的投标商就包含合同价款在内的所有条件进行投标。

4. 谈判招标

这种方式不是通过一次的招标和开标来确定合同，而是由招标机构在开标后，和任何一个投标人通过谈判的方式磋商合同的具体条款，然后再来确定中标人。谈判招标通常应用在金额巨大，投标人实力相当的项目中。通过谈判可以使得双方在磋商的过程中逐步地达成妥协，避免别的招投标方式一锤定音带来的合作机会的减少，从而丧失商业合作机会。

（二）投标

投标人首先要取得招标文件，认真分析研究之后，编制投标书。投标书实质上是一项有效期至规定开标日期为止的发盘，内容必须十分明确，中标后与招标人签订合同所要包含的重要内容应全部列入。因此，投标人必须结合各种因素慎重考虑。

为防止投标人在投标后撤标或在中标后拒不签订合同。招标人通常都要求投标人在投标时提供一定比例或金额的投标保证金。招标人决定中标人之后，未中标的投标人已缴纳的保证金即予退还。现今国际招投标业务中一般都以银行保函或备用信用证代替保证金。

投标书应在投标截止日期之前送达招标人或其指定的收件人，逾期无效。投标书一般采用密封挂号邮寄，也可派专人送达。按照一般的惯例，投标人在投标截止期之前，可以书面提出修改或撤回标书。撤回的标书在开标时不予宣读，所缴纳的投标保证金也不没收。

（三）开标评标

开标有公开开标和不公开开标两种方式，招标人应在招标通告中对开标方式作出规定。

公开开标是指招标人在规定的时间和地点当众启封投标书，宣读内容。投标人都可参加，监视开标，不公开开标则是由开标人自行开标和评标，选定中标人，投标人不参加。

开标后，招标人进行权衡比较，也就是所谓的评标。通过评标，选择最有利者为中标人。在现代国际招标业务中，中标与否不完全取决于报价的高低。如果招标人认为所有的投标均不理想，可宣布招标失败。造成招标失败的可能性有三：一是所有报价与国际市场平均价格差距过大；二是所有的投标在内容上都与招标要求不符；三是投标人太少，缺乏竞争性。

（四）签约

招标人选定中标人之后，要向其发出中标通知书，约定双方签约的时间和地点。中标人签约时要提交履约保证金，取代原投标保证金，用以担保中标人将遵照合同履行义务。

第二节 拍　　卖

拍卖（Auction）是一种具有悠久历史的交易方式，在今天的国际贸易中仍被采用。通过拍卖成交的商品通常是品质难以标准化、或难以久存、或按传统习惯以拍卖出售的商品。另外，在某些不动产和无形资产的交易中也常常采用拍卖方式。

一、拍卖的概念及特点

（一）拍卖的概念

国际贸易中的拍卖是由经营拍卖业务的拍卖行接受货主的委托，在规定的时间和场所，按照一定的章程和规则，以公开叫价的方法，把货物卖给出价最高的买主的一种贸易方式。

（二）拍卖的特点

国际货物的拍卖方式具有以下特点：

1. 拍卖是在一定的机构内有组织地进行的

拍卖一般都是在拍卖中心，在拍卖机构的统一组织下进行。拍卖机构可以是由公司或协会组成的专业拍卖行，专门接受货主委托从事拍卖业务，也可以是大贸易公司内部设立的拍卖行，还可以是由货主临时组织的拍卖会。

2. 拍卖具有自己独特的法律和规章

拍卖不同于一般的进出口交易。这不仅体现在交易磋商的程序和方式上，也表现在合同的成立和履行等问题上，许多国家的买卖法中对拍卖业务有专门的非同一般的规定。除此之外，各个拍卖行又订立了自己的章程和规则，供拍卖时采用。这些都使得拍卖方式形成了自己的特色。

3. 拍卖是一种公开竞买的现货交易

拍卖采用事先看货、当场叫价、落槌成交的做法。拍卖开始前，买主可以查看货物，做到心中有数。拍卖开始后，买主当场出价、公开竞买，由拍卖主持人代表货主选择交易对象。成交后，买主即可付款提货。

二、拍卖的出价方法

拍卖的出价方法主要有以下四种：

（一）增价拍卖

增价拍卖也称英式拍卖，这是最常用的一种拍卖方式。拍卖时，由拍卖人（Auctioneer）提出一批货物，宣布预定的最低价格，然后由竞买者（Bidder）相继叫价，竞相加价，有时规定每次加价的金额幅度，直到拍卖人认为无人再出更高的价格时，则用击槌动作表示竞买结束，将这批商品卖给最后出价最高的人。如果竞买者的出价都低于拍卖人宣布的最低价格，或称价格极限，卖方有权撤回商品，拒绝出售。

（二）减价拍卖

减价拍卖又称荷兰式拍卖（Dutch Auction），这种方式先由拍卖人喊出最高价格，然后逐渐减低叫价，直到有某一竞买者认为已经低到可以接受的价格，表示买进为止。这种减价拍卖，成交迅速，经常用于拍卖鲜活商品。

以上两种出价方法都是在预定的时间和地点，按照先后批次，公开叫价，现场确定，当时成交。

（三）密封递价拍卖

密封递价拍卖（Sealed Bids；Closed Bids）又称招标式拍卖。采用这种方法时，先由拍卖人公布每批商品的具体情况和拍卖条件等，然后由各买方在规定时间内将自己的出价密封递交拍卖人，以供拍卖人进行审查比较，决定将该货物卖给哪一个竞买者。这种方法不是公开竞买，拍卖人有时要考虑除价格以外的其他因素。有些国家的政府或海关在处理库存或罚没物资时往往采用这种拍卖方式。

（四）网上拍卖

网上拍卖并不是一种全新的拍卖方式，而是以互联网作为媒介进行的拍卖活动。采用网上拍卖方式，竞买人不必亲临拍卖现场，只需在电脑前点击键盘，足不出户即可完成交易。网上拍卖首先要求竞买人按规定登记注册，并提供一定的保证金。具体操作形式也包括前面所提到的增价拍卖、减价拍卖和密封递价拍卖等方式。采用增价拍卖时，通常会预先设定拍卖截止时间，到时出价最高的人就成为买受人。

三、拍卖的一般程序

拍卖业务进行的程序，一般可分为三个阶段：

（一）准备阶段

参加拍卖的货主先要把货物运到拍卖地点，存入仓库。拍卖行将拍卖物集中后，对其价值高低、真伪情况、违禁与否等进行鉴定，再根据拍卖品本身的种类和品级进行必要的挑选、分类、分级、分批，并统一编号。货主在办理委托事项时要与拍卖行订立委托拍卖合同，合同中一般要规定以下内容：(1) 双方当事人的名称、地址；(2) 拍卖的货物名称、规格、数量、质量；(3) 拍卖的时间、地点；(4) 拍卖品的交付时间、方式；(5) 佣金及其支付的方式、期限；(6) 价款的支付方式、期限；(7) 违约责任；(8) 其他事项。

拍卖行在此期间还要负责编印拍卖目录。拍卖目录是拍卖行向竞买人所提供的有关即将举行的拍卖活动最翔实的文字说明材料，是竞买人在拍卖前所能接受和信赖的指导工具。所有经过挑选分批待售的货物都要载入目录。在拍卖目录中，一般要列明商品的种类，每批货的号码、等级、规格、数量、产地，拍卖的次序及拍卖条件。拍卖目录通常在拍卖日期前十天到半月编印完毕，并提供给打算参加拍卖会的买主作为指南。

拍卖行在拍卖前一段时间要发布拍卖公告，公告的主要内容包括：(1) 拍卖的时间、地点；(2) 拍卖的标的；(3) 拍卖标的展示的时间、地点；(4) 参与竞买须办理的手续；(5) 其他事项。

拍卖是现货买卖，拍卖行必须保证拍卖人在拍卖前能够查看货物，了解商品品质，以便拟定自己的出价标准。

（二）正式拍卖

拍卖会在规定的时间和地点开始，并按照拍卖目录规定的先后顺序进行。

在拍卖会场中，买主一般按照事先登记的座位号，对号入座。在拍卖会主席台上就座的主要有拍卖主持人和工作人员。拍卖主持人又称拍卖师，作为货主的受托人掌握拍卖业务的进行。

拍卖一般多采用由低到高的增价拍卖方式。增价拍卖可以由竞买人喊价，也可以由拍卖人喊价竞买人举牌应价。货主对于要拍卖的货物可以提出保留价（With a Reserve），也可以无保留（Without Reserve）。对于无保留价的，拍卖主持人在拍卖开始前要予以说明；对于有保留价的，竞买人的最高应价未达到保留价时，主持人要停止拍卖。

关于竞买人喊价后能否撤回的问题，不同国家的拍卖法规定有所不同。有的拍卖法规定，在拍卖主持人落槌之前，竞买人可以撤回其出价，我国的拍卖法则规定："竞买人一经应价不得撤回。当其他竞买人有更高应价时，其应价即丧失约束力。"

荷兰作为出口鲜花的大国，在花卉交易中通常都采用减价拍卖方式，这种方式又称无声拍卖，即竞买人无须喊价，只需在拍卖人由高到低的报价过程中，选择自己能接受的价格及时应价。应价以前采用打手势表示，现在多用按电钮的方式。

（三）成交与交货

拍卖以其特有的方式成交后，拍卖行的工作人员即交给买方一份成交确认书，由买方填写并签字，表明交易正式达成。

拍卖商品的货款，通常都以现汇支付，在成交时，买方即须支付货款金额的一定百分比，其余的也须尽快支付。货款付清后，货物的所有权随之转移，买方凭拍卖行开出的栈单（Warrant）或提货单（Delivery Order）到指定的仓库提货。提货也必须在规定的期限内进行。在仓库交货前，拍卖人控制着货物，他有义务妥善保管货物。作为卖方的受托人，他享有要求货款的留置权，即在买方付清货款之前，他有权拒绝交货，除非拍卖条件中允许买方在提货后的一定期限内付清货款。

拍卖行为交易的达成提供了服务，它要收取一定的报酬，通常称作佣金（Commission）或经纪费（Brokerage）。佣金的多少没有统一的规定。

拍卖未成交的，拍卖行可以向委托人收取约定的费用：未作约定的，可向委托人收取为拍卖支出的合理费用。

拍卖会结束后，由拍卖行公布拍卖单，其内容主要包括：售出商品的简要说明、成交价、拍卖前公布的基价与成交价的比较等。这些材料反映了拍卖商品的市场情况及国际市场价格，也是两次拍卖会的间隔期内，商人进行交易、掌握价格的重要参考资料。

四、关于拍卖业务中若干问题的说明

（一）公平交易问题

拍卖业务中的买卖双方须遵守公平竞争的原则，并遵照拍卖行的规章办事。拍卖业务中，有些货主为了卖高价，自己参与竞买或雇佣其他人参与竞买，哄抬价格，误导不明真相的竞买人，这被法律所不允许。另外，有时，竞买人为了自己单方面的利益，私下串通，压低价格。这些做法与招标投标业务中的串通投标相类似，均构成违法行为，因为他们违反了公平交易的原则，属于操纵市场、限制竞争的做法。我国《拍卖法》第 30 条明文规定：“委托人不得参与竞买，也不得委托他人代为竞买”。第 37 条又规定：“竞买人之间、竞买人与拍卖人不得恶意串通、损害他人利益”。

（二）关于品质的责任问题

由于拍卖前允许买主查验货物，使买主对所要购买货物的实际品质心中有数，尔后再按质论价，所以，一般来说，拍卖后很少发生索赔现象。而且，许多拍卖条件中都规定：“买方对货物过目或不过目，卖方对品质概不负责。”这一般是指货物的缺陷按通常的检查手段即可发现的，则由买主根据自己的业务水平和判断能力来决定出价标准。但对于有些货物存在的隐蔽的缺陷，即凭借一般的查验手段不能发现的质量问题，还是允许买主提出索赔的。

我国《拍卖法》中规定：“委托人应当向拍卖人说明拍卖标的的来源和瑕疵。”“拍卖人应当向竞买人说明拍卖标的的瑕疵。”“未说明拍卖标的的瑕疵，给买受人造成损害的，买受人有权要求拍卖人赔偿；属于委托人责任的，拍卖人有权向委托人追偿。”但同时又规定：“拍卖人、委托人在拍卖前声明不能保证拍卖标的的真伪或者品质的，不承担瑕疵担保责任。”

（三）拍卖主持人的职责

拍卖主持人要有足够的业务知识，而且作为货主的受托人，有义务遵照他与货主之间达成的协议，谨慎行事。主持人有权按照自己的方式描述货物，以利于吸引买主，但他的描述应与所售的货物相符。根据英国标准拍卖条件的解释，拍卖主持人对货物的描述或声明，只是表示了单方面的意见，买主仍须依仗自己的判断行事。我国《拍卖法》还规定："拍卖人接受委托后，未经委托人同意，不得委托其他拍卖人拍卖。""委托人、买受人要求对其身份保密的，拍卖人应当为其保密。""拍卖人及其工作人员不得以竞买人的身份参与自己组织的拍卖活动，并不得委托他人代为竞买。"

（四）解决争议的方式

在拍卖进行过程中，如果发生争议，如究竟谁是出价最高者，一般由拍卖主持人决定。但如果当事人一方不同意主持人意见，可到场外进行协商。协商不成，可将争议提交仲裁。仲裁裁决为最后裁决，双方必须遵守。

本章小结

综上所述，招投标和拍卖方式是两种颇具竞争性的贸易方式，虽然做法各异，但都有可能充分发挥市场机制的作用，有利于当事人取得经济效益的最大化。这两种贸易方式都受到相关法律和规章的严格制约，当事人在选用这些方式之前，必须认真了解和掌握它们的游戏规则。

思考题

1. 请比较招投标和拍卖方式的异同点。
2. 采用国际竞争性招标方式时，对投标人进行资格预审的意义何在？
3. 投标与一般交易方式下的发盘有何不同之处？
4. 你如何理解我国《拍卖法》第 37 条规定的意义？

案例分析题

某年某商城举办了一场"中国古典家具、艺术品专题拍卖会"。在会上，某古典家具收藏爱好者看中了四把标明为"民国时期"的红木灵芝冲天太师椅，并通过竞买以4万元的价格买下了这四把太师椅。后来经过专家鉴定，该太师椅为现代仿古红木家具，而非民国时期制品。收藏者发现买了假货，遂向拍卖行提出退货，并指出拍卖行在未请文物专家进行鉴别的情况下，就在拍卖会上宣称四把太师椅为民国时期的制品，说明其行为具有明显的欺诈故意，损害了消费者的合法权益。按照《中华人民共和国消费者权益保护法》的相关规定，要求进行加倍赔偿。拍卖行辩称：拍卖前，拍卖行已经发给每位竞拍者一份《拍卖规则》，其中明确规定："竞拍人在竞拍前仔细审查拍卖品原件（包括聘请专家协助鉴定），一旦作出竞投决定，即表明本人接受拍品一切现状（包括瑕疵）。竞标成功后，不得以任何理由提出退货或拒付货款。"由此，拍卖行已经声明不担保拍卖品的真伪以及有无瑕疵，一切后果应由竞拍人自己负责。

请就此争议发表自己的看法。

第十八章

期货交易与套期保值

期货交易是一种特殊的交易方式。早期的期货交易产生于11~14世纪的欧洲，在17世纪的日本得到了发展。现代期货市场起源于19世纪后期的美国。

由于期货市场价格和现货市场价格变化均受商品供求关系的影响，因此，从事实际商品交易的人士，包括生产商、经营商、进出口商，则可以利用期货市场转移实际现货交易价格波动的风险，避免或减少商品价格波动而带来的损失。

我国的外贸企业早已涉足国际期货市场，它们既参考国际期货市场价格制定价格策略，也利用期货交易，配合现货买卖进行套期保值，因此，我们有必要了解和掌握有关期货交易的基本知识、做法和交易策略。

第一节　期货交易的概念

一、期货交易的含义

期货交易（Futures Trading）是指在期货交易所内，按一定规章制度进行的期货合同的买卖。

现代期货交易是在期货交易所内进行的。目前期货交易所已经遍布世界各地，特别是在美国、英国、日本、中国香港、新加坡等地的期货交易所在国际期货市场上占有非常重要的地位。其中交易量比较大的著名交易所有：美国的芝加哥商品交易所（CBOT）、芝加哥商业交易所（CME）、纽约商品交易所（COMEX）、纽约商业交易所（NYMEX）、英国的伦敦金属交易所（LME）、日本的东京工业品交易所、谷物交易所、中国香港的期货交易所以及新加坡的国际金融交易所等。

就商品期货交易而言，交易的品种基本上都是属于供求量较大、价格波动频繁的初级产品，如谷物、棉花、食糖、咖啡、可可、油料、活牲畜、木材、有色金属、原油，以及贵金属如金、银等。

此外，随着金融创新不断发展，金融期货交易成为发展最快、交易最活跃和影响最大的期货交易。

二、期货交易与现货交易的联系与区别

现货交易是传统的货物买卖方式，交易双方可以在任何时间和地点，通过签订货物买卖合同达成交易。在进出口业务中，无论是即期交货，还是远期交货，进出口商之间达成的交易均属于现货交易的范畴。而期货交易是在现货交易的基础上发展起来的。在商品期货交易中，期货合同所代表的商品是现货交易市场中的部分商品，绝大多数的商品是不能以期货合同的方式进行交易的。在国际期货市场上交易的期货商品以农副产品、金属等初级产品为主。尽管两种市场的价格都要受到同一经济规律的制约，然而，期货交易与现货交易却存在着明显的区别，主要表现为以下几方面：

（1）从交易的标的物看。现货交易买卖的是实际货物；而期货交易买卖的是期货交易所制定的标准期货合同。

（2）从成交的时间和地点看。现货交易中交易双方可以在任何时间和任何地点来达成交易；而期货交易必须在期货交易所内，按交易所规定的开市时间进行交易。

（3）从成交的形式看。现货交易基本上是在封闭或半封闭的双边市场上私下达成的，交易双方在法律允许的范围内按“契约自主”的原则签订买卖合同，合同条款是根据交易双方的情况而订立的，其内容局外人是不知道的；而期货交易是在公开、多边的市场上，通过喊价或竞价的方式达成的。期货合同的条款是标准化的（除交易数量、交割月份和价格由交易双方达成），而且达成交易的信息，包括价格是对外公布的。

（4）从履约方式看。在现货交易中，无论是即期现货交易，还是远期现货交易，交易双方都要履行买卖合同所规定的义务，即卖方按合同规定交付实际货物，买方按规定支付货款；而在期货交易中，双方成交的是期货合同，卖方可以按期货合同的规定履行实际交货的义务，买方也可以按期货合同规定接受实际货物。但期货交易所都规定，履行期货合同不一定要通过实际交割货物来进行，只要在期货合同到期前，即交易所规定的该合同最后交易日前，交易者做一笔方向相反、交割月份和数量相等的相同合同的期货交易，交易者就可解除他实际履行合同的义务。这也就是期货市场上所称的对冲或平仓（Offset）。值得注意的是，绝大多数期货交易并不涉及货物的实际交割。在美国，期货交易中实际货物交割的数量只占整个交易量中的很小比例，约5%以下。期货合同的履行，多数情况下，被买卖期货合同的差价的货币转移所代替。

（5）从交易双方的法律关系看。在现货交易中，买卖双方达成交易，就固定了双方的权利与义务，交易双方之间产生直接的货物买卖的法律关系，任何一方都不得擅自解除合同。而期货交易双方并不相互见面，合同履行也无须双方直接接触。清算所

的替代功能使参加交易者通过有交易所会员资格的期货佣金商来代买或代卖期货合同，实际货物的交割、交易的清算和结算一律由清算所对交易双方负责。交易达成后，期货交易双方并不建立直接的法律关系。

（6）从交易的目的看。在现货交易中，交易双方的目的是转移货物的所有权，从卖方讲，是出售货物，取得货款；从买方讲，是取得一定经济价值的实际商品。而参加期货交易的人可以是任何企业或个人。不同的参加者进行期货交易的目的不同，有的是为了配合现货交易，利用期货交易转移价格变动的风险；有的是为了在期货市场上套取利润；有的是专门从事投机，目的是取得相应的投机利润。

第二节　期货市场的构成

期货市场（Futures Market）是指按一定的规章制度买卖期货合同的有组织的市场。期货交易就是在期货市场上进行的交易行为。

期货市场主要由期货交易所、期货佣金商和清算所等构成。

进出口商通常都是通过期货佣金商下单，由佣金商的指定场内经纪人在期货交易所执行，交易达成后，所有合约都要通过清算所统一清算和结算。

一、期货交易所

期货交易所（Futures Exchanges）是具体买卖期货合同的场所。它是在早期商品交易所的基础上演变而成的。早期商品交易所是进行特定商品买卖的场所，交易的内容为现货（Spot）、路货（To-arrive Contract）或远期交货合同（Forward Contract），涉及的主要是实际货物的买卖，因此，这种有组织的交易所被称为“商品交易所”。而当今，随着期货市场的发展，期货交易的内容已不限于具体的商品，交易所的规章制度与早期的商品交易所也大不一样，有些期货合同已经脱离了实物形态，新出现的从事期货交易的场所已经放弃“商品交易所”的名称，历史悠久的交易所只不过是沿袭旧的名称。因此，我们将从事期货交易的场所一律统称为期货交易所，把包括期货交易所在内，涉及期货交易及其运行的组织机构，称为期货市场。

期货交易所本身不参加期货交易，运营资金主要靠创立之初的投资、会员费和收取的手续费。交易所的职能是：

（1）提供交易场地；（2）制定标准交易规则；（3）负责监督和执行交易规则；（4）制定标准的期货合同；（5）设立仲裁机构，解决交易争议；（6）负责收集和向公众传播交易信息。

二、期货佣金商

期货佣金商（Futures Commission Merchant，FCM）又称经纪行或佣金行，是代表金融、商业机构或一般公众进行期货交易的公司或个人组织，其目的就是从代理交易中收取佣金。

期货佣金商一般都是期货交易所的会员，有资格指令场内经纪人进行期货交易。

它是广大非会员参加期货交易的中介。它以最高的诚信向期货交易所、清算所和客户负责。期货佣金商的主要业务包括：（1）向客户提供完成交易指令的服务；（2）作为客户进行期货交易的代理人，负责处理客户的保证金；（3）记录客户盈亏，并代理进行货物的实际交割；（4）向客户提供期货交易的决策信息，以及咨询业务。

期货佣金商往往是如下机构：主要经营证券业务的大证券投资公司，专营期货交易的期货公司，以及从事实物交易的公司，如生产商、中间商和进出口商等。

三、清算所

清算所（Clearing House）是负责对期货交易所内买卖的期货合同进行统一交割、对冲和结算的独立机构。

清算所是随期货交易的发展以及标准化期货合同的出现而设立的清算和结算机构。在期货交易的发展中，清算所的创立完善了期货交易制度。保障了期货交易能在期货交易所内顺利进行，因此成为期货市场运行机制的核心。

清算所的创立使期货交易者在交易所内达成交易，却不建立通常货物买卖中转移货物所有权的直接的法律关系。一旦期货交易达成，交易双方分别与清算所发生关系。清算所既是所有期货合同的买方，也是所有期货合同的卖方。这是因为清算所有特殊的"取代功能"。清算所这一功能得以实现，又是因为清算所的财力雄厚，而且实行了一套严格的无负债的财务运行制度——保证金制度。

保证金制度（Margin System），也称为押金制度，指清算所规定的达成期货交易的买方或卖方，应交纳履约保证金的制度。

清算所要求每一位会员都必须在清算所开立一个保证金账户，对每一笔交易，会员都要按规定交纳一定数额的保证金。为防止出现违约，非会员也要向清算所会员交纳一定的保证金。

清算所规定的保证金有两种：初始保证金和追加保证金。

初始保证金（Initial Margin 或 Original Margin）是指期货交易者在开始建立期货交易头寸（Trading Position）时，要交纳的保证金。对于所交纳初始保证金的金额，世界各地不同期货交易所有不同的规定，通常按交易金额的一定百分比计收，一般在 5% ~ 10% 之间。该笔保证金一旦交纳，即存入清算所的保证金账户。

追加保证金（Variation Margin 或 Call Margin）是指清算所规定的，在会员保证金账户金额减少时，为使保证金金额维持在初始保证金水平，而要求会员增加交纳的保证金。清算所为了防止出现负债情况，采取逐日盯市（Marking to the Market）的原则，用每日的清算价格对会员的净交易头寸核算盈亏。当发生亏损，保证金账户金额下降时，清算所便要求会员必须交纳追加保证金。

清算所规定交纳追加保证金的目的是为了保证交易顺利进行，杜绝可能出现的违约现象。当会员净交易头寸发生亏损时，清算所就向会员发出追加保证金的通知，一般要求在第二天开市前就要交纳。否则，清算所有权在第二天开市时，在期货交易所中，对违约客户已建立的交易头寸，按市价平仓或对冲，亏损部分由客户已交纳的保证金来弥补。

保证金制度使期货市场的整个运行机制更具有凝聚力，几乎达到了万无一失的地步。它使期货交易机制日趋完善，从而吸引更多的人来参加交易。

四、期货交易的参加者

期货交易所一般不限制期货交易参加者，只要是愿意按交易规则进行期货交易的人，期货交易所都平等对待，实行无歧视的政策。参加期货交易者可以是任何个人或公司，但是，他们参加期货交易的目的却不尽相同。按参加期货交易的目的，交易者可分为两大类：套期保值者和投机者。

（一）套期保值者

套期保值者（Hedger）一般为实际商品的经营者、加工者和生产者。他们的主要目的是在现货市场中进行实际货物的买卖。为了保障现货交易的正常合理利润，他们往往在期货市场上采取适当的套期保值策略来避免或减少价格波动风险带来的现货交易的损失。

（二）投机者

投机者（Speculator）指在期货市场上通过“买空卖空”或“卖空买空”，希望以较小的资金来博取利润的投资者。与套期保值者相反，投机者愿意承担期货价格变动的风险，一旦预测期货价格将上涨，投机者就会买进期货合同（或称“买空”或“多头”）；一旦预测期货价格将下跌，就会卖出期货合同（或称“卖空”或“空头”），待价格与自己预料的方向变化一致时，再抓住机会进行对冲。通常投机者在期货市场上要冒很大的风险。

第三节 套期保值

一、套期保值的含义

套期保值又称为海琴（Hedging），是期货市场交易者将期货交易与现货交易结合起来进行的一种市场行为。其定义可概括为交易者在运用期货交易临时替代正常商业活动中，转移一定数量商品所有权的现货交易的做法。其目的就是要通过期货交易转移现货交易的价格风险，并获得这两种交易相配合的最大利润。

套期保值之所以能起到转移现货价格波动风险的作用，是因为同一种商品的现货市场价格和期货市场价格的变化趋势基本上是一致的，涨时俱涨，跌时俱跌。

因此，套期保值者经常在购入现货的同时在期货市场上出售期货，或在出售现货的同时买入期货。这样，由于在期货市场和现货市场出现相反的交易，所以通常会出现一亏一盈的情况。套期保值者就是希望以期货市场的盈利来弥补现货交易中可能遭到的损失。

二、套期保值的做法

套期保值者在期货市场上的做法有两种：卖期保值和买期保值。

（一）卖期保值

卖期保值（Selling Hedge）是指套期保值者根据现货交易情况，先在期货市场上卖出期货合同（或称建立空头交易头寸），然后再以多头进行平仓的做法。通常生产商在预售商品时，或加工商在采购原料时，为了避免价格波动的风险，经常采取卖期保值的做法。

例如，某谷物公司在9月上旬以每蒲式耳3.65美元的价格收购一批小麦，共10万蒲式耳，并已存入仓库待售。该商估计一时找不到买主。为了防止在货物待售期间小麦价格下跌而蒙受损失，他遂在芝加哥商品交易所出售20个合同的小麦期货，价格为每蒲式耳3.70美元，交割月份为12月。其后，小麦价格果然下降。在10月份，他终于将10万蒲式耳的小麦售出，价格为3.55美元/蒲式耳。每蒲式耳损失0.10美元。但与此同时，芝加哥商品交易所的小麦价格也下降了，该谷物商又购进20个12月份的小麦期货合同，对空头交易头寸进行平仓，价格降为3.60美元/蒲式耳。每蒲式耳盈利0.10美元。现列表说明如下：

日期	现货市场	期货市场
9月15日	买入现货小麦存仓价格为3.65美元/蒲式耳	出售12月份小麦期货价格为3.70美元/蒲式耳
10月15日	售出小麦价格为3.55美元/蒲式耳	购入12月份小麦期货价格为3.60美元/蒲式耳
结果	亏损0.10美元	盈利0.10美元

从上例可以看出，由于该商及时做了卖期保值，期货市场的盈利恰好弥补了现货市场由于价格变动所带来的损失，套期保值起到了转移风险的作用。

（二）买期保值

与卖期保值恰好相反，买期保值（Buying Hedge）是指套期保值者根据现货交易情况，先在期货市场上买入期货合同（或称建立多头交易头寸），然后再以卖出期货合同进行平仓的做法。通常中间商在采购货源，为避免价格波动，固定价格成本时，经常采取买期保值的做法。

例如，某粮食公司与玉米加工商签订了一份销售合同，出售5万蒲式耳的玉米，12月份交货，价格为2.45美元/蒲式耳。该公司在合同签订时，手头并无现货。为了履行合同，该公司必须在12月份交货前购入玉米现货。但又担心在临近交货期购入玉米的价格上涨，于是就选择期货市场上购入玉米期货合同，价格为2.40美元/蒲式耳。到11月底，该公司收购玉米现货的价格已经涨到了2.58美元/蒲式耳。与此同时，期货价格也上涨至2.53美元/蒲式耳。于是他就以出售玉米期货在期货市场上平仓。其结果如下表：

日期	现货市场	期货市场
9月2日	出售12月份交货玉米价格为2.45美元/蒲式耳	买入12月份玉米期货价格为2.40美元/蒲式耳
11月25日	购入12月份交货的玉米价格为2.58美元/蒲式耳	卖出12月份玉米期货价格为2.53美元/蒲式耳
结果	亏损0.13美元	盈利0.13美元

上述交易情况表明，由于玉米价格上涨使粮食公司在现货交易中蒙受 0.13 美元/蒲式耳的损失，但由于适时地做了买期保值，在期货市场上盈利 0.13 美元/蒲式耳。期货市场的盈利弥补了现货市场价格波动所带来的损失。

三、套期保值应注意的问题

前面我们介绍了套期保值的一般做法和原理，然而我们所举的例子却是理想化的套期保值。在实践中，影响现货市场价格和期货市场价格的因素较多，而且情况复杂，两个市场不可能达到百分之百的衔接，套期保值多数都不会达到上述理想化的结果。现根据实践结果，我们将套期保值应注意的问题说明如下：

1. 套期保值虽然可以转移现货价格发生不利变动时的风险，但也排除了交易者从现货价格有利变化中获得额外盈利的机会。

从套期保值的做法中得知，卖期保值是为了防止现货价格下跌；买期保值是为了防止现货价格上升。但如果在卖期保值后，价格非但没有下跌，反而上涨；买期保值后，价格没有上升反而下跌，那么套期保值的结果就会事与愿违。现举两例说明如下：

（1）卖期保值后价格上涨

日期	现货市场	期货市场
3 月 15 日	购入小麦价格为 2.80 美元/蒲式耳	出售 7 月份小麦期货价格为 2.68 美元/蒲式耳
4 月 15 日	售出小麦价格为 2.90 美元/蒲式耳	买入 7 月份小麦期货价格为 2.78 美元/蒲式耳
结果	盈利 0.10 美元	亏损 0.10 美元

上例说明，卖期保值后，价格反而上升，其结果现货交易盈利 0.10 美元，而期货交易亏损 0.10 美元。这样，交易者还不如不做套期保值。如果不做套期保值，交易者还可以获得现货交易的额外盈利 0.10 美元/蒲式耳。

（2）买期保值后价格下跌

日期	现货市场	期货市场
8 月 1 日	售出小麦价格为 3.85 美元/蒲式耳	买入 12 月份小麦期货价格为 2.80 美元/蒲式耳
10 月 23 日	购入小麦价格为 3.70 美元/蒲式耳	售出 12 月份小麦期货价格为 2.65 美元/蒲式耳
结果	盈利 0.15 美元	亏损 0.15 美元

这个例子说明，由于价格下跌，该商人在现货交易中每蒲式耳本可以额外盈利 0.15 美元，但因害怕价格上涨，事先做了买期保值，造成了期货交易损失每蒲式耳

0.15 美元。

由上述两个例子，我们可以看出，在套期保值后，如果价格发生对实物交易者有利的变化，交易者就不能再从实物交易中获得额外的盈利。因此，套期保值对实物交易者而言，是排除了对现货市场价格变动风险进行投机，目的是为了保障实物交易中的合理利润免遭损失，而丧失了不做套期保值可以取得更多现货盈利的机会。

正因为如此，从利润最大化的原则出发，现在有些人认为，对套期保值，应该有选择地进行，只有在预计实物市场价格发生不利变化时，才进入期货市场做套期保值。这种观点尽管有其合理的成分，但是必须建立在对今后一段时期内的价格走势作出正确判断的基础上，否则就要冒更大的风险。但是，由于商品市场价格变化莫测，要对其走势作出准确的判断并非易事，所以，这种观点目前仍不能被普遍接受。一般商人仍习惯于在每笔实物交易之后，即做一笔套期保值的传统做法，以策安全。

2. 套期保值的效果，往往取决于套期保值时和取消套期保值时实际货物和期货之间差价的变化，即基差的变化。

基差（Basis）指的是在确定的时间内，某一具体的现货市场价格与期货交易所达成的期货价格之间的差额。用公式来表示如下：

基差=现货市场价格-期货市场价格

在现货市场的实物交易中，商人之间经常用基差来表示现货交易的价格，特别是在签订非固定价格合同时，用基差来表示实际现货价格与交易所期货价格的关系。如“2 Cents under Dec”表示现货价格比期货价格低 2 美分，如果 12 月份的期货价格是每蒲式耳 3.69 美元，那么实际货物价格是每蒲式耳 3.67 美元。如果现货价格比期货价格高 2 美分，则以+2 美分 Dec（或 2 Cents over Dec）来表示。

基差的变化对套期保值的效果有着非常重要的影响，现举几例说明：

（1）例一

日期	现货市场	期货市场	基差
3 月 8 日	售出玉米价格为 2.76 美元/蒲式耳	买入 5 月份玉米期货价格为 2.71 美元/蒲式耳	+5 美分
4 月 15 日	购入玉米价格为 2.81 美元/蒲式耳	售出 5 月份玉米期货价格为 2.76 美元/蒲式耳	+5 美分
结果	亏损 0.05 美元	盈利 0.05 美元	

上例中，由于套期保值时的基差是+5 美分，基差没有变化，因此，套期保值的结果是盈亏相抵，达到了理想的套期保值效果。但在实际业务中，基差并不是固定不变的，它时刻随两个市场的不同情况而发生变化，于是套期保值的效果也就有所不同。

（2）例二

日期	现货市场	期货市场	基差
9月13日	售出玉米价格为 2.86 美元/蒲式耳	购入 12 月份玉米期货价格为 2.82 美元/蒲式耳	+4 美分
10月28日	购入玉米价格为 2.98 美元/蒲式耳	售出 12 月份玉米期货价格为 2.92 美元/蒲式耳	+6 美分
结果	亏损 0.12 美元	盈利 0.10 美元	(+4)-(+6) =-2 美分

上例之所以发生每蒲式耳 0.02 美元的损失，是因为现货买入的基差大于现货卖出的基差。

（3）例三

日期	现货市场	期货市场	基差
10月5日	购入玉米价格为 2.50 美元/蒲式耳	售出 12 月份玉米期货价格为 2.55 美元/蒲式耳	-5 美分
10月28日	售出玉米价格为 2.45 美元/蒲式耳	买入 12 月份玉米期货价格为 2.48 美元/蒲式耳	-3 美分
结果	亏损 0.05 美元	盈利 0.07 美元	(-3)-(-5) =2 美分

上例中，由于现货卖出的基差（-3 美分）大于现货买入的基差（-5 美分），所以套期保值不但达到了预想的效果，而且在基差的变化中获得了额外的盈利。

从上述三个例子可以看出，套期保值的效果取决于基差的变化。从另一个角度讲，套期保值能够转移现货价格波动的风险，但最终无法转移基差变动的风险。然而，在实践中，基差的变化幅度要远远小于现货价格变动的幅度。交易者对基差的变化是可以预测的，而且也易于掌握。

3. 由于期货合同都规定了固定的数量，每份合同代表一定量的期货商品，如芝加哥商品交易所的小麦期货合同代表 5 000 蒲式耳的小麦；伦敦金属交易所的铜期货合同，一张是 25 公吨的铜。但是，在实物交易中，商品的数量是根据买卖双方的意愿达成的，不可能与期货合同的要求完全一致。这就使得在套期保值时，实物交易的数量与套期保值的数量不一致，从而会影响套期保值的效果。

第四节　进出口商的套期保值策略

现代从事国际贸易的公司或企业，都将利用期货市场作为企业资产管理和国际营销的重要手段。在进出口业务中，进出口商的套期保值策略如下：

一、进口商的套期保值策略

进口商采用套期保值主要有两种情况：

（一）签订固定价格的进口合同

如果进口商与国外出口商愿意达成固定价格的合同，那么进出口商通常要参考装运期接近的期货交易所的期货价格来确定价格。进口商为了避免在转售货物时遭受价格下跌的损失，在签订进口合同时，会在期货交易所内卖出一定数量的期货合同。等到进口商签订转售合同时，再在期货交易所买进同等数量、相同交割月份的同样期货合同。一旦价格下跌，进口商就会在期货市场上盈利，从而弥补他在现货市场上出售货物时的损失。

例如，某进口公司7月20日从国外进口一批食糖，共计1 500公吨，价格为240美元/公吨，交货期在9月份。该商担心在9月底，糖价会下跌，对转售不利，遂在签订现货合同后，立即通过期货佣金商在伦敦商品交易所抛出同等数量的原糖10月期货3张，价格为258美元/公吨。至9月底交货时，糖价果然下跌，转售该批糖的价格降至222美元/公吨，而期货市场价格也相应下降，在期货交易所买回该原糖期货价格为242美元/公吨。这样，该公司在现货交易中亏损18美元/公吨，而在期货交易中赚了16美元/公吨。期货市场的盈利部分弥补了现货市场的亏损。交易情况列表说明如下：

日期	现货市场	期货市场
7月20日	进口糖价格为240美元/吨	抛出10月份期货糖价格为258美元/公吨
9月21日	转售糖价格为222美元/公吨	买回10月份期货糖价格为242美元/公吨
结果	亏损18美元	盈利16美元

（二）基差交易

基差交易（Basis Trading）是进口商经常采取的定价和套期保值策略。它是指进口商用期货市场价格来固定现货交易价格，从而将转售价格波动风险转移出去的一种套期保值策略。用这种方法，进口商在与出口商谈判时，可以暂时不确定固定价格，而是按交易所的期货价格固定基差，由进口商在装运前选择期货价格来定价。一旦进口商选择了某日的期货价格，则他同时会在期货交易所建立空头交易头寸。等到转售货物时，进口商再以等于或大于买入现货的基差价格出售货物，并在期货交易所以多头平仓。这样，无论期货价格如何变化，进口商都不会在现货交易中受到任何损失，而且如果卖出现货的基差大于买入现货的基差，进口商还可以取得基差交易的盈利。

例如，某进口商以基差形式与国外商人签订一笔玉米进口合同，价格为 12 月份期货价格加上 15 美分（15 Cents over Dec），交货期为 11 月份。12 月份的期货价格由进口商在 10 月 10 日前选择。于 9 月 28 日，该进口商认为 12 月份期货价格较合适，遂通知出口商选择 9 月 28 日的期货价格 2.36 美元/蒲式耳，另外为转移价格波动的风险，同时在期货市场上建立空头交易头寸。11 月 2 日，该进口商在国内寻找最终买主，达成转售合同，现货价格跌至 2.45 美元/蒲式耳，而期货价格也下降到 2.28 美元/蒲式耳。进口商在达成转售合同的同时，在期货市场以多头平仓。这样，进口商在这笔套期保值中的结果可以用下表来表示：

日期	现货市场	期货市场	基差
9 月 28 日	确定进口价格合同价格为 2.51 美元/蒲式耳	卖出期货合同价格为 2.36 美元/蒲式耳	+15 美分
11 月 2 日	转售价格为 2.45 美元/蒲式耳	买进期货价格为 2.28 美元/蒲式耳	+17 美分
结果	亏损 6 美分	盈利 8 美分	

现货卖出基差-现货买入基差=17-15=2（美分）

从上例可以看出，该进口商通过基差定价配合套期保值，不但在价格下跌时，由期货市场的盈利弥补了现货市场的亏损，而且还取得了基差交易的盈利每蒲式耳 2 美分。

二、出口商的套期保值策略

出口商选择适当的期货交易进行套期保值，是转移出口价格变化风险的有效途径。出口商进行套期保值主要有如下三种情况：

（一）签订固定价格的出口合同

如果进出口商之间愿意达成固定价格的合同，那么在确定出口价格时就要参考与装运期最接近的期货价格。为了避免在采购货源时价格上升，在签约那天，出口商会在期货交易所购入期货合同来临时代替远期现货的出口交易。在装运前，出口商寻找货源，购买现货，同时，在期货交易所以“空头”平仓。在出口交易中，进口商按合同规定的固定价格支付货款。一旦价格上升，出口商在期货市场上的盈利会弥补现货市场的亏损。

（二）签订固定基差的出口合同

固定基差的合同属于非固定价格合同，它是将合同价格的确定时间与出口合同的订立时间分割开。合同的价格是以基差的形式同交易所的期货价格挂起钩来。无论期货市场价格如何变化，交易双方的价格均按期货价格加上或减去固定基差来计算。根据不同情况，期货价格可以由出口商在装运期前选定，也可以由进口商选择。如果是由进口商选择，那么对进口商而言，就有较灵活的定价余地。例如，进出口商达成一项合同，交易双方就基差达成协议。合同价格暂定为“\$0.15 over May CBOT”，即基差按芝加哥商品交易所的期货价格计算为+0.15 美元（出口价格比芝加哥商品交易所 5 月份的期货价格高 0.15 美元）。在确定基差时，双方会考虑运输成本、产品品质差异以及时间差价等因素。

签订上述合同，对出口商而言，意味着合同价格的最终确定要由进口商选择。因此，为了避免期货交易所 5 月份期货价格下跌给他带来损失的风险，在签订固定基差合同后，出口商采购货源，并且同时在交易所出售期货合同对现货进行保值。由于进口商可以选择交货前任何一天的 5 月份芝加哥商品交易所的期货价格来决定进出口合同价格（当然，这种自由定价权也会给他带来风险），那么，期货价格一旦被进口商接受了，进口商会马上通知出口商购买合同平仓，或者以出口商的账户购买期货合同。这样，合同价格就为进口商选择的期货价格再加固定的基差。这里进口商取得了定价的自由，而出口商也无任何损失，因为这种做法与固定价格的合同无多大区别，实际出口的价格已被期货市场的套期保值给固定住了。一旦出口价格下跌，出口商在期货交易所会不断地取得现金收入，足以弥补现货交易的损失。

（三）签订固定基差合同和场外交易

这种保值做法与签订固定基差合同的做法基本一致，即在签订出口合同时，将基差固定下来，然后，出口商采购货源，并同时在期货市场上做套期保值。然而，所不同的是，进口商选定交易所期货价格时是在期货市场上以自己的账户买入期货合同。等装运期来临，出口商按期办理装运。进口商按约定，将期货交易头寸与出口商的现货相互交换。也就是进口商将原来在期货市场上以自己名义买入的期货合约转到出口商的名下。这种做法必须通过交易所的清算所，称为“场外交易”（Ex-pit Trade）或期货换现货（Exchange for Physicals 或 Actuals）。期货交易所和清算所一般允许这种场外交易。它是期货合同必须在交易所场内通过竞价方式进行交易的一种例外。只要交易者有相等的现货交易相配合，就可以同另一个交易者的期货交易头寸在场外相互交换，以对冲前者在交易所已经建立的空头交易头寸。场外交易的好处就是交易者可以在交易所闭市时照常进行，但要向清算所进行登记和报告。另外，对于出口商而言，这种做法可以充分保障套期保值的效果。

本章小结

本章以外贸企业利用期货市场进行套期保值为线索，介绍了期货交易的相关概念、期货交易与现货交易的主要区别与联系、期货市场的构成，以及套期保值的定义及具体做法。对于经营大宗商品的外贸企业而言，学会利用期货交易来转移价格波动风险，具有非常重要的经济意义。

思考题

1. 何谓期货交易？期货交易在国际贸易中的地位如何？
2. 期货交易与现货交易有哪些区别和联系？
3. 期货交易的主要特点是什么？
4. 为什么期货交易必须通过经纪佣金商或场内经纪人来从事交易？
5. 清算所在期货市场上处于什么地位？
6. 期货交易的保证金有哪些类型？如何交纳？
7. 套期保值与投机的主要区别是什么？
8. 如何给套期保值下定义？
9. 为什么说套期保值可以转移现货交易的风险？
10. 何谓基差？基差如何影响套期保值效果？
11. 何谓基差交易？试举例说明如何进行基差交易。
12. 为什么期货交易所允许以“期货换现货”的场外交易？

案例分析题

美国农业部公布了月度报告，美国芝加哥商品交易所的玉米期货价格大幅上涨，期价创出了 2005 年 7 月以来的新高。美国农业部的报告预计，2005/2006 年度玉米库存为 22.26 亿蒲式耳，较上月的预测数据下降了 7 500 万蒲式耳。同时，美国农业部首次还对 2006/2007 年度玉米期末库存作出了预测，预测值为 11.41 亿蒲式耳，这个数据远远低于此前 15.82 亿蒲式耳的分析师平均预测值。

据国外机构预测，基金当天买入了 1.3 万张玉米合约，市场预计：荷兰银行买进了2 000张 7 月合约，JP 摩根买进 2 000 张 7 月合约，RJO 买进 2 000 张 7 月合约，飞马（Fimat）期货买进 2 000 张 12 月合约、1 200 张 7 月合约，曼氏金融买进 1 200 张 7 月合约，东方汇理（Calyon）和花旗银行各买进 1 000 张 7 月合约。

2004 年年底以来，玉米就成为基金追捧的对象之一，由于国际能源、糖等商品价格高涨，作为生产乙醇、葡萄糖主要原料之一的玉米自然成为市场投资者要挖掘的下一个品种。但是，由于过去两年，全球玉米产量巨大，玉米库存压力非常明显，该品种期价在基金买盘和基本面利空的较量中震荡上行。3 月 31 日，美国农业部报告让市场看到了基本面压力减弱的迹象，当天的报告指出，2006/2007 年度美国玉米播种面积预计将减少 375 万英亩，至 7 801.9 万英亩。而接着，美国农业部的报告再次缓解了玉米库存的压力，投资者顿时感觉异常轻松，期价自然也上了一个台阶。

美国农业部本次月度报告预估的下年度新玉米结转库存，比当前年度的 22.26 亿蒲式耳水平下降了近 50%。由于生产酒精对玉米需求的不断增长，预计下年度的美国玉米总使用量将达创纪录的 11.6 亿蒲式耳，较当前年度提高 6%；预计下年度酒精用玉米需求量为21.5亿蒲式耳，较当前年度增加5.5亿蒲式耳。

在上述案例情景下，试分析影响玉米期货价格的主要因素是什么？作为玉米的种植商应采取什么样的期货投资策略？作为玉米的加工商应采取什么样的期货投资策略？

第十九章

对销贸易

对销贸易（Countertrade）是在古老的易货基础上产生并发展起来的，是一系列将进、出口两笔交易结合起来、在互惠基础上进行贸易的做法。对销贸易包含复杂的内容和操作形式，其含义及做法国际上没有统一、明确的解释，对其评价也褒贬不一。但是，对销贸易以其特有的形式和作用，在国际贸易中占有一定地位。在当今经济全球化及各种不确定环境下，对销贸易作为一种重要的营销工具，更是作为许多国家政府、跨国公司和企业等整体战略选择、风险规避的手段之一而发挥重要作用。我国也开展了多种形式的对销贸易，对促进我国对外贸易和经济的增长发挥了重要作用。

第一节　对销贸易的含义及作用

一、对销贸易的含义和基本特征

对销贸易是个统括的概念，国际上对其没有统一的解释。一般将其理解为是在互惠的前提下，由两个或两个以上的贸易方达成协议，将进口和出口相结合，以出口抵补或部分抵补进口的一系列贸易方式的总称。

对销贸易源于易货，但作为多种贸易方式的总括概念，则形成于20世纪60~70年代。20世纪30年代，最具代表性的德国实行的“补偿协定”（Compensation Agreement）、第二次世界大战期间英国采用的“补偿制”（Compensation System）和第二次世界大战后大量出现的双边贸易清算协定，都是在易货基础上，利用补偿原则而衍生出来的做法。到20世纪60年代末期，随着互购和产品回购这类交易的出现，苏联出现了用“补偿基础上的贸易”（Trade on Compensation Basis），西方也开始使用 Countertrade 的概念来概括这一系列做法。

对销贸易不同于传统的现汇进出口贸易。对销贸易方式，具有互惠的特点，将进出口相结合，一方的出口必须以进口为条件，即双方相互提供出口机会；此外，对销贸易是以出口抵补或部分抵补进口为基本特征。一方从国外进口，不用或不完全用现汇支付，而是以向对方反向的出口来抵补或部分抵补进口所需款项。这样做，对于外汇储备较紧张的国家来说，有利于保持其国际收支的平衡。

对销贸易涉及的先后两笔交易的金额不一定相等。在各种形式的对销贸易中，除易货贸易双方根据协议可以要求交易数额基本相等外，其他形式的对销贸易，许多情况下，双方所交换商品的数额相差悬殊。因此，将“Countertrade”称为“对等贸易”或“互抵贸易”，容易引起误解。

对销贸易并不等同于易货。对销贸易源自易货，它包含的各种交易形式都具有易货的基本特征——商品交换，但它又不是易货的简单再现。当今对销贸易的各种形式，早已将商品交换和资本流动融为一体，将贸易活动和投资活动结合进行。

二、对销贸易的分类

从不同的角度，可将对销贸易划分为不同种类。

第一，从交易双方是否出于自愿达成交易来看，可将对销贸易分为自愿的对销贸易（Voluntary Countertrade）和政府命令的对销贸易（Government Mandated Countertrade）。

自愿的对销贸易是由企业自主进行的，主要作为一种营销手段，以增强企业的市场竞争力。政府命令的对销贸易，主要作为行业发展政策的一种调节手段，是指政府对于某些行业的交易，规定必须采用某种形式的对销贸易方式。这种政府命令的对销贸易在 20 世纪 80 年代主要用于军火及民用飞机等大型的抵销交易。近年来，由于经济的全球不景气及日益激烈的市场竞争，政府命令的对销贸易，作为一种新的保护主义方式，被许多国家在越来越广的领域所采用。

第二，从交易的融资需求来看，可将对销贸易分为以下两类：

1. 易货及易货类型的交易

这类交易的主要特点是，交易双方用一种或多种商品交换等值或价值近似的其他商品，通常只签订一份合同，不用货币支付。易货、转手贸易和清算协定项下的交易，即属于此类交易。

2. 其他形式

这类交易涉及使用现汇或信贷，通常使用两个既相互独立、又相互联系的合同，从而将进出口两笔交易结合起来。互购、回购和抵销等交易，均属于此种形式。

三、对销贸易在国际贸易中的作用

对销贸易是适应了国际经济贸易在一定发展阶段的客观需要而逐步发展起来的，对促进世界经济增长，特别是国际贸易的发展起到了积极的作用。主要表现在以下方面：

（一）可在不动用或少动用外汇的条件下进行进出口贸易

对销贸易这种独特的作用，使一国在外汇支付能力缺乏时仍能保持或扩大进口，保持或扩大其对外贸易的规模。通过开展对销贸易，可以保持或增加一国的外汇储备，改善其国际收支状况。

（二）吸引国外的资金和技术

对销贸易中，回购和抵销贸易等形式还具有吸引外国资金和技术的作用，它不仅可以用来促进某些产业或部门的技术提高和生产发展，同时也是除正常融资渠道外，一国吸引外国资本流入的有效方法。

（三）带动某些产业的产品出口

对发展中国家而言，通过对销贸易的方式，可以促进本国产品特别是工业制成品的出口，改善本国出口商品结构，也在一定程度上打破发达国家的贸易壁垒。

对发达国家而言，通过对销贸易的方式，提供回购承诺、信贷或投资等条件，可以增强其市场竞争力，促进一些用现汇方式难以销售的产品、技术、设备的出口，并以优惠的价格，取得所需战略物资、原材料和零部件等的长期、稳定的供应，对于维持和扩大本国的生产、就业具有显著作用。

（四）发达国家之间采用对销贸易的形式，有助于建立更有效的产业合作

比如在专业技术的转移和投资项目的执行过程中，通过回购和抵销贸易等形式的对销贸易安排，使合作各方的利益关系更趋密切和合理，从而形成更有效的合作形式。

（五）对销贸易中商品定价具有灵活性和隐蔽性

对销贸易形式下，经济效益一般是进出口统括核算，以总体盈利为目标。这时，进口和出口的商品价格是通过二者相对的比价体现的。在总体盈利的条件下，提高进口商品的价格，就使出口商品价格相对降低，从而加强出口国的竞争能力，比较隐蔽地补贴了出口。这种定价灵活性成为促进出口的一种手段。

应当指出，对销贸易也有其自身的局限性，它对国际贸易中自由贸易的发展和市场机制的发挥带来一定的负面影响。对销贸易的消极作用，表现在其进出结合的形式是带有浓厚的双边性和封闭性。对销贸易以限制性的措施来冲破保护主义的壁垒，客观上却增强了保护主义。同时，在这种双边和封闭的模式下，市场机制的作用被削弱，决定贸易的主要因素不再是商品的价格和质量，而是回购的承诺，这就不是按最佳价格，从最理想的市场，购得最佳产品；也不是按理想价格，把产品销往最佳的目标市场。此外，对销贸易方式下，作为回头货的商品经常是与先出口方出口的商品无关。其结果，由于先出口方不具有相关的专业知识和渠道而无法以最优的价格来出售这些回头货。这种模式可能使对销贸易难以实现最大的经济效益，对国际贸易格局和世界资源的合理配置产生消极影响。

尽管如此，对销贸易的使用范围仍在不断扩大，涵盖的商品也越来越广泛。近 20 年来，世界上几乎各种类型的国家都不同程度地参与了这种贸易形式，一些全球性的对销贸易服务行业也应运而生。总之，对销贸易在国际贸易发展中起着重要作用。

第二节 易货、清算协定项下的交易及转手贸易

纯粹的易货通常是指货与货的同时交换。政府之间进行的易货贸易一般包括一系列通过清算协定进行的易货交易。在规定的期限结束时，交易双方清算账户的不平衡通常只能以交货来抵补，于是出现了为便于顺差方取得可自由兑换硬通货的转手贸易。这类交易以纯粹物物交换为主要特征，具有种种局限性，在对销贸易中所占比例不大。

一、易货（Barter）

根据美国国际贸易委员会、美国对销贸易协会及国际上普遍的解释，易货是指交易双方按照各自的需要，根据交易双方所商定的拟交换商品的价值直接交换货物或劳务，不使用货币支付。

需要说明的是，在这种方式下，尽管没有现金转手，但并不排除交易双方使用货币表示其所交换商品的价值。这种情况下，货币的作用仅在于比较所交换货物或劳务的价值。

上述易货形式在国际上通常被称为纯粹易货（Pure Barter）、简单易货（Simple Barter），其特征是所交换商品的价值相等或相近，一笔交易通常只签订一份规定双方履行换货义务的合同，包括拟交换商品的数量、品质、规格等，一般没有第三方参与，并且是一次性现货交易。这种传统的易货贸易是一种古老的贸易方式，往往要求进口和出口同时成交，具有很大局限性，在现代国际贸易中很少采用。实际业务中，许多国家采取了一些灵活的变通做法，其中最常见的即为通过对开信用证的方式进行易货贸易。

在采用对开信用证进行易货时，交易双方先签订换货合同，各自出口的商品按约定的货币计价，金额相等或基本相等，货款通过开立对开信用证的方式进行结算，即双方都开立以对方为受益人的信用证。由于交货时间的差异，双方开立信用证的时间也就有先有后。为了确保后进口开证的一方能按合同履行开证义务，先进口开证的一方通常在信用证中规定，该证以对方按规定开出信用证为生效条件；或者采用保留押金的方式，即先开出的信用证先生效，但是结汇后，银行把款扣下，留作该受益人开立回头证的押金，以此控制对方。

应指出的是，在这种做法下，双方进行的仍然是以货换货的交易，而非现汇交易。先出口的一方出口后得不到信用证中以一定货币所表现的货款，而只是取得对方承诺供应的双方约定好的货物或劳务作为补偿，然后自己使用这些货物或再进行转售。因此，先出口方往往要求对方银行出具后出口方按期履约的担保，以保证其经济利益的按期实现。

二、清算协定项下的交易

清算协定（Clearing Agreements）项下的交易又称为记账易货贸易，多用于政府之间根据记账、清算协定而进行的交易。双方政府各自提出在一定时期（通常为 1 年）提供给对方的商品种类，进口金额相等或基本相等，经双方协商同意后签订易货协定书，然后根据协定书的有关规定，由各自的贸易公司签订具体的进出口合同，分别交货。两国政府根据签订的清算协定，在双方银行互设账户。商品出口后，由双方银行凭装运单证在对方国家在本行开立的账户进行记账，然后由双方银行按约定的期限结算。

我国在与苏联及伊朗的贸易中常常采用清算协定的方式。如 20 世纪 90 年代初，我国新疆维吾尔自治区与苏联采用清算协定方式，由我方向对方提供纺织品、轻工业品及农产品，换取对方的钢铁、木材、水泥、汽车及冰箱。与我国采用清算协定进行易货贸易的其他国家还有阿根廷、孟加拉国、加拿大、哥伦比亚和美国等。

如上所述，按照两国政府签订的双边贸易清算协定进行的交易，都必须通过国家银行的特定账户的结算单位进行清算。结算单位不直接以现金折算，而是代表购买协议国制造的产品的购买力单位。在清算时，虽然都要使用一定货币计算和结账，但这种约定的货币都是不可兑换的。一定时期终了时，双方账户如果出现不平衡，只要不超过约定的“摆动额”（Swing，一般约为规定期限贸易量的 35%），原则上顺差方不得要求对方用自由外汇支付，而只能以货物抵充，即通过调整交货速度，或由逆差方增交货物予以抵补。转手贸易则是为从事这种贸易的交易方能够取得可自由兑换的硬通货而产生的。

三、转手贸易

转手贸易（Switch Trade）又叫三角贸易（Triangular Trade）。这种方式要涉及两个以上当事人，内容复杂。

在国际贸易中，转手贸易主要有以下两种方式：

（一）简单的转手贸易

握有顺差的一方根据记账贸易将回购的货物运到国际市场，为了加强其产品的竞争能力，往往以低于市场的价格转售货物，从而取得硬通货。这实际上是一种简单的转口贸易。

（二）复杂的转手贸易

记账贸易下拥有顺差的一方，用该顺差以高于市场价的价格从第三者（通常为某一西方企业）购进本来需用自由外汇才能换得的其所需的设备或其他产品，由该第三者用该顺差从记账贸易下的逆差国家购买约定的货物，在其他市场转售，最后取得硬通货。

在实践中，转手贸易的内容比较复杂，往往涉及许多方面，需要环环紧扣。因此，这种贸易通常不是一般商人可完成的，而是要通过专门从事转手贸易的转手商（Switch Trader）来进行。他们都是资本雄厚，在许多国家和地区都有分支机构或专门网络的大贸易商或贸易行，有的甚至是跨国公司的某一专门部门。具体做法是，握有顺差的一方以一定的折扣（通常为2%~12%）将顺差转让给这些转手商，取得自由外汇，然后由转手商用该顺差从逆差国购买商品。通过一系列复杂的国际贸易，这些转手商最终得到能换回硬通货的货物。

不难看出，对于第三国商人来说，通过转手贸易，一方面他能够以高于市场价的价格出售其产品，同时，还可以用换得的记账贸易下的顺差从发展中国家购进其认为有利可图的出口商品。从发展中国家的角度分析，对于顺差国家来说，通过转手贸易，他将根据双边贸易账户下出口的商品转售到西方市场换取现汇，将记账贸易项下的顺差变为可兑换的硬通货，从而利用硬通货进口其必需的物资，以避开由于货币不能自由兑换带来的财政困难；但是作为逆差国家，非但拿不到任何硬通货，还可能因对方的低价转售而影响他的正常出口和其产品的国际市场价格。因此，许多发展中国家对这种转手贸易持反对态度。这也是转手贸易在数量上和重要性方面从20世纪50年代的全盛时期跌落下来的重要原因之一。

第三节　互购、回购和补偿贸易

互购和回购贸易常见于机器、设备等方面的交易，通常都涉及使用两个既独立而又相互联系的合同，两笔交易一般均为现汇交易。两者的主要区别在于回购商品的种类不同。互购和回购是最常见的两种对销贸易方式。我国国际贸易中采用的补偿贸易与回购的做法非常接近。

一、互购

互购（Counterpurchase）又称为“平行贸易”（Paralle Trade）。在我国还有人将其译成“反向购买”。

（一）互购贸易的含义及做法

互购，顾名思义，就是交易双方互相购买对方的产品。根据联合国欧洲经济委员会的解释，互购交易中，“先出口方自己或由第三方在规定的期限内，从先进口方（或进口国的第三方）购买商定数量或价值的商品”。互购贸易涉及使用两个既独立而又相互联系的合同。在这种方式下，交易双方先签订一个合同，约定由先进口国（往往是发展中国家）用现汇购买对方的货物（如机器、设备等），并由先出口国（通常为发达国家）在此合同中承诺在一定时期内（例如12个月）买回头货；之后，双方还需签订一个合同，具体约定由先出口国用所得货款的一部分或全部从先进口国购买商定的回头货。互购方式下，作为回头货的商品与进口的商品无关。例如，我国首钢与加拿大北方电信公司达成互购贸易，由首钢从北方电信进口价值1 200万美元的程控电话交换机，其中800万美元是由首钢向北方电信返销钢铁产品偿付的。

（二）互购贸易的特点及利弊

互购贸易的特点是交货期较短（一般为1~5年），两笔交易都用现汇支付，一般是通过即期信用证或即期付款交单来进行，有时也可采用远期信用证付款方式。它与传统的现汇交易的不同之处在于，先出口的一方在第一份合同中作出回购对方货物的承诺，从而把先后两笔不一定等值的现汇交易结合在一起。

互购和易货具有下列区别：

（1）互购不是单纯的以货换货，而是现汇交易，而且不要求等值交换。

（2）互购通常涉及使用两个既独立而又相互联系的合同。双方可在第一份合同中将先出口方承诺回购的商品的品名、数量、价格、金额等具体订明，但这在实际业务中有时很难办到。因此，多数情况下对此只能做一些原则性的规定，只规定回购的义务和金额，其他细节再按约定的时间另行商定具体合同。

（3）一笔互购交易有时要涉及两个以上的当事人。除非双方另有约定，按照目前国际上的做法，在征得对方同意的基础上，先出口方的回购义务和先进口方的供货义务可分别由其他第三方来完成。

二、回购

回购（Buyback）在日本被称为“产品分成”（Product Sharing），这种做法多出现于技术或设备的交易。按照回购协议，先进口国购进技术或设备，同时由先出口国向先进口国承诺购买一定数量或金额的、由该技术或设备直接制造或派生出来的产品，即通常所说的直接产品或有关产品（Resultant or Related Product），用以抵付所购技术、设备的价款。这是回购与互购贸易的主要区别。

实际业务中，由于回购贸易涉及的金额较高（通常为数亿美元）、期限较长（一般为5~20年），因此，往往不可避免地要涉及设备出口方向进口方提供融资，由设备进口国以赊购方式或利用信贷购进技术或设备，然后以向对方返销该技术或设备所生产出来的相关产品所得的款项分期偿还进口设备的价款和利息，或偿还贷款及利息。这种做法是回购贸易最常见、最基本的做法。

有时，所交易的设备本身不生产物质产品，或其直接产品不为对方需要或不好销。在这种情况下，也可由双方协议，由设备进口方提供双方所能接受的其他产品偿付进口。这种做法比较复杂，双方当事人往往会在产品的选定问题上发生分歧而使交易延缓甚至无法达成。从设备进口方的角度看，为了不影响其正常的出口外汇收入，一般不愿用其传统出口商品作为抵补，而愿意提供一些他们拟扩大出口或争取出口的次要产品。但从设备供应方的角度来看，通常都希望取得在国际市场上好销或他们需要的产品。这两方面的统一有时是很难做到的。

三、补偿贸易

需要指出的是，回购非常接近于我国采用的补偿贸易。与回购相比，我国的补偿贸易内涵更广，做法更灵活。

（一）补偿贸易的含义

补偿贸易（Compensation Trade），是指在信贷基础上进口设备，然后以回销产品和劳务所得价款，分期偿还进口设备的价款及利息。

（二）补偿贸易的种类

在我国开展的补偿贸易中，按照用来偿付的标的的不同，大体上可分为三类：

1. 直接产品补偿

双方在协议中约定，由设备供应方向设备进口方承诺购买一定数量或金额的由该设备直接生产出来的产品。这是补偿贸易最基本的做法。但是这种做法有一定的局限性，它要求生产出来的直接产品及其质量必须是对方所需要的，或者在国际市场上是可销的，否则不易为对方所接受。

2. 其他产品补偿

当所交易的设备本身不生产物质产品，或设备所生产的直接产品非对方所需，或在国际市场上不好销时，可由双方根据需要和可能进行协商，用回购其他产品来代替。

3. 劳务补偿

这种做法常见于同来料加工和来件装配相结合的中小型补偿贸易。按照这种做法，双方根据协议，往往由对方代我方购进所需的技术、设备，货款由对方垫付。我方按对方要求加工生产后，从应收的工缴费中分期扣还所欠货款及利息。

在实践中，上述三种做法还可结合使用，即进行综合补偿。有时，根据实际情况的需要，还可以部分用直接产品或其他产品或劳务补偿，部分由现汇支付等。

（三）补偿贸易的特征与作用

1. 补偿贸易的特征

（1）信贷是进行补偿贸易必不可缺的前提条件。在实际业务中，信贷可以表现为多种形式，但大量出现的是商品信贷，即设备的赊销。

（2）设备供应方必须同时承诺回购设备进口方的产品或劳务，这是构成补偿贸易的必备条件。

不难看出，在信贷基础上进行设备的进口并不一定构成补偿贸易。例如在延期付款方式下，进口所需的大部分货款是在双方约定的期限内分期摊付本金及利息。但是这种方式下，货款的偿还与产品的销售本身没有直接的联系。所以，尽管交易也是在信贷基础上进行的，但并不构成补偿贸易。可见，补偿贸易，不仅要求设备供应方提供信贷，同时还要承诺回购对方的产品或劳务，以使对方用所得货款偿还贷款。这两个条件必须同时具备，缺一不可。

2. 补偿贸易的作用

（1）对设备进口方的作用

第一，补偿贸易是一种较好的利用外资的形式。

第二，通过补偿贸易，可以引进先进的技术和设备，发展和提高本国的生产能力，加快企业的技术改造，使产品不断更新及多样化，增强出口产品的竞争力。

第三，通过对方回购，还可在扩大出口的同时，得到一个较稳定的销售市场和销售渠道。

（2）对设备供应方的作用

在当前市场竞争日益激烈的条件下，承诺回购义务可以加强设备供应方的竞争地位，争取贸易伙伴。同时，对于设备供应方取得较稳定的原材料来源，或从转售产品中获得利润等方面，也能起到积极的作用。

（四）补偿贸易合同的主要内容

我国对外签订的补偿贸易合同以及国外使用的产品回购合同，均没有统一的固定格式，其具体内容可以根据交易双方意愿协商制定。双方可以经过磋商，先订立一个基本协议，确定各自在提供设备、信贷和回购方面的义务，然后根据该协议的有关规定，分别签订供应设备和回购产品或劳务的具体合同。但是，从我国补偿贸易实际业务看，更常见的则是在一个合同中把上述内容全部包括进去，一一作出具体规定。不论采取什么方式，其具体内容一般应包括以下几个方面：

1. 有关技术及技术协助方面的规定

这部分的内容，要根据设备的种类及性质而定。一般应包括设备的名称、型号、规格、性能和参数，同时应明确设备的安装责任、对方应负责的技术协助（包括人员培训）的内容，以及质量保证及其期限等。如果涉及专利或专有技术，还应明确规定设备供应方的有关保证。这样做，可使双方的责任义务更加明确，减少以后产生纠纷的可能性。

2. 有关信贷的条件

这部分内容，一般包括贷款金额、计价和结算货币、利率、偿还期限、偿还办法以及银行担保等。

3. 有关回购义务的规定

前已述及，设备供应方承诺回购产品或劳务的义务是构成补偿贸易必备的条件之一。因此，在订立补偿贸易合同时，有关这方面的内容，需要在合同中具体、明确地一一作出规定。主要应包括以下几个方面：

（1）回购产品的名称、品种、规格。在商定这些内容时，一定要做到明确、具体。如果双方约定用直接产品偿付，则在合同中就应将产品的品质订明，作为以后履约的依据。如果双方约定用其他产品偿付，则应将产品的名称、品种、规格以及质量标准等在订立合同时明确、具体地作出规定。

需要注意的是，由于种种原因，交易双方有时无法事先明确规定具体的回购产品的种类。在这种情况下，为了便于合同的达成，双方应就回购产品的选定订立一些规则。比如，先拟定一个回购产品的清单，以供交易双方选择。这样做的好处是可以给交易双方留有更大的选择余地，从而有利于合同的顺利履行。

由于补偿贸易的期限一般都较长，比较容易出现要求更换货物类型的情况。因此，如果双方预见到这种更换的可能性，在订立合同时，也可确立一套更改程序，根据交易的期限和性质，由双方定期审查货物条款，或在双方特别磋商的基础上更改货单。这样对于交易双方都是很有益的。

（2）回购的额度。在补偿交易中，设备供应方对于设备进口方回购承诺比例的大小，直接关系到为设备进口方提供多大偿还能力。在这方面，双方往往存在着分歧。作为设备供应方来说，一般希望回购义务的比例越小越好；而作为设备进口方，则一般说来希望进行全额补偿，即愿意用向对方提供其所承诺回购产品或劳务的货款抵付全部设备的价款及利息。具体的抵付额度通常取决于进口方对技术设备的需要程度、返销产品的供应能力、设备供应方推销设备的迫切程度，以及其他可能影响双方谈判地位的各种要素。

在实际业务中，确定回购的额度或者说是确定回购产品数量的方法一般有两种：一种是指明具体的数量；另一种是规定出回购产品的总金额，从而可以计算出回购产品的实际数量。由于补偿贸易的交货期一般较长，于是按照金额确定数量的方法就存在一个货价变动的问题。货物单位价格上升即意味着回购产品的数量减少；而单位价格下跌，则意味着回购数量的增加。有时，这种变动幅度甚至相当大。所以，使用这种方法确定回购数量时，需充分考虑货价因素并就此作出相应规定，以便于今后交易的顺利进行。

此外，双方还应结合还款的期限，在合同中就每期回购的具体时间、数量以及不履行回购义务的补救办法等作出相应的明确规定。

（3）回购产品的作价。对于期限较短（例如1~2年）、金额较小而且产品价格相对稳定的补偿贸易，有时可在合同中明确规定回购产品的价格。但是，补偿贸易的特点往往是金额较大、期限较长。在这种情况下，一般认为在合同中最好不固定价格，但是，必须规定作价的原则、作价时间、定价标准、方法及程序等，以利于合同的执行。

（4）对回购产品销售地区的限制。回购的产品，除有时自用外，多数情况下都是用于转售。对于承诺回购义务的一方来说，总是希望尽量减少对回购货物转售的限制。如果要禁止他在最有吸引力的市场转售货物，在谈判时，他往往会要求对方降低回购产品的价格。对于回购产品的供货方来说，则通常是希望能对产品销售的地区加以限制。其出发点主要有二：首先是对货物的转售不能冲击其正常贸易下已有的市场和渠道；其次是不应在其已有代理销售关系的地区进行转售。此外，他也不希望在售后服务不健全的市场进行销售，以保证其产品顺畅销售。

按照国际贸易的习惯做法，如果回购产品的供方在合同中未对其产品的转售加以限制，则可推定对方可任意转售其回购的产品。因此，在补偿贸易合同中，对回购产品具体销售地区的限制，交易双方一定要作出明确、具体的规定，以免日后产生纠纷而影响合同履行。

此外，如果设备涉及工业产权，也应对其产品的销售地区加以一定的限制，以免出现侵权行为。

（五）进行补偿贸易应注意的问题

补偿贸易是一种比较复杂的交易，涉及贸易、信贷和生产，而且持续时间又比较长，在履约期间，往往会发生一些难以预料的变化。因此，进行一项补偿贸易，尤其是大型的补偿贸易，应特别注意以下几个问题：

（1）必须做好项目的可行性研究，立项时必须慎重考虑。

（2）合理计算贷款的成本和安排偿还期。对于贷款成本，既要考虑利率的高低，又要考虑所使用的货币是软币还是硬币，还要考虑设备价格的高低。只有从这三个方面进行综合核算，才可能得到比较理想的成本。

（3）正确处理补偿产品和正常出口的关系，原则上应该以不影响我国的正常出口为前提。为此，必须在出口数量、销售市场和定价方面予以充分注意。

第四节　抵　　销

抵销（Offsets）是第二次世界大战后，尤其是20世纪80年代开始盛行并不断发展的一种贸易方式。这种方式多见于发达国家与发展中国家的军火和民用客机等买方政府认为是重点项目的交易。目前，这种方式也日益成为许多发达国家获取与国防相关技术的一种重要手段。①

抵销贸易中常见的交易方式有：

1. 合作生产（Co-production）

合作生产即根据政府之间的协议，允许先进口国政府或生产商获取有关技术来生产全部或一部分设备出口国生产的军火等设备。这种方式下，先进口国购买的是标的设备的技术和设计，然后以返销在该设备中所使用的零部件抵付进口货款。先进口方可以进口，也可以不进口有关设备。

2. 许可生产（Licensed Production）

同合作生产方式类似，这种方式下，先进口国购买标的设备的技术和设计，设备出口方许可对方参与全部或某些特殊部分的生产（有时，先进口方只被获许最后的组装），以所得款项抵付其进口货款。与合作生产不同之处在于，许可生产是在设备出口方的某一公司与先进口国政府或生产商之间进行的，而不是政府与政府之间的交易。意大利和英国经常采用这种抵销方式购买美国设计的直升机的生产许可。

3. 分包商生产（Sub-contractor Production）

分包商生产即军火设备的零部件或某些组成部分在海外生产。分包商生产不一定涉及许可或技术信息。

4. 海外投资（Overseas Investment）

如果先进口国的工业基础薄弱、不发达，以返销商品来抵付进口设备价款的余地很小，这种情况下，设备出口方往往将出口设备的货款用于在当地进行投资。

5. 技术转让（Technology Transfer）

抵销交易下的技术转让可采取的方式有：在海外进行研发、对海外投资的附属机构或合资公司提供技术支持等。

按照返销商品的种类，抵销贸易可以分为两种类型："直接抵销"（Direct Offset）和"间接抵销"（Indirect Offset）。在直接抵销的情况下，先出口的一方同意回购其出口产品中所使用的零部件或与该产品有关的产品。这种方式通常涉及某种形式的合作生产、许可生产、分包商生产、外国投资或技术转让。例如，先出口方与进口方合作生产这些零部件，或提供技术支持、人员培训，或进行投资。这种直接抵销有时也被

---

① 国际上对抵销交易方式的名称也不统一。例如，在比利时，抵销方式被称为"经济补偿"（Economic Compensation），澳大利亚最初称这种交易方式为"行业参与"（Industry Participation）。

称为“行业参与”（Industrial Participation）或“行业合作”（Industrial Cooperation）。

在间接抵销的情况下，先出口方同意从进口方购买与其出口产品不相关的产品，如原材料等。例如，芬兰在1986年向法国返销等值的4亿法郎的造纸机器以抵付从法国购买的反坦克装备；而希腊与法国抵销贸易的10%是由希腊向法国提供服务，包括旅游服务来偿付的。

进入20世纪80年代后，随着对销贸易日益灵活和多样化，抵销已作为一种重要的方式出现在国际舞台。西方国家将它作为一种争夺大型工厂设备市场和进行技术许可交易的方法，它还可为西方公司提供长期有保证的能源产品、原料或工业制成品。同时，南北之间的军火、飞机等类巨额交易也常用这种方式。其基本做法是：军火出口方承诺购买进口方的有关零部件，或承诺将进口货款转化为资本，在进口国兴办零部件工厂或其他工业，然后以分红的形式取得利润。如东道国实行外汇管制，也可以利润用于购买当地产品出口取得外汇的方式实现利润汇回。从本质上看，这种方式已突破商品交换的范围，成为直接投资、通过贸易进一步推动生产国际化进程的一种特殊方式。而且，这种通过抵销贸易进行的投资已应用到旅游业、商业及其他能够获利的产业部门。

当今的对销贸易中，由于抵销交易的客体通常是军火和大型民用客机，交易所涉及的金额巨大，而且往往有政府参与，因此，无论从交易量还是重要性方面，抵销交易所占的比重都越来越大。目前，与我国进行抵销贸易的国家包括美国、法国、德国、澳大利亚、加拿大和英国等。

本章小结

本章围绕对销贸易的相关概念和做法介绍了一系列将进、出口两笔交易结合起来的贸易方式。全球贸易仍然存在地区差异，对销贸易仍然在特定时期和特定情况下存在。学会利用这些不同的贸易做法，对开展进出口贸易有一定的现实意义。

思考题

1. 什么是对销贸易？对销贸易什么特点？
2. 对销贸易有哪些基本形式？
3. 简述转手贸易的基本做法。
4. 什么是回购？回购与互购的主要区别是什么？
5. 补偿贸易有哪些特征？对交易双方各有何利弊？我国的补偿贸易有哪些基本做法？
6. 与其他的对销贸易形式相比，抵销贸易有什么特点？

7. 简要分析对销贸易在国际贸易中的作用。

案例分析题

我某企业与国外某公司签订补偿贸易协议，从国外进口机器设备，由我企业向对方返销双方商定的产品来偿付进口设备价款。在协议中，双方具体规定了返销产品的种类、数量及金额等，但对其销售地区未做任何规定。产品返销对方后，对方又将其转售给我方已有该产品独家代理的另一地区的一家公司，给我企业带来了不好的影响及很大的经济损失。试分析，我企业是否有权要求对方赔偿损失？

第二十章

加工贸易

20 世纪 90 年代以来，我国的加工贸易有了迅速的发展，受到世人的广泛关注。根据海关统计，自从 20 世纪 90 年代中期开始，我国每年的加工贸易总额已超过一般贸易额，从而在我国对外经济贸易活动的舞台上扮演了极为重要的角色。尽管加工贸易这一词语由于新闻媒体的广泛使用，已为公众所熟悉，然而，在学术界尚未形成统一和权威的解释。我国海关统计中使用的加工贸易概念包括来料加工和进料加工两种方式。除此之外，90 年代末期我国企业在海外投资中开展的境外加工贸易方式，也可看作是加工贸易的新形式。

第一节　来料加工贸易

来料加工贸易在我国又称作对外加工装配业务，广义的来料加工包括来料加工和来件装配两个方面。它是指由外商作为委托方，提供一定的原材料、零部件、元器件，由我方作为承接方，按照委托方的要求进行加工或装配，成品交由委托方处置，承接方按照约定收取工缴费作为报酬。

一、来料加工贸易的性质

来料加工贸易与一般进出口贸易不同。一般进出口贸易属于货物买卖，来料加工虽有原材料、零部件的进口和成品的出口，却不属于货物买卖。因为原料和成品的所有权始终属于委托方，在一进一出的过程中并未发生转移，我方只提供劳务并收取约定的工缴费。因此，可以说来料加工这种委托加工的方式属于劳务贸易的范畴，是以商品为载体的劳务出口。按照我国合同法的解释，来料加工合同属于承揽合同的性质。

二、来料加工贸易的作用

来料加工贸易对于承接方来讲，具有以下的作用：

（1）可以发挥本国的生产潜力，补充国内原材料的不足，为国家增加外汇收入。

（2）引进国外的先进技术和管理经验，有利于提高生产、技术和管理水平。

（3）有利于发挥劳动力众多的优势，增加就业机会，繁荣地方经济。

对委托方来讲，来料加工贸易也可降低其产品成本，增强竞争力，并有利于委托方所在国的产业结构调整。

三、来料加工合同的主要内容及有关问题

来料加工合同包括三部分：约首部分、本文部分和约尾部分。约首和约尾主要说明订约人的名称、订约宗旨、订约时间、合同的效力、有效期限、终止及变更办法等问题。本文部分是合同的核心内容，其中包括：加工产品名称、品质、规格、数量、交货期、损耗率、残次品率、加工费标准及金额、付款方式、保险、验收等。如果对方融资为我方购进机器设备生产线等，并在加工费中分期扣还其价款者，这就兼具补偿贸易的性质，我们应在合同或协议中加入相应的条款，作出明确具体的规定。

1. 对来料来件的规定

来料加工业务中，承接方能否按时、按质、按量交付成品很大程度上取决于委托方能否按质、按量、按时供料。因此，在合同中要明确规定来料来件的质量要求、具体数量和到货时间。合同签订之后，任何一方不得擅自更改。为了明确责任，一般同时规定验收办法和委托方未能按规定提供料件的处理办法以及未按时间到达造成承接方停工、生产中断的补救方法。

2. 对成品质量的规定

委托方为了保证成品在国际市场的销路，对成品的质量要求比较严格，因此承接方在签订合同时必须从自身的技术水平和生产能力出发，妥善规定，以免交付成品时发生困难。质量标准一经确定，承接方就要按时按质按量交付成品，委托方则根据合同规定的标准验收，或由双方同意的检验机构进行检验，并出具证明文件。为了保证产品质量，有时委托方也可派人到加工现场进行技术指导和生产监督。

3. 关于耗料率和残次品率的规定

耗料率又称原材料消耗定额，是指每单位成品消耗原材料的数额。残次品率是指不合格产品在全部成品中的比率。这两个指标如定得过高，则委托方必然要增加成本，减少成品的收入；如定得过低，则承接方执行起来就会遇到困难。在合同中规定这一条款时一定要做到公平合理，并且留有余地，因为它直接关系到双方的利害关系和能否顺利执行合同。一般委托方要求耗料率不得超过一定的定额，否则由承接方负担，残次品率不能超过一定比例，否则委托方有权拒收。另外，可要求委托方在提供原材料和零部件时，按照耗料率或残次品率的百分比增加供应数量，多出部分不计算在加工装配的成品数额中。

4. 关于工缴费标准的规定

工缴费直接涉及合同双方利害关系的核心问题。由于加工装配业务本质上是一种劳务出口，所以工缴费的核定应以国际劳务价格为依据，并要具有一定竞争性。在对外谈判协商工缴费标准时，除了据理力争外，还要有长远观点。如通过认真审定，认为该项目确有发展前途时，在开展业务的初期，工缴费可以低一点，等业务开展起来，随着技术的进步和质量的提高，再逐步提高工缴费标准。另外，还应考虑到市场行情的变化和货币汇率的变化等因素，当情况发生较大变化时，应适当调整工缴费水平。

5. 对工缴费结算方式的规定

来料加工业务中关于工缴费的结算方法有两种：第一种是来料、来件和成品均不作价、单收加工费。采用这种方法时，多数是由委托方在承接方交付成品后通过汇付、托收或信用证方式向承接方支付加工费。第二种方法是对来料、来件和成品分别作价，两者之间的差额即为工缴费。采用这种方式时，承接方应坚持先收后付的原则，具体做法是，承接方开立远期信用证或以远期托收的方式对来料、来件付款，委托方以即期信用证或即期托收方式支付成品价款。在规定远期付款的期限时，要注意与加工周期和成品收款所需时间相衔接并适当留有余地，这样可以避免垫付外汇。

6. 对运输和保险的规定

来料加工业务涉及两段运输：原料运进和成品运出，须在合同中明确规定由谁承担有关的运输责任和费用。由于原料和成品的所有权均属于委托方，所以运输的责任和费用也应由委托方承担。但在具体业务中可灵活掌握，承接方也可代办某些运输事项。如规定由承接方支付某项运费，则应在工缴费中将该项运费包括在内。

来料加工涉及的保险包括两段运输险以及货物加工期间存仓的财产险。同运输一样，从法律上讲，承接方只承担加工装配，保险应归委托方负责。但从实际业务过程看，由承接方投保较为方便，有时委托方也要求承接方代办保险，保险费可连同工缴费向委托方结算。如由承接方代办保险，双方还应约定保险险别、保险金额等条件。

中国人民保险公司为适应来料加工业务发展的需要，开设了来料加工一揽子综合险，投保这一险别后，保险公司即承担了两段运输和存仓财产险。

7. 关于由委托方提供设备和技术的规定

有的来料加工业务中，为了保证加工产品的质量，根据双方的约定，由委托方在提供原料的同时，提供某些设备和技术，这些要在合同中作出明确规定。机器设备除了要写明其名称、规格、质量、牌号、出厂地点和时间、价格外，还须明确是无偿提供还是有偿提供。如果有偿提供，要订明我国国内承接方偿还价款的方式和期限。若提供技术，除按一般技术转让要求外，还应规定国外委托方为国内承接方培训技术人员和派遣专家的名额、培训时间、专家工作时间，以及费用负担等具体事宜。

8. 关于商标和专利使用问题

商标和专利都属于工业产权，各国对所有人都制定了保护性法律，在加工贸易中经常遇到国外委托方要求国内承接方按特定商标、外形设计和规格指标进行加工装配生产，在这些方面也应引起国内承接方的重视，为避免对他人的侵权，可要求委托方提供有关商标或专利的注册登记文件或其他足以证明其有合法使用权的其他文件，或在合同中订明承接方是按照委托方来样图纸、配方及指定的商标进行加工装配和包装，如对第三方构成侵权，责任全部由委托方承担与我承接方无关，承接方因此遭受的损失应由委托方负责赔偿。

此外，来料加工合同还应订立不可抗力和仲裁等预防性条款。

第二节　进料加工贸易

一、进料加工的含义

进料加工一般是指从国外购进原料，加工生产出成品再销往国外。由于进口原料的目的是为了扶植出口，所以，又习惯被称为“以进养出”。我国开展的以进养出业务，除了包括进口轻工、纺织、机械、电子等行业的原材料、零部件、元器件，加工、制造或装配出成品再出口外，还包括从国外引进农、牧、渔业的优良品种，经过种植或繁育出成品再出口。

进料加工与前面所讲到的来料加工有相似之处，即都是“两头在外”的加工贸易方式，但两者又有明显的不同，第一，来料加工在加工过程中均未发生所有权的转移，原料运进和成品运出属于同一笔交易，原料的供应者即是成品的接受者；而在进料加工中，原料的进口和成品的出口是两笔不同的交易，均发生了所有权的转移，原料供应者和成品购买者之间也没有必然的联系。第二，在来料加工中，我方不用考虑原料的来源和成品的销路，不承担商业风险，只收取工缴费，因此，对于广大中小企业就比较适合；而在进料加工中，我方是赚取从原料到成品的附加价值，要自筹资金、自寻销路、自担风险、自负盈亏。这项业务在规模较小的企业中开展就有一定困难。

二、进料加工贸易的做法

进料加工的具体做法，归纳起来，大致有以下三种：

（1）先签订进口原料的合同，加工出成品后再寻找市场和买主。这种做法的好处是进料时可选择适当时机，在价格较低时购进，而且，一旦签订出口合同，就可尽快安排生产，保证及时交货，交货期一般较短。但采取这种做法时，要随时了解国外市场的动向，以保证所生产的产品能适销对路，否则产品无销路，就会造成库存积压，影响企业的经济效益。

（2）先签订出口合同，再根据国外买方的订货要求从国外购进原料，加工生产，然后按合同的规定交货。这种做法包括来样进料加工，即由买方先提供样品，我方根据其样品的要求再从国外进口原料，加工生产。这种做法的优点是产品的销路有了保障，但要注意加工成品所需的原料来源必须落实，否则会影响到成品的质量或者导致无法按时交货。

（3）对口合同方式。即与国外客户签订进口原料合同的同时签订出口成品的合同，原料的提供者也就是成品的购买者。但这两个合同相互独立，分别以现汇结算。采用这种做法时，原料来源和成品销路均有了保证，但它的适用面较窄，不易成交。实际做法中，有时原料提供者与成品购买者也可以是不同的人。

三、开展进料加工的意义

进料加工在我国并非一种新的贸易方式，但在改革开放的过程中，在中央政策的鼓励下有了较为迅速的发展，特别是东部沿海地区开展得十分普遍，后来在内地也有了一定发展。我国开展进料加工的意义主要表现在以下几个方面：

（1）有利于解决国内原材料紧缺的困难，利用国外提供的资源，发展出口商品生产，为国家创造外汇收入。有些因故不能出口的产品还可以满足国内市场的需要。

（2）开展进料加工可以更好地根据国际市场的需要和客户的要求，组织原料进口和加工生产，特别是来样进料加工方式，有助于做到产销对路，避免盲目生产，减少库存积压。

（3）进料加工是将国外的资源和市场与国内生产能力相结合的参与国际分工的一种形式。通过开展进料加工，可以充分发挥我国劳动力价格相对低廉的优势，并有效利用相对过剩的加工能力，扬长避短，促进我国外向型经济的发展。

第三节 境外加工贸易

一、境外加工贸易的含义

境外加工贸易是指我国企业以现有设备、技术在国外进行直接投资的同时，利用当地的劳动力开展加工装配业务，以带动和扩大国内设备、技术、原材料、零配件出口的一种国际经济合作方式。

可见，境外加工贸易是在海外进行投资办厂的基础上，结合开展来料加工或进料加工，其目的是为了促进我国设备、技术以及原材料的出口。

二、开展境外加工贸易的必要性和可行性

我国企业开展境外加工贸易起步较晚，还缺乏经验，但应该看到它是当前国民经济结构调整和培育新的出口增长点的一项重要战略措施。我国政府决定开展这项业务是经过深思熟虑的。我们开展境外加工贸易具有它的必要性和可行性。

（一）开展境外加工贸易的必要性

（1）我国与许多国家存在着双边贸易不平衡问题，影响贸易关系的发展，开展此项业务，有助于绕过贸易壁垒，保持和拓展东道国市场或发展向第三国的出口，来缓解双边贸易不平衡的矛盾。

（2）在某些行业，如家电行业，我国生产技术已经成熟，要想在劳工成本不断上

升的压力下维持产品的国际竞争能力，必须将长线产品转移到其他国家和地区，来支持本国产业结构的调整。

（3）为适应经济全球化的大趋势，我国企业需要走出国门，开展跨国经营，利用当地较低的生产、运输成本和现有的市场销售渠道及其在区域经济一体化中的影响，获得较高的经济效益。

（二）开展境外加工贸易的可行性

（1）改革开放以来我们在开展加工贸易方面取得了丰富的经验，也培养了一大批管理人才，为我们走出国门打下了坚实的基础。

（2）在劳动力密集、技术层次较低、产品标准化的行业中开展加工装配业务，我国有一定的竞争优势。在一些科技含量较高的行业，经过近年来的不断努力，我们也具备了参与国际竞争的实力。

（3）我国资源丰富，某些原材料在国内有库存积压，通过开展带料加工，既有助于国产料件的出口，也解决了东道国资源不足的问题。

为了促进这项业务的开展，国家制定了一系列的鼓励措施，这主要包括：资金支持、外汇管理、出口退税、金融服务和政策性保险等鼓励政策。

三、开展境外加工贸易时应注意的问题

从我国一些大型企业开展这项业务的经验教训来看，应注意以下几个重要问题：

（一）做好人才方面的准备

国际市场的竞争关键是人才的竞争，我国的企业要想走出国门，并且在复杂多变的国际市场上站稳脚跟，首先需要一大批精干的人才。这些人除了要懂专业技术外，还必须具有从事外经贸业务的必要知识，熟练地掌握外语技能，熟悉国际经贸法律和市场营销知识，而且尽可能是一专多能的复合型人才。当然，这主要靠长期的培养和选拔，此外，举办各种培训班也可以起到一定的作用。

（二）要注重信息的积累

境外加工贸易是我国企业在国外进行直接投资的基础上开展起来的，也就是说企业活动的主要场地是在国外，因此，对当地的有关信息掌握的好坏直接关系到这项业务的成败。我们在选定目标市场时，一定要作充分的调查研究，了解有关信息，特别是与投资环境有关的当地法规、税收政策文化背景、基础设施、自然条件以及工会情况等。只有在广泛搜集信息的基础上，进行科学的分析，才能减少盲目性，降低投资风险。

（三）注意加强宏观管理

新生事物出现时要切忌一哄而起不计后果的倾向，这方面我们有过不少教训。国家已颁布了关于开展境外加工贸易的文件，制定了鼓励措施，也提出了工作重点和基本原则。另外，还要制定出实施细则，以利于业务的发展。作为企业的领导，应在中央政策的指导下进行合理规划，做好项目的可行性研究，并努力做到四个结合：与扩大我国外贸出口相结合，与国内产业结构调整相结合，与国外市场需求相结

合，与企业自身优势及投资能力相结合。此外，在选择目标市场时要避免扎堆，不搞无序竞争。

本章小结

综上所述，加工贸易在我国起步较晚，但近年来有了飞速的发展，它对于扩大改革开放，繁荣市场经济，改善人民生活等方面均发挥了巨大作用。目前加工贸易在规模和形式上还在不断创新，表现出旺盛的生命力。

思考题

1. 请了解我国合同法对于承揽合同的有关规定。
2. 来料加工业务中关于工缴费的结算有哪些不同方法?
3. 境外加工贸易与前两种加工贸易形式的主要区别是什么?

案例分析题

中国某医药保健品进出口公司与我国香港某有限公司于2018年3月在深圳市签订医用乳胶检查手套的来料加工合同。合同规定香港公司在2018年3月至2019年1月分批向医药保健品公司提供500吨一级乳胶原料。医药保健品公司应于2018年5月至2019年3月向香港公司分批发运医用乳胶检查手套3 000万只，工缴费为每千只29美元，总金额为87万美元。任何一方违约，除应赔偿对方原料或误工损失外，还应偿付对方制成品总值五分之一的款项。合同签订后，香港公司于2018年2月分4次向中国公司供料175.89吨。医药保健品公司在收到原料后安排生产。由于香港公司要求改变成品包装，经香港公司同意，医药保健品公司推迟了成品供货时间。医药保健品公司从2018年7月起至11月，先后向香港公司提供800万只乳胶手套，其中11月装运的一批100万只手套被拒收，于2019年3月由医药保健品公司运回。此外香港公司自2018年5月起停止向医药保健品公司供料，并不再开证接受医药保健品公司的成品手套，对此双方当事人发生争议。

请分析本案中合同当事人的违约责任问题。

第五篇　跨境电子商务

随着国际互联网的普及和企业应用信息技术水平的提高，网络虚拟市场已经成为与传统市场一样可以实现交易和履行合同的真正的市场空间。就外贸企业而言，国际互联网和现代信息技术已经成为企业开拓国际市场和实现国际贸易流程的专业必备手段。本篇就现代信息技术对国际贸易实务的影响、跨境电子商务的相关概念、跨境电子商务分类及商务模式、企业开展跨境电子商务的业务形态演化及运营决策体系进行介绍。

第二十一章

跨境电子商务基本概念

本章介绍电子商务对国际贸易的影响，掌握跨境电子商务的概念、特点与基本分类，对跨境电子商务的基本概念进行理解。

第一节 电子商务对国际贸易的影响

网上订货、网上促销、网上谈判都为国际贸易开辟了新的发展形式。这种网上的信息交换，开辟了一个崭新的市场空间，突破了传统市场必须以一定的地域存在为前提的条件，形成了以信息网络为纽带而连结成一体的统一的大“市场”。

一、电子商务改变了国际贸易的运行方式和运行环境

在国际贸易交易过程中，信息技术的普及将外贸企业、厂家、第三方服务商与海关、税务、商检等有关部门联系起来，同时对跨境电子商务活动中的找寻商机、促销、浏览商品、洽谈、签约、生产、交货、付款等进出口业务进行自动化处理并提供一条龙式的全程跟踪服务，进出口商品的交换信息、商贸洽谈、合同签订、货物运输、报关报检、进出口代理、交货付款等服务功能也都可以通过电子商务系统来传输和处理。与之前的业务处理方式相比，国际贸易不仅在运行方式上发生了很大的变化，贸易的运行环境也有了较大的改变。通过互联网上“虚拟”进出口信息的交换，开辟了一个开放、多维、崭新的市场空间，突破了传统交易市场中必须以一定地域存在为条件的局限，电子化的应用使得整个世界形成一个大的“统一市场”。同时，商品与服务等有关信息能在全球范围内充分准确地流动，表现出公开、完整和

实时等特性，减少了进出口双方信息的不对称，从而避免或减少了因市场信息不完全而引起的扭曲，同等质量的商品或质量相似的商品之间的竞争更加激烈，保证了价值规律充分发挥作用。

二、电子商务促进国际贸易流通渠道的变革

传统贸易的流通渠道中各参与主体为生产企业、国际贸易批发企业、零售企业及国外消费终端，渠道的特点主要表现为：专门的国际贸易部门及从业人员在固定的经营场所，按照国际惯例进行国际贸易商品的组织、运输、报关报检、国际结算。在传统国际贸易渠道中，从生产商、中间商到国外消费者的链条中，由于各供货环节不紧密，随机性强等原因导致渠道流通时间较长、产品耗损量大及产品的保鲜困难。此外，传统的国际贸易模式经过的中间商较多，交易信息不对称且不充分，导致交易效率不高，以上种种缺陷都是限制传统国际贸易进一步发展的重要原因，而电子商务模式下的国际贸易可以规避以上缺陷。跨境电子商务模式下，可以实现国际贸易多元主体无国界限制、无产业限制及无空间限制，这是运用网络信息技术及以此为基础的信息服务带来的便利的结果。跨境电子商务企业基于网络进行跨国界全天候经营与服务的特点，为生产商掌握市场规律，明确市场策略，提供相应服务节省了大量成本，同时消费者选择产品时也降低了交易费用。

三、电子商务使国际贸易经营主体发生变化

跨境电子商务的发展使国际贸易的经营主体出现了重大变化。在传统的国际贸易中，由于国际贸易的成本较高，需要雄厚的资金开拓国际市场等原因，决定了国际贸易的主体大多为实力较强的大型企业，而跨境电子商务的发展简化了国际贸易流程，使买卖双方可以通过平台直接交流，免去了很多中间环节的成本，使交易成本大幅降低，因此，广大的中小微企业甚至个人也可以在国际市场上拥有竞争力。电子商务在国际贸易领域的广泛应用，产生了大批向世界市场提供产品或服务的“虚拟”企业。单个的公司在各自的专业领域拥有卓越的技术，利用电子商务技术将它们编成一个大网络，可以更加有效地向市场提供商品和服务。

四、电子商务使国际贸易经营管理方式发生变化

以计算机网络信息技术为核心的电子商务系统，利用信息技术改造传统国际贸易，为国际贸易提供一种信息较为完全的市场环境，促进跨国界资源和生产要素的优化配置，从而使市场机制能够更为充分有效地发挥作用。这种方式突破了传统国际贸易以单向物流为主的运作格局，实现了以物流为依托、资金流为支撑、信息流为核心、商品流为主体的全新经营管理模式，通过信息网络提供全方位、多层次、多角度的互动式的商贸服务。生产者与消费者通过网络，使即时供货制度和“零库存”生产得以实现，商品流动更加顺畅，信息网络成为最大的“中间商”，国际贸易中由进出口商作为跨境商品买卖媒介的传统方式受到挑战，由信息不对称形成的委托—代理关系发生动摇，贸易中间商、代理商和专业进出口公司的地位相对减弱，引发了国际贸易中间

组织结构的革命。

五、电子商务使国际贸易成本结构发生变化

在传统的国际贸易交易中，花费的成本主要指买卖过程中所需要的信息搜寻、合同订立和执行、售后服务等方面的成本。现代信息技术降低了外贸企业的生产和交易成本。因为巨大的网络平台使中小企业有更多的机会参与到国际贸易中去，与之相关的在服务、信息传递和技术领域的互联网公司快速发展。这些不具有传统实体公司特点的“虚拟企业”在外贸业务中可以获取实时商情动态，和客户直接进行沟通和谈判，大大提高了国际贸易效率。同时企业可以在网上发布商品信息、寻找贸易合作商，减少了中间环节，使贸易更为便捷有效。电子商务的应用，能够简化数据处理程序、缩短国际贸易的文件处理周期、降低企业的库存水平、消除信息传递过程中的人工干预，从而降低成本。在电子商务环境下，企业可以整合各个部门要求，统一向供应方批量采购，节省采购成本等各种费用。每个公司在自己专业领域内拥有核心技术，并通过网络技术连接完成传统国际贸易中单个公司不能承担的市场功能。它们可以快速有效地向市场提供各种商品和服务的信息，进行资源的沟通共享，从而降低运输或库存成本，但电子商务的应用增加了包括软硬件成本、学习成本和维护成本、安全成本等技术上的投入，这些都在一定程度上改变了原来贸易形式的成本结构。

六、电子商务创造新的国际贸易营销模式

与传统国际贸易营销中追求企业利润最大化不同，网络营销帮助企业同时考虑客户需求和企业利润，寻找能实现企业利益最大化和最能满足客户需求的营销决策。与传统国际贸易营销方式比较，国际网络营销的主要特点：一是网络互动营销。在电子商务环境下，企业可以和客户随时随地进行互动式沟通和交流，根据客户的意愿设计和生产产品。二是网络整合营销。电子商务环境下企业和客户之间的关系非常紧密甚至牢不可破，这就形成了“一对一”的营销关系，这种营销框架称为网络整合营销，它始终体现了以客户为出发点及企业和客户不断交互的特点，它的营销决策过程是一个双向的链条。三是网络定制营销。指随着沟通渠道的便利，企业可以根据个人的特定需求来安排营销组合策略，针对客户的个性化需求进行生产，以满足每一位顾客的特定需求。四是网络“软营销”。指在网络营销环境下，企业以顾客为主导，其向顾客传送的信息及采用的促销手段更具理性化，更易于被顾客接受进而实现信息共享与营销整合。

七、电子商务使国际贸易的竞争方式发生变化

在电子商务环境下，企业之间的竞争也将不再是简单的产品或服务的竞争，而是商务模式和供应链之间的竞争。哪家厂商能以最快的速度把最先进的技术应用到产品及服务中去，同时把最具竞争力的产品交给客户，那么这家厂商就能赢得市场竞争的主动权。要在市场竞争中取胜，越来越多的进出口企业已经意识到供应链管理的重要性。

八、电子商务使国际贸易的监管方式发生变化

电子商务交易的无形化、网络化必将促使各国政府对国际贸易的监管方式进行创新，特别是在关税征收、海关监管、进出口检验等方面，必须尽快适应电子商务的发展需要。对中国政府来说，一方面要积极与世界各国合作，共同推进电子商务在国际贸易中的发展；另一方面要在国际贸易的管理上，加强电子商务的应用，使政府在推动电子商务的发展中成为主导力量。

九、电子商务影响国际贸易政策的取向

电子商务在理论和实践中都对国际贸易政策提出了新的要求。电子商务发展提出了一系列国际贸易的政策课题：电子商务基本属性的界定问题、安全性问题、关税问题、发展中国家问题等。在未来的电子商务政策制定过程中，国际社会是否应建立切实可行的技术援助制度，以协助发展中国家利用电子商务，使发展中国家变被动为主动。这一切均对全球贸易的政策制定提出新的挑战。

简言之，经济全球化的结果形成了地球村，而电子商务的发展加速了地球村各个不同成员之间的信息交流与沟通。作为一种全新的贸易运作方式，电子商务打破了时空的限制、加快了商业周期的循环，高效地利用有限资源、降低成本、提高利润，有利于增强企业的国际竞争力。因此，电子商务正在掀起国际贸易领域里的一场新的革命。它的运用拓展了国际贸易的空间和场所、缩短了国际贸易的距离和时间、简化了国际贸易的程序和过程，使国际贸易活动全球化、智能化、无纸化和简易化，实现了划时代的深刻变革。为了能够更有效地参与国际市场竞争，能够在经济全球化过程中获取更大的利益，我们应当高度重视电子商务的发展态势，认真研究和探索电子商务发展规律及其对国际贸易产生的影响，以便采取积极的对策措施，培育企业的创新机制和企业的国际竞争能力，使我国对外贸易在国际竞争中赢得优势和主动，保持快速和健康的发展。

第二节　跨境电子商务的界定与分类

在了解了跨境电子商务发展历程的基础上，我们可以对跨境电子商务进行界定，并分析跨境电子商务具有的特点以及基于不同的标准对跨境电子商务进行分类。

一、跨境电子商务的概念和特点

（一）跨境电子商务概念的界定

跨境电子商务（Cross-boarder E-commerce）也有广义和狭义之分，早期的跨境电子商务的概念是狭义的，它主要针对跨境网络零售业务，指不同关境的交易主体通过网络跨越国界进行交易，消费者可以直接通过网络下单、支付结算，卖家通过跨境物流将商品投递到国外消费者手中的新型贸易方式。一般来说，其需满足如下几方面的

条件：

（1）交易双方分属不同的经济体（国家或地区）；

（2）通过电子商务手段达成交易；

（3）完成在线支付、办理运输等一系列基本流程；

（4）从事商品交换活动。

随着跨境电子商务的深入发展，它的概念逐渐变得更加宽泛，并逐渐被大众理解。跨境电子商务是国际贸易领域的一种新模式、新业态，它对国际贸易产生了较为实质性的影响。它不仅包括跨境网络零售，也包括所有由技术驱动的跨境电子商务创新活动，如外贸综合服务、智慧外贸服务、跨境物流服务、供应链管理等，所有服务于进出口双方，在跨境电子商务生态系统中的各类主体、企业、新模式等都是跨境电子商务密不可分的一部分。

（二）跨境电子商务的特征

近年来，随着跨境电子商务的快速发展，其呈现出了全球性、即时性、无纸化、高效性、匿名性等外在特征。但究其本质，跨境电子商务具有如下三大特征：（1）技术驱动的贸易；（2）国际贸易的新业态、新模式；（3）业务创新与监管环境之间的相互调整与适应。具体来看：

1. 技术驱动的贸易

跨境电子商务区别于普通贸易方式的一大特征是它是一种由技术驱动的贸易。没有网络技术的发展与进步，就没有跨境电子商务的产生与快速发展。跨境电子商务的起步靠的是网络技术驱动，没有网络以及平台的搭建，跨越国界的消费者与卖家就无法随时随地相互沟通；没有网络支付技术的成熟，消费者就无法便捷地进行跨境支付，商家无法快速地进行结算，消费者与商家之间的信任体系就无法高效建立；没有跨境物流网络技术的进步，就无法对跨境包裹进行高效投递与追踪；包括各种跨境服务也是基于各种新技术而被创造出来。所以，跨境电子商务本质上是一种由技术驱动的贸易形式，在此基础上产生了全球性、高效性、无纸化等外在特性。

2. 国际贸易的新业态、新模式

跨境电子商务的第二大特征是它是国际贸易领域的新业态、新模式。它归属于国际贸易领域，是一种国际间的交易，而不是普通的商贸领域或国内市场交易。同时它也是一种新的业态和新的模式。“新”体现在这种模式前所未有，它的业务模式与传统的国际贸易有质的区别。传统的国际贸易批量大，物流以船运为主，买卖双方之间信息不对称，支付结算方式依靠纸质媒介，中间环节较多。而跨境电子商务批量小、批次多，呈现碎片化，物流以小件为主，信息较为透明，支付结算方式简便，中间环节少，消费者与卖家可直接沟通。同时，跨境电子商务也催生了很多新的服务、新的商业模式、新业态以及新的就业方式，并且随着技术的不断进步将催生更多的商业模式和新的业态。所以它是国贸领域的新业态、新模式，构成了它的第二大特征。

3. 业务创新与监管环境之间的相互调整与适应

跨境电商作为一种国贸领域的新型交易方式，发展十分迅速，各种实务创新层出不穷。但是目前在国贸领域的商业规则还是适用于旧的商业形式的规则，而旧规则显然已跟不上新型贸易模式的发展步伐。这是因为随着跨境电商的发展，其在平台准入、通关、支付、税收、物流、数据流通、消费者权益保护等方面存在着很多突出问题，风险触发因素也较多，但在这些领域的法律法规与监管体系还不太完善，再加上容易受到国际政治经济宏观环境和各国政策的影响，各国跨境电商发展水平不一，国际上也未有统一规则和标准予以规范，各项规则的制定也需要根据商业实践去缓慢摸索与总结。因此，跨境电子商务的诸多业务创新注定了其与监管环节之间是一种相互调整与适应的关系，这构成了跨境电子商务区别于其他商贸活动的另一大特征。

二、跨境电子商务的基本分类

基于不同的分类标准，跨境电子商务可分类如下：

（一）按照市场主体不同划分

按照市场主体属性的不同，跨境电子商务平台分为 B2B、B2C 以及 C2C 三种类型。

1. B2B 跨境电子商务

B2B 跨境电子商务，是企业与企业之间（Business-to-Business）通过互联网跨境平台进行商品与服务等数据信息的传递而后达成交易并完成支付结算、线下物流配送等流程的国际间商业活动。B2B 跨境电子商务的卖家一般为大中型企业，提供企业产品与服务等相关信息，最终客户为企业或集团客户。目前，在中国跨境电商市场交易规模中，B2B 跨境电子商务市场交易规模占总交易规模的近 90%，在跨境电商市场中，企业级市场仍处于主导地位。

代表性企业：阿里巴巴国际站、中国制造网、环球资源网、环球市场网、大龙网、易单网等。

2. B2C 跨境电子商务

B2C 跨境电子商务指的是企业（Business）针对个人（Consumer）开展的跨境电子商务零售活动，分属不同关境的企业直接面向消费者个人开展在线销售产品和服务，通过电商平台达成交易、进行支付结算，并通过跨境物流送达商品、完成交易的一种国际商业活动。上端卖方是企业，面对的终端消费者是个人。目前我国 B2C 类的跨境电子商务在整体跨境电商的交易规模中的比重正在逐年攀升，在未来或将迎来大规模增长。

代表性的企业：阿里巴巴速卖通、e-Bay、敦煌网、兰亭集势、京东全球购等。

3. C2C 跨境电子商务

C2C 跨境电子商务是分属不同关境的个人卖方（Consumer）与个人买方（Consumer）依托第三方平台进行的跨境电子贸易活动。个人卖方对个人买方在线销售产品和服务，由个人卖家通过第三方电商平台发布产品和服务的信息与价格等内容，个人买方进行筛选，最终通过电商平台达成交易、进行支付结算，并通过跨境物流送达商品、完成交易的一种国际商业活动。C 类跨境电商市场一直存在，虽然仍然处于小众，但是发展的意义重大。

代表性平台：阿里巴巴淘宝国际版、eBay 等。

（二）按照服务类型或交易流程划分

按照服务类型或交易流程，跨境电子商务可以分为信息服务平台、在线交易平台和外贸综合服务等服务平台。

1. 交易前：信息服务平台

信息服务平台主要是为境内外会员商户提供网络营销平台，展示与传递供应商等商家的商品或服务信息，促进供应商与采购商或买卖双方之间完成交易。

代表企业性：阿里巴巴国际站、中国制造网、环球市场网、环球资源网。

2. 交易中：在线交易平台

在线交易平台不仅提供企业的产品、服务等多方面信息，并且可以通过平台完成搜索、咨询、对比、下单、支付、物流、评价等全购物链环节。在线交易平台模式正在逐渐成为跨境电商的主流模式。

代表性企业：阿里巴巴速卖通、敦煌网、炽昂科技（FocalPrice）。

3. 交易后：外贸综合服务等服务平台

在交易双方完成了信息服务与在线交易等环节之后，为商户提供物流、通关等部分流程或全流程一站式服务，并收取一定的服务费用。

代表性平台：一达通、世贸通。

（三）按照进出口方向划分

按照跨境电子商务进出口货物流动的方向，可分为出口型跨境电子商务和进口型跨境电子商务两种。

1. 出口型跨境电子商务

目前我国跨境电子商务还是以出口型为主，出口型跨境电子商务指的是我国出口企业通过跨境电子商务平台进行商品展示、完成交易并用线下跨境物流渠道将商品出口至境外市场的贸易活动。

代表性企业：阿里巴巴速卖通、亚马逊海外购、eBay、兰亭集势等。

2. 进口型跨境电子商务

进口型跨境电子商务是指将境外的商品通过跨境电子商务平台销售到我国境内市场，平台一般为自营型，即通过海外买手采购商品并将商品运送至国内保税仓，通过平台上商品的展示促成交易，买方一般为国内的终端消费者。物流速度相对较快，但一般慢于在国内电商平台上购买本国商品的配送速度。

代表性企业：天猫国际、京东全球购、洋码头、小红书。

（四）按照主体服务类型划分

按照跨境电子商务主体服务类型不同，可以将其划分为代运营服务、外贸综合服务、支付服务、物流服务、供应链管理服务等与跨境电商相关的生态服务企业。

1. 代运营服务

跨境电子商务代运营服务是指企业以合同方式委托专业第三方，根据自身情况及需求，由电商第三方服务商为其提供的以营销推广为核心，包含电子商务平台网站建设、技术维护、物流、支付、经营推广、客户联络和维护、售后服务、涉外法律顾问等一系列全流程或部分环节的代运营服务。跨境电子商务代运营服务可以帮助企业有效地降低成本，获得更专业的服务，提高工作效率，以满足企业实施相关战略，更好地拓展国外市场的需求。

2. 外贸综合服务

外贸综合服务是指以中小企业为服务对象，以电子商务为工具，以进出口业务流程服务外包为内容，以供应链服务平台为依托，采用流程化、标准化服务，为中小外贸企业提供一站式通关、物流、退税、外汇、保险、融资等政府性服务或商业性服务。其主要特征如下：服务对象为国内的中小微外贸企业，提供一站式服务，凭借信息、专业知识和人力资源来赚取增值利益，区别于以往赚取差价的模式，创造了新的盈利方式。

3. 支付服务

在传统贸易中，银行通过信用证方式起到了支付担保的作用，而在跨境电子商务中，第三方支付公司比如 PayPal 和 Alipay 承担了类似的支付担保作用，第三方支付机构的出现，适应了跨境电子商务支付小额化、多频化、信息化的诉求，为消费者提供支付便利，较好地解决了跨境电子商务买卖双方的支付信任问题。

4. 物流服务

物流在跨境电子商务业务中承载着货物转移和交付的功能，是跨境电子商务不可或缺的重要组成部分。物流服务是指物流企业为跨境电子商务企业提供跨境物流支持，针对跨境物流国际化、分散化、对时效要求较高等特点，提供个性化、信息化的第三方物流服务，也为卖家提供多样的物流模式，如境外仓、保税物流、集货物流等。

5. 供应链管理服务

供应链管理服务是指跨境电子商务供应链管理企业针对跨境电子商务的特点，利用网络技术全面规划企业商流、物流、信息流、资金流等跨境供应链，对跨境电子商务中包含供应商、制造商、运输商、零售商以及终端消费者等多个主体形成的链条进行优化并提供相关服务的过程。在此过程中，既能够满足客户服务的需求，又能够降低企业经营的成本。

本章小结

本章比较详细地介绍了跨境电子商务的基本概念。跨境电子商务是国际贸易实务和商业实践创新所带来的新的外贸经营形态，特别是互联网和电子商务，对国际贸易产生了日益深刻的影响。电子商务对国际贸易的影响不仅仅是在交易方式、营销方式方面，而且对国际贸易的监管方式以及政策规则都产生深远的影响。

因此，对跨境电子商务概念的理解应该更宽泛，其特征主要表现为是技术驱动的贸易，是国际贸易新业态、新模式，并反映在业务创新与政府监管环境之间的相互调整与适应方面。跨境电子商务涵盖了几乎所有的国际贸易业务环节，它涉及交易的整个流程，因此跨境电子商务是对国际贸易实务内容的重要补充。

思考题

1. 电子商务对国际贸易的影响主要体现在哪些方面？
2. 如何理解跨境电子商务？
3. 跨境电子商务的基本特征是什么？
4. 按照市场主体的不同，跨境电子商务是如何被划分的？
5. 按照国际贸易交易流程，跨境电子商务又可以如何分类？

案例分析题

义乌拥有国内最大的小商品批发市场，也是全世界小商品的集散地之一。自从20世纪初开始，特别是随着跨境电子商务平台的崛起，很多的义乌商家开始考虑把线下的生意通过网络搬到线上。义乌当地政府也在跨境电子商务发展过程当中不断总结，探索出了市场采购等创新的政策和监管模式。请以义乌市场为例，分析跨境电子商务如何使得传统市场转型？这其中的挑战与机遇反映在哪些方面？

第二十二章

跨境电子商务的模式与运营

本章将介绍跨境电子商务的基本商业模式，重点介绍第三方平台和外贸综合服务平台模式。另外，本章还就跨境电子商务业务形态演化与运营决策体系进行简要介绍。

第一节　跨境电子商务的商业模式

跨境电子商务的商业模式可以分为三大类，分别为自营平台模式、第三方平台模式和独立网站模式。

一、自营平台

（一）自营平台的概念

自营型电商通过在线搭建平台，平台方整合供应商资源，通过较低的进价采购商品，然后以较高的售价出售商品，其主要以商品差价作为盈利模式。在自营平台经营方式中，从品牌吸引力到商品选择，从购物流程到配送，从售前导购到售后支持，都以使消费者获得良好的购物体验为经营核心。

由于商品基本上都是平台自营的，商品品质有保障，货源稳定，且综合服务、仓储、供应链等配套服务方便快捷，消费者信赖度较高。但其总体运营成本较高，平台得承担退换货、商品滞销等的风险和成本，相比于第三方平台存在着较高的运营风险。

代表性企业：兰亭集势、炽昂科技、京东全球购、网易考拉。

（二）综合性自营跨境电子商务平台

目前国内的自营平台以综合性自营跨境电子商务平台较为典型。

综合性自营跨境平台经营的商品种类繁多，类似于综合性的大超市，这类电商企业通常都有自己较为稳定的货品供应商，一般是建立在传统商业的基础之上。在国内，综合性自营跨境平台的代表商家有来自美国的亚马逊、以沃尔玛作为支撑的1号店，以及本土逐步发展起来的京东跨境平台。其中，亚马逊和1号店在2014年先后宣布落户上海自贸试验区开展进口电商业务，它们所出售的商品以保税进口或者海外直邮的方式入境；京东商城于2015年7月正式宣布开始跨境业务。

综合性自营跨境平台在跨境经营方式中有非常重量级的优势，拥有传统商业的规范与雄厚的商业链支持，但同时也有其不足。其优势有：跨境供应链管理能力强；有较为完善的跨境物流解决方案；后备资金充裕。同时也存在劣势：业务发展会受到行业政策变动的显著影响。

二、第三方平台

（一）第三方平台的概念

第三方平台，也可以称为第三方电子商务企业，通过线上搭建商城，并整合物流、支付、运营等服务资源，吸引品牌商、制造商等商家以及经销商等卖家入驻，为其提供跨境电商交易服务，服务内容可以包括但不限于“供求信息发布与搜索、交易的确立、支付、物流配送”。平台只是提供一个跨境电子商务的基础设施和基础服务，其本身不参与交易。同时，平台以收取商家佣金以及增值服务佣金作为主要的盈利模式，但其并不从事商品的购买与销售。一般地，平台上商品种类较为丰富、网站流量较大，各项服务方便快捷，但不能很好地保障商品的质量。

代表企业性：阿里巴巴国际站、阿里巴巴速卖通、ebay、敦煌网、环球资源。

（二）跨境电商第三方经营平台案例

洋码头是一家面向中国消费者的跨境电商第三方交易平台。该平台上的卖家可以分为两类，一类是个人卖家，模式是C2C（Consumer to Consumer）；另一类是商户，模式就是M2C（Manufacturers to Consumer）。它帮助国外的零售产业跟中国消费者对接，就是海外零售商直销给中国消费者，中国消费者直购，中间的物流是直邮。用三个“直”来概括就是：“直销、直购、直邮”。

三、独立网站

独立网站是跨境电商企业通过自建网站来销售自家商品或某类产品的跨境电子商务模式，其所售商品只涉及某个行业或某个细分市场，并在这一领域做大做深，如母婴类、建材类、食品、奢侈品、化妆品、服饰等，其优势是供应商管理能力相对较强。但是也存在很多不足，如运营成本较高，前期和运营过程中需要较大的资金支持，所以只有具备一定规模和实力的企业才会通过独立网站的形式跨境销售商品。独立网站本身也没有支付系统、仓储系统等服务，无法像大平台那样用一个平台进行数据的融合和各项服务的协调。在国外，特别是欧洲，这一类品牌独立网站数量较多。国内代表性的独立网站企业，包括兰亭集势、中粮我买网、蜜芽宝贝、寺库网、莎莎网、草莓网等。

第二节　跨境电子商务业务形态演化与运营决策体系

一、跨境电子商务业务形态发展演化阶段

随着互联网技术日新月异，电子商务伴随网络信息技术异军突起，它与国际贸易结合形成的新型交易模式给传统的国际贸易带来了极大的冲击，并得到了广泛应用，推动了国际贸易向电子化、无纸化方向发展。随着技术、人才、政策等条件的逐渐成熟，跨境电子商务凭借其特有的优势正以惊人的速度向前发展，势头迅猛。

总体来看，电子商务在我国国际贸易领域的发展演化经历了以下几个阶段：

（一）起步与准备期

1990~1997 年，电子数据交换时代的开始成为中国电子商务的起步期，这一时期金关、金卡、金税等“三金工程”的提出，标志着中国外贸电子商务开始发展。此外，1996 年国务院国家信息化工作领导小组成立，金桥网与因特网正式开通；1997 年网络广告开始流行，中国商品订货系统（CGOS）开始运行。这些措施初步奠定了我国传统外贸向互联网化转型的基础。

（二）萌芽与发展期

1998~2002 年，是我国电子商务萌芽与发展阶段。1998 年，中国第一笔互联网网上交易成功，国家也推出了“金贸工程”；1999 年 8848、易趣、携程、阿里巴巴等电子商务网站建成，同年，兴起电子政务、网上教育、远程诊断等服务项目。这一阶段，在跨境电子商务领域网络黄页开始出现，这一阶段也被称为跨境电子商务 1.0 时代。

（三）成长与爆发期

2003~2012 年，是我国国内电子商务的成长与爆发期。从 2003 年开始，淘宝、京东、当当、卓越网、亚马逊、1 号店、唯品会等电子商务平台不断涌现，我国电子商务进入了一个持续高速发展的时期。跨境电子商务平台也不仅仅只提供信息黄页的展示，而逐渐开始实现在线交易，部分支付、物流等关键环节开始实现电子化，除阿里巴巴国际站、中国制造网等早期老牌跨境电子商务网站外，逐渐涌现出敦煌网、米兰网、兰亭集势等新型跨境电商平台，这一阶段也被称为跨境电子商务 2.0 时代。

（四）稳定与加速整合期

2013 年至今，我国电子商务经历了一个稳定发展与加速整合时期，注重满足个人需求的商业模式不断涌现。在这一时期，我国跨境电子商务也进入了爆发式发展时期，特别是 2013 年“一带一路”倡议提出后，极大地推动了我国跨境电子商务的发展。移动互联网也在深刻地改变着跨境电子商务的发展，以 Wish 为例，其移动端用户占比高达 95%，跨境电子商务移动化渐成主流。国内用户对国外高品质商品的追求以及国外用户对新兴市场商品保持着较高的需求，均促进了跨境电子商务朝着多元与个性化、

品牌与精细化方向发展，跨境电子商务体验店也悄然兴起。这一阶段也被称为跨境电子商务 3.0 时代。

了解我国跨境电子商务的发展演化历史，有利于为更好地理解跨境电子商务基础知识体系的演化和形成。

二、跨境电子商务运营与决策体系

随着我国跨境电子商务业态的发展演化，在实践中，企业跨境电子商务的运营与决策体系逐渐形成，相关的法规和政策出台也逐渐对跨境电子商务的发展起到支撑与规范作用。

跨境电子商务不是由一个个相互独立的业务模块构成，而是由主要商业形态、业务模块、管理模式以及大环境等要素共同构成的一个电商生态系统。在这个大的生态系统中，各种主体、要素、模块之间相互联系、相互作用，彼此依赖与共存。

它主要包括以下几大模块：第一是跨境电子商务运营基础，包括跨境物流与配送、跨境支付、外贸综合服务；第二是跨境电商的市场运营，包括跨境网络零售、B2B 跨境电商、跨境电商网络营销；第三是跨境电商的管理决策，包括跨境电商企业选品策略、跨境电商企业数据分析与引流策略、跨境电商仓储模式、跨境电商企业成本控制、跨境电商的运营结构与人才需求、跨境电商代运营；第四是跨境电子商务法治环境，包括跨境电子商务的海关监管和政策、跨境电子商务法律与规则体系。

这四大模块之间也存在着密切的联系，其中运营基础中的物流与配送、支付、外贸综合服务是跨境电商的最本质、与消费者联系最密切的业务，是各大模板块的核心；市场运营中的零售、B2B 模式以及营销是企业面向市场的前期战略选择，为其他模块奠定市场基础；管理决策中的选品、数据分析与引流、仓储模式、融资、成本控制、运营结构与人才是跨境电商企业等主体的前期后台架构部分，是跨境电商运营的前提和基础；而跨境电商的法治环境又是所有业务模块合法与健康发展的基础。四大模块合起来构成了跨境电子商务的运营与业务决策体系框架。

本章小结

跨境电子商务不仅仅被理解为在网上所进行的跨境买卖或者交易。跨境电子商务应该被广泛地理解，因为跨境电子商务的商业实践既反映了技术驱动的贸易，又涵盖了国际贸易的新业态、新模式，甚至于还体现了业务创新与监管环境之间的相互调整与适应。

在全球市场上，跨境电子商务的生态系统比较复杂，通常可以从不同角度分类理解。我们也应该承认，从不同角度理解，跨境电子商务的内容可能存在很大差异，它既可以体现在国际环境下不同的市场主体之间所进行的商业和交易活动，还可以体现不同市场主体服务的不同内容，以及这些市场主体所逐步形成的新的跨境电子商务的商业模式等。因此，我们试图从基本的分类进行概括，尽量涵盖最新的外贸做法。

这些在外贸领域的技术驱动的创新做法是我们跨境电子商务教材所反映的主要内容。教材的章节就是从企业经营的角度出发，围绕这些创新做法的基本运营、决策，以及法规环境展开。本章主要就跨境电商的基本理解做了概括，阐述了各概念之间的逻辑关系。

思考题

1. 跨境电子商务模式有哪些？
2. 自营平台与第三方平台有什么区别？
3. 中国跨境电子商务发展演变的阶段如何？
4. 如何理解跨境电子商务的运营与决策体系？

案例分析题

跨境电子商务零售进口综合税自2016年4月8日税改后开始实施，对通过跨境电商零售进口的商品按照货物来征收进口关税和进口环节产生的增值税、消费税。在综合税下，跨境电子商务零售进口商品的单次交易限值为人民币2 000元，个人年度交易限值为人民币20 000元。在限值以内进口的跨境电子商务零售进口商品，关税税率暂设为0；进口环节增值税、消费税暂按法定应纳税额的70%征收，取消免征税额。超过单次限值，累加后超过个人年度限值的单次交易，以及完税价格超过2 000元限值的单个不可分割商品，均按照一般贸易方式全额征税。

后来，从2019年1月1日起，跨境电商零售进口产品的单次贸易限值由人民币2 000元提高到5 000元，年度交易限额由人民币20 000元提高到26 000元，而且明确规定跨境电商零售进口按照个人物品监管。

附　录

国际贸易实务模拟教学

一、国际贸易实务模拟教学的意义和作用

国际贸易实务作为一门实践性很强的应用学科，长期以来一直面临一个困扰教学发展的瓶颈——实践训练。原有教学内容倾向于对理论知识的重温和对已知领域的验证，学生被动地接受知识、记忆知识，缺乏探索问题的钻研精神和独立学习能力，动手实践能力相对薄弱。教学环节缺乏实验技术、实验设计、实验方法和独立从事实验工作能力的培养和训练。随着国际贸易实务教学改革的深化，以及社会日益增长的对创新和实践型人才的迫切需求，模拟训练的教学思想和理念应运而生。

模拟训练是指以现代计算机信息技术为手段，模仿或模拟现实工作环境的情境或场景，提倡学生利用各种虚拟资源完成特定的业务工作，在动手实践中丰富学生的认知经验，拓展专业知识和培养职业技能。

国际贸易实务模拟教学采用计算机信息技术作为载体和手段，主要作用和特点如下：（1）为学生提供逼近现实世界的虚拟业务环境，实现亲自动手的仿真体验，激发学生的探索精神和创造性；（2）设计多样化的角色情境交互，增强参与者之间的竞争性和协作性，培养学生的职业心理素养和品质；（3）以多层次立体化的系统形式呈现传统单一的信息资源，丰富教学模式和教学体验；（4）利用信息技术降低教学成本，实现快速、频繁在各种职业角色和情景中转换，提高教学效率和质量。

二、国际贸易实务模拟教学的背景与发展现状

对外经济贸易大学于 1999 年 12 月建立了电子商务实验室。实验室采用了校企合作的建设模式，与北京友强科技发展有限公司联合开发了“外贸业务管理模拟系统”“外贸企业财务管理系

统”和“网上交易模拟系统”等。

2002年，对外经济贸易大学与南京世格软件有限责任公司陆续合作开发了“外贸实务教学系统”“外贸单证教学系统”“外贸模拟练习系统”以及“外贸实习平台”等系列软件。2003年，对外经济贸易大学启动基于外贸实习平台的外贸模拟实习项目。2004年，外贸系列教学软件首次进入对外经济贸易大学本科生国际贸易实务的教学课堂。之后，该系列软件经历了多个版本升级，并逐渐发展成为一套在线从业技能培训课程。

2005年，国际贸易实务模拟作为一门选修课程，被正式编入对外经济贸易大学国际经济贸易学院本科生国际贸易和物流专业的培养方案，这标志着以教学为主、实践模拟为辅的综合教学模式趋于成熟。2006年，对外经济贸易大学成立了国际贸易实务模拟实验室，并且成功申请了北京市实践教学示范中心——经贸人才实验教学中心。这为以后国际贸易实务模拟教学的进一步探索和发展提供了坚实的基础和保障。

2009年，对外经济贸易大学和北京南北天地科技股份有限公司建立了战略合作关系，“外贸实训仿真系统南北实验室”正式挂牌成立。北京南北公司是中国外贸ERP管理软件领域最具实力和用户量的软件开发商。2010年，双方在研究外贸企业ERP管理系统的基础上，发挥企业优势，共同研发了“国际贸易实务实训仿真平台”并投入使用。

随着国际贸易实务模拟教学的发展和相应软件系统的进一步开发和应用，国际贸易实务模拟教学的思想和理念也在不断深入和提升。

模拟教学软件从单纯的教学辅助工具向仿真实训系统转变。学生不仅仅满足于实务课程的电子化学习，而是追求在贴近实际的学习环境中，多角度多模式的体验式学习和探索。

模拟教学目标从基本技能操作向综合管理决策转变。学生在掌握了函电磋商、单证缮制和履约手续等基本职业技能之后，通过经营虚拟企业，站在企业经营决策者的角度，整体纵观企业全局，把握企业内外环境，分析外贸企业的风险和效益平衡，提高决策管理能力。

模拟教学功能从满足教学需要向企业培训转变。随着校企合作的不断深入，模拟训练逐渐摆脱仅仅面向在校生的教学模式和功能，而是从实际外贸企业的人员需求出发，设计开发了针对性的训练模式和知识体系，对企业的人员上岗或业务培训都具有参考意义。

三、国际贸易实务模拟系统构成

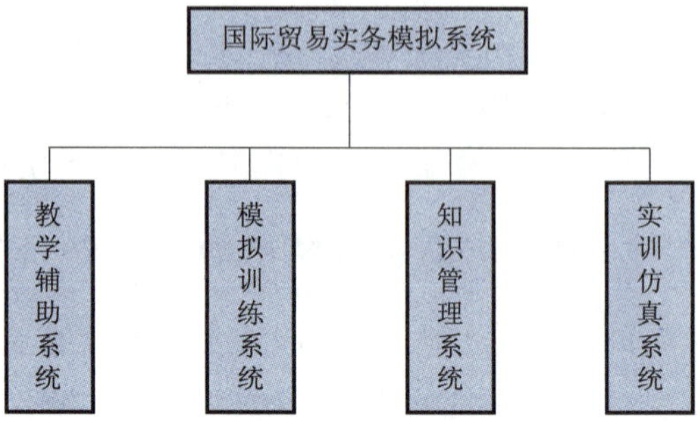

图1 国际贸易实务模拟系统构成

目前，国际贸易实务模拟软件工具较多，按照产品的功能和特点主要可以分为四个子系统，分别是教学辅助系统、模拟训练系统、知识管理系统和实训仿真系统。每个子系统软件产品和学习模式各具特色，子系统之间相辅相成，构成多层次立体化的知识体系和系统性的培养模式。教师可以根据培养目标和学生水平，选择相应的子系统和软件工具开展模拟训练。

（一）教学辅助系统

教学辅助系统通过电子化的课程学习、在线练习、测试考试等形式，为学生提供丰富多样的自主学习环节，巩固课堂知识，减轻了教师在传统教学模式下的重复工作量，起到了教学辅助的作用。“外贸实务教学系统”“外贸单证教学系统”和“外贸模拟练习系统”是比较典型的教学辅助系统。南北软件的“国际贸易实务实训仿真平台”的教学辅助功能也较为完善，后文实训应用将进行介绍。

图 2 外贸实务教学系统

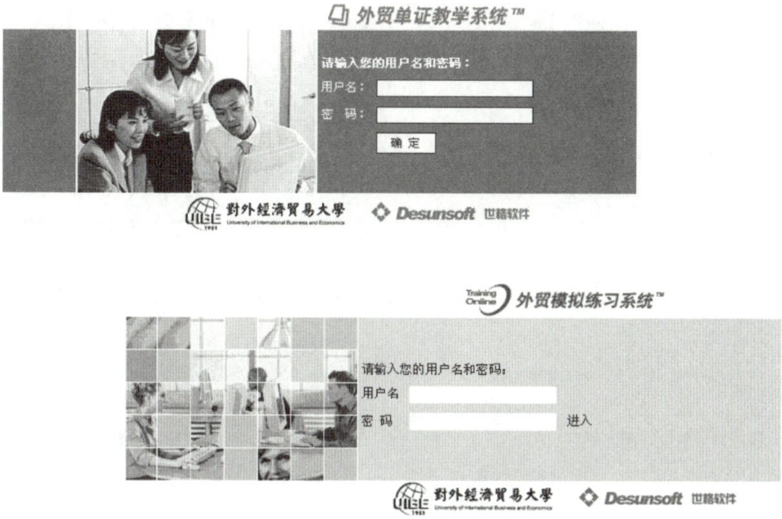

图 3 外贸单证教学系统和外贸模拟练习系统

（二）模拟训练系统

模拟实习是指利用现代技术手段模拟现实工作环境或工作流程完成专业实习的一种实习方式。模拟实习作为正规的培养环节，可替代传统的岗位实习模式，须按照实习大纲完成规定的业务任务，并达到规定的实习目标和学时学分要求。“外贸实习平台”可以满足高校实习环节中模拟训练的要求。

图 4 外贸实习平台

（三）知识管理系统

知识管理系统是将外贸实务知识的再加工和再创造过程。知识管理系统将实务知识、经验常识、案例资料、数据图表和视频音频等大量信息分门别类，系统化筛选、整理和有序链接，使知识脉络清晰化、条理化，降低了知识的获取成本，配合其他子系统的使用，将提高学习效率和质量。南北软件的“知识资讯中心”是典型的知识管理系统。知识资讯中心不仅支持文档结构图式的纵向全局性知识浏览，还将知识模块横向链接到实训仿真平台各个业务操作节点，并串联多维度的知识思考路线，形成了多层次立体化的知识管理体系。

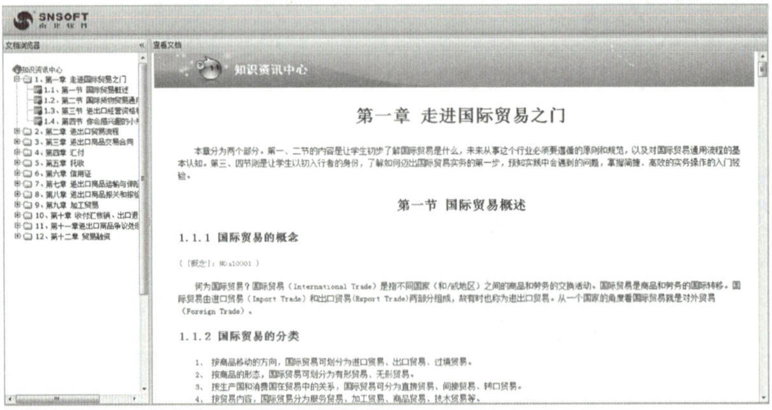

图 5 南北软件知识资讯中心

（四）实训仿真系统

实训仿真系统是以企业外贸 ERP 管理软件为基础，通过仿真平台再现真实的企业实务操作环境和业务环境，体验外贸企业的业务形态、实务操作、核算模式和管理决策。南北软件的“国际贸易实务实训仿真平台”是实训仿真系统的典型代表。南北实训平台是外贸 ERP 系统的简化精简版，它提炼业务流程的关键控制节点和决策管理精髓，利用虚拟窗口界面提供外贸业务平台。学生可以体验在外贸企业中的进出口业务员、报关/报检员、储运、财务、交易关联方、货代或政府机构等多种角色的操作业务，使用当前中国外贸一线企业的商业范本和单证单据作为示范案例，大大提高了模拟训练的逼真度和权威度。

图 6 南北软件国际贸易实务实训仿真平台

四、国际贸易实务模拟软件的应用

（一）南北软件的“国际贸易实务实训仿真平台”的应用

以学生身份进入南北实训平台，可以选择进入四个子系统，分别是“出口实训系统”“进口实训系统”“报关实训系统”和“报检实训系统”。在出口实训系统中，学生可以在左侧导航栏目中看到相应的功能目录，主要包括基础信息维护、询报价和磋商、合同和协议、信用证管理、采购管理、出运管理、报关/报检、出口核销、交单议付、出口资金收付、出口退税、综合业务和业务决策查询等业务工作。每个一级目录下又包括多项二级业务操作，点击相应的名称，即可进入相应的业务环节。

图 7 国际贸易实务实训仿真平台出口实训系统界面

点击左侧导航栏目的“基础信息”下的二级操作“公司商品管理”，可以看到商品管理窗口。在公司商品库中共有百余种不同的商品，选择一种商品，右侧内容窗口中可以显示该商品具体的信息，如名称、海关相关信息、装箱信息及图片浏览等。用户交易可以使用现有商品，也可以新增商品。在南北实训平台中，商品的税率信息可以实时同步更新。

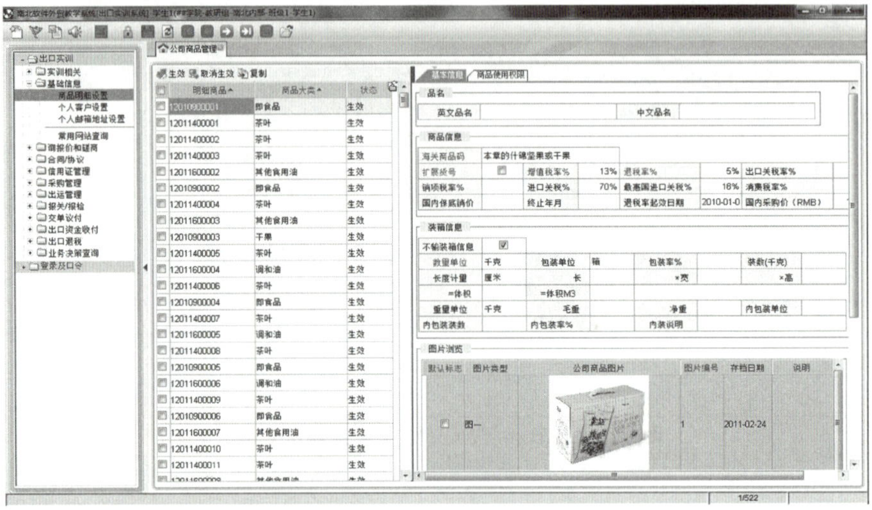

图 8　国际贸易实务实训仿真平台商品管理窗口

进入建立合同功能，可以着手填制一份新的出口业务合同。除了提供基本的合同模板，系统还为学习者提供了导航图、实训信息、盈亏预测表等功能。

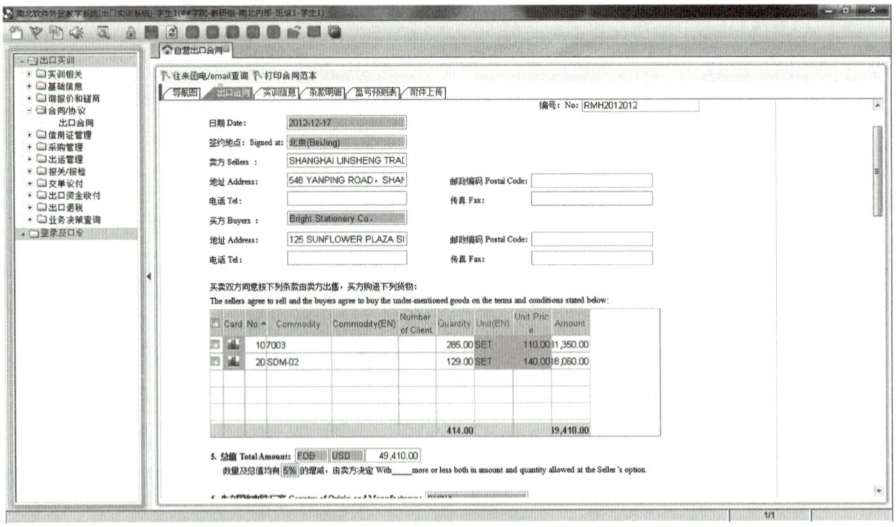

图 9　国际贸易实务实训仿真平台出口合同界面

在出口合同的实训信息窗口中，学生需要填写有关此笔业务合同的基本信息、合同条款、商品采购成本等信息。

根据学生在业务合同实训信息中录入的数据，信息可以自动生成“盈亏预测表”，帮助学生核算此笔业务的盈利收益情况，便于作出交易决策。南北实训平台中还能针对每笔业务的经营决策，提供强大的查询功能，包括合同进程查询、出口信用证查询、商品采购销售、出运明细、应收账款分析、单项业务资金台账、单项业务资金盈余、预算盈亏对比、合同利润核算、业务卷宗等。多样化可视化的查询功能能够帮助加深学生对业务内涵和实质的理解，培养扎实的业务功底和过硬的业务水平。

南北实训平台，采用企业实际使用的商业范本、全套外贸单证，以及海关、银行、货代普遍使用的标准单据、单证格式，实现“所见即所得”的实训界面。

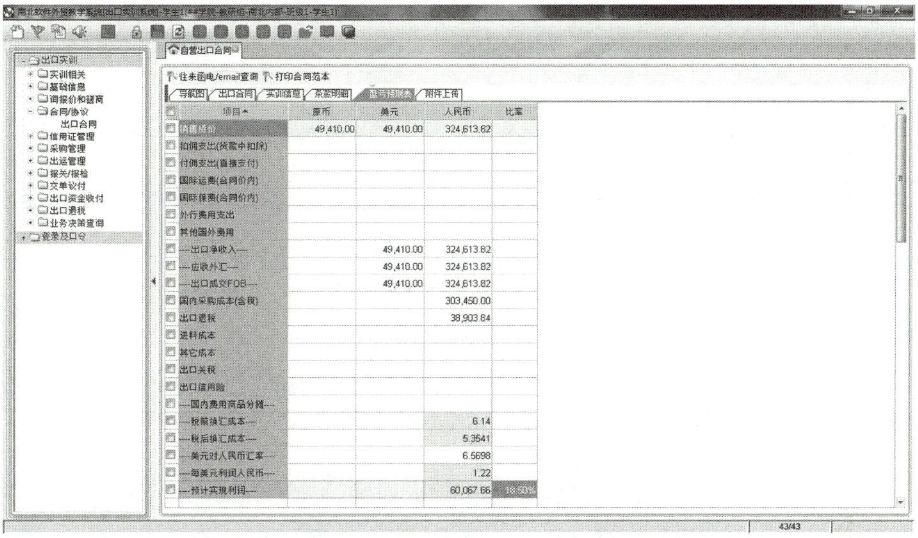

图 10　国际贸易实务实训仿真平台出口盈亏预测表

南北实训平台也提供了完善的教学辅助功能，在教师工作界面的导航栏目中，可以看到多种辅助教学手段，例如考试任务安排、实训案例制作、笔试考试系统、考试成绩统计、课程设置、实训课件设置等功能。

（二）南北软件的“知识资讯中心”的应用

南北实训平台的知识资讯中心不仅能提供纵向的知识体系结构化浏览，还可以实现每个业务节点的知识点横向链接。例如在起草自营出口合同时，将鼠标置于待填写的蓝色区域内，系统会自动出现浮动窗口显示相应的知识要点和常识经验，供学生学习参考。学生也可以点击提示下方的章节名称，快速进入知识资讯中心的相应章节进行学习。这种知识链接的方式大大降低了学生查找知识获取知识的成本，丰富了学生获取知识的手段的形式，加深了学习体验，巩固了学习效果。

在信用证审证功能下，可以看到南北实训平台除了判断审证结果，还对审证过程中存在的风险类型予以梳理，并细化到具体的每一条信用证条款，培养学生细致严谨的工作作风，为将来真正步入工作岗位打下基础。

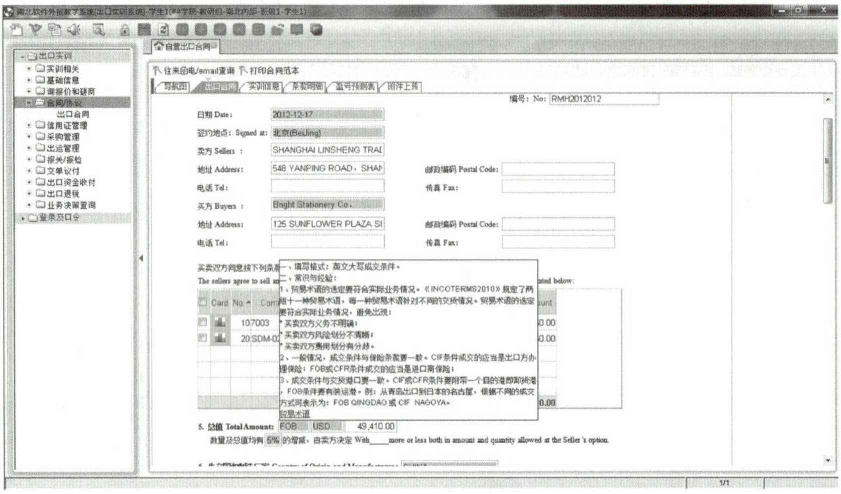

图 11　国际贸易实务实训仿真平台合同页面知识链接

（三）世格软件的“世格互联网+国际贸易综合技能实训与竞赛平台软件”的应用

世格软件的“世格互联网+国际贸易综合技能实训与竞赛平台软件”（简称“POCIB i+”）建立了虚拟的国际贸易市场环境，学生可以建立虚拟的外贸进出口企业，这些企业分布在全球包括中国、美国、德国等在内的 10 个国家，各国间进行国际货物买卖实务的具体操作，从而巩固课本所学理论知识，提高实践能力，培养专业素养和职业技能。

POCIB i+是 2017 年至 2019 年全国职业院校技能大赛高职组“互联网+国际贸易综合技能”赛项的竞赛软件，可用于举办各类形式的比赛，可为各省市级、国家级外贸类竞赛，各大院校校内赛提供软件支撑。

POCIB i+中包含有完整的国际贸易业务环境和业务流程：

- 设定了 10 个国家，52 个大类（超 200 种）产品，其中每个国家有自己的特色产品。产品的生产成本价及市场收购价会适时调整，更加符合现实的市场规律。
- 涵盖 45 种贸易流程组合，其中 5 种结算方式（L/C、100% T/T、T/T 定金+尾款、D/P、D/A）、6 种贸易术语（CIF、FOB、CFR、CIP、FCA、CPT）、2 种运输方式（海运、空运）。
- 包括超过 50 种的进出口单据，单据与现实业务中所用单据一致，提供每张单据参考样本和详细的填写说明。
- 采用现实国际贸易公司的预算方法，涉及的费用计算有 30 多项。强化学生成本费用和利润核算的能力。
- 引入时间机制，将现实中的办理业务等待天数转换为小时，可练习如何管理多笔同时进行履约的业务，学会如何合理安排时间。
- 采用图形化界面，提供鸟瞰式城市地图。通过城市地图中的建筑物，可以进入包括银行、海关、外汇管理局、海关、税务局等 15 个外贸相关机构。动态且真实地模拟了汇率、运费、进出口税率、退税率、产品价格等业务信息。每个机构都有自己的专业网站，可供学生查询各个机构的相关信息，如机构简介、办事指南、费用查询、相关法律法规知识等。

POCIB i+的业务操作流程：

1. 注册公司

学生首先要根据系统分配的国家来注册自己的公司。完成注册后，会得到一笔初始资金。

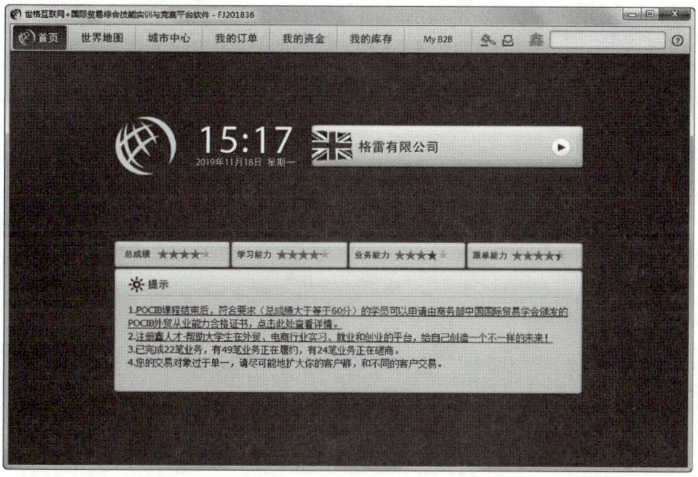

图 12　POCIB i+首页

2. 广告宣传

B2B 是 POCIB i+的国际电子商务中心，各国的进出口公司可在此展示自己的公司广告及发布产品信息，以此寻找贸易商机。

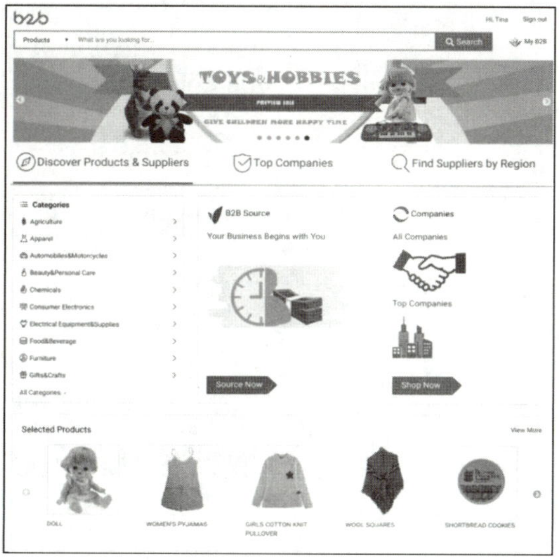

图 13　POCIB i+的国际电子商务中心“B2B”

3. 寻找交易伙伴及建立贸易关系

进出口公司通过 B2B 中的公司广告和供求信息寻找合适的贸易伙伴，给对方发送外贸函电。

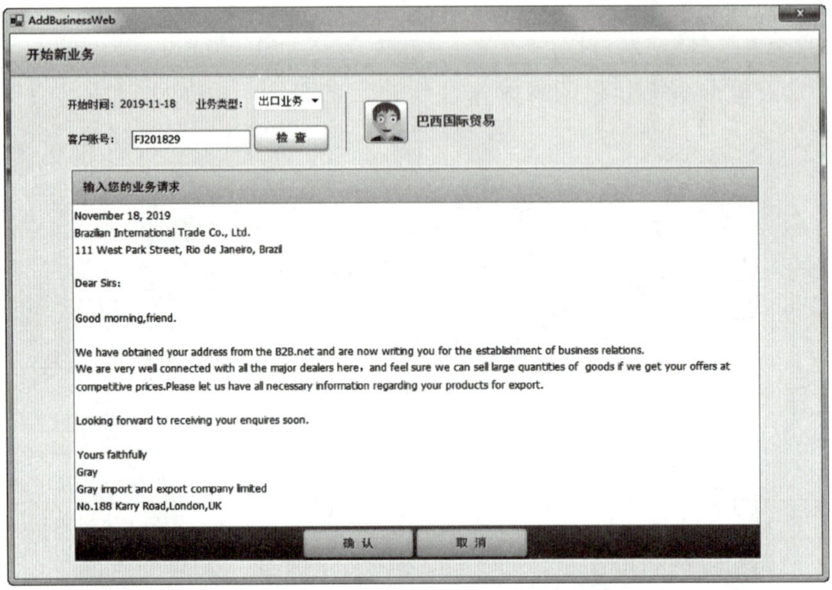

图 14　POCIB i+中交易双方建立业务关系

4. 交易磋商及报价核算

进出口双方在内部邮件系统中使用英文函电进行询盘、发盘、还盘和接受等环节的国际贸易合同的磋商，并在此过程中进行价格核算，通过双方博弈以获取最大利益。

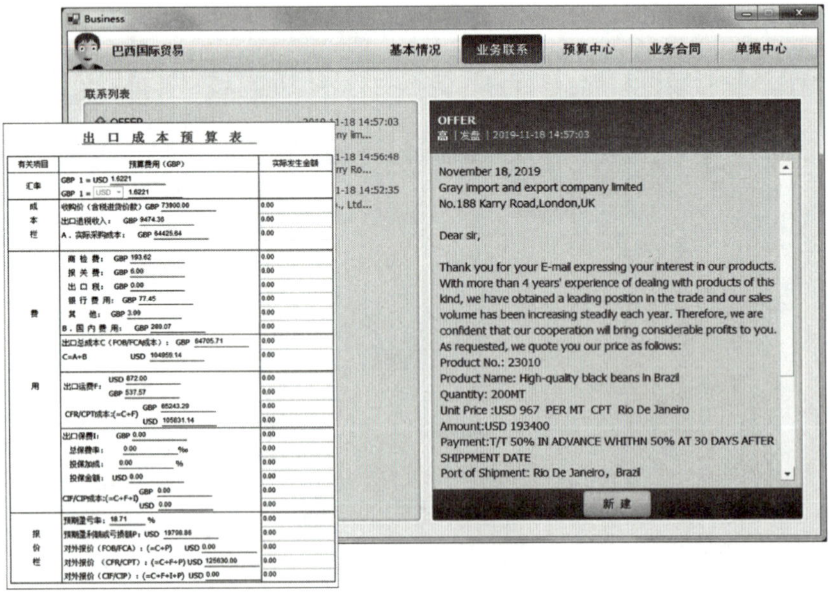

图 15　POCIB i+的内部邮件系统和出口成本预算表

5. 签订国际贸易合同

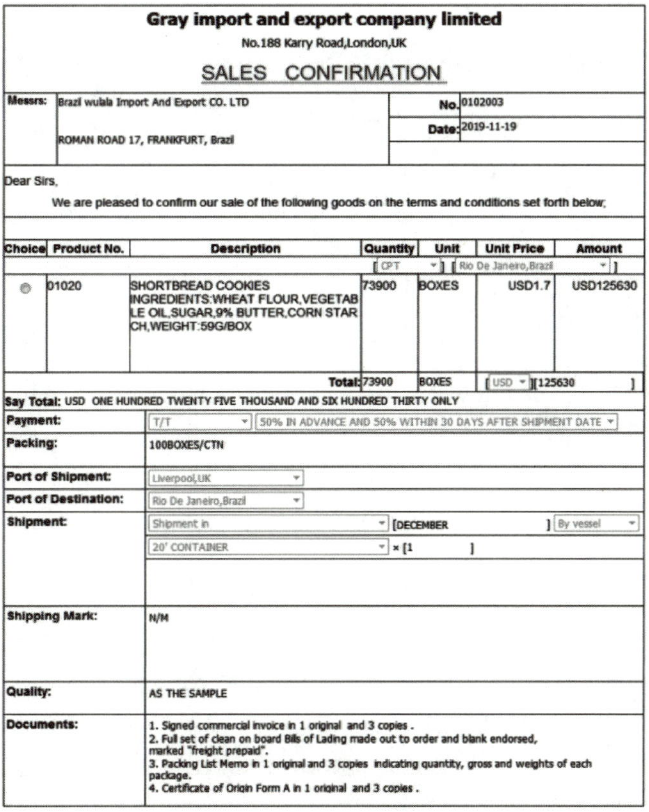

Gray import and export company limited

No.188 Karry Road,London,UK

SALES CONFIRMATION

Messrs:	Brazil wulala Import And Export CO. LTD ROMAN ROAD 17, FRANKFURT, Brazil	No.	0102003
		Date:	2019-11-19

Dear Sirs,

We are pleased to confirm our sale of the following goods on the terms and conditions set forth below:

Choice	Product No.	Description	Quantity	Unit	Unit Price	Amount
			[CPT]		[Rio De Janeiro,Brazil]	
◎	01020	SHORTBREAD COOKIES INGREDIENTS:WHEAT FLOUR,VEGETABLE OIL,SUGAR,9% BUTTER,CORN STARCH,WEIGHT:59G/BOX	73900	BOXES	USD1.7	USD125630
		Total:	73900	BOXES	[USD]	[125630]

Say Total:	USD ONE HUNDRED TWENTY FIVE THOUSAND AND SIX HUNDRED THIRTY ONLY
Payment:	T/T; 50% IN ADVANCE AND 50% WITHIN 30 DAYS AFTER SHIPMENT DATE
Packing:	100BOXES/CTN
Port of Shipment:	Liverpool,UK
Port of Destination:	Rio De Janeiro,Brazil
Shipment:	Shipment in [DECEMBER] By vessel 20' CONTAINER × [1]
Shipping Mark:	N/M
Quality:	AS THE SAMPLE
Documents:	1. Signed commercial invoice in 1 original and 3 copies. 2. Full set of clean on board Bills of Lading made out to order and blank endorsed, marked "freight prepaid". 3. Packing List Memo in 1 original and 3 copies indicating quantity, gross and weights of each package. 4. Certificate of Origin Form A in 1 original and 3 copies.

图 16　POCIB i+的国际贸易合同

6. 履约合同

（1）履约过程中，学生需缮制商业发票、装箱单、出口货物报关单等国际贸易单证。系统提供单据检查功能以及详细的单据填写说明和样本，帮助学生根据系统反馈信息自查修改。

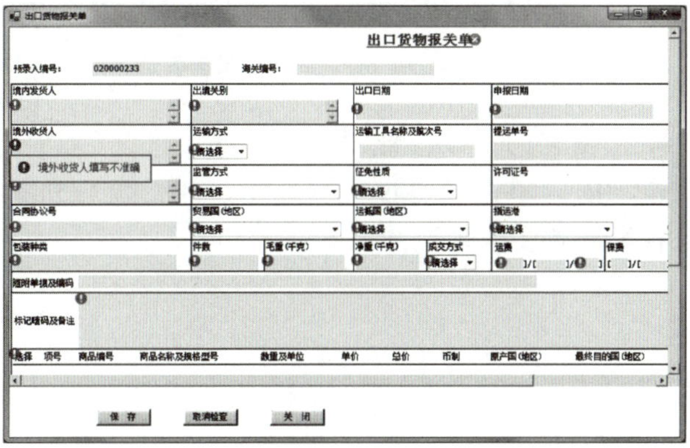

图 17　POCIB i+的单据检查功能

（2）学生在“城市中心”的各个机构办理业务。例如，在“海关”办理出口报关业务。每个机构有独立的机构网站，可以查询该机构中办理业务的流程、时间和费用。

图 18　POCIB i+的各机构及网络

（3）履约过程中需要时刻关注公司的资金和库存状况。

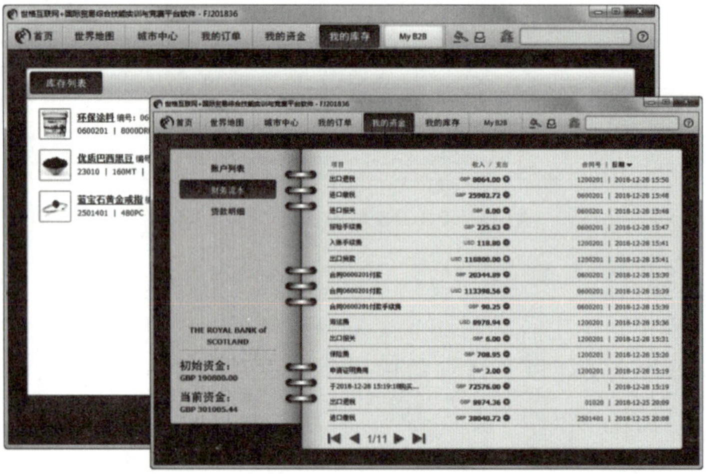

图 19　POCIB i+的资金和库存界面

（4）履约过程中有任何疑问可以查看“POCIB i+百科”。“POCIB i+百科”为学生提供了快速自学的通道，内含单据填写说明和样本、履约流程快速入门、报价核算方法、贸易函电范本及各类外贸实务理论知识等。

参考文献

1. 全国人大常委会办公厅研究室经济室. 中华人民共和国合同法释义及实用指南. 北京：中国民主法制出版社，1999.
2. 国际商会（ICC）. 国际贸易术语解释通则 2020. 国际商会中国国家委员会，译 . 北京：对外经济贸易大学出版社，2020.
3. 国际商会（ICC）. ICC 跟单信用证统一惯例（2007 年修订本）. 国际商会中国国家委员会，译 . 北京：中国民主法制出版社，2006.
4. 国际商会（ICC）. 跟单信用证统一惯例关于电子交单的附则（版本 1.1）. 国际商会中国国家委员会译 . 北京：中国民主法制出版社，2003.
5. 黎孝先，王健. 国际贸易实务. 6 版. 北京：对外经济贸易大学出版社，2016.
6. 吴百福. 进出口贸易实务教程. 上海：上海人民出版社，1999.
7. 姚新超. 国际贸易惯例与规则实务. 4 版. 北京：对外经济贸易大学出版社，2016.
8. 袁永友，柏望生. 新编国际贸易实务案例评析. 北京：中国商务出版社，2004.
9. 黎孝先. 进出口合同条款与案例分析. 北京：对外经济贸易大学出版社，2003.
10. 徐进亮. 国际备用信用证与保函. 北京：对外经济贸易大学出版社，2004.
11. 石玉川，徐进亮，李贞. 国际结算惯例及案例. 北京：对外经济贸易大学出版社，1998.
12. 顾寒梅. 国际货运风险与保险. 3 版. 北京：对外经济贸易大学出版社，2013.
13. 叶柏廷. 决战谈判桌：谈判、策略与游戏理论. 呼和浩特：内蒙古文化出版社，1997.
14. 贾建华，阚宏. 新编国际贸易理论与实务. 3 版 . 北京：对外经济贸易大学出版社，2012.
15. 石玉川. 国际贸易方式. 北京：对外经济贸易大学出版社，2002.
16. 王健. 期货市场理论与实务. 北京：对外经济贸易大学出版社，2005.
17. 王健. 电子商务——为企业成功和个人发展撰写的指导性全书. 北京：学苑出版社，1999.
18. 王健. 电子商务导论——商务角度. 北京：对外经济贸易大学出版社，2002.
19. ［美］利奥・G・B・韦尔特. 不用货币的贸易——易货贸易与对等贸易. 钱乐贤，等，译. 上海：上海翻译出版公司，1991.
20. 刘耀威. 进出口商品的检验与检疫. 4 版. 北京：对外经济贸易大学出版社，2017.
21. 杨长春. 国际货物运输方式的选择与应用. 北京：对外经济贸易大学出版社，2006.
22. 程德钧. 国际贸易争议与仲裁. 北京：对外经济贸易大学出版社，2002.
23. 赵玉甡，沈和江 . 现代会展理论与实务 . 北京：对外经济贸易大学出版社，2013.